# 农村住宅

## 法律实务与案例分析

主　编◎金永熙
副主编◎郑小雄
邓　雷
周　璇

法律出版社
LAW PRESS·CHINA
北京

图书在版编目(CIP)数据

农村住宅法律实务与案例分析／金永熙主编. -- 北京:法律出版社,2022
ISBN 978-7-5197-6480-7

Ⅰ.①农… Ⅱ.①金… Ⅲ.①农村-住宅建设-土地管理法-案例-中国 Ⅳ.①D922.325

中国版本图书馆CIP数据核字(2022)第033698号

| | | |
|---|---|---|
| 农村住宅法律实务与案例分析<br>NONGCUN ZHUZHAI FALÜ SHIWU YU ANLI FENXI | 金永熙 主编<br>郑小雄 邓 雷 周 璇 副主编 | 策划编辑 周 洁 朱轶佳<br>责任编辑 周 洁 朱轶佳<br>装帧设计 鲁 娟 |

**出版发行** 法律出版社
**编辑统筹** 司法实务出版分社
**责任校对** 王 丰 郭艳萍
**责任印制** 胡晓雅
**经　　销** 新华书店

**开本** 710毫米×1000毫米 1/16
**印张** 21.5 **字数** 317千
**版本** 2022年4月第1版
**印次** 2022年4月第1次印刷
**印刷** 三河市龙大印装有限公司

地址:北京市丰台区莲花池西里7号(100073)
网址:www.lawpress.com.cn
投稿邮箱:info@lawpress.com.cn
举报盗版邮箱:jbwq@lawpress.com.cn
销售电话:010-83938349
客服电话:010-83938350
咨询电话:010-63939796


**书号**:ISBN 978-7-5197-6480-7
**定价**:78.00元
凡购买本社图书,如有印装错误,我社负责退换。电话:010-83938349

# 前　言

农村住宅既是农民群众的安身之所，也是农户家庭的重大财产。但是，我国农村住宅当前存在三大问题需要解决：首先，我国人多地少，人均耕地面积不足1.35亩，且因大量开发建设还在逐年减少，故国家政策和法律在保护耕地的同时，对农村村民使用宅基地建设住宅以及农村住宅流转设置了诸多限制，既导致农村村民审批使用宅基地难，又使闲置住宅滞留严重。其次，随着农村经济不断发展和农民生活日趋富裕，农村村民改善居住条件的欲望十分强烈，但在国家政策强有力的管控和政府严格审批的限制下，广大农民群众日益增长的用地建房的需求得不到满足，反而导致农村村民未经批准擅自占用土地建房的违法行为有增无减。最后，在农村土地和农户住宅的价值与日俱增的地方，宅基地使用权和房屋所有权纠纷频频发生，对农村社会稳定造成影响。为了解决这些问题，保护农民住宅产权的合法权益，有效打击违法用地建房行为，作者根据新修正的《土地管理法》《城乡规划法》《行政处罚法》《民法典》等法律以及有关法规、规章的规定，并按照国家“探索宅基地所有权、资格权、使用权‘三权分置’，落实宅基地集体所有权，保障宅基地农户资格权和农民房屋财产权，适度放活宅基地和农民房屋使用权”的改革精神，结合农村现实情况，对村民使用宅基地建设住宅的一系列问题进行分析和研究，撰写了本书。

本书从崭新的视角探究农村住宅的法律问题，既有基本知识介绍又有法理观点分析，既有立足当前的操作实务阐述又有历史遗留问题的处理方法，其中引编的案例揭示了农村住宅纠纷处理的基本规则，具有正确性与权威性。

本书对广大农民朋友如何取得宅基地建设住宅并维护自身的合法权益具有指导意义，对有关行政机关、乡镇政府、农村干部如何依法许可和监管村民使用宅基地建设住宅具有参考价值，期望得到读者的厚爱。

作者

2021 年 8 月于浙江温州

# 目　录 Contents

# 第一章

# 农村住宅概述

农村住宅有广义与狭义之分。狭义上的农村住宅，是指农村村民利用农村集体土地建造的用于生活居住的宅院，即农村房屋。广义上的农村住宅，除生活居住房屋外，还包括农业生产用房，如农机具存放、家禽家畜饲养和其他副业生产场所等。本书从实务角度出发，结合农村现实情况，全面分析农村住宅的法律规范和各类纠纷处理的一系列问题。

## 第一节　农村住宅的法律特征

农村住宅作为村民的私有产权又可称为村民住宅。根据“房地一体”规则，村民住宅产权由房屋所有权与土地使用权两大部分构成。从土地权属角度看，农村住宅与城市住房、商品房等房地产不一样，村民住宅所占用的宅基地属于农村集体土地，而对于村民将农村集体土地改变为宅基地建造住宅，法律有特别的条件要求和管控限制，故农村住宅有其自身的法律特征。

### 一、农村住宅的法律特征

#### （一）建设主体具有特定性

农村村民建设住宅离不开宅基地，农村宅基地属于农村集体土地，而我国农村集体土地的管理具有封闭性特征。根据《土地管理法》的规定，只有本村集体经济组织成员在本村集体组织的统一安排下并经依法批准，才能取得本村集体土地作为宅基地使用，且各个行政村的各自土地互不融通所有权，除国家征收外也不与城市土地混同，故非本村集体经济组织成员以及城镇居民，除某些特殊情况并经特别批准外，都没有资格取得本村集体组织的宅基地使用权，都没有资格在本村集体组织范围内利用土地建造住宅。

（二）物权性质具有双重性

村民自建住宅的物权性质分两种情况：（1）村民对自己的房屋享有完整的所有权，且这种所有权受法律保护，任何单位和个人都不得非法侵害；（2）农村房屋所占用的宅基地不因村民建设房屋改变土地的所有权人，该宅基地仍为农村集体所有，故村民只能取得宅基地使用权，而不能享有所有权。于是，农村住宅具有房产与地产双重物权性质。农村住宅的双重物权属性会带来一种冲突：从村民对自建房屋享有完整所有权角度看，应当许可其自由流通交易，但因农村住宅占用的宅基地仍为农村集体所有，且法律禁止农村宅基地买卖，那么，在房地一体不可分离的情况下，农村房屋买卖在法律上将会受到宅基地使用权相关规定的限制。根据《民法典》债权与物权分离原则，农村房屋买卖合同即使依法成立，买受人即使通过市场交易付清房价款并实际占有农村住宅，该买受人如果没有使用农村宅基地资格，也就无法办理不动产权证书取得物权法律认可的产权。

（三）使用宅基地具有福利性

在中华人民共和国成立后的一段时间里，国家曾经实行宅基地收费制度，即为有偿使用。1993 年，中共中央办公厅、国务院办公厅发出《关于涉及农民负担项目审核处理意见的通知》（中办发〔1993〕10 号），为保护农民利益，减轻农民负担，取消了农村 37 项收费项目，其中包括取消了农村宅基地有偿使用收费、农村宅基地超占费和土地登记费。此后，农村村民使用宅基地实行无偿制度，《民法典》《土地管理法》也没有村民有偿使用宅基地的规定。此外，财政部、国家税务总局《关于支持农村集体产权制度改革有关税收政策的通知》（财税〔2017〕55 号）也指出，“对农村集体土地所有权、宅基地和集体建设用地使用权及地上房屋确权登记，不征收契税”。国家取消农村宅基地使用费后，农村村民无偿使用宅基地的福利性便带入了农村住宅，故农村住宅包含无偿使用宅基地的福利性。

## 二、农村住宅与城市房产的区别

农村住宅是农村房地产，在城市规划区内的房地产是城市房地产。根据《城市房地产管理法》“国家依法实行国有土地有偿、有限期使用制度”的规定，农村住宅与城市房屋因地域不同，房地产性质随之有所不同，两者在法律上主要有以下区别。

### （一）房屋占用的土地性质不同

《土地管理法》第 9 条第 1 款规定：“城市市区的土地属于国家所有。”据此，城市规划区的私人房屋包括商品房占用的土地是国有出让土地，而农村住宅占用的土地是农村集体土地，两者土地性质不同，故《不动产权证书》“权利类型”中的登记表述也不同，城市房屋登记表述为“国有建设用地使用权”，而农村房屋登记表述为“宅基地使用权”。

### （二）房屋所使用土地的代价不同

城市房屋占用的土地为有偿使用土地，即国家以土地所有者的身份由政府有关部门通过招标、拍卖、挂牌、协议等方式将土地使用权在一定年限内让与土地使用者，土地使用者应当向国家支付土地使用权出让金，而农村住宅使用农村集体土地无须交付土地出让金，即为无偿取得，故农村住宅的造价成本比城市房屋的造价低很多。

### （三）房产市场交易条件不同

城市房产及其占用国有出让土地不受限制，可随时进入市场交易，并由房屋产权管理部门给予办理产权转移登记手续。而农村房屋虽可转让，买卖合同也可做有效认定，但由于宅基地使用范围限于本村集体经济组织成员，故村民将住宅出卖给非本村集体经济组织成员或者城镇居民，如无特别许可规定，则不能办理房地产过户手续，即受让人不能取得《不动产权证书》。

## 三、农村住宅与商品房的区别

商品房是房地产开发经营企业通过国有土地受让方式获得土地使用权后

用于市场出售而建造的房屋。农村住宅与商品房是两类不同性质的房屋，两者在法律上有以下主要区别。

（一）房屋占用土地的性质不同

农村住宅占用的土地是农村集体土地，而商品房占用的土地是国有出让土地。如果利用农村集体土地开发商品房，则须经依法批准征用为国有并交纳土地使用权出让金后方可用地建设，故商品房占用的土地不再是农村集体土地而是国有土地。

（二）房屋占用土地的使用年限不同

农村村民对宅基地享有永久、无偿的使用权利，即使房屋倒塌、毁损或者拆旧建新，仍可依法办理审批手续后继续永久、无偿使用原宅基地。而商品房土地使用是有年限的，住宅商品房的产权年限一般为 70 年，商业用房的产权年限一般为 40 年。《城市房地产管理法》第 22 条规定，土地使用权出让合同约定的使用年限届满，土地使用者需要继续使用的，应当重新签订土地使用权出让合同，并依照规定支付土地使用权出让金。

（三）房地产流通条件不同

从地域分布来看，商品房有建在城市规划区的，也有建在农村的，但商品房的商品性质不受地域影响。房地产开发经营企业可以向不特定对象出售，购房者也可将已购商品房投入市场自由转卖。而农村住宅除改革试点地区外只能出卖给本集体经济组织成员，也只有本集体经济组织成员作为买受人才能取得该房屋所有权的同时取得宅基地使用权。

## 第二节　农村住宅与宅基地的法律规范

法律规范是由国家制定或认可，反映国家意志，具体规定权利义务及法律后果的行为准则。农村村民利用宅基地建造住宅作为一种法律行为亦有法律规范进行规定，但在我国法律体系中，目前尚无一部专门法律对其进行完整规范，而散见于《民法典》《土地管理法》《城乡规划法》以及其他法律、法规和规章中的有关规定。这里将散见于有关法律、法规和规章中有关农村住宅和宅基地的法律规范整理出来，并加以介绍和分析，使之在理论上能够成为一个系统性的法律体系。

由于农村住宅产权同时具有房屋所有权和土地使用权双重物权性质，故农村住宅亦应由既有明显区别又有密切关联的农村房屋与农村宅基地两方面的法律规范，其中，农村宅基地法律规范起着基础性作用，农村房屋法律往往随附着农村宅基地法律进行规范。

## 一、农村宅基地的法律规范

农村宅基地法律规范主要由《民法典》《土地管理法》以及有关法规、规章和地方政府规范性文件的有关规定构成。

### （一）《民法典》有关农村宅基地的规定

《民法典》物权编第十三章“宅基地使用权”中的第 362 ~ 365 条共规定了以下四大内容：（1）农村村民依法对农村集体所有的土地享有宅基地使用权和利用宅基地建设住宅及其附属设施的权利；（2）农村宅基地使用权的取得、行使和转让适用土地管理法律和国家有关政策规定；（3）农村宅基地使用权随着农村宅基地灭失而消灭，对失去宅基地的村民应当依法重新分配宅基地；（4）已经登记的宅基地使用权转让或者消灭的，应当办理变更登记或者注销登记。

### （二）《土地管理法》有关农村宅基地的规定

《土地管理法》第 59 ~ 62 条就农村宅基地问题规定了以下几个主要内容：（1）农村村民住宅建设，应当符合乡（镇）土地利用总体规划，按照村庄和集镇规划，合理布局，综合开发，配套建设，不得占用永久基本农田，并尽量使用原有的宅基地和村内空闲地；（2）农村村民住宅用地由乡镇政府审核批准，涉及占用农用地的，应当办理农用地转用审批手续；（3）农村村民一户只能拥有一处宅基地，其宅基地的面积不得超过省、自治区、直辖市规定的标准；（4）农村村民出卖、出租、赠与住宅后，再申请宅基地的，不予批准；（5）国家允许进城落户的农村村民依法自愿有偿退出宅基地，鼓励农村集体经济组织及其成员盘活利用闲置宅基地和闲置住宅。

（三）行政法规有关农村宅基地的规定

行政法规是国务院根据宪法和法律，按照法定程序制定的有关行使行政权力，履行行政职责的规范性文件。国务院为了贯彻实施2019年修正的《土地管理法》，于2021年修订了《土地管理法实施条例》。《土地管理法实施条例》在第四章“建设用地”中专门设置第四节“宅基地管理”，其中第33～36条规定的主要内容如下：（1）农村居民点布局和建设用地规模应当遵循节约集约、因地制宜的原则合理规划。县级以上地方人民政府应当按照国家规定安排建设用地指标，合理保障本行政区域农村村民宅基地需求。乡（镇）、县、市国土空间规划和村庄规划应当统筹考虑农村村民生产、生活需求，突出节约集约用地导向，科学划定宅基地范围。（2）农村村民申请宅基地的，应当以户为单位向农村集体经济组织提出申请；没有设立农村集体经济组织的，应当向所在地村民小组或者村民委员会提出申请。宅基地申请依法经农村村民集体讨论通过并在本集体范围内公示后，报乡（镇）人民政府审核批准；涉及占用农用地的，应当依法办理农用地转用审批手续。（3）国家允许进城落户的农村村民依法自愿有偿退出宅基地。乡（镇）人民政府和农村集体经济组织、村民委员会等应当将退出的宅基地优先用于保障该农村集体经济组织成员的宅基地需求。（4）依法取得的宅基地和宅基地上的农村村民住宅及其附属设施受法律保护。禁止违背农村村民意愿强制流转宅基地，禁止违法收回农村村民依法取得的宅基地，禁止以退出宅基地作为农村村民进城落户的条件，禁止强迫农村村民搬迁退出宅基地。

（四）部门规章有关农村宅基地的规定

部门规章是国务所属的各部委等根据法律和行政法规的规定和国务院的决定，在本部门的权限范围内制定和发布的规范性文件。

如原国土资源部《关于加强农村宅基地管理的意见》（国土资发〔2004〕234号，已失效），农业农村部、自然资源部《关于规范农村宅基地审批管理的通知》（农经发〔2019〕6号），都属于农村宅基地管理的法律规范。

（五）地方性法规、规章和其他规范性文件

地方性法规，是指法定的地方国家权力机关依照法定权限制定和颁布的在本行政区域范围内实施的规范性文件。地方规章，是指省级政府及其所在地的市、经济特区所在地的市和经国务院批准的较大市的政府制定的规范性文件。其他规范性文件，是指除地方政府规章外其他政府及其部门依法制定的规范性文件。由于农村宅基地涉及全国农民的居住用地问题，且我国农村人口庞大，各地土地面积分布不均，国家层面的法律、行政法规和规章不可能都适应各地的实际情况，故各地根据当地的实际情况都制定了适用于辖区内的村民使用宅基地的规范性文件。这些规范性文件的规定就农村村民使用宅基地建房作出的规定不与宪法、上位法相抵触的，其辖区内的农村村民使用宅基地都应遵循执行。

## 二、农村住宅规划许可的法律规范

农村宅基地法律规范对农村住宅虽有基础规定，但农村村民在乡、村庄规划区内建设住宅还必须取得规划许可并遵守规划要求。

根据《城乡规划法》第 41 条的规定，在乡、村庄规划区内进行乡镇企业、乡村公共设施和公益事业建设的，应当向乡、镇政府提出申请，由乡、镇政府报城市、县政府城乡规划主管部门核发乡村建设规划许可证。农村村民在乡、村庄规划区内使用原有宅基地进行住宅建设的规划管理办法，由省、自治区、直辖市制定。农村村民在乡、村庄规划区内进行住宅建设，不得占用农用地；确需占用农用地的，应当依照《土地管理法》有关规定办理农用地转用审批手续后，由城市、县政府城乡规划主管部门核发乡村建设规划许可证。在取得乡村建设规划许可证后，方可办理用地审批手续。

农村村民在乡、村庄规划区内只有依法取得《农村宅基地批准书》《乡村建设规划许可证》后，方可建设住宅。至于规划许可的具体要求和审批，应当执行当地政府的具体规定。

## 三、农村住宅的物权法律规范

村民依法建设的住宅或者通过其他方式合法取得所有权的农村住宅作为

农民的私有财产，根据《宪法》第 13 条的规定受国家法律保护，任何组织或者个人不得侵犯。农村住宅作为一种物权形态存在，同时应当执行《民法典》物权编的有关规定，如（1）农村村民对自己的合法住宅依法享有占有、使用、收益和处分的权利，即享有所有权。（2）农村住宅产权的设立、变更、转让和消灭应当依照法律规定登记；经依法登记的发生效力，未经登记的，除法律另有规定外，不发生物权效力；产权属证书记载的事项应当与不动产登记簿一致，记载不一致的，除有证据证明不动产登记簿确有错误外，以不动产登记簿为准。（3）农村村民有权在自己的住宅上设立用益物权和担保物权。（4）国家征收农村住宅及其宅基地的，应当依法及时足额支付土地补偿费、安置补助费以及地上附着物和青苗等的补偿费用，并安排被征地农民的社会保障费。

农村村民依照上述法律规范取得宅基地使用权后自建住宅经过验收后，可持《农村宅基地批准书》《乡村建设规范许可证》等资料，向不动产机构申请不动产登记，然后取得《不动产权证书》。

需要说明的是，若非特别标注年份，本书理论部分的依据是 2019 年修正的《土地管理法》、2021 年修订的《行政处罚法》、2021 年修订的《土地管理法实施条例》，但因这三部法律法规施行不久，本书中引编的案例大多数是之前的裁判案例，但笔者已经注意新旧法的一致性问题，相互之间并无冲突。

## 第三节　农村宅基地与住宅产权制度改革

在改革开放不断深入和市场经济不断发展的过程中，大量农村人员离开乡土进城务工，或者投资城市从事工商业，其间还有不少在城市购房落户，因而农村宅基地和住宅的闲置情况非常严重，有的农村老宅因失修残垣断壁，有的因无人居住杂草丛生，不仅造成农村土地和房屋资源浪费，而且严重影响新农村形象，而农村集体组织安排宅基地和村民使用宅基地都有困难，故农村宅基地与住宅产权制度改革势在必行。农村宅基地与住宅产权制度改革是我国农村土地制度改革的核心事项，包括宅基地所有权、资格权、使用权的“三权分置”制度改革和农民房屋财产权制度改革两大内容。

## 一、农村宅基地与住宅产权制度的改革政策

2013 年 11 月 12 日，党的十八届三中全会通过的中共中央《关于全面深化改革若干重大问题的决定》提出：“保障农户宅基地用益物权，改革完善农村宅基地制度”。2015 年 2 月，第十二届全国人大常委会第十三次会议审议通过《关于授权国务院在北京市大兴区等三十三个试点县（市、区）行政区域暂时调整实施有关法律规定的决定》，授权在试点地区暂时调整实施《土地管理法》《城市房地产管理法》的有关规定，并启动了 33 个试点县的农村土地三项制度改革试点工作。2018 年中共中央、国务院《关于实施乡村振兴战略的意见》（中发〔2018〕1 号）进一步明确提出：“探索宅基地所有权、资格权、使用权‘三权分置’，落实宅基地集体所有权，保障宅基地农户资格权和农民房屋财产权，适度放活宅基地和农民房屋使用权。”从此开始，我国正式确定了农村宅基地与住宅产权制度的改革政策，试点地区也纷纷出台实施意见，以切实保障和维护农民的宅基地及其住宅的权益为出发点，以正确处理农村宅基地和住宅产权为主线，开展了农村宅基地与住宅产权制度改革的试点工作。

农村宅基地与住宅产权制度改革政策，着力打破原有的法律限制，在赋予农村宅基地完整权能的同时，适度推进农村宅基地和农村住宅的流转，力图释放处于沉睡状态的农村房地产这一巨大资源，从而推进农村经济发展，实现乡村振兴的战略目标。

## 二、农村宅基地与住宅产权制度的改革内容

根据中共中央、国务院《关于实施乡村振兴战略的意见》的精神，农村宅基地与住宅产权制度改革的关键是“适度放活宅基地和农民房屋使用权”，在坚持农村土地集体所有制不变的前提下，允许农村村民在一定条件下通过转让、互换、赠与、继承、出租、抵押、入股等方式流转其宅基地和房屋产权。

试点地区紧紧围绕“适度放活宅基地和农民房屋使用权”这个主题，在全面摸清农村土地利用现状、编制村庄规划以及合理处置历史遗留问题的基础上进行改革。当前，试点地区正在根据各自实际情况进行探索，因而改革的内容和做法各有不同，但我们从部分试点地区的实践中可以看出，农村宅基地与住宅产权制度改革有以下几个主要内容：

（1）完善农户使用宅基地资格权。完善农村集体经济组织成员资格认定的条件和程序，严格执行“一户一宅”政策，探索以户为单位细化到人的方式确认和落实宅基地资格权。制定回乡安置、就业安置、人才引进的人员到村落户的相关政策。例如，有些试点地区规定，非本村集体经济组织成员，基于买卖、继承等合法形式已经取得的宅基地使用权，即为取得宅基地资格权；宅基地资格权可以按照“三权分置”规范性文件规定进行流转；宅基地资格权转让、互换、赠与的，向有关机构办理备案手续后，宅基地资格权完成转移。

（2）拓宽使用宅基地资格权实现形式。有些试点地区开始探索并改变单一以宅基地使用权作为资格权的实现方式，允许符合条件的农村村民申请公共租赁住房和换股权、换货币等多种使用宅基地资格权的实现形式。无后备土地资源提供宅基地的试点地区，正在探索建立资格权与城镇住房保障体系衔接机制，将符合城镇住房保障条件且无法享受宅基地资格权的农户纳入城镇住房保障系统。

（3）探索退出和重获宅基地资格权的办法。试点地区鼓励有条件的农户自愿有偿退出资格权，对有退出意向但又不想彻底失去宅基地资格权的农户，探索采取“留权不留地”方式保留资格权。有些试点地区还规定，宅基地资格权人达不到建筑单元所需面积或者面积有多余的，可以通过转让、受赠或互换等方式进行调剂。同时，探索建立宅基地资格权重获制度，对自然灾害造成宅基地使用权灭失的、进城落户农民自愿将宅基地无偿退给集体的，可以重新获得宅基地资格权。

（4）探索建立宅基地有偿使用机制。对于因历史造成的超标准占用宅基地、“一户多宅”所占有和使用的宅基地，探索建立由农村集体经济组织主导下的有偿使用制度；非本村集体经济组织成员取得宅基地使用权的，本村集体经济组织可以按规定收取宅基地使用费。

（5）探索宅基地和农民房屋使用权放活方式。按照房地一体的原则，探索农村宅基地和农民房屋的转让、互换、赠与、继承、出租、入股等方式，并合理确定流转的适用范围，设定流转期限、途径和用途。探索放活宅基地和农民房屋使用权，农村村民可以利用自有住宅依法从事休闲、旅游经营等。

（6）完善农民闲置宅基地和闲置农房退出政策。对非法占用的宅基地和非法建造的农房实行强制退出，对合法取得但处于闲置状态的宅基地实行合理补偿自愿退出，探索允许闲置农房转让的条件、程序等政策，引导农户有序退出闲置农房。

（7）许可农村住房财产权用于融资抵押。2015 年 8 月，国务院印发《关于开展农村承包土地的经营权和农民住房财产权抵押贷款试点的指导意见》（国发〔2015〕45 号），部署了农村承包土地（指耕地）的经营权和农民住房财产权抵押贷款试点工作。2016 年 3 月 15 日，中国人民银行、原中国银监会、中国保监会、财政部、原国土资源部、住房和城乡建设部印发了《农民住房财产权抵押贷款试点暂行办法》，许可全国人大确定的试点地区的农民住房所有权及所占宅基地使用权在符合一定条件下进行抵押贷款。

（8）增加农村集体经济组织收益。农户宅基地有偿使用应归农村集体经济组织的收益部分，作为农村集体土地增值收益，纳入农村集体资产统一管理，用于基础设施建设配套、建筑补助。

（9）完善宅基地审批后的监管机制。探索建立农村集体经济组织对宅基地取得、使用、退出以及抵押担保等的审核和管理制度；建立农村宅基地动态管理系统，使宅基地申请、审批、利用、流转、查处等信息可公开查询，强化乡、镇、村对宅基地管理和实施情况的监督。

## 三、有关法律开始吸收改革试点的成功经验

自国家决定农村宅基地与住宅产权制度改革后，试点地区取得不少成效，例如，在坚持农村土地集体所有制基础上，明晰了宅基地使用权的主体，并使之权能得到有效实现；通过农村宅基地资格权的确认，为农村村民颁发了大批宅基地资格权证书，使农村村民的居住权益得到有效的落实和保护；有

条件地取消了宅基地使用权的流转限制，允许农村宅基地和农村房屋转让、抵押等，盘活了农村宅基地资源的使用；对超标准占用宅基地和非本集体经济组织成员等占有的农村宅基地，有条件地实行有偿使用制度；允许农民住房财产权抵押贷款，使农民获得融资进一步发展农业生产等。2019 年修订的《土地管理法》和 2020 年制定的《民法典》吸收了农村宅基地与住宅产权制度改革试点的部分成功经验，使之成为法律规范。

（一）完善了农民实现户有所居的保障制度

2004 年修正的《土地管理法》第 62 条第 1 款规定：“农村村民一户只能拥有一处宅基地，其宅基地的面积不得超过省、自治区、直辖市规定的标准。”在此基础上，2019 年修订的《土地管理法》第 62 第 2 款增加了“人均土地少、不能保障一户拥有一处宅基地的地区，县级人民政府在充分尊重农村村民意愿的基础上，可以采取措施，按照省、自治区、直辖市规定的标准保障农村村民实现户有所居”的规定，是对“一户一宅”的重大补充，完善了农民实现户有所居的保障制度。至于采取什么措施进行保障的问题，2019 年修订的《土地管理法》授权县级政府在充分尊重农民意愿的基础上自行解决。

（二）允许进城落户的村民自愿有偿退出宅基地

2004 年修正的《土地管理法》禁止除本村集体经济组织成员之间外买卖宅基地，致使已经进城落户的农民在农村遗留大量宅基地和住宅处于闲置状态。为使闲置宅基地资源得以充分利用，2019 年修订的《土地管理法》第 62 条第 6 款规定：“国家允许进城落户的农村村民依法自愿有偿退出宅基地”。这一新规定有条件地打破了买卖宅基地的禁区。

（三）下放宅基地审批权

2004 年修正的《土地管理法》第 62 条第 3 款规定：“农村村民住宅用地，经乡（镇）人民政府审核，由县级人民政府批准；其中，涉及占用农用地的，依照本法第四十四条的规定办理审批手续。”2019 年修订的《土地管理法》第 62 条第 4 款规定：“农村村民住宅用地，由乡（镇）人民政府审核批准；其中，涉及占用农用地的，依照本法第四十四条的规定办理审批手续。”也就是说，除占用农用地建房外，农村村民使用的宅基地审批权“由县级人民政府批准”下放到“乡（镇）人民政府审核批准”，这将大大地方便了农村村民审批宅基地。

（四）强化了征收农村住宅对农民权益的保障

《民法典》第243条规定：“为了公共利益的需要，依照法律规定的权限和程序可以征收集体所有的土地和组织、个人的房屋以及其他不动产。征收集体所有的土地，应当依法及时足额支付土地补偿费、安置补助费以及农村村民住宅、其他地上附着物和青苗等的补偿费用，并安排被征地农民的社会保障费用，保障被征地农民的生活，维护被征地农民的合法权益。征收组织、个人的房屋以及其他不动产，应当依法给予征收补偿，维护被征收人的合法权益；征收个人住宅的，还应当保障被征收人的居住条件。任何组织或者个人不得贪污、挪用、私分、截留、拖欠征收补偿费等费用。”这条规定在原来的土地补偿费、安置补助费、地上附着物和青苗补偿费的基础上，增加了农村村民住宅补偿费用的规定，在法律上为被征收住宅的农民构建了更加完善的保障机制。

（五）鼓励和支持返乡下乡人员使用农村宅基地和合作自住房

国务院办公厅《关于支持返乡下乡人员创业创新促进农村一、二、三产业融合发展的意见》中指出，鼓励和支持“农民工、中高等院校毕业生、退役士兵和科技人员等返乡下乡人员到农村创业创新”，“支持返乡下乡人员依托自有和闲置农房院落发展农家乐”，“在符合农村宅基地管理规定和相关规划的前提下，允许返乡下乡人员和当地农民合作改建自住房”。这是鼓励和支持返乡下乡人员到农村创业创新的特殊政策，同时也体现了农村宅基地和农村住宅制度的改革精神。

依照现行宅基地管理的法律规定，宅基地使用权人一般只能是农村集体经济组织成员，农村住宅只能由农村村民用于生活居住，而上述精神显然打破农村宅基地法律的限制性规定。其中，“返乡下乡人员依托自有和闲置农房院落发展农家乐”，即许可其将自有和闲置农房改变生活居住的用途为经营用途。允许返乡下乡人员和“当地农民合作改建自住房”就有可能打破农村宅基地限于本村集体经济组织成员使用的规定，如户籍已经迁出的中高等院校毕业生、身份已为城镇居民的科技人员、已经进城落户的原本村农民，这些非本村集体经济组织成员，按照现行法律规定在本村集体经济组织没有宅基地使用权，但根据上述精神，这些返乡下乡人员和“当地农民合作改建自住房”，也就许可其使用农村宅基地，并可能与当地农民对合作改建的自住房享有共同产权。

## 四、农村宅基地与住宅产权制度改革的司法保障

在农村宅基地与住宅产权制度改革中，试点地区围绕“适度放活宅基地和农民房屋使用权”这一主题，冲破了现行法律对农村宅基地和住宅的限制性规定，创新了不少措施和方法，于是出现了政策开放与法律限制之间的冲突。农村宅基地与住宅产权制度改革是国家发展“三农”经济，实现乡村振兴战略目标，激活全国农村巨大房地产资源的重大决策。在立法滞后的情况下，这种改革必然需要打破原有法律的某些限制性规定。那么，这种冲突进入诉讼程序，人民法院又如何处置来为农村宅基地与住宅产权制度改革保驾护航?

最高人民法院在《关于为实施乡村振兴战略提供司法服务和保障的意见》（法发〔2018〕19 号）中指出：“在保护农村宅基地农户资格权和农民房屋财产权的基础上，依法保护宅基地、农村集体建设用地使用权流转和符合土地利用总体规划的农村住宅、农业设施和休闲旅游设施等建设，大力支持改革试点地区开展农村土地制度改革试点工作。对于违规违法买卖宅基地、违反土地用途管制、工商企业和城市居民下乡利用农村宅基地建设别墅大院和私人会馆的行为，依法认定无效。”“依法妥善处理农村集体经济组织成员资格问题，保护农民基本财产权利。充分认识集体经济组织成员资格对农民享有土地承包经营权、宅基地使用权和集体收益分配权等基本财产权利的重要意义，审慎处理尊重村民自治和保护农民基本财产权利的关系，防止简单以村民自治为由剥夺村民的基本财产权利。不断加强与农村农业管理部门、土地管理部门等单位的沟通协作，依法依规保护农村外嫁女、入赘婿的合法权益。”“依法保护进城落户农民的土地承包经营权、宅基地使用权、集体收

益分配权和返乡创业农民工合法权益。”

从上述精神中可以看出，在农村宅基地与住宅产权制度改革试点地区，突破现行限制性规定的创新举措，如农村宅基地农户资格权的确认，农村宅基地使用权适度放活流转，农村住宅在一定范围内转让和抵押，农业设施和休闲旅游设施等建设使用集体土地，农村外嫁女、入赘婿的宅基地合法权益，进城落户农民和返乡创业农民工的宅基地使用权、集体收益分配权的合法权益等，都将得到司法保护。

为了贯彻落实国家农村宅基地与住宅产权制度改革政策和最高人民法院《关于为实施乡村振兴战略提供司法服务和保障的意见》，一些改革试点地区的人民法院就相关纠纷案件的审理作出了规定，如金华市中级人民法院于2020年12月30日制定了《关于涉义乌市农村宅基地资格权、使用权转让纠纷裁判规则（试行）》。

浙江省义乌市是全国人大确定的宅基地制度改革试点地区，为推进义乌市宅基地“三权分置”改革试点，妥善配合处置义乌市宅基地民事纠纷，金华市中级人民法院特意制定了这个规则，就审理义乌市的宅基地资格权、宅基地使用权以及房屋所有权等纠纷案件作出了特别规定，并规定审理这些案件时，应当以现行法律法规为依据，义乌市人民政府制定宅基地“三权分置”规范性文件有新规定的，参照其新规定处理；法律法规及规范性文件未作规定的，应当尊重村规民约以及村集体根据宅基地“三权分置”政策作出的合法决定。

当前，人民法院处理农村宅基地和农村住宅产权纠纷案件分两种情况：（1）试点地区法院在其辖区内适用现行有关法律的同时，适用国家改革政策和地方政府规范性文件；（2）非试点地区目前只能适用现行有关法律，尚不能适用改革政策。

国家政策指导国家法律的制定和实施，国家法律是实施国家政策的重要手段和基本保障，为使国家政策的成熟经验保持稳定性和长期性，国家需要把成功的政策通过立法程序上升为法律规范，成为人们的行为准则。根据依法治国的基本要求，农村宅基地与住宅产权制度改革试点结束后，其间取得的成功经验将成为法源，届时会被国家法律所吸收成为法律规范，在全国范围内统一实施。但因农村宅基地与住宅产权制度目前仍在改革试点之中，深度探索还不够充分，故不少试点经验尚未提升至立法层面。

下面介绍两个案例，说明改革试点地区与非改革试点地区就农村房屋买卖的不同合同效力的问题。

## 案例1

1991年3月，王C户经审批在浙江嘉善县××村××号建造房屋，当时户内人口为王A、王B、王C。2007年5月26日，王A与叶某某经协商后签订《房屋转让协议书》约定：王A将坐落于××村××号现有房屋3底3楼楼房外加平房3间出卖给叶某某，价款87,000元，先付定金10,000元，余款77,000元于2007年7月1日前付清；今后如遇国家征用或地方政府征用，则一切房屋损失赔偿费全部由乙方叶某某享受，地基拆迁费由甲方王A享受；今后如遇国家征用田，田里的青苗费由乙方叶某某享受，征田赔偿费由甲方王A享受。王A和叶某某在协议书上签名。该协议签订后，叶某某按约定分两次付清了购房款。该房屋买卖后，一直由叶某某使用。在该房屋买卖时，双方情况是：王A户购买城镇房屋并迁出户口搬至城镇居住；王B、王C长期在外务工不居住在该房屋内；叶某某的户籍仍在福建省政和县××村。

2019年1月，王A、王B、王C以叶某某为被告向嘉善县人民法院提出农村房屋买卖合同纠纷诉讼称，2007年5月26日，原告王A作为甲方与被告叶某某作为乙方签订了《房屋转让协议书》，王A将位于××村的3楼3底楼房转让给乙方叶某某，现涉案房屋的共有人王B、王C得知共有人王A擅自将三人共同共有的涉案房屋卖给被告叶某某。原告王A的擅自卖房系无权处分行为。另根据相关法律规定，买卖农村房屋属于无效法律行为。请求：（1）确认原告王A与被告叶某某于2007年5月26日签订的《房屋转让协议书》无效；（2）被告叶某某向三原告返还房屋。

被告叶某某辩称，（1）《房屋转让协议书》签订时，三原告跟被告夫妇5个人都在场。房屋转让后，该房屋也一直由被告夫妇在使用，涉案的农村房屋转让协议书是合法有效的。从2007年5月26日到本案起诉前，原告王C、王B从未提出过任何异议，村里人也都知道的，王C、王B不知道房屋转让事实显然不属实，也是不合常理的。(2) 双方协议已经明确约定，假设拆迁了，房子的部分所对应的补偿安置等都归被告所有，属于宅地基的补偿安置属于原告所有。现在因为涉案的房屋可以参加政府的农房集聚，原告主张以王 C、王 B 不知情为理由主张合同无效要求返还，这种行为显然是严重违反诚实信用原则。(3) 涉案房屋由叶某某居住至今已十多年，且其一直工作生活于嘉善，老家的房屋早已年久失修坍塌，返还亦事实上不可能。请求驳回原告的诉讼请求。

嘉善县人民法院认为，宅基地使用权是农村集体经济组织成员享有的权利，与特定的身份相联系，非本集体经济组织成员无权取得或变相取得。2020 年 1 月 1 日起施行的修订后的《土地管理法》第 62 条第 6 款规定，“国家允许进城落户的农村村民依法自愿有偿退出宅基地，鼓励农村集体经济组织及其成员盘活利用闲置宅基地和闲置住宅”，增加了村民利用闲置宅基地、住宅的灵活性，但并未完全取消限制条件。《土地管理法》第 62 条第 6 款授权国务院农业农村主管部门负责全国农村宅基地改革和管理有关工作，根据中央农村工作领导小组办公室和农业农村部发布的《关于进一步加强农村宅基地管理的通知》(中农发〔2019〕11 号)，其中第 5 条“鼓励盘活利用闲置宅基地和闲置住宅”仍将宅基地转让限于本集体经济组织内部。因此，非同一集体经济组织成员之间关于农村宅基地买卖的协议仍应为无效。原告、被告双方签订的房屋买卖合同协议书虽然对房屋和宅基地作了一定区分处理，但我国对房屋实行的是房地一体的不动产制度，涉案房屋本身亦由于宅基地用地审批而合法存在，双方的约定并不能回避宅基地使用权只能跟随房屋的客观实际。综上所述，叶某某向王 A 购买涉案农村房屋时，双方并非同村村民，且叶某某的户籍至今仍在福建省政和县某某村，故双方签订的《房屋转让协议书》应为无效。

关于该《房屋转让协议书》无效后的法律后果问题，根据《合同法》第 58 条①的规定，合同无效或者被撤销后，因该合同取得的财产，应当予以返还；不能返还或者没有必要返还的，应当折价补偿。有过错的一方应当赔偿

① 《合同法》已失效，相关规定参见《民法典》第 157 条。

对方因此所受到的损失，双方都有过错的，应当各自承担相应的责任。经法院当庭释明，原告坚持要求返还房屋、宅基地等；被告坚持认为合同有效，如无效的另行处理。法院认为，根据无效合同的处理原则，同时根据公平、诚信原则，结合本案的具体情况，双方的返还和赔偿等应相互同时履行。原告王A因购买城镇房屋并迁出户口搬至城镇居住，王C、王B因长期在城镇工作不回村居住，将其闲置的农村房屋出卖给被告叶某某，在出卖十多年后，因可能存在搬迁利益而反悔主张合同无效，明显有违诚信原则；原告所称王C、王B两人作为共有人对出售房屋一直不知晓，明显不合常理，亦非合同无效的法定情形，故原告方对于本案合同无效应承担较主要的过错责任。另外，涉案房屋现已由外地来嘉善的被告叶某某居住使用多年，因买卖已十多年，现房屋的价值与当时的交易价格已存在巨大差异，目前涉案房屋并未遇到政府征地拆迁，难以确定价值并予以处置。据此，法院认为因本案中返还财产、赔偿损失的范围难以确定且双方争议较大的，当事人就此可另行处理解决。嘉善县人民法院判决：（1）确认原告王A与被告叶某某于2007年5月26日签订的《房屋转让协议书》无效；（2）驳回原告王A、王B、王C的其他诉讼请求。

[根据浙江省嘉善县人民法院（2019）浙0421民初809号民事判决书编写]

## 案例2

方A和方B系父女关系，均系义乌市城西街道甲村村民，龚某某为义乌市城西街道乙村村民。2005年11月29日，方A和方B经义乌市政府同意批得108平方米宅基地，后在该宅基地上建成三间四层半房屋。2018年3月21日，方A与龚某某签订《房屋买卖合同》约定：方A将三间四层半的房屋出售给龚某某，成交价格为2,918,800元；双方于政府可以过户时一星期内到相应房产部门办理房产所有权转移手续，产权过户的相关税费由龚某某承担；龚某某于2018年3月21日支付58万元作为定金，方A在不动产权证交给龚某某时，龚某某当日应预付购房款878,800元，办理产权过户手续完毕之日，龚某某支付购房款146万元；方A承诺于2018年8月30日前由方A将上述房地产正式交付给龚某某，房屋移交给龚某某时，该建筑物范围内的土地使用权一并转移给龚某某。方A在该合同签名，后来方B在该合同上补签了名字并捺指印。当日，龚某某给付方A定金58万元。此后，方A向龚某某有过借款并收过龚某某部分房价款，方A也已将部分房地产交付给龚某某。

2016年，义乌市作为全国农村宅基地制度改革试点地区之一制定了《义乌市农村宅基地使用权转让细则（试行）》，其中第7条规定，已完成新农村建设的村庄，经村民代表会议同意，所在镇人民政府（街道办事处）审核，报国土局、农林局（农办）备案后，允许其农村宅基地使用权在本市行政区域范围内跨集体经济组织转让。第11条规定，宅基地使用权转让方为村级集体经济组织成员的，必须保证转让后仍拥有人均建筑面积不低于15平方米的合法住宅。甲村为义乌市开展农村土地制度改革试点村，该村已召开村民代表大会，大会讨论通过了允许本村宅基地使用权在本市行政区域范围内跨集体经济组织转让，并经街道审核同意。

2019年1月，龚某某向义乌市人民法院提起房屋买卖合同纠纷诉讼称，2018年3月21日，原告经人介绍，购买两被告方A、方B房屋，并签订了《房屋买卖合同》，但被告至今没有办理不动产初始登记手续。被告已将上述不动产第一层交付给原告，其余房屋未交付。原告多次催告被告办理不动产初始登记并交付其余房屋，被告拒绝并委托中介机构再次转让上述不动产。请求：（1）确认原告、被告签订的《房屋买卖合同》合法有效；（2）判令二被告立即腾空另一半房屋交付给原告；（3）判令二被告限期办理不动产权证初始登记并协助原告办理过户登记手续。

被告方B辩称，本案房屋买卖涉及宅基地使用权转让，应当按照《义乌市农村宅基地使用权转让细则试行》第11条的规定，必须保证转让后仍拥有人均建筑面积不低于15平方米的合法住宅，而本案所涉房屋均是被告的唯一合法住宅，因此本协议有瑕疵，也可以说是一份无效合同。由于原告大部分房款都没有支付，因此要求过户不合理。

义乌市人民法院认为，义乌市作为全国农村宅基地制度改革试点地区之一，在法律、法规允许的范围可先行先试宅基地转让等制度改革。涉案房地产买卖关系，在房地一体的原则下，关键是考量房产所对应的宅基地是否允许跨集体经济组织成员间进行买卖。为平衡全市宅基地使用权在各村分布不均，激活农村宅基地使用价值，增加农民的资产要素，在一定范围一定条件下允许跨集体经济组织成员间买卖宅基地。《义乌市农村宅基地使用权转让细则（试行)》中规定的集体经济组织成员转让宅基地后人均建筑面积不低于15平方米的合法住宅，系为了保证出卖不动产的集体经济组织成员的居住权，而本案出卖不动产所取得的款项足以保证该权利，并不影响合同的效力。原告、被告签订的房屋买卖合同未发现有违反法律、行政法规强制性规定的情形，合法有效，对双方当事人均有法律约束力。按照当事人双方签订的《房屋买卖合同》的约定，方A、方B应在2018年8月30日前将涉案房地产交付给龚某某，但至今尚有未交付的部分，方A、方B应在合理期限内腾空并交付。龚某某已按合同约定支付定金58万元，先行履行了合同的部分义务，方A、方B应协助办理不动产初始登记手续。初始登记手续办理后，龚某某应按约交纳878,800元，鉴于方A已另外收取龚某某合计197,260元的款项可相应抵销，则龚某某应在初始登记手续办理后支付款项681,540元。另依据合同约定，龚某某在方A、方B办理过户登记手续后需再支付余款146万元。义乌市人民法院判决如下：(1) 确认原告龚某某与被告方A、方B签订的《房屋买卖合同》合法有效。(2) 被告方A、方B于本判决生效后15日内腾空义乌市另一半房屋未腾空部分交付给原告龚某某。(3) 被告方A、方B于本判决生效后15日内办理坐落于义乌市占地108平方米的不动产初始登记手续，并协助原告办理将该不动产过户到原告龚某某名下的转移登记手续。办理不动产初始登记手续费用由方A、方B负担，办理后3日内，原告龚某某应支付方A、方B 681,540元；办理转移登记手续费用由龚某某负担，转移登记手续办理后3日内，原告龚某某应支付方A、方B 146万元。

[根据义乌市人民法院（2019）浙0782民初1164号民事判决书编写]

**【作者分析】**

案例1和案例2同样是跨村集体经济组织的农村住宅买卖，但两家法院的判决结果一个是无效，另一个是有效，其中的原因只有一个——试点地区与非试点地区的区别。

《土地管理法》第62条第6款虽然规定鼓励农村集体经济组织及其成员

盘活利用闲置宅基地和闲置住宅，但并未完全取消限制条件。最高人民法院《第八次全国法院民事商事审判工作会议（民事部分）纪要》指出："在国家确定的宅基地制度改革试点地区，可以按照国家政策及相关指导意见处理宅基地使用权因抵押担保、转让而产生的纠纷。""在非试点地区，农民将其宅基地上的房屋出售给本集体经济组织以外的个人，该房屋买卖合同认定为无效。合同无效后，买受人请求返还购房款及其利息，以及请求赔偿翻建或者改建成本的，应当综合考虑当事人过错等因素予以确定。"也就是说，在农村宅基地制度改革试点地区进行宅基地及农房买卖的，符合当地政策规定的，可不受现行法律、法规和规章的限制，应当作有效认定；如果在非改革试点地区进行宅基地及农房买卖的，仍按照现行法律、法规和规章的规定认定有效或无效。

案例1中，案件发生地在嘉善县，而嘉善县不是农村宅基地制度改革试点地区，故王A将其宅基地上的房屋出售给本集体经济组织以外的叶某某，应当认定涉案《房屋转让协议书》无效。而案例2中，案件发生在义乌市，而义乌市是全国农村宅基地制度改革试点地区之一，龚某某与方A、方B签订的《房屋买卖合同》，符合《义乌市农村宅基地使用权转让细则（试行）》的有关规定，故法院判决有效。

# 第二章

# 农村宅基地使用权

前面简单提及农村宅基地的几个要点问题，但因宅基地是村民建设住宅的基础，还是农村住宅权属内容之一，且有关规定比较严格，故有必要对农村宅基地及其使用权的具体问题继续进行系统性阐述和分析。

## 第一节　农村宅基地的物权属性

农村宅基地是村民经依法批准建造住宅所使用的农村集体土地。根据《民法典》《土地管理法》的有关规定，农村宅基地作为一种物权具有与其他不动产不同的属性。

### 一、农村集体组织对宅基地享有所有权

我国《宪法》第10条第2款规定："农村和城市郊区的土地，除由法律规定属于国家所有的以外，属于集体所有；宅基地和自留地、自留山，也属于集体所有。"《民法典》第260条和第262条规定，法律规定属于集体所有的土地由村集体经济组织或者村民委员会依法代表集体行使所有权。根据上述规定，农村宅基地作为农村集体所有的土地，即使交由村民建设住宅使用，也不改变农村集体对宅基地的所有权，即不可能将宅基地的所有权转移为村民个人或者农户家庭所有。

在农村，许多村民有着根深蒂固的私有制观念而严重缺乏公有制观念，认为自己批得的宅基地就归自己所有，上辈留下的宅基地是自己的"祖宗业"，由不得农村集体组织进行合理调整，也由不得农村集体组织进行合法

收回，混淆了宅基地所有权与使用权的区别。有些已经进城购房居住的村民，以自己仍为本村成员的身份无偿批取宅基地后出卖给他人牟利，有的甚至倒买倒卖宅基地从中牟取非法利益。针对这些情况，实践中强调宅基地属于集体所有的土地，对村民侵害农村集体组织的土地所有权是有现实意义的。

## 二、村民只对宅基地享有占有权和使用权

《民法典》第362条规定："宅基地使用权人依法对集体所有的土地享有占有和使用的权利，有权依法利用该土地建造住宅及其附属设施。"《土地管理法》第10条规定，国有土地和农民集体所有的土地，可以依法确定给单位或者个人使用。由此可见，农村村民对建设住宅所占用的宅基地只是享有占有权和使用权而不享有所有权。

这里的占有权，是指农村宅基地使用权人（指已经依法批准取得农村宅基地使用权的人）为了建造住宅及相关附属设施而依法占有宅基地并排除他人占有的权利。这里的使用权，是指农村宅基地使用权人依法在宅基地上建造住宅及其附属设施的权利。法律赋予农村村民对宅基地享有占有权和使用权这两个权能，目的是保障其使用宅基地建造住宅的基本权利，以防遭受非法侵害。

## 三、农村宅基地使用权属用益物权

用益物权是在他人所有的财产上设立占有、使用、收益的权利。因用益物权是财产所有权派生的一种物权，故其权能受到所有权的制约。用益物权基于他人财产所有权取得，故用益物权对本财产不具有处分的权利，这是用益物权与财产所有权的最大区别之一。农村宅基地使用权是一种用益物权，除占有权、使用权外，还涉及收益权问题。宅基地收益权，是指农村宅基地使用权人利用宅基地获取经济利益的权利。由于农村宅基地只能用于建设住宅，且法律禁止农村宅基地非法买卖，故《民法典》上述规定中没有规定农村宅基地用益物权中的"收益"权能。由此可见，以农村宅基地使用权是不完整的用益物权，具有局限性的特征。但是，在农村宅基地制度改革试点地区，如果许可农村宅基地在一定条件下转让，如果许可村民利用宅基地从事

家庭生产经营活动的，宅基地使用权人据此也能产生收益权能，从而使农村宅基地使用权具有完整的用益物权。

由此可见，我国农村宅基地管理实行所有权与使用权分离的制度，即农村宅基地属于集体所有土地，由作为农村集体经济组织成员的村民建设住宅使用。

## 案例3

侯A（女）和侯B（男）系同胞姐弟关系。侯B于1980年参加工作，由农业户口转为非农业户口，并于1982年将户口迁出××庄。二人母亲贺C系××庄集体经济组织的成员，具有取得××庄集体经济组织土地建住宅的主体资格。两人父母于1987年取得××庄××号宅基地一处，并在此建房居住。两人父母分别于1998年和2012年相继去世。

2014年12月8日，侯A以侯B为被告向滕州市人民法院提起法定继承纠纷诉讼称：现由被告侯B居住使用的位于××庄××号的房屋系父母遗留的房产，请求依法予以分割。侯B辩称，××庄历来只给男孩分配宅基地，并不给外嫁的女儿分配宅基地，××庄××号的房屋当年是自己要结婚，向村里申请的宅基地，后来自己进行的加盖，父母亦跟随自己生活，所以该房屋的产权为被告所有，并非父母遗产，所以不同意侯A继承分割。

滕州市人民法院经审理认为，本案所涉位于××庄××号的房屋既无产权登记，亦无证据证明宅基地使用权人为原告侯A父母，亦无证据证明涉案房屋系原告侯A父母合法建造的事实行为设定物权，遂判决驳回侯A的诉讼请求。

侯A向枣庄市中级人民法院上诉，枣庄市中级人民法院二审判决驳回侯A上诉，维持原判。

2015年12月31日，侯A向滕州市政府提交了土地权属争议调查处理申请书，请求依法确认××庄××号宅基地使用权的取得人。2016年1月11日，滕州市政府作出不予受理决定书，并于1月18日向侯A送达。侯A不服，向枣庄市政府申请行政复议。2016年3月18日，枣庄市政府作出《行政复议决定书》，维持了滕州市政府不予受理决定。

侯A向枣庄市中级人民法院提起行政诉讼。枣庄市中级人民法院认为，《土地管理法》第16条第1款规定："土地所有权和使用权争议，由当事人协商解决；协商不成的，由人民政府处理。"①《土地权属争议调查处理办法》第2条规定："本办法所称土地权属争议，是指土地所有权或者使用权归属争议。"本案中，侯A主张的是"×××庄××号宅基地使用权应确认为原告的母亲生前取得"。根据上述规定，应由侯A的母亲直接主张权利，而非侯A，且滕州市法院民事判决已认定侯A"亦无证据证明宅基地使用权人为原告父母"，因此，侯A与争议的宅基地使用权没有直接的利害关系。《土地权属争议调查处理办法》第13条第1款规定，"对申请人提出的土地权属争议调查处理的申请，国土资源行政主管部门应当依照本办法第十条的规定进行审查，并在收到申请书之日起7个工作日内提出是否受理的意见"。第3款规定，"认为不应当受理的，应当及时拟定不予受理建议书，报同级人民政府作出不予受理决定"。本案中，侯A于2015年12月31日向滕州市国土资源局提交申请书，滕州市国土资源局报滕州市政府；滕州市政府于2016年1月11日作出不予受理决定。枣庄市中级人民法院认定，滕州市政府作出的不予受理决定，适用法律、法规正确，符合法定程序，遂判决驳回侯A的诉讼请求。

侯A不服枣庄市中级人民法院上述判决向山东省高级人民法院提起上诉。山东省高级人民法院二审认为：关于侯A与其申请调查处理的争议土地是否具有直接的利害关系问题，本案中，侯A向滕州市政府提交了土地权属争议调查处理申请书，请求依法确认××庄××号宅基地使用权的取得人。侯A在申请书中明确××庄××号宅基地使用权应确认为其母亲生前取得，而侯A提供的有关材料不能证明侯A与申请调查处理的争议宅基地存在直接利害关系。《土地权属争议调查处理办法》第10条规定，申请调查处理土地权属争议的，应当符合"申请人与争议的土地有直接利害关系"的条件，故滕州市政府以侯A与争议的土地不具有直接利害关系为由作出不予受理决定

① 此处适用的是2004年修正的《土地管理法》，相关规定参见2019年修订的《土地管理法》第14条第1款。

并无不当。在向滕州市政府提出土地权属争议调查处理申请前，侯A虽与案外人侯B因涉案宅基地上房屋继承产生纠纷，但法院因其提交的证据不足以证明该房产系其父母遗产驳回了诉讼请求，该案的判决书亦不能证明侯A与本案争议的土地具有直接利害关系。宅基地管理实行所有权与使用权分离的制度，宅基地的所有权属于农村集体经济组织，农村集体经济组织成员可以依法取得宅基地的使用权。宅基地使用权不属于被继承人遗留下的合法财产，因继承宅基地上的房屋而对宅基地进行使用，并不表明继承人继承了或者是取得了宅基地的使用权，宅基地使用权因集体经济组织成员资格的灭失而灭失。鉴于侯A的母亲已经去世的事实，一审法院认定侯A无权申请确认涉案宅基地使用权是其母亲生前取得并无不当，侯A称其具有申请确认权属的主体资格，无事实和法律依据，不予支持。关于不予受理决定与行政复议决定程序问题，2016年1月11日滕州市政府作出不予受理决定，该决定的作出符合《土地权属争议调查处理办法》第13条第1款规定的法定程序、期限。山东省高级人民法院认定，一审判决认定事实清楚，适用法律正确，程序合法，应予维持，遂判决驳回侯A上诉，维持原判决。

侯A仍不服，向最高人民法院提出再审称：原审判决认定再审申请人与争议的土地没有直接利害关系属于证据不足，认定事实错误；原审判决适用法律错误；滕州市政府不予受理再审申请人的申请，属于不履行法定职责；解决土地权属争议，属于县级人民政府的职权范围。请求撤销一审、二审行政判决，枣庄市政府作出的行政复议决定和滕州市政府作出的不予受理决定，责令滕州市政府在一定期限内重新作出具体行政行为。

最高人民法院认为，本案的关键问题是，再审申请人侯A与其申请调查处理的争议土地是否具有直接的利害关系。《土地权属争议调查处理办法》第10条规定：“申请调查处理土地权属争议的，应当符合下列条件：（一）申请人与争议的土地有直接利害关系；（二）有明确的请求处理对象、具体的处理请求和事实根据。”本案中，侯A虽向滕州市政府提交了土地权属争议调查处理申请书，请求确认××庄××号宅基地使用权取得人为其母亲贺C，但我国对宅基地实行所有权与使用权分离的制度，即宅基地的所有权属于农村集体经济组织，农村集体经济组织成员可以依法取得宅基地使用权，宅基地使用权也因集体经济组织成员资格的丧失而丧失。由于侯A的母亲贺C已经去世，故贺C不再享有取得宅基地使用权的主体资格。虽然根据《行政诉讼法》第25条第2款的规定，“有权提起诉讼的公民死亡，其近亲属可以提起诉讼”，但因侯A不具有××庄集体经济组织成员资格，滕州市政府以侯A与本案争议土地不具有直接利害关系为由作出不予受理决定，并无不当。即便侯A具有××庄集体经济组织成员资格，因其母亲贺C不再享有取得宅基地使用权的主体资格，其提起本案诉讼的请求亦难支持。另外，侯A在向滕州市政府提出土地权属争议调查处理申请前，与案外人侯B因涉案宅基地上房屋继承产生纠纷，但法院因其提交的证据不足以证明该房产系其父母遗产驳回了其诉讼请求，该案的判决亦不能证明侯A与本案争议土地具有直接的利害关系。侯A关于因对地上房屋归属具有法律上的请求权，对争议的土地当然具有直接利害关系的主张，不能成立。

最高人民法院认定，侯A的再审申请不符合《行政诉讼法》第91条规定的情形。于是依照最高人民法院《关于适用〈中华人民共和国行政诉讼法〉的解释》（以下简称《行政诉讼法解释》）第116条第2款之规定，裁定如下：驳回再审申请人侯A的再审申请。

［根据山东省枣庄市中级人民法院（2016）鲁04民终241号民事判决书和最高人民法院（2017）最高法行申6780号行政裁定书编写］

**【作者分析】**

引编这个案例是想说明宅基地管理实行所有权与使用权分离的制度。根据《民法典》《土地管理法》的有关规定，农村土地属于集体所有，宅基地作为农村土地亦属农村集体所有，而村民作为农村集体经济组织成员依法享有宅基地使用权，经依法批准后有权使用宅基地建设住宅，于是构成“宅基地管理实行所有权与使用权分离的制度”。本案中，贺C生前是××庄集体经济组织成员，具有取得××庄集体经济组织土地建住宅的主体资格，这是肯定的，但因农村宅基地使用权具有人身依附性，故宅基地使用权也因集体经济组织成员资格的丧失而丧失，贺C死亡后也就不再是宅基地使用权人。侯A父母留下的××庄××号房屋，原本应由侯A、侯B继承，该房屋所占用的宅基地也应由继承人侯A、侯B继续使用，但因本案当事人不能提交证据足以证明该房产系其父母合法建造（不能排除违法建造），故侯 A 在民事诉讼中请求分割涉案房屋遗产被法院判决驳回。宅基地本身是农村集体所有的土地，虽可由继承人在继承房屋后继续使用，但宅基地使用权本身不是遗产继承的标的物，且侯 A 在行政诉讼中亦无证据证明宅基地使用权人为其父母，所以，本案行政判决明确指出，“宅基地使用权不属于被继承人遗留的个人财产，即使继承宅基地上的房屋而对宅基地进行使用，并不表明继承人继承了或者是取得了宅基地的使用权”，体现了“我国对宅基地实行所有权与使用权分离的制度”。

## 第二节　农村宅基地使用权的基本特征

宅基地使用权是农村村民经依法审批占有、使用集体土地建造房屋及其附属设施的权利。根据《民法典》《土地管理法》的有关规定，农村宅基地使用权有如下几个基本特征。

### 一、村民使用宅基地具有法定性

农村村民依赖农村集体土地生存，在利用集体土地进行生产的同时，也离不开集体土地建设住宅进行生活。因此，《民法典》第 362 条规定：“宅基地使用权人依法对集体所有的土地享有占有和使用的权利，有权依法利用该土地建造住宅及其附属设施。”据此，农村村民的宅基地使用权是一种法定权利，即使某些地区因人多地少难以安排宅基地，也要依照《土地管理法》第 62 条第 2 款“人均土地少、不能保障一户拥有一处宅基地的地区，县级人民政府在充分尊重农村村民意愿的基础上，可以采取措施，按照省、自治区、直辖市规定的标准保障农村村民实现户有所居”的规定，保障村民使用宅基地的需求。

### 二、村民使用宅基地具有普惠性

基于宅基地使用权是村民的法定权利，也就产生在村民范围内的普惠性，即每一个农村集体经济组织内部成员都有权以个人或农户的名义，依法无偿取得本村集体土地作为宅基地建造住宅，且其宅基地使用权应受公平对待，农村集体组织和乡镇政府以及有关部门，不得对个别或者部分成员有任何歧视和不公，更不得剥夺其宅基地使用权。

## 三、宅基地使用权具有限制性

我国人多地少，人均耕地仅1.46亩。为了维护土地公有制，保障农民生存权，必须合理利用土地，切实保护耕地。在此背景下，宅基地使用权在普惠性的基础上亦应有所限制，例如，根据《土地管理法》第62条的规定，“农村村民一户只能拥有一处宅基地，其宅基地的面积不得超过省、自治区、直辖市规定的标准。农村村民建住宅，应当符合乡（镇）土地利用总体规划、村庄规划，不得占用永久基本农田，并尽量使用原有的宅基地和村内空闲地。农村村民住宅用地，由乡（镇）人民政府审核批准；其中，涉及占用农用地的，依照本法第四十四条的规定办理审批手续。农村村民出卖、出租、赠与住宅后，再申请宅基地的，不予批准”。该规定即是对村民使用集体土地建设住宅的限制。从中还可以看出，农村宅基地的用途限于建设房屋及附属设施，村民依法取得宅基地使用权后在规定期限内未建住宅的，农村集体组织还有权收回宅基地。

## 四、村民使用宅基地具有永久性

国有土地使用权是有年限的，有的最长不超过50年，有的最长不超过70年，而农村宅基地使用权是无期限的。农村村民作为本村集体经济组织群体的成员，主要依赖本村集体土地生存，不易移居，所以，《民法典》《土地管理法》等法律均无农村宅基地使用期限的规定。农村集体组织若无法定原因，不得收回村民已建住宅的宅基地，使之流离失所。故农村村民的宅基地使用权具有永久性的特征。

## 五、宅基地使用权具有无偿性

国家自1993年起取消农村宅基地使用费和自2017年起取消宅基地及农

村房屋确权登记契税后，农村村民便无偿使用本村的宅基地，此问题前文已经阐述清楚，但有两个问题需要再做说明：

一是非本村村民申请加入本村的成员，本村集体经济组织可以有偿给予使用宅基地。主要理由是，1993 年国家取消农村宅基地使用费，主要是对具有本村集体经济组织成员身份的村民初始取得宅基地使用权而言的，至于某些非本村村民在特殊情况下申请加入本村集体经济组织成为成员而使用宅基地的，根据《土地管理法》第 2 条第 3 款“土地使用权可以依法转让”的规定，农村集体组织可经集体决定或者民主议定程序决定有偿转让宅基地使用权。

二是农村土地制度改革试点地区可以规定有偿使用宅基地。当前，试点地区正在探索农户自愿有偿退出宅基地的问题，例如，鼓励进城落户的农民自愿将宅基地有偿退还给农村集体经济组织，即农村集体经济组织支付一定数额的金钱收回宅基地使用权；对于因历史原因造成的超标准占用宅基地、“一户多宅”所占有和使用的宅基地，建立由农村集体经济组织主导下的有偿使用制度，即允许村民向农村集体经济组织交付一定数额的金钱取得多占多建的宅基地使用权；允许非本村集体经济组织成员向本村集体经济组织交付宅基地使用费取得本村宅基地使用权；允许村民在一定条件下有偿流转宅基地使用权等。但是这些改革政策，并不改变村民初始无偿取得和使用本村宅基地的规定。

宅基地使用权的基本特征不是理论上的探讨，而是可以结合有关法律规定对有关宅基地行为作出是否合法、有无效力的判断，例如，村民符合规定条件申请使用宅基地，而本村集体经济组织或者村民委员会有条件安排而不予安排的，该村民可向乡镇政府提出申诉，由乡镇政府责令其改正；村民初始审批宅基地，本村集体组织违反无偿规定而收取宅基地使用费的，该村民可认为本村集体组织不当得利而要求其返还；本村集体经济组织与村民订立协议约定宅基地使用期限的，如无特殊情况，该村民可以主张该宅基地使用期限约定无效；村民违反限制性规定占有、使用宅基地将会受到行政处罚等。

## 案例4

竹某系某某村村民。2012 年 8 月 10 日，竹某因拆除老房子需某某村民委员会、股份经济合作社另安排宅基地，某某村民委员会、股份经济合作社向竹某收取了 10 万元的“拆迁补交、配套、青苗费”。2014 年 1 月 24 日，某某村民委员会、股份经济合作社给竹某安置了宅基地，地址在××地，竹某又向某某村民委员会、股份经济合作社补交了 2 万元的“××地安置、三通配套费”。后竹某在某某村民委员会、股份经济合作社分配给其的宅基地上建造房屋。2017 年 4 月 26 日，因城中村拆迁改造需要，竹某建造的房屋被拆迁，因其宅基地无审批手续，其获得的拆迁安置补偿款仅为房屋和装修及附属物的评估价值。

2019 年 8 月，竹某以某某村民委员会、股份经济合作社为被告，向嵊州市人民法院提出不当得利纠纷诉讼，请求：判令被告返还原告不当得利 120,000 元，并从起诉日起按中国人民银行同期贷款基准利率支付利息至履行完毕日止给原告。

被告某某村民委员会、股份经济合作社辩称，（1）本案不属于法院管辖范围，因本案是农村宅基地使用权纠纷，并非平等主体之间的民事法律关系；（2）被告已经于 2014 年向原告提供了宅基地，由村统一办理建房手续，原告也已经建造了房屋，2017 年 7 月，因城中村拆迁改造需要被拆迁，原告方已获得拆迁补偿款 6,059,202 元；（3）原告应当缴纳建房配套费和青苗补偿费，因建房所需的道路、水、电设施由被告方集体提供，土地上的青苗补偿费也由被告方垫付，原告方缴纳的费用都是经双方协商一致确定的，且被告方收取的费用也是合理合法的，不是不当得利；（4）如果是买卖土地，该费用应当追缴，上缴国库。请求驳回原告的诉讼请求。

嵊州市人民法院认为，本案其实是宅基地使用权纠纷，原告以不当得利案由起诉，属案由不当，应予纠正。农村村民住宅用地，经乡镇人民政府审核，由县级人民政府批准。农村村民住宅建设，应当按照村庄规划，合理布局，综合开发，配套建设。村民向村集体组织申请宅基地，符合条件的，除按政策规定交纳有关规费外，村集体组织应该无偿给予。被告在收取原告交纳的宅基地使用费后，分配给原告的宅基地并未履行审批手续，导致双方之间的买卖交易行为无效，现原告在该宅基地上所建房屋被拆迁，因宅基地无审批手续，致使原告获得的拆迁安置补偿款仅为房屋装修及附属物的评估价值。按照《民法总则》第 157 条的规定①，民事法律行为被确认为无效后，行为人因该行为取得的财产，应当予以返还。有过错的一方应当赔偿对方由此所受到的损失；各方都有过错的，应当各自承担相应的责任。现原告取得的宅基地及地上建筑物已被拆迁征收，被告应将其收取的宅基地使用费 120,000 元款项返还给原告。关于原告的损失，原告要求该款从起诉日起按中国人民银行同期贷款基准利率支付利息至付清日止的利息损失，可予以准许。至于被告辩称本案不属于民事诉讼受案范围，法院认为，本案系因原告为取得宅基地使用权向被告交纳差价款引起的纠纷，因安置宅基地的落实及审批手续均由被告负责，在原告按照被告的要求补交差价后，取得了被告分配的宅基地并建造房屋，双方之间存在宅基地使用权的交易行为，因该交易行为引发的争议，属于民事诉讼的受案范围，故对被告的这一辩称不予支持。由于原告、被告双方的行为并非恶意串通，故不适用追缴双方取得的财产收归国家所有的规定。嵊州市人民法院判决：某某村民委员会、股份经济合作社共同返还竹某宅基地使用费 12 万元并赔偿该款从 2019 年 8 月 22 日起至付清日止按中国人民银行同期贷款基准利率计算的利息损失，款限于本判决发生法律效力之日起 10 日内付清。

［根据浙江省嵊州市人民法院（2019）浙 0683 民初 5853 号民事判决书编写］

## 案例 5

2012 年 7 月 20 日，刘某某（安徽省人）向新疆维吾尔自治区乌鲁木齐市××乡××村民委员会提出宅基地申请。2012 年 8 月，××村民委员会审批同意刘某某宅基地申请，将××村一处荒地（该地块在案外人名下）划给刘某某，刘某某便开始在该宅基地上修建房屋。2013 年 1 月 11 日，刘某某

① 《民法总则》已失效，相关规定参见《民法典》第 157 条。

按照××村民委员会要求，向××村民委员会缴纳了宅基地款56,250元。房屋建成后，刘某某催促××村民委员会办理宅基地使用证，××村民委员会未予办理。2016年11月2日，××村民委员会给刘某某的房屋进行门牌编为××路××号。2014年1月10日，刘某某在××路西侧荒地建造的房屋，因地块系挂在他人名下，被乌鲁木齐市国土资源局认定为违章建筑，后被依法拆除。

2021年1月，刘某某以××村民委员会为被告，向乌鲁木齐市新市区人民法院提出诉讼，请求：（1）依法判令被告返还原告宅基地款56,250元；（2）判令被告依法判令被告支付利息损失26,156元。

被告××村民委员会答辩称，2008年，该村召开全村村民代表大会，对外来人员在本村建房的决议决定每平方米收取125元宅基地费用，对原告的宅基地款项收取合理有法律依据，原告也在该宅基地上建设房屋，并对外出租有收益；2018年经国土局认定为违章建筑进行拆除，原告建造该房屋被认定为违章建筑强制拆除系国家行政机关行为与被告无关。

新市区人民法院认为，因他人没有法律依据，取得不当利益，受损失的人有权请求其返还不当利益。不当得利，是指没有合法根据而获得利益并使他人利益遭受损失的事实，取得不当利益的一方应将所获利益返还于受损失的一方。不当得利的成立要件包括：一方受益、他方受损、一方受益与他方受损之间有因果关系、受益人取得利益没有法律上的根据。没有法律上的根据既包括在取得利益时没有合法依据也包括事后丧失合法依据。本案中，原告刘某某向被告××村民委员会缴纳宅基地使用费后，原告刘某某在该土地上修建的房屋被认定为违章建筑，并于2018年4月28日被依法拆除，故被告××村民委员会收取原告的宅基地使用费已无合法依据，应当向原告刘某某进行退还，故对原告刘某某要求被告××村民委员会返还不当得利56,250元及部分利息的诉讼请求予以支持。新市区人民法院判决如下：（1）被告××村民委员会返还原告刘某某宅基地款56,250元；（2）被告××村民委员会返还原告刘某某宅基地款利息损失6099.51元。上述款项共计62,349.51元，被告××村村民委员会应于本判决生效后10日内一次性付清。

［根据乌鲁木齐市新市区人民法院（2021）新0104民初2188号民事判决书编写］

【作者分析】

国家自1993年取消农村宅基地使用费后，《民法典》《土地管理法》中也无宅基地使用费的规定，故农村集体组织仍向村民收取宅基地使用费的，属于不当得利，应当向村民返还。

在案例4和案例5中的被告村民委员会都向原告收取宅基地使用费，但两家法院认定的案由则不同。在案例4中，被告某某村民委员会向原告竹某收取宅基地使用费，原告竹某以不当得利为由提起诉讼，而法院认为本案是宅基地使用权纠纷，并以买卖宅基地定性，且确认买卖交易行为无效，最后判决被告向竹某返还宅基地使用费12万元并赔偿利息损失。而在案例5中，××村民委员会向刘某某收取宅基地使用费，法院却以不当得利为案由进行审判。

笔者认为，案由是法院对诉讼案件所涉及的法律关系的性质进行概括后形成的案件名称，在一定程度上反映案件的性质。不当得利是受益人在没有法律依据的情况下取得利益。在案例4中，竹某是本村村民，并以不当得利提起诉讼，虽与宅基地使用权纠纷有关，但被告某某村民委员会在国家取消宅基地使用费后和《土地管理法》等相关法律没有规定的情况下，违反村民无偿使用宅基地制度而收取竹某的宅基地使用费，亦属不当得利的无效行为，而法院认为是买卖交易行为有所不妥。在案例5中，原告刘某某是安徽省人，而非乌鲁木齐市××村村民，××村民委员会以交易方式将宅基地转让给非本村的外地人使用，且刘某某未经依法批准取得宅基地使用权，故属违法买卖宅基地行为，而法院认为是不当得利为不妥，应以买卖宅基地为由进行处理。不过，无论不当得利还是合同无效，按照法律规定都应返还原物，故上述两个案例的判决结果是正确的。

## 案例6

孙A、孙B系B村民，1995年想到A村落户，与A村村委会签订了宅基地有偿使用协议。该协议约定：为将来落户，村委对孙A、孙B两户居住方便，经支部、村委与孙A、孙B两户协商，达成协议，将本村宅基地576平方米有偿处理给孙A、孙B两户永久使用，总款2万元；为两户居住方便，支部、村委提供下列条件：（1）村委提供自来水、照明电的方便；（2）有关建房手续、房产证，由村委负责办理；（3）如上级有关部门占地，无论支部、村委任何人负责，按本地基平方数从另补齐；（4）孙A、孙B的子孙对本地基享有继承、转让的权利。该协议签订后，孙A、孙B按约交付2万元转让款。孙A、孙B后在该宅基地上建造了房屋，并居住使用。但A村村委会始终未为孙A、孙B办理宅基地使用手续及村民落户手续。诉讼发生时，A村正在进行旧村拆迁。

2018年，孙A、孙B以A村村委会为被告，向周村区人民法院提起确认合同有效纠纷诉讼：（1）请求法院确认双方签订的宅基地有偿使用协议合法有效；（2）判令A村村委会协助办理宅基地及房屋确权手续。

周村区人民法院认为，双方签订的协议违反了法律、行政法规的强制性规定为无效协议。农村村民建住宅用地，由村民向农村集体经济组织或者村民委员会提出申请，经村民会议讨论，乡镇人民政府审核后，报请县级人民政府批准；住宅建成后，由县级人民政府土地行政主管部门对建设用地进行验收，并办理土地登记，核发《集体土地使用证》。本案中，原告孙A、孙B并非A村集体组织成员，其有偿使用A村宅基地须经A村村民会议讨论并通过，且A村村委会须经乡镇人民政府审核并经县级人民政府批准后，才能履行其与孙A、孙B签订的宅基地有偿使用协议确定的义务；孙A、孙B未举证证明其所建房屋经过了政府土地行政主管部门的审批和验收；孙A、孙B以2万元价款买断576平方米土地使用权永久使用，不符合相关法律、行政法规关于农村宅基地使用权具有人身属性，非本集体经济组织成员无法取得的规定。综上，孙A、孙B与A村村委会所签订的宅基地有偿使用协议的合法性缺乏证据支持。孙A、孙B与A村村委会签订并履行协议所造成的损失，应当由A村村委会另行予以赔偿。周村区人民法院判决：驳回孙A、孙B的诉讼请求。

孙A、孙B向淄博市中级人民法院上诉称，村民会议讨论程序应由A村村委会召集主持，孙A、孙B没有义务参与村民会议讨论；孙A、孙B所建房屋位于村中心，周围都是宅基地，符合土地利用规划，自1995年至提起诉讼时已二十余年，历届村委会均没有提出异议，现A村村委会违反诚信原则否定二人的权利；孙A、孙B与A村村委会在协议中约定了占地、盖房由A村村委会办理，根据原国土资源部《关于进一步加快宅基地和集体建设用地确权登记发证有关问题的通知》（国土资发〔2016〕191号）第10条的规定，尊重历史、承认现状、实际使用人取得使用权为基本原则的现行政策，其能够取得宅基地使用权；孙A、孙B虽非本集体组织成员，但均为农村户籍，根据原国土资源部《关于进一步加快宅基地和集体建设用地确权登记发证有关问题的通知》第7条的规定，1999年以前非农业户口居民有偿取得宅基地是合法的，非集体组织成员取得宅基地的形式除扶贫搬迁、地质灾害防治、新农村建设、移民安置等按照政府统一规划和批准使用宅基地外，只有有偿取得、继承、赠与是合法有效的；我国法律没有明确规定非本集体组织成员不能取得宅基地使用权，1999年5月6日国务院办公厅《关于加强土地转让管理严禁炒卖土地的通知》实施，孙A、孙B签订协议是在该规定之前，不溯及既往；一审法院应当适用《合同法》第44条、第60条①，却错误适用第52条②；现孙A、孙B已年老体衰，一审判决已使其陷入老无所居的境地。请求撤销一审判决，依法改判。

淄博市中级人民法院认为，A村村委会与孙A、孙B签订的宅基地有偿使用协议系经A村“两委”同意，将该村集体所有的土地有偿给孙A、孙B使用，A村村委会作为村集体土地所有权人有权将其集体土地转让给其他农村集体经济组织成员使用，而且将涉案集体土地转让给孙A、孙B系A村村委会的真实意思表示，并经村“两委”同意，没有违反法律强制性规定，因此，A村村委会与孙A、孙B签订的宅基地有偿使用协议有效，A村村委会应当按照该协议的约定履行义务。A村村委会辩称其无法为孙A、孙B办理落户、宅基地确权手续，其应当承担不能履行有偿使用协议约定的义务的法律后果。依照该协议约定，孙A、孙B享有使用本村宅基地，与本村村民同等的宅基地使用权益。因A村正在旧村拆迁过程中，孙A、孙B所建房屋正

① 《合同法》已失效，相关规定分别参见《民法典》第502条、第509条。
② 《合同法》已失效，相关规定参见《民法典》第148条及第150条。

在面临折迁，因此，孙A、孙B诉求A村村委会协助办理宅基地及房屋确权手续已无履行的实际意义，但是A村村委会应当依照该协议第3条的约定按照涉案宅基地576平方米的面积，以本村村民折迁补偿待遇的标准给予孙A、孙B相应的折迁补偿待遇。孙A、孙B已经在A村村委会的承诺下在A村建房居住了23年，A村村委会不能以其无法办理落户手续和宅基地使用手续抗辩孙A、孙B应当享有的本村村民同等的折迁补偿利益，A村村委会的答辩理由不能成立，不予采纳。淄博市中级人民法院判决：（1）撤销周村区人民法院一审民事判决；（2）孙A、孙B于1995年10月31日与A村村委会签订的有偿使用宅基地协议有效；（3）驳回孙A、孙B其他诉讼请求。

［根据山东省淄博市中级人民法院（2018）鲁03民终3804号民事判决书编写］

**【作者分析】**

本案与案例4不同的是，案例4中的竹某系本村村民。本案与案例5不同的是，案例5中的刘某某系非本村村民，且将地块挂在他人名下建造房屋被认定为违章建筑而被依法拆除。本案中的孙A、孙B虽然也非本村村民，但其与A村村委会签订的宅基地有偿使用协议明确约定落户A村，显然具有申请加入A村成为成员的意愿，且A村村委会通过约定予以接受，并由A村村委会为孙A、孙B办理有关建房手续。在此约定条件下，A村村委会向孙A、孙B有偿转让宅基地使用权，根据《土地管理法》第2条第2款①“土地使用权可以依法转让”和第10条②农民集体所有的土地“由村集体经济组织或者村民委员会经营、管理”的规定，以及合同法律的有关规定，该涉案的宅基地有偿使用协议应作有效认定。照此规定，A村村委会应当按照协议的约定为孙A、孙B办理入户手续和宅基地确权手续，而A村村委会未履行这些义务属于违约行为，且孙A、孙B已经在A村建房居住了23年之久，故法院认定孙A、孙B享有使用A村的宅基地，并享有相应的折迁补偿待遇。

---

① 此处适用的是2004年修正的《土地管理法》，相关规定参见2019年修订的《土地管理法》第2条第3款。

② 相关规定参见2019年修订的《土地管理法》第11条。

## 第三节 农村集体组织宅基地管理权

根据《土地管理法》第 11 条“农民集体所有的土地依法属于村农民集体所有的，由村集体经济组织或者村民委员会经营、管理”的规定，农村宅基地虽属农民集体所有，但由农村集体组织（包括农村集体经济组织和村民委员会）管理，故农村集体组织管理宅基地是一种法定权利。下面从农村集体组织的法律地位角度分析其宅基地管理权的问题。

### 一、农村集体经济组织的法律规范现状

我国目前尚无一部专门规范农村集体经济组织的法律，有关农村集体经济组织的规范散见于多部法律。例如，《宪法》第 8 条第 1 款规定，“农村集体经济组织实行家庭承包经营为基础、统分结合的双层经营体制”。《村民委员会组织法》第 8 条第 3 款规定，“村民委员会应当尊重并支持集体经济组织依法独立进行经济活动的自主权，维护以家庭承包经营为基础、统分结合的双层经营体制，保障集体经济组织和村民、承包经营户、联户或者合伙的合法财产权和其他合法权益”。《民法典》第 99 条规定，“农村集体经济组织依法取得法人资格”等。因农村集体经济组织的法律规范过于零散，故其法律地位、职能职责及成员资格等一直处于模糊状态，且容易与村民委员会职能混淆。为了加强农村集体经济组织建设，保障农村集体经济组织及其成员的合法权益，2017 年以来的中央 1 号文件连续 3 年明确要求研究制定农村集体经济组织法。2018 年 9 月，全国人大常委会将农村集体经济组织法列入立法项目，但目前尚未出台该法。

### 二、农村集体经济组织的主体性质

《民法典》第 99 条规定，“农村集体经济组织依法取得法人资格”。农业农村部办公厅《关于启用农村集体经济组织登记证有关事项的通知》指出，农村集体经济组织应当登记，并取得农业农村行政管理部门发放的《农村集

体经济组织登记证》，组级集体经济组织统一称为“××县（市、区）××乡（镇、街道）××村（社区）××组股份经济合作社（经济合作社）”，村级集体经济组织名称统一为“××县（市、区）××乡（镇、街道）××村（社区）股份经济合作联合社（经济联合社）”。中央农村工作领导小组办公室、农业农村部《关于进一步加强农村宅基地管理的通知》还指出，“建立部省指导、市县主导、乡镇主责、村级主体的宅基地管理机制”。从上述法律规定通知精神以及实践情况来看，笔者认为，农村集体经济组织是依法履行管理农村集体资产、开发农村集体资源、发展农村集体经济、服务农村集体成员等职能的特别法人组织。

## 三、农村集体经济组织的宅基地管理职能

农村集体经济组织所管理的集体资产，包括农村集体所有的土地、森林、山岭、草原、荒地、滩涂等资源性资产，这里的土地当然包括农村宅基地。《土地管理法》第 11 条规定，农村土地由村集体经济组织或者村民委员会经营和管理。《民法典》第 101 条规定，未设立村集体经济组织的，村民委员会可以依法代行村集体经济组织的职能。据此，农村集体土地作为农村集体资产，在农村集体经济组织已经设立的情况下，农村集体经济组织是农村集体土地的管理主体，宅基地作为农村集体的土地亦应由农村集体经济组织管理。例如，农村集体经济组织有权通过法定程序和条件对其成员安排和分配宅基地；有权拒绝成员出卖、出租、赠与住宅后再申请宅基地；有权根据规定的条件收回其成员的闲置宅基地，采取有偿方式收回进城落户的农户自愿退出宅基地，盘活利用闲置宅基地和闲置住宅。由此可见，农村集体经济组织是基于上述法律授权对宅基地行使管理权，其与其成员之间所形成的宅基地法律关系是管理者与被管理者的关系。

## 四、关于村民委员会管理宅基地的问题

农村集体经济组织与村民委员会虽然都是村级集体组织，但两者的组织性质是不同的。农村集体经济组织是管理农村集体资产并组织其成员开展生产经营活动的经济组织，而村民委员会是村民自我管理、自我教育、自我服

务的基层群众性自治组织。依照《村民委员会组织法》设立村民委员会的村是乡镇政府以下的行政区划单位，故称行政村。村民委员会虽是以民主方式管理本村公共事务的自治组织，但其中的管理公共事务带有一定的行政性质，故村民委员会还是一个准政府性质的机构，特别是在法律、法规、规章授权其履行行政管理职责的情况下，村民委员会实施行政管理职责的行为，在性质上属于行政行为。

关于农村宅基地问题，在通常情况下应由农村集体经济组织行使管理权，但《村民委员会组织法》第 8 条第 2 款规定，“村民委员会依照法律规定，管理本村属于村农民集体所有的土地和其他财产，引导村民合理利用自然资源，保护和改善生态环境”。第 24 条规定，宅基地使用方案经村民会议讨论决定后，由村民委员会办理。于是，在农村宅基地上出现了农村集体经济组织与村民委员会的管理权交叉的问题。根据《民法典》第 101 条“未设立村集体经济组织的，村民委员会可以依法代行村集体经济组织的职能”的规定，已经设立村集体经济组织的，应当由村集体经济组织行使宅基地管理权，而不宜由村民委员会行使宅基地管理权，村民委员会只有在未设立村集体经济组织的情况下，才可以依法代行村集体经济组织的行使宅基地管理权。这里的未设立村集体经济组织，通常是指未取得《农村集体经济组织登记证》，但农村集体经济组织虽已取得《农村集体经济组织登记证》，然而处于瘫痪状态不能履行职能的，笔者认为，也可由村民委员会代其行使宅基地管理权。此外，笔者还认为，《民法典》第 101 条是一种规范性规定，而非禁止性规定，故村民委员会在已设农村集体经济组织的情况下行使某些具有行政性质的宅基地管理权，非越权的无效行为，如村民委员会根据民主议定程序通过的宅基地使用方案为村民安排和分配宅基地，依照法定程序依法收回村民的宅基地使用权等，也属其履行职责行为。

## 案例 7

2020 年 4 月 19 日，××村委会、党支部及经济合作社共同对王某作出《宅基地收回决定》，主要内容为：鉴于××村集体土地已经依法进行了棚户区改造，绝大多数村民已经签订拆迁补偿安置协议；因你家至今未能够进行搬迁，严重影响全村回迁进程及公共设施建设。现为满足公共设施和公益事业建设需要，依据《土地管理法》第66条的相关规定，经村民代表会民主决策，决定收回下列范围内宅基地使用权：（1）本次收回坐落于××新村×排×号的宅基地使用权，收回使用权面积337.83平方米。（2）请上述范围内宅基地使用权人于2020年4月22日前腾空院内物品，并自行拆除房屋。逾期不腾空不拆除的，村集体将有权采取强制措施。（3）收回宅基地使用权的补偿和地上建筑物的拆迁安置工作由村集体按照评估结果和本次棚改对应的安置政策依法予以落实。该《宅基地收回决定》未经人民政府批准。

王某对《宅基地收回决定》不服，于2020年5月4日以××村委会为被申请人向延庆区政府申请行政复议，请求依法撤销《宅基地收回决定》。2020年6月19日，延庆区政府作出复议决定书，认为王某提出的行政复议申请不符合行政复议法及行政复议法实施条例规定的相关条件，驳回王某的行政复议申请。王某不服，向北京市第四中级人民法院提起行政诉讼，请求撤销延庆区政府作出的复议决定书。

北京市第四中级人民法院认为，《土地管理法》第66条第1款规定，“有下列情形之一的，农村集体经济组织报经原批准用地的人民政府批准，可以收回土地使用权：（一）为乡（镇）村公共设施和公益事业建设，需要使用土地的；（二）不按照批准的用途使用土地的；（三）因撤销、迁移等原因而停止使用土地的”。依据该规定，农村集体经济组织收回土地使用权应当报经原批准用地的人民政府批准，并且报经原批准用地的人民政府批准是农村集体经济组织收回土地使用权的法定义务和前置程序。《村民委员会组织法》第2条第1款规定，村民委员会是村民自我管理、自我教育、自我服务的基层群众性自治组织，实行民主选举、民主决策、民主管理、民主监督。因此，村民委员会在其职责范围内作出的决议或者决定属于基层群众性自治组织的自治行为，而非行政行为，对于村民委员会的自治行为应当通过法定途径进行救济。《村民委员会组织法》第36条第1款、第2款规定，村民委员会或者村民委员会成员作出的决定侵害村民合法权益的，受侵害的村民可以申请法院予以撤销，责任人依法承担法律责任。村民委员会不依照法律、法规的规定履行法定义务的，由乡、民族乡、镇的人民政府责令改正。本案中，××村委会、××村党支部及××村合作社共同对王某作出《宅基地收回决定》，虽然系依据《土地管理法》第66条第1款收回王某宅基地使用权，但其收回土地使用权决定并未报经原批准用地的人民政府批准。农村集体经济组织作出的收回土地使用权决定只有报经原批准用地的人民政府批准后，该收回土地使用权决定才属于法律、法规、规章授权履行行政管理职责的行为，属于行政行为。农村集体经济组织未报经原批准用地人民政府批准作出的收回土地使用权决定，属于基层群众性自治组织的自治行为，而非行政行为。对于农村集体经济组织未报经原批准用地的人民政府批准作出的收回土地使用权决定不服，应当通过其他途径进行救济，而非通过行政复议或者行政诉讼进行救济。延庆区政府在法定期限内履行了受理、通知被申请人答复、作出被诉复议决定书以及将相关文书向各方当事人进行送达等程序，符合法律规定。据此，延庆区政府作出的被诉复议决定书并无不当。北京市第四中级人民法院判决驳回王某的诉讼请求。

王某不服一审判决，以一审法院适用法律错误、农村集体经济组织未报经原批准用地的人民政府批准作出的收回土地使用权决定属于超越或滥用职权的违法行政行为、属于行政复议、行政诉讼的受案范围等为由，向北京市高级人民法院提起上诉，请求撤销一审判决，改判撤销被诉决定书。

北京市高级人民法院认为，《行政诉讼法》第69条规定，行政行为证据确凿，适用法律、法规正确，符合法定程序的，或者原告申请被告履行法定职责或者给付义务理由不成立的，法院判决驳回原告的诉讼请求。根据《行政复议法》及《行政复议法实施条例》的相关规定，公民、法人或者其他组织认为具体行政行为侵犯其合法权益，向行政复议机关提出行政复议申请，请求行政复议机关从实体上作出有利于申请人内容的行政复议决定的前提，是申请人的复议申请必须符合法定受理条件；不符合法定受理条件的，行政复议机关不予受理或从程序上驳回其复议申请。《行政复议法实施条例》第28条第6项规定，行政复议申请属于收到行政复议申请的行政复议机构的职责范围的，应当予以受理。本案中，王某以××村委会为被申请人向延庆区政府提出行政复议申请，请求延庆区政府撤销《宅基地收回决定》。但根据《行政复议法》及《行政复议法实施条例》的相关规定，延庆区政府不具有对××村委会涉案相关行为进行行政复议的职责权限。王某提出的本案行政复议申请不符合《行政复议法》及《行政复议法实施条例》规定的相关条件。延庆区政府在法定期限内作出被诉复议决定书驳回王某行政复议申请的处理结果，并无不当。王某认为延庆区政府未依法履行行政复议职责的理由不能成立。一审法院判决驳回王某诉讼请求的处理亦无不当，予以维持。王某的上诉请求和理由缺乏事实根据和法律依据，不予支持。北京市高级人民法院判决：驳回王某的上诉，维持一审判决。

［根据北京市第四中级人民法院（2020）京04行初525号行政判决书和北京市高级人民法院（2020）京行终6803号行政判决书编写］

**【作者分析】**

对于农村集体组织依据《土地管理法》第66条第1款的规定收回村民宅基地使用权可否向法院提起行政诉讼，当前存在一些争议，北京市第四中级人民法院办理的这个案件为我们提供了一起值得参考的判例。

在这份行政判决书中，北京市第四中级人民法院将是否报经原批准用地的人民政府批准作为基本规则，来认定农村集体组织收回宅基地使用权的行为是行政行为还是自治行为。本案中，××村委会、党支部及经济合作社共同对村民王某作出《宅基地收回决定》，虽属《土地管理法》第66条第1款的授权行为，但未报经原批准用地的人民政府批准自行收回村民王某的宅基地使用权，是农村自治组织的自治行为，而不是行政行为。既然不是行政行为，也就不能申请行政复议，也就不属行政诉讼范围。北京市第四中级人民法院之所以受理本案，并非受理宅基地收回纠纷的行政诉讼，而是受理王某请求撤销行政复议决定。根据《行政复议法》第5条的规定，申请人对行政复议决定不服的，可以向法院提起行政诉讼，故北京市第四中级人民法院受理本案并进行了审判。

本案中的××村委会、党支部及经济合作社如果已报经原批准用地的人民政府批准，然后对村民王某作出《宅基地收回决定》，则可向人民政府申请县政府行政复议或者直接向法院提起行政诉讼。

## 案例8

安某某（女）系某某村村民。2018年9月至2019年8月，某某村先后召开党员、村民代表会议，讨论村庄改造工作启动事项，审议表决通过《补偿方案》，并形成《决议》，决定："一、收回××路与×××路之间公共设施和公益事业用地的集体土地使用权；二、按照《补偿方案》确定的补偿方式对收回集体土地上的房屋及附着物进行安置补偿；三、××路与×××路之间公共设施和公益事业用地范围内的房屋及附着物于下达通知之日起5日内自行予以拆除，如不拆除由某某村委会组织拆除。"2020年5月20日，黄岛区政府对某某村形成《决议》作出《批复》，同意由××街道办事处指导某某村民委员会，依据《土地管理法》第65条之规定，收回某某村××路与×××路之间公共设施和公益事业用地区域内的集体土地使用权，由自然资源局办理不动产注销手续。2020年6月28日，某某村民委员会向安某某作出并送达《限期交回集体土地使用权通知书》，通知安某某于收到该通知之日起5日内即"2020年×月×日"前自行拆除位于某某村××路与×××路之间公共设施和公益事业用地区域内的房屋及附着物，交回集体土地使用权，逾期将依据《决议》内容收回土地并拆除地上房屋及附着物。

安某某不服《限期交回集体土地使用权通知书》收回其集体土地使用权，以某某村民委员会为被告，于2020年8月3日向青岛铁路运输法院提起行政诉讼称，原告安某某为某某村村民，在某某村×××号拥有宅基地及房屋。原告获悉该村以村庄改造为名实施征收拆迁，并要依据《某某村村庄搬迁安置补偿方案》对房屋及附着物进行安置补偿。因补偿标准较低，原告暂未签订补偿协议。2020年6月28日，被告某某村委员会作出《限期交回集体土地使用权通知书》，责令原告于收到通知书之日起5日内自行拆除位于某某村××路与×××路之间公共设施和公益事业用地区域内的房屋及附属物，交回集体土地使用权，逾期将收回土地并拆除地上房屋及附着物。原告认为，被告作出的《限期交回集体土地使用权通知书》是依据《土地管理法》的授权履行行政管理职责的行为，属于行政诉讼的受案范围。但是被告作出的《限期交回集体土地使用权通知书》违反法律规定，侵害原告合法权益。请求撤销某某村民委员会于2020年6月28日作出的《限期交回集体土地使用权通知书》。

2020年8月6日，青岛市人民政府就黄岛区政府作出的涉案《批复》作出《行政复议决定书》认为，被申请人作为原批准涉案用地的县级人民政府，依法有权作出批复行为，但是对于涉案房屋的拆除不具有强制执行权，某某村民委员会对此亦不具有强制执行权；“某某村庄改造安置区用地及补亏用地范围内的房屋及附着物应自收到通知之日起5日内自行予以拆除，如不拆除由村委会组织拆除”不符合法律规定，依法不应由被申请人批准；被申请人作出批复的其他内容并无不当；被申请人的批复内容包含如不拆除由村委会组织拆除的内容超越其法定职权。该行政复议决定确认黄岛区政府作出的涉案《批复》部分违法。

青岛铁路运输法院认为：(1) 关于本案是否属于行政诉讼受案范围的问题。《行政诉讼法解释》第24条第1款规定，当事人对村民委员会或者居民委员会依据法律、法规、规章的授权履行行政管理职责的行为不服提起诉讼的，以村民委员会或者居民委员会为被告。即村民委员会依据法律、法规、规章的授权履行行政管理职责的行为，属于行政诉讼的受案范围。《土地管理法》第66条第1款规定，“有下列情形之一的，农村集体经济组织报经原批准用地的人民政府批准，可以收回土地使用权：（一）为乡（镇）村公共设施和公益事业建设，需要使用土地的；（二）不按照批准的用途使用土地的；（三）因撤销、迁移等原因而停止使用土地的”。本案中，被告作为村民委员会，为完成村庄改造工作，对原告作出《限期交回集体土地使用权通知书》收回其所占集体土地，系依据《土地管理法》的授权履行行政管理职责的行为。因此，本案属于行政诉讼受案范围。

(2) 关于被告作出的《限期交回集体土地使用权通知书》是否合法的问题。首先，被告于2020年6月28日作出上述通知书的依据《土地管理法》(2004年修正) 于2019年8月26日被修正，且新修正的《土地管理法》已于2020年1月1日施行，被告适用被修正前的《土地管理法》作出上述通知书，明显不当，在此予以指正。其次，被告在作出该《限期交回集体土地使用权通知书》前未告知原告享有陈述、申辩权，作出该通知书也未告知原告复议和诉讼的权利救济途径，且向原告安某某送达的涉案《限期交回集体土地使用权通知书》履行截止日期月、日处有空白，违反程序正当原则，亦不符合《山东省行政程序规定》第85条“行政执法决定应当载明下列事项：……（五）履行方式和时间；（六）救济途径和期限……”的规定，因此，被告作出涉案《限期交回集体土地使用权通知书》违反法定程序，依照《行政诉讼法》第70条的规定，应予撤销。鉴于被告收回原告涉案集体土地使用权是为了村庄改造，是为了更好地改善村庄居民的生活环境，且某某村大部分村民已签订补偿协议并拆除房屋，撤销该《限期交回集体土地使用权通知书》将会给公共利益造成重大损害。青岛铁路运输法院依照《行政诉讼法》第70条第3项、第74条第1款第1项的规定，判决确认被告某某村民委员会于2020年6月28日向原告安某某作出《限期交回集体土地使用权通知书》的行为违法。

安某某不服向济南铁路运输中级法院提起上诉称，(1) 上诉人所在区域是以村庄改造事由开展的拆村行为，不能确定是因乡（镇）村公共设施和公益事业建设而收回土地使用权。上诉人房屋所占土地并非处于安置区的范围，收回上诉人的土地使用权也并非为了建设安置房，而是为了商业开发。涉案收回土地使用权的通知是针对上诉人个人作出，不涉及整个村庄的改造，一审法院认定撤销涉案收回土地使用权的通知将损害公共利益，确认被诉通知违法的判决属认定事实错误。(2) 根据《土地管理法》的规定，收回集体土地使用权的主体是农村集体经济组织，并非村民委员会。《民法总则》第101条第2款①规定，未设立村集体经济组织的，村民委员会可以依法代行村集体经济组织的职能。被上诉人作为村民委员会对某某村是否存在农村集体经济组织、是否有权作出通知书均未提供证据证明。且根据《村民委员会组织法》的规定，村民会议或村民会议授权村民代表会议可以对宅基地的使用方案进行讨论决定。被上诉人提供证据证明收回集体土地使用权经村民代表会议表决通过，但未提交证据证明村民代表会议经村民会议的授权。村民代表会议未经村民会议授权直接对上诉人的宅基地进行讨论表决不符合此规定。

① 《民法总则》已失效，相关规定参见《民法典》第101条。

(3) 被上诉人提供的证据不足以证明其作出涉案收回土地使用权的通知经过原批准用地的人民政府批准。(4) 被上诉人依据《土地管理法》(2004 年修正) 第 65 条的规定、《批复》、《决议》作出涉案收回土地使用权的通知书属适用法律错误。且黄岛区政府作出的《批复》及《决议》,已被青岛市人民政府作出的《行政复议决定书》确认违法。综上,请求撤销上述一审行政判决,改判支持上诉人一审诉讼请求。

被上诉人某某村民委员会辩称,(1) 涉案房屋所在土地系某某村集体土地,答辩人是该土地的所有者,鉴于某某村自主改造,在依据《土地管理法》获得黄岛区政府作出的收回集体土地使用权批复的情形下,答辩人收回被答辩人房屋所占集体土地使用权符合法律规定。黄岛区政府于 2017 年 1 月 26 日批准某某村改项目。《某某村村庄搬迁安置补偿方案》已经表决通过且公示,目前大部分村民已签订补偿协议并拆除房屋,但仍有部分村民未签订补偿协议、未拆除房屋,无法办理相关手续从而影响建设,给某某村民造成了巨大损失,直接侵犯了某某村民的利益。某某村委会于 2019 年 8 月 10 日根据部分村民代表提议召开村民代表会议,研究讨论并表决通过:收回××路与×××路之间公共设施及公益事业用地范围内未签约的集体土地使用权,并拆除该区域内的房屋及附着物,按照《某某村村庄搬迁安置补偿方案》进行补偿。该范围内的房屋及附着物应于收到通知之日起 5 日内自行予以拆除,如不拆除由村委会组织拆除。涉案房屋在该范围内,故某某村委会向原告安某某发出了《限期交回集体土地通知使用权的通知书》。答辩人某某村民委员会启动和实施村居改造是村民自治行为,符合《村民委员会组织法》的规定。2020 年 5 月 20 日,黄岛区政府对上述决议进行批复,同意××街道办事处指导答辩人,依据《土地管理法》的相关规定,收回××路与×××路之间公共设施及公益事业用地范围内未签约的集体土地使用权。答辩人村庄改造区的集体土地使用权,由自然资源局办理不动产注销手续。区政府批复后,答辩人将批复及决议进行了公示,并将涉案《限期交回集体土地使用权通知书》送达给被答辩人。据此,答辩人向被答辩人发出涉案通知即《限期交回集体土地使用权通知书》,该行为符合相关法律的规定。(2) 收回集体土地使用权是为了村庄整体搬迁改造,是为了更好的村庄居民生活环境,提升区域形象，加快城市化进程，且某某村98%的村民已签订补偿协议并拆除房屋等待回迁，如不收回涉案房屋所在集体土地，影响安置区建设，将会给公共利益造成重大损害。综上，请求依法驳回被答辩人的上诉请求。

济南铁路运输中级法院认为，(1) 关于被上诉人作出通知书主体上是否合法的问题。《土地管理法》规定，为乡（镇）村公共设施和公益事业建设，需要使用土地的，农村集体经济组织报经原批准用地的人民政府批准，可以收回土地使用权。《村委会组织法》规定，村民委员会依照法律规定，管理本村属于村农民集体所有的土地和其他财产。对于宅基地的使用方案及其他涉及村民利益的事项，可以经授权以村民代表会议的方式讨论决定。本案中，被上诉人某某村民委员会依照上述法律规定，由村民代表会议审议表决通过的《某某村村庄搬迁安置补偿方案》《某某村收回集体土地使用权的决议》具有合法性。经黄岛区政府作出《批复》同意《决议》的内容后，被上诉人作出并向上诉人送达的《限期交回集体土地使用权通知书》，是依照上述法律规定履行对辖区内集体土地使用权进行管理和调整的职责体现，于法有据。(2) 关于被上诉人作出通知书程序上是否存在违法的问题。根据正当程序原则，行政机关在作出影响行政相对人权益的行政行为时，必须遵循正当法律程序，包括事先告知相对人，向其说明行为的根据、理由，听取相对人的陈述、申辩，事后为相对人提供相应的救济途径。本案中，被上诉人作为基层群众性自治组织，应当遵守现行的法律、法规和国家政策。村民代表会议作出的决定、决议必须恪守依法行政的原则，确保行政权力依照法定程序行使。被上诉人在作出通知书后，向上诉人送达时依法应当告知其享有陈述、申辩权的权利，并享有复议和诉讼救济的权利。因被上诉人未履行其告知义务，违反正当程序原则，依据《行政法诉讼法》的相关规定，应认定为程序违法。(3) 关于对本案裁判结果处理的问题。被上诉人作出通知书在行政程序上存在违法，法院应当依法判决予以撤销。但是，考虑某某村村改方案是本着有利于提高村民生活质量、改善村容村貌形象、优化城乡管理水平，且在村民代表一致同意下作出的，符合广大村民的意愿，其正当性应予肯定。且某某村绝大多数村民已签订补偿协议并拆除房屋等待回迁，因极少数村民未签订补偿协议并拆除房屋，致使无法办理相关手续从而影响建设，直接侵犯了绝大多数村民的利益。如果撤销被诉行政行为，将会给社会公共利益带来明显不利的影响。原审判决基于以上事实确认被上诉人行政行为违法，而不予撤销，符合社会效果与法律效果相统一的裁判原则，予以支持。济南铁路运输中级法院判决：驳回上诉，维持原判。

[根据青岛铁路运输法院（2020）鲁7102行初162号行政判决书和济南铁路运输中级法院（2020）鲁71行终240号行政判决书编写]

**【作者分析】**

案例7和案例8都是村民委员会因村公共设施和公益事业建设需要收回村民宅基地使用权而起的案件，但两起案件的判决结果完全不同，原因是案例7中的××村委会、党支部及经济合作社未经原批准用地的人民政府批准，自行对王某作出《宅基地收回决定》，属于自治行为。案例8中的村民委员会是经区政府批复同意后对安某某作出《限期交回集体土地使用权通知书》的，根据《土地管理法》第66条的授权规定，该村民委员会收回安某某土地使用权不是单纯的自治行为，而是履行行政管理职责的行政行为，故为行政诉讼的受案范围。

案例8中的安某某在上诉中提出，“根据《土地管理法》的规定，收回集体土地使用权的主体是农村集体经济组织，并非村民委员会”。《土地管理法》第66条确实规定“农村集体经济组织报经原批准用地的人民政府批准，可以收回土地使用权”。但是，《村民委员会组织法》第8条第2款规定，“村民委员会依照法律规定，管理本村属于村农民集体所有的土地和其他财产”；《民法典》第101条规定“未设立村集体经济组织的，村民委员会可以依法代行村集体经济组织的职能”。在村集体经济组织与村民委员会对宅基地使用权交叉管理的情况下，由村民委员会作为行政管理主体收回村民宅基地使用权，并不违反上述规定，且根据村民代表会议审议表决通过的《某某村村庄搬迁安置补偿方案》《某某村收回集体土地使用权的决议》进行收回亦具合法性。

法院在案例8的判决中指出：“村民代表会议作出的决定、决议必须恪守依法行政的原则，确保行政权力依照法定程序行使。被上诉人在作出通知书后，向上诉人送达时依法应当告知其享有陈述、申辩权的权利，并享有复议和诉讼救济的权利。”也就是把村民委员会“履行行政管理职责”的行为视同行政行为，而行政行为必须按照法定程序进行。在案例8中，村民委员会未履行其告知义务，当属行政程序违法，本应判决予以撤销，但考虑判决撤销将会给社会公共利益带来明显不利的影响，法院不予撤销而判决确认村民委员会的行政行为违法。

## 第四节　农村村民使用宅基地资格权

村民使用宅基地资格权是基于本村集体经济组织成员的身份享有使用本村集体土地作为宅基地建造住宅的权利。村民使用宅基地资格权的核心是村民或者有关人员是否具有本村集体经济组织成员身份的问题，如是本村集体经济组织成员，就有使用本村宅基地的法定权利。但在实践中，许多农村除常住人口外长期存在着确认、吸收集体经济组织成员标准不一、程序混乱的问题，并由此造成不少纠纷。对村民使用宅基地资格权进行分析，目的是解决谁是本村集体经济组织成员，以及谁有资格使用农村宅基地建造住宅的问题。

### 一、关于农村村民与农村集体经济组织成员

关于农村宅基地的使用对象，《土地管理法》有“农村村民”“农村集体经济组织成员”两种表述，如第62条规定“农村村民一户只能拥有一处宅基地”“鼓励农村集体经济组织及其成员盘活利用闲置宅基地和闲置住宅”等。《民法典》将已经依法取得宅基地使用权者表述为“宅基地使用权人”。

农村村民是居住在行政村内的公民，村民是对应村民委员会表述的，两者之间形成组织与个体之间的关系。农村集体经济组织成员，通常是指在本村享有土地共有权、使用权、承包经营权、集体资产管理与处置的参与权、集体收益分配权等完整权利，承担完全义务的村民。农村集体经济组织成员是对应农村集体经济组织的，其与农村集体经济组织之间形成组织与成员的关系。笔者认为，农村集体经济组织成员应当都是本村村民，但本村村民不

一定都是本村集体经济组织成员。居住在本村的村民如果不享有本村集体经济组织成员的上述权利，特别是不享有土地共有权、土地使用权的，不是本村集体经济组织成员。例如，入嫁本村但户口没有迁入的女方、将户籍迁回原籍农村定居离退休干部、长期在本承包土地经营的外地人，应为本村村民，但其不享有农村集体土地的共有权、使用权、集体收益分配权等，故其不能成为本村集体经济组织成员。但是，某些非本村集体经济组织成员的村民，在特定条件下也可以通过特定的审批手续在农村取得宅基地使用权。例如，有些地方政府规定，离退休干部尚未享有住房优惠政策，回原籍定居并将户口迁回原籍的，原籍农村集体经济组织或者村民委员会可以安排宅基地，经依法批准后有权使用原籍农村的宅基地建设住宅。又如，外地村民在本村长期承包经营土地，请求加入本村集体经济组织，经本村民主议定程序（如村民大会、村民代表会议）同意，并将户口迁入本村的，也就成为本村集体经济组织的成员。

因本村村民绝大多数是本村集体经济组织成员，故本书所称的村民一般都指具有农村集体经济组织的成员。

## 二、农村集体经济组织成员的资格确认和取得

村民使用宅基地资格权的核心内容是使用农村宅基地建造住宅的主体资格问题，而这种主体资格主要取决于其是否具有农村集体经济组织成员的身份。那么，如何确认农村集体经济组织的成员资格？

### （一）确认成员的基本原则

农村集体经济组织成员的身份，通常以公安机关户籍登记为准，即常住户口登记在本村的村民，应当认定其具有本村集体经济组织的成员资格。但因历史原因或者农村土地制度改革需要，仅以公安机关户籍登记为准界定成员身份显然不能解决所有的成员身份问题。

2016 年 12 月 26 日发布的中共中央、国务院《关于稳步推进农村集体产权制度改革的意见》已经指出：“确认农村集体经济组织成员身份。依据有关法律法规，按照尊重历史、兼顾现实、程序规范、群众认可的原则，统筹

考虑户籍关系、农村土地承包关系、对集体积累的贡献等因素，协调平衡各方利益，做好农村集体经济组织成员身份确认工作，解决成员边界不清的问题。”据此，农村集体经济组织成员资格的确认，在坚持以公安机关户籍登记为准的同时，还应结合是否以本村集体经济组织的生产土地资产为基本生活保障、是否与本村集体经济组织形成较为固定的生产生活关系为条件，兼顾是否丧失原本村集体经济组织成员资格等因素进行确认。

根据上述指导原则，不少地方政府通过制定规范性文件对农村集体经济组织及其成员认定进行了规范，特别是一些农村基层政府制定的指导意见，具有很强的针对性和可行性，如湖南省益阳市泉交河镇人民政府 2019 年发布的《关于农村集体经济组织成员身份确认的指导意见》、福建省福鼎市前岐镇 2018 年发布的《农村集体经济组织成员身份界定指导意见》等。

### （二）成员资格的取得方式

从各地的实践来看，农村集体经济组织成员资格的取得一般分为初始取得、法定取得、申请取得三种方式。

原始取得，是指具有血统关系的家庭成员一直在特定农村集体经济组织所在地的资格取得方式。原始取得的主要表现是人口的自然繁衍。也就是说，出生时父母双方或一方具有集体组织成员资格的，该新生人口当然随父母取得同一农村集体经济组织成员的资格。

法定取得，是指依照法律、法规、规章、地方政府政策的规定取得成员资格。例如，因国家建设或其他政策性原因将户口迁入本村的移民；村民结婚后，户口迁入本村的配偶；本村村民在全日制大中专院校就读时户口迁出本村，毕业后户口迁回本村生产生活或者在外工作未转为城镇户口的学生；在服刑时户口迁出本村，刑满释放户口迁回本村的村民；等等。在法定取得的情况下，本村集体经济组织应当吸收或者恢复其成员资格，而不得拒绝。

申请取得又称加入取得，是指原非本村集体经济组织成员的人员，基于一定的法律关系和事实，经其申请加入本村集体经济组织为成员。申请取得的表现情况较多，例如，离婚后回原籍农村并将户口迁回原籍农村继续生产生活的女方，村民进城落户后又将户籍迁回原籍的原本村村民，长期在本村从事土地承包经营的外地村民等，都可以向本村集体经济组织申请成员资格，至于本村集体经济组织是否吸收其为成员，则由本村集体经济组织或者村民委员会通过民主议定程序决定。

从农村集体经济组织角度看，应分确认和吸收两种方式确定成员资格，对村民原始取得和法定取得成员资格的，只要依照程序予以确认即可，而对申请加入本村集体经济组织成员的人，应当遵循村民自治原则，须经民主议定程序进行吸收。

### （三）成员确认和吸收的具体标准

农村集体经济组织成员的确认和吸收的标准是解决哪些具体人员达到一定条件和标准才可以确定或者吸收为本村集体经济组织成员的问题。从各地实践来看，在上述三种方式的基础上，本村集体经济组织成员的确认和吸收标准大同小异。益阳市泉交河镇人民政府《关于农村集体经济组织成员身份确认的指导意见》，将有关人员分为三类作为是否确认或者吸收本村集体经济组织成员的条件标准：

1. 下列人员应当直接认定具有本村集体经济组织成员资格

（1）农村集体产权制度改革基准日止户籍在册的本村人员，包括：①二轮土地延包在册的本村人员及其以后出生落户子女；②与本村人员已办理结婚证书落户的对象及其子女；③政策性移民落户的人员及其子女；④原本村人员单方为劳动人事部门办理正式招工录取手续的行政、事业单位和国有企业及国有控股企业（包括在职、退休或已改制）的单职工的配偶及其子女；但其配偶与子女的户籍必须在本村；⑤办理过合法领养手续在册子女和1992年4月1日《收养法》（已失效）实施前领养而未办理领养手续的在册子女；⑥户籍关系未迁出的本村出国（境）人员；⑦其他在册的本村人员。

（2）正在服义务兵役的本村人员。

（3）全日制大中专院校就读的在校本村人员（就读时户籍迁入就读学校的）。

（4）原就读全日制大中专院校1998年后毕业（含1998年）因国家取消

统一分配政策而自谋职业的本村人员及其所带的配偶子女需在规定日前将户口迁回本村。

（5）正在劳教服刑的本村人员。

（6）在新型城镇化综合改革中，户籍关系从本村迁入城镇的原本村村民及其子女，在规定日前将户口迁回本村。

（7）户籍关系在本村但因被征地而参加社会基本养老保险的原被征地农民。

（8）与本村人员已办理结婚证书但户口尚未迁入的对象及其户口尚未申报的子女，出具书面证明未在原籍地享受股改待遇，并将户口在规定日前迁入本村，今后若发现原籍地已享受，将收回股权，属离异妇女，其随母迁入的子女人数依据法院判决书确定。

（9）与本村人员离婚，未再婚，仍居住在本村，户籍关系未迁出的人员及其依法判决随同子女。

（10）独女户或多女户，可以认定一女婿享受，且户口必须在本村。

（11）因离婚将户籍迁回的原本村出嫁人员，本人及其依法判决的随同子女，需在规定日前将户口迁回本村。

（12）其他符合政策、法律、法规可以认定为本村的人员。

2. 下列 7 种人员，由本人申请，经村民大会或村民代表会议表决决定是否认定为本村集体经济组织成员

（1）因买户口办理“农转非”的原本村人员及其子女。

（2）因务工经商、购房、就学参军、投靠子女等，将户籍关系迁出的原本村人员及其子女。

（3）原就读全日制大中专院校 1998 年后（含 1998 年）因国家取消统一分配政策而自谋职业的本村人员回迁所带的配偶子女，在规定日前将户口迁入本村。

（4）原迁入本村的外来挂靠人员（有约定从其约定）。

（5）户籍关系未迁出的本村出嫁女（可由本人自由决定在哪一方确认，若发现嫁入地已确认身份，将取消其资格）。

（6）违反计划生育政策尚未被依法处罚的人员。

（7）其他情形特殊群体人员。

3. 下列 15 种人员，不具有本村集体经济组织成员资格

（1）人力资源和社保部门办理正式招工录用手续的行政、事业单位和国有企业及国有控股企业的现职工作人员及离退休人员。

（2）已享受国有企业及国有控股企业、事业单位社会养老保险等改制待遇的人员。

（3）户籍已迁出的父母双方属人力资源和社保部门办理正式招工录用手续的行政、事业单位和国有企业及国有控股企业工作人员的子女。

（4）已在部队提干和转为志愿兵的人员（已转为士官的人员暂保留成员资格，待其退伍后，未享受部队或地方安置的予以配制）。

（5）与本村人员离婚，妇女重新嫁人的、户籍已迁出的妇女本人及其依法判决随母的子女。

（6）户籍关系已迁出本村且在外地落户的大中专院校毕业生。

（7）户籍关系已迁出的本村出国（境）人员。

（8）离婚或丧偶后已再婚，或虽未再婚但不在本村居住生活的户籍应迁未迁人员。

（9）违反计划生育政策尚未被依法处罚的人员。

（10）原迁入本村的外来挂靠人员。

（11）已依法或申请在其他村取得成员资格的人员。

（12）登记确认日前已经死亡或依法宣告死亡的。

（13）以书面形式自愿申请放弃本村成员资格的。

（14）户籍关系未迁出的出嫁女的子女。

（15）其他有关法律法规规定不予以认定的人员。

（四）成员资格确认和吸收的基本程序

关于农村集体经济组织成员资格的确认和吸收的程序问题，在农村集体经济组织尚未立法的情况下，应参照《村民委员会组织法》关于民主议定程序的规定进行，并可采取以集体确认为主、个别确认为辅的方式进行。

首先，制定本村集体经济组织成员身份确认办法草案，明确成员身份界

定的标准、条件和基准日，经本村村民委员会或者村集体经济组织讨论通过后，向全体村民公布并征求意见。

其次，将草案提交村民代表会议表决，经全体村民大会或者村民代表2/3以上同意通过，有些地方规定提交村集体经济组织成员大会或者成员代表会议表决通过，然后向全体村民发布公告。

再次，以户籍登记为基础，根据本村集体经济组织成员确认办法开展摸底排查，摸清本村村户籍人员与居住人员及挂靠人员等现状进行分类登记造册，经与农户核实进行公示。

最后，形成村集体经济组织成员正式建议名单，提交村民大会或者成员代表会议表决确认，有些地方规定提交村集体经济组织成员大会或者成员代表会议表决通过。经上述程序通过，报经乡镇政府审核后，进行终榜公示。

在农村集体组织确认成员身份后，个别村民因特殊情况需要确认或者加入的，应当先行提出申请，村民委员会或者农村集体组织认为符合成员资格条件的，应当经过民主议定程序予以认定，并登记入册。

根据《土地管理法》的规定，在具有使用宅基地资格权的情况下，本村集体经济组织的每位成员不受年龄和性别等限制，只要已经出生但未死亡都享有使用宅基地资格权。

## 三、关于不予确认成员资格的救济途径

农村集体经济组织成员资格的确认和吸收，不只涉及村民的宅基地使用权问题，同时还涉及家庭土地承包经营、农村集体资产收益分配、土地征用补偿等的权益问题，本村集体经济组织如果不予确认，将会直接影响村民或者有关人员的一系列权益。近几年特别突出的是，农村集体经济组织认为某些村民或者有关人员不是本村集体经济组织成员而不予分配土地征用补偿费，由此产生不少争议，诉至法院的案件也不断增多。

根据农村村民实行自治原则，村民或者有关人员要求本村集体组织确认成员资格，而本村集体组织不予确认的，应先向本村集体组织提出异议，本村集体组织接到异议后应当进行复查，经复查认为符合本村集体经济组织成员条件的，应当依照程序予以确认。本村集体组织经复查后仍不予确认的，

根据《村民委员会组织法》第36条第2款的规定，村民或者有关人员可以向乡镇政府提出申请，要求乡镇政府责令改正。

当前有一种意见认为，乡镇政府不予答复或者不作责令改正的，属于《行政诉讼法》第12条规定的“（六）申请行政机关履行保护人身权、财产权等合法权益的法定职责，行政机关拒绝履行或者不予答复的”不作为行政行为，村民或者有关人员就此以乡镇政府为被告向人民法院提起行政诉讼。但从司法实践来看，各地法院并不支持这种观点。例如，江苏省常州市中级人民法院在（2015）常行诉终字第87号行政裁定书中指出，“根据《中华人民共和国行政诉讼法》第十二条第一款第（六）项之规定，人民法院受理公民、法人或者其他组织提起的申请行政机关履行保护人身权、财产权等合法权益的法定职责，行政机关拒绝履行或者不予答复的诉讼。本案中，徐、杨二人因认为××头村民小组未明确公示徐、杨二人农村集体经济组织股份合作制改革股东资格、未分得相应征收补偿款份额而请求××镇政府履行保护其二人的征收补偿款分配权的法定职责。该项争议是否属于行政争议应当对××镇政府是否具备保护农村集体经济组织成员资格认定、保护征收补偿款分配权得以实现的法定职责加以判断。而关于村民小组成员分配征收补偿款的方案是由村民小组通过村民自治的形式作出，涉案征收补偿款分配的权利自然是基于村民自治的分配方案而产生。徐、杨二人是否拥有征收补偿款分配权的资格，是由村民自治的形式加以确定，行政机关对于村民自治的事项并不加以干涉，因此，原本属于农村集体经济组织内部成员的资格认定问题不是行政机关管理的范畴，徐、杨二人以××镇政府未履行‘法定职责’为由向原审法院提起诉讼，缺乏法律依据。因此，涉案请求不属人民法院行政诉讼的受案范围。此外，徐、杨二上诉人在上诉状中提及最高人民法院发布的案由中存在‘承包地征收补偿费用分配纠纷’‘侵害集体经济组成成员权益纠纷’二个案由，但其二人向原审法院以××镇政府不履行法定职责为由提起行政诉讼，所提诉讼显然和前述二案由没有可比性。上诉人的上诉理由不能成立，本院不予采纳”。由此可见，农村集体经济组织成员资格的确认和吸收纯属村民自治范畴，农村集体组织不予确认的，除乡镇政府可以通过监督途径责令改正外（这种监督对外部不直接产生行政效力），乡镇政府不可代替农村集体组织确认农村集体经济组织成员资格，法院也不得利用审判权确认农村集体经济组织成员资格，否则将侵害村民自治权。

但是，在农村集体组织非法剥夺村民已经依法取得的成员资格，或者不涉及确认农村集体经济组织成员资格的情况下，农村集体组织对成员作出的决定侵害村民合法权益的，根据《村民委员会组织法》第 36 条第 1 款的规定，受侵害的村民可以申请法院予以撤销，也可以请求乡镇政府依法进行监督。最高人民法院在（2017）最高法行申 6356 号行政裁定书中指出："《中华人民共和国村民委员会组织法》第三十六条第一款规定，村民委员会或者村民委员会成员作出的决定侵害村民合法权益的，受侵害的村民可以申请人民法院予以撤销，责任人依法承担法律责任。第二款规定，村民委员会不依照法律、法规的规定履行法定义务的，由乡、民族乡、镇的人民政府责令改正。根据上述规定，对村民委员会及其成员作出的可能侵害村民合法权益的决定，法律赋予村民有两条救济途径：一是向人民法院提起民事诉讼，二是由乡、镇政府责令改正。村民可以选择依法向人民法院提起民事诉讼，解决相关争议，也可以请求乡、镇政府依法对村民委员会及其成员作出的决定进行监督，责令其改正违法的决定。也就是说，接受村民申请，依法对村民委员会不依照法律、法规的规定履行法定义务的行为实施监督，属于乡、镇政府的法定职责。但是，村民就同一监督事项，先行提起民事诉讼，人民法院作出生效民事判决后，村民又向乡、镇政府申请监督的，由于受生效民事判决效力的拘束，乡、镇政府无权再行作出处理。"

## 四、关于农村集体经济组织成员资格的丧失

这种资格丧失是原本村集体经济组织的成员因出现某些事实或者实施某些法律行为而失去本村集体经济组织成员身份。农村集体经济组织成员资格丧失主要有四种情况：一是因依法成为他村集体经济组织成员而丧失本村集体经济组织成员资格，如外嫁女户籍迁往夫家成为夫家村集体经济组织成员；二是本村集体经济组织成员户籍前往城镇成为城镇居民，如村民被国家机关录取为公务员；三是本村集体经济组织成员死亡；四是村民自愿放弃本村集体经济组织成员资格。此外，村民如果拒不加入本村集体经济组织，其本身

就不是该组织的成员。

福建省福鼎市前岐镇《农村集体经济组织成员身份界定指导意见》第6条规定的农村集体经济组织成员资格丧失的以下几种情形值得参照：(1) 成员登记基准日前死亡（包括自然死亡和宣告死亡）的人员，其村集体经济组织成员资格自死亡之日丧失；(2) 原本村集体经济组织成员取得其他村集体经济组织成员资格，其资格自取得其他村集体经济组织成员资格时丧失；(3) 本村集体经济组织在成员登记基准日前户口迁入设区的城市取得设区市居民户籍，承包地已经交回发包方或由发包方收回的，其本村集体经济组织成员资格自交回或被收回承包地之日起丧失；(4) 已经纳入国家公务员序列、事业单位编制或成为国有企业、国有控股企业、县级以上大集体企业（含县级）正式在编的人员（不含劳务派遣工、临时工等），其村集体经济组织成员资格自纳入国家公务员序列、事业单位编制或成为国有企业、国有控股企业、县级以上大集体企业（含县级）正式在编人员之日起丧失；(5) 成员登记基准日前，移居境外（包括我国港澳台地区）并取得所移居国家国籍或地区永久居留权的，其村集体经济组织成员资格自取得所移居国家国籍或地区永久居留权之日起丧失；(6) 以书面形式向村集体经济组织申请自愿放弃本村集体经济组织成员资格的，其村集体经济组织成员资格自放弃申请公告之日起丧失。

本村集体经济组织成员出现丧失成员资格情形的，该成员资格丧失后，在原村集体经济组织不再享有相关的权利，也不再承担相关的义务，如不能在原村集体经济组织再审批宅基地、不能在原村集体经济组织再参与土地承包经营等。但在丧失成员资格前已在原村集体经济组织依法建造的住宅，该住宅所占有的宅基地，根据“地随房走”的规则，该原成员认可继续使用。

## 五、宅基地资格权与宅基地使用权的联系与区别

宅基地资格权与农村集体经济组织成员资格是联系在一起的，除特殊情况外，农村村民只有具有农村集体经济组织成员资格，方可申请和取得宅基地使用权。因此，宅基地资格权是申请和取得宅基地使用权的前置条件。但宅基地资格权与宅基地使用权在性质上是有区别的，宅基地资格权属于非财

产性的身份权，而宅基地使用权属于财产型的用益物权。

宅基地资格权非财产性的身份权主要表现为，宅基地资格权不具有财产内容，也不能以金钱来衡量价值，且不可转让。例如，某甲是本村集体经济组织成员，本可申请使用宅基地，因在城市有房居住，不再需要在村里建房，便将宅基地资格权出卖给某乙，由某乙用某甲的宅基地份额申请宅基地，这是转让宅基地资格权的行为。将非财产性的身份权进行有偿出让是无效的，农村集体组织和宅基地审批机关查明真相后不予认可。又如，当地政府规定“人口 3 人及以下，建房审批不超过 125 平方米；人口为 4 人及以上，建房审批不超过 140 平方米”。如果某丙家只有 3 人，为了取得 140 平方米宅基地面积，瞒着某丁，将某丁的姓名私下移至某丙家名下，然后批得 140 平方米宅基地面积，这是对某丁宅基地资格权的侵害，同时也是虚构部分事实骗取宅基地审批的行为。对此，某丁不能要求某丙给予金钱赔偿，而应通过非财产的方式进行救济，如要求发证机关撤销批准文件或者证书。而宅基地使用权作为用益物权是具有财产内容和交换价值的，如将宅基地连同房屋一并转让给同村村民换取金钱。

农村集体经济组织成员享有宅基地资格权，并不代表其已经实际取得宅基地使用权；农村集体经济组织成员不因未申请和取得宅基地使用权而丧失宅基地资格权。农村村民若想取得宅基地使用权，需要向本村集体组织提出申请，并经有关机关批准后，才能开始建造住宅。

## 六、村民宅基地使用权确权

宅基地使用权确权是国家为农村村民确认已建住宅对本集体土地的占用、使用的权利。在通常情况下，农村村民应当通过依法审批取得宅基地使用权，但由于历史原因，村民已建住宅多年但未经依法取得宅基地使用权的情况不少。为了解决这个问题，1995 年 3 月，原国家土地管理局发布了《确定土地所有权和使用权的若干规定》。2016 年，原国土资源部发布了《关于进一步加快宅基地和集体建设用地确权登记发证有关问题的通知》，在规定确定土地所有权的同时也规定了宅基地使用权确权。于是，农村村民在历史上未经批准使用宅基地的建造住宅的，可以通过确权登记发证方式确定宅基地使用权，例如，（1）1982年2月13日《村镇建房用地管理条例》（已失效）实施前，农村集体成员未履行批准手续建房，范围在《村镇建房用地管理条例》实施后至今未扩大的宅基地，按照实际使用面积予以确权登记；（2）《村镇建房用地管理条例》实施起至1987年1月1日《土地管理法》实施时止，村民建房占用的未超过当地规定面积标准的宅基地予以确权登记，超过面积的按国家和地方有关规定处理的结果予以确权登记；（3）《土地管理法》实施后，村民符合规划且未超过当地面积标准建房占用的宅基地予以确权登记；若符合规划但超过当地面积标准的，在补办相关用地手续后，依法对标准面积予以确权登记，超占面积在登记簿和权属证书附记栏中注明，待房屋坍塌、拆除后，再由农村集体组织收回超占面积部分的宅基地使用权。

农村村民需要宅基地确权登记的，先向本辖区内的自然资源主管部门包括乡镇自然资源所、分局提出书面申请，自然资源主管部门对土地登记资料进行初审，经审核无异议的，以自然资源主管部门名义发布公告，公告到期后，统一报请县级政府审批，然后向村民颁发《不动产权证书》。

需要注意的是，宅基地使用权确权登记与行政许可是有区别的：宅基地行政许可是有关行政机关审批宅基地使用权的行为，而宅基地确认登记是有关行政机构确认宅基地使用权的行为；宅基地行政许可通常只适用于初始取得，而宅基地确认登记既可适用于初始取得，又可适用于继受取得。但两者的法律效果基本相同。也就是说，农村村民经审批取得的宅基地使用权和经确认登记的宅基地使用权都受法律保护，任何单位和个人都不得非法侵害。

因农村宅基地使用权确权工作已于2020年基本完成，故本书不再做具体分析。

## 案例9

1991年，刘A、刘B、刘C三兄妹经××村民委员会××村民小组同意，落户于××村伯父户下，后一直在××村居住、上学，并参加选举。刘A于2003年从××村应征入伍，服役期满退伍回××村，户口也落回××村；××村在服兵役期间给刘A按期发放了义务兵应有的待遇。在2011年，××村成为采煤区。在××村移民搬迁时，××村民小组不给刘A等三人发放每人

7 万元移民补偿款，刘 A 等三人向交口县人民法院提起诉讼，交口县人民法院判决支持刘 A 等三人的发放移民补偿款的诉讼请求，××村民小组不服判决，向吕梁市中级人民法院提起上诉，吕梁市中级人民法院判决支持了原告三人的诉讼请求。2011 年，××村民小组给每个村民发放 24 万元用地补偿款，未给刘 A 等三人发放。

2017 年 4 月，刘 A 等三人以××村民委员会××村民小组为被告，就 24 万元用地补偿款向交口县人民法院再次提起侵害集体经济组织成员权益纠纷诉讼称。三原告属于被告村村民，法院在 2011 年已判决确认。三原告在被告××村有土窑洞两孔，虽然没有办理房产手续，但一直由原告居住，直到 2000 年被煤矿采煤放炮造成窑洞损坏，后根据镇政府要求撤离，故三原告漂泊他乡，投亲靠友一直到现在居无定所。根据《土地管理法》《村民委员会组织法》等本村村民有权在村集体申请宅基地的规定，请求被告××村给原告提供宅基地一块确保公民的居住权。故请求：（1）确认被告村民委员会制定的××村土地款分配方案部分无效；（2）判令被告支付三原告用地补偿款每人 24 万元，共计 72 万元；（3）判令被告审批宅基地一块。

被告××村民小组辩称，（1）涉案事项属于村民自治范畴，《××村用地补偿实施方案》的通过程序及内容均合法有效；涉案占地补偿款，属于法定的村民自治范畴，村集体经济组织有权通过民主议定程序自行制定分配方案。（2）根据方案，原告三人在××村无土地，不属于××村土地用益物权人，也不属于土地补偿对象。（3）原告在××村无合法的户籍登记，不具备××村集体经济组织成员资格，且宅基地属于行政审批范围，不属于人民法院民事案件受理范围。

交口县人民法院认为，占地补偿款是对集体土地所有权损害或者消灭的补偿，是一种救济措施，该补偿款应归全体经济组织成员共同享有。土地补偿款的分配权是基于农村集体经济组织成员身份而来的，只要具有农村集体经济组织成员资格，就应当享有分配土地补偿款的权利。尽管被告认为三原告家庭祖籍不是××村，而是外地迁入本村，但既然被告予以接收且形成既定事实已长达近 25 年，三原告的××村集体经济组织成员资格身份自然也就无从否定。吕梁市中级人民法院于 2011 年作出的民事判决书亦已确认三原告具有××村民小组集体经济组织成员资格，享受分配用地补偿款。农村集体经济组织可以按照法律规定的民主议定程序，决定在本集体经济组织内部分配收到的土地补偿费及移民搬迁费。用地补偿款如何在村集体经济组织成员内部进行分配，属于村民自治范畴，被告村民小组根据小组内成员加入的时间长短等情况通过民主议定程序，制定、通过、实施的《××村用地补偿实施方案》，没有违反法律法规的强制性规定，对小组内全体成员具有约束力。三原告既是被告村民小组集体经济组织成员，该方案对其三人亦有相同的约束力。因三原告已经领取了移民搬迁费7万元，还应继续取得每人15万元的土地补偿款。关于原告请求审批宅基地，应向有关行政机关主管部门申请，不属于法院管辖。交口县人民法院判决：（1）被告××村民小组在本判决生效后15日内支付给原告刘A、刘B、刘C每人15万元，合计45万元；（2）驳回原告刘A、刘B、刘C的其他诉讼请求。

××村民小组因不服上述判决，向吕梁市中级人民法院提起上诉称，一审法院将涉案用地补偿款认定为是对集体土地所有权损害或消灭的补偿，以及认定被上诉人具有××村集体经济组织成员资格错误；一审法院认定被上诉人参照同等资格村民的标准，应取得每人15万元的土地补偿款，没有依据。请求：撤销一审民事判决第一项，依法改判驳回被上诉人的全部诉讼请求。

刘A等三人上诉称，三上诉人均系被上诉人集体经济组织成员，应与本村其他经济组织成员享受同等待遇，请求：（1）依法撤销一审判决，并改判被上诉人支付上诉人刘A三人每人24万元，合计72万元；（2）依法改判三上诉人享有审批宅基地一块。

吕梁市中级人民法院认为，本案的争议焦点是上诉人刘A等三人是否具有××村集体经济组织成员资格，是否应当享有占地补偿款权益。刘A等三人于1991年落户××村，三人长期生长、居住、生活、劳动在该村，且在该村居住的20多年时间里参与了选举、服兵役等村集体成员应当参与的各项活动，其具有××村集体经济组织成员资格是确定的。占地补偿款作为土地的补偿，系基于土地的征收或损害而给予村民的补偿，以土地为其最基本的生活保障的村集体经济组织的成员或家庭，均应平等享有基于土地而给予的补偿。故刘A等三人应享有全额分配的占地补偿款。刘A等三人关于申请宅基地一项，因不属于法院受理范围，不予支持。吕梁市中级人民法院判决如下：(1) 撤销一审民事判决；(2) ××村民小组于本判决生效后15日内支付上诉人刘A、刘B、刘C每人24万元，合计72万元；(3) 驳回上诉人刘A、刘B、刘C其他诉讼请求。

[根据吕梁市交口县人民法院（2017）晋1130民初158号民事判决书和山西省吕梁市中级人民法院（2017）晋11民终2318号民事判决书编写]

**【作者分析】**

本案的特点是将村民的占地补偿款与审批宅基地进行分别处理。

刘A三人的家庭祖籍虽不在××村，但于1991年经××村民小组同意落户××村，长期生长、居住、生活、劳动在该村，且在该村居住20多年时间里参与了选举、服兵役等村集体组织成员应当参与的各项活动，故法院认定其具有××村集体经济组织成员资格。

占地补偿款是基于土地的征收或损害而给予村民的补偿，而村民取得占地补偿款首先以其具有本村集体经济组织成员资格这个前提条件，才能与其他村民平等享有。因法院已经认定刘A等三人具有××村集体经济组织成员资格，依据最高人民法院《关于审理涉及农村土地承包纠纷案件适用法律问题的解释》第24条①“征地补偿安置方案确定时已经具有本集体经济组织成员资格的人，请求支付相应份额的，应予支持”的规定，法院判决××村民小组向刘A等三人支付占地补偿款。

刘A等三人既然具有××村集体经济组织成员资格，也就在××村集体经济组织具有使用宅基地的资格权。但是，村民使用宅基地，首先是村民自治行为，只有在农村集体组织安排和分配的情况下才可以报批，而非判决，否则，法院行使审批权将会侵害村民自治权，故不属法院受理范围，故法判决驳回刘A等三人的该项诉讼请求。

---

① 此处适用的是2005年最高人民法院《关于审理涉及农村土地承包纠纷案件适用法律问题的解释》，相关规定参见本解释2020年修正版第22条。

**案例10**

2006年8月7日，××村第×村民小组为了解决修路资金短缺的问题，召开了村民代表及扩大会议形成决议，决定招收外地人到本组安家落户，给每位外来入户人员临时用地0.5亩使用，每人给村民小组上交4000~5000元入户费，但不享受生产队（村民组）任何收入分配权。陕西省勉县村民王某某、胡某某父子经人介绍向××村第×村民小组交纳8000元入户费、1000元入户行政管理费、1000元公益事业费、1200元宅基地费、600元宅基地审批手续费。王某某交纳上述费用后，于2007年2月7日将户籍迁至××村第×村民小组。2008年，第×村民小组给王某某、胡某某分配了责任田，2009年3月给王某某划拨了宅基地，后王某某、胡某某修建了房屋。2011年8月23日，王某某、胡某某与镇征地拆迁工作指挥部签订了房屋拆迁补偿安置协议书。第×村民小组的土地被征收后，2011年年底至2013年，第×村民小组村民人均分得征地补偿款6.4万元，但第×村民小组没有分配给王某某、胡某某。

2016年2月，王某某、胡某某以××村委员会和第×村民小组为被告，向南郑县人民法院提起侵害集体经济组织成员权益纠纷诉讼，请求判决二被告支付二原告征地补偿款128,000元，宅基地赔偿款19,320元等。

南郑县人民法院经审查认为，二原告的诉讼请求首先涉及村民资格确认和村民待遇问题。根据《村民委员会组织法》第2条之规定，村民委员会是村民自我管理、自我教育、自我服务的基层群众性自治组织，实行民主选举、民主决策、民主管理、民主监督。第24条第1款规定，村集体经济收益的使用以及村民会议认为应当由村民会议讨论决定涉及村民利益的其他事项，须经村民会议讨论决定，即涉及集体经济组织利益使用的问题，属于村民自治范畴的事项，应由村民通过民主议定程序予以解决。本涉案及原告村民待遇问题，解决该问题的前提是其是否具有集体经济组织成员资格，该问题在目前不是法院可以确认的。关于村民待遇问题，属于村民委员会这一基层群众性自治组织内部事务的处理，不属于平等主体之间的民事行为，不属于法院受理民事案件的范围。据此，南郑县人民法院裁定：驳回原告王某某、胡某某的起诉。

王某某、胡某某不服南郑县人民法院一审裁定，向汉中市中级人民法院提起上诉，汉中市中级人民法院二审以一审同样的理由裁定驳回王某某、胡某某的上诉。王某某、胡某某仍不服，向陕西省高级人民法院申请再审。

王某某、胡某某在申请再审认为，申请人系被申请人第×村民小组所在的村民，享有土地征收补偿费是土地被征收所在村组村民的法定权利，这一权利是不能被剥夺的，无论是承包地征收补偿费用分配纠纷或是侵害集体经济组织成员权益纠纷，均属于法院受理民事案件的范围。请求撤销一审、二审法院裁定，支持申请人一审提出的诉讼请求。

××村委会和第×村民小组在再审中提出辩称，(1) 被申请人第×村民小组在分配征地补偿款及青苗费时，依据《村民委员会组织法》第22条的规定，召开了村民会议及村民代表会议进行了讨论并表决通过了分配方案，该分配方案也上报了××村委会及镇政府同意后实施分配的，程序合法；同时依照最高人民法院《关于徐志君等十一人诉龙泉市龙渊镇第八村委会土地征用补偿费分配纠纷一案的批复》(〔2002〕民立他字第4号复函)、《关于村民请求分配征地补偿款纠纷法院应否受理的请求的答复》(〔2004〕民立他字第33号) 均认为农村集体经济组织成员与农村集体经济组织因土地补偿发生的争议，不属于平等主体之间的民事法律关系，不属于法院受理诉讼范围。(2) 依据《村民委员会组织法》第2条之规定，村民委员会是村民自我管理、自我教育、自我服务的基层群众性组织，实行民主选举、民主决策、民主管理、民主监督。第24条第1款规定，村集体经济收益的使用以及村民会议认为应当由村民会议讨论决定涉及村民利益的其他事项，须经村民会议讨论决定，即涉及集体经济组织利益使用的问题，属于村民自治范畴的事项，应由村民通过民主议定程序予以解决。因此，被告依据法律规定及《××镇农村土地征地补偿费分配使用管理办法》的指导意见，召开村民会议及村民代表会议讨论并表决通过土地款分配方案完全合法。(3) 被申请人第×村民小组在确定分配方案时，依据法律规定及申请人王某某、胡某某入户时与被告第×村民小组约定，并没有侵犯申请人的利益。第一，2006年8月7日被申请人召开了村民代表及扩大会议，会议最终决议，给每位外来入户人员临时用地0.5亩使用，但不享受生产队（村民组）任何收入分配权。被申请人也给王某某、胡某某划了三间房的宅基地，但事后了解到，王某某只将自己的户口迁入第×村民小组，胡某某的户口并未迁入第×村民小组，胡某某无权参与第×村民小组集体土地被征用后所取得的土地补偿款的分配。第二，原告王某某虽户籍登记在第×村民小组，但2006年8月7日的村民代表及扩大会议的决议已明确，外来入户人员不享受生产队任何收入分配权，王某某当时对此会议决议没有任何异议，当然也就不能享受村民小组的同等待遇。第三，宅基地属于村民集体所有，地上房屋属于村民个人所有，宅基地被征用后征地补偿款应归集体所有，并不存在向个人支付的问题。

陕西省高级人民法院认为，胡某某的户籍并未迁入××村，王某某的户籍虽然迁入第×村民小组，但其是否能够参与分配集体经济组织收益的前提是具有集体经济组织成员身份，该问题不属于法院受诉范围。村民待遇问题属于村民委员会这一基层群众性自治组织内部事务的处理，不属于平等主体之间的民事行为，不属于法院受理民事案件的范围。原一审法院驳回王某某、胡某某的起诉并无不当。据此，陕西省高级人民法院认为，王某某、胡某某申请再审的理由不能成立，裁定驳回王某某、胡某某的再审申请。

［根据南郑县人民法院（2016）陕0721民初494号民事裁定书、陕西省高级人民法院（2017）陕民申1989号民事裁定编写］

## 案例11

杨某某与何某某于2007年结婚后，一直居住在某某镇××村，婚后育有三个子女都在××村落户。2009年，××村×组给杨某某家五人分了宅基地及耕地6亩，2011年在宅基地上建了两层楼房居住至今，耕地也一直在耕种。2014年8月，××村×组的一块荒地被征用，该村获得了土地补偿款。杨某某家按照户口每人应分得补偿款2.3万元，但××村×组以杨某某系男方到女方落户为由，拒不承认杨某某家五人为××村集体经济组织成员资格，拒发土地补偿款，并收回了6亩耕地。

2015年5月5日，杨某某家五人以××村×组为被告向中牟县人民法院提起诉讼，认为××村×组的行为严重侵害了杨某某家五人的农村集体经济组织成员权益，请求法院判令××村×组向其发放土地补偿款共计 11.5 万元。中牟县人民法院认为，本案当事人争议的焦点涉及农村集体经济组织成员资格的确认，不属于法院的受案范围，裁定驳回杨某某家五人的起诉。

杨某某家五人不服向郑州市中院上诉。郑州市中级人民法院二审认为，杨某某家五人称其户籍没有离开某某镇，且一直在该村居住，××村×组以杨某某系男方到女方落户为由，拒不承认杨某某家五人为该村集体经济组织成员资格，拒发土地补偿款。但杨某某家五人并未提交××村×组应向其支付土地补偿款的相关证据。根据杨某某家五人的诉请理由，本案的诉争必然涉及农村集体经济组织成员资格的确认，故中牟县人民法院认为本案不属于法院受理民事诉讼的范围，驳回杨某某等五人的起诉，并无不当，故裁定驳回杨某某等五人上诉，维持原裁定。

杨某某家五人对郑州市中级人民法院二审裁定仍不服，向河南省高级人民法院申请再审称，杨某某家五人与××村×组之间的纠纷不涉及集体经济组织成员资格认定的问题，而是农村集体经济组织与其成员之间因收益分配产生的纠纷，应属法院民事案件的受案范围。××村×组以杨某某系男方到女方落户为由，拒不承认杨某某家五人的集体经济成员资格，拒发土地补偿款等行为，违反了《妇女权益保障法》《村民委员会组织法》《土地管理法实施条例》的相关规定，侵犯了杨某某家五人的民事权益，请求撤销原审判决，判令××村×组向杨某某家五人发放土地补偿款 115,000 元。

××村×组辩称，××村×组曾召开村民代表会议，进行民主表决，表决结果不支持杨某某家五人的请求。该会议程序及结果均符合《村民委员会组织法》的相关规定。

河南省高级人民法院再审查明：(1) 杨某某在与何某某结婚后，于 2013 年 11 月 29 日将户籍从山东省单县迁入××村；(2) ××村于 2018 年 4 月 24 日发布公告，公布了“经登记确认的本村应参加第九届村民委员会选举的选民名单”，在该选民名单中有何某某、杨某某二人。

河南省高级人民法院再审认为，根据现行法律规定，征地补偿安置方案确定时，人民法院可以在实际审理时，对集体经济组织成员的资格进行审查，并做出相应的处理。本案中，经公安机关户籍登记确认，杨某某家五人户籍地为某某镇，且实际生活居住地也在某某镇。根据××村于2018年4月24日公布的该村选民名单，杨某某家五人可以认定为××村×组的集体经济组织成员。杨某某家五人因与××村×组就土地征收补偿费用分配发生纠纷提起诉讼。根据最高人民法院《关于审理涉及农村土地承包纠纷案件适用法律问题的解释》第24条①之规定，“农村集体经济组织或者村民委员会、村民小组，可以依照法律规定的民主议定程序，决定在本集体经济组织内部分配已经收到的土地补偿费。征地补偿安置方案确定时已经具有本集体经济组织成员资格的人，请求支付相应份额的，应予支持”。本案属于法院审理民事案件的受案范围。故原审裁定驳回杨某某家五人的起诉适用法律错误。杨某某家五人的再审请求部分成立，予以支持。河南省高级人民法院裁定：(1) 撤销郑州市中级人民法院及中牟县人民法院民事裁定；(2) 指令中牟县人民法院对本案进行审理。

中牟县人民法院重审认为，村民的合法权益受法律保护，非因法定情形任何组织和个人均无权剥夺。原告杨某某以招婿上门方式与何某某结婚，其本人及所生子女均在本村落户已经得到被告承认，并获得了宅基地、耕地等合法权益，五原告的集体组织成员权益依法应受保护。被告××村以村规民约方式通过村民会议表决取消原告集体组织成员资格并收回已取得的成员权益的行为，违反了相关法律规定，不应得到支持。原告的诉讼请求理由成立，应予支持。中牟县人民法院依照《村民委员会组织法》第27条第2款和《农村土地承包法》第5条、第34条的规定，判决被告××村第十村民组于本判决生效之日起10日内给付原告杨某某家五人补偿款115,000元。

[根据河南省高级人民法院（2018）豫民再342号民事裁定书、河南省中牟县人民法院（2018）豫0122民初3409号民事判决书等编写]

**【作者分析】**

案例10与案例11都是农村集体组织成员资格争议和农村集体经济组织成员财产收益分配争议，但两案纠纷性质既有相同之处又有性质区别，故裁

---

① 此处适用的是2005年最高人民法院《关于审理涉及农村土地承包纠纷案件适用法律问题的解释》，相关规定参见本解释2020年修正版第22条。

判结果也完全不同。

案例10中，实质性争议是王某某、胡某某是否具有集体经济组织成员的资格问题，这个问题一旦得以解决，征地补偿款和宅基地赔偿款的问题就会迎刃而解。王某某、胡某某是外地迁入本村的村民，虽然户籍已经迁入第×村民小组，第×村民小组也给分配了责任田和宅基地，但第×村民小组在召开村民会议及村民代表会议表决通过的征地补偿款分配方案时排除了王某某、胡某某，这也就否定了王某某、胡某某的集体经济组织成员资格，于是双方产生了农村集体经济组织成员的资格纠纷。因农村集体经济组织成员资格的认定属于农村集体组织的自治范围，由此发生的纠纷不属于法院受理诉讼范围，所以法院裁定驳回原告王某某、胡某某的起诉。但法院在这种情况下裁定驳回起诉，只是说明原告没有诉权，并不直接否定原告的农村集体经济组织成员的资格，原告仍可请求乡镇政府或者有关行政部门调解。

案例11中，杨某某作为外来迁入的招婿上门村民，在与本村何某某结婚后已将户籍迁入××村，获得了宅基地、耕地并建房，本一直在××村生产生活，特别是××村在2018年4月24日公布"经登记确认的本村应参加第九届村民委员会选举的选民名单"的选民名单中有杨某某和何某某二人的姓名，由此足以证明杨某某具有××村集体经济组织成员的主体资格，而××村×组以杨某某系男方到女方落户为由拒不承认杨某某的集体经济组织成员资格明显是一种非法歧视。何某某及三个子女，出生在××村，户口登记在××村，一直生产生活在××村，当然无可争辩地具有××村集体经济组织成员的资格。在杨某某家五口无可争辩地具有××村成员资格的条件下，××村×组拒不分配给杨某某家五人的拆迁补偿款，显然损害了本村集体经济组织成员的财产收益权，所以案例11与案例8的集体经济组织成员的资格争议不同，案例11争议是集体经济组织成员的财产权益纠纷。河南省高级人民法院在裁定中适用了最高人民法院《关于审理涉及农村土地承包纠纷案件适用法律问题的解释》（2005年）第24条的规定，认定本案属于法院审理民事案件的受案范围，原审裁定驳回杨某某家五人的起诉适用法律错误，于是中牟县人民法院重审判决××村第×村民组给付杨某某家五人补偿款。

# 第五节　农村集体组织强制收回村民宅基地使用权

农村村民对依法取得的宅基地享有永久使用权，且在确权登记后受物权法律保护，不许任何单位和个人包括农村集体组织和乡镇政府非法侵害。但是，出于某些法律事实或者村民意愿，如农户绝户不存在宅基地使用权人、进城落户村民自愿退出宅基地等，农村集体组织应当收回村民的宅基地使用权，这是农村集体组织的自治管理宅基地的行为。如果出于公益事业的需要或者基于违法占用行为等原因，农村集体组织单方作出决定，强制收回村民基地使用权的，则是履行宅基地管理的行政行为。这里分析农村集体组织强制收回村民基地使用权的法律问题。

## 一、决定强制收回村民宅基地使用权的主体

农村集体组织是本集体组织的土地管理者，是宅基地使用权的安排者和分配者，那么宅基地使用权的收回权当然由其依法行使。但因农村集体组织是村民自治组织而不是行政机关，故在强制决定收回村民的宅基地使用权时，必须有法律、法规或者规章的授权。《土地管理法》第 66 条规定，农村集体经济组织报经原批准用地的人民政府批准，可以收回宅基地使用权。据此规定，只有本村集体经济组织才有权单方作出收回决定；在本村尚未设立集体经济组织的情况下，根据《民法典》第 101 条第 2 款的规定，应由本村村民委员会行使强制收回权。

乡镇政府和自然资源行政主管部门不是农村集体土地的所有权人，故无权利用行政权力强制收回村民的宅基地使用权。《土地管理法》第 66 条之所以规定“原批准用地的人民政府批准”，是通过对农村集体组织决定收回村民宅基地的行为进行监督，以防侵害村民的合法权益。但在实践中有这样一种情况：农村集体组织经民主议定程序通过后，上报原批准用地的人民政府批准时，原批准用地的人民政府直接作出决定由农村集体组织收回村民宅基地。对此，有人认为，原批准用地的人民政府直接作出收回宅基地决定，对

村民直接生产行政效力的，是对农村集体组织的越权，不符合《土地管理法》第66条的规定，属于无效行政行为。笔者认为，原批准用地的人民政府可以利用行政职权直接作出这种决定，但村民对收回其宅基地不服提起行政诉讼的，原批准用地的人民政府是被告。

## 二、强制收回村民宅基地使用权的法定情形

农村集体组织强制收回村民宅基地使用权，就会使村民丧失原有的宅基地使用权，这对村民的权益影响很大，甚至还有可能剥夺村民法定的宅基地使用权，故不能完全由村民自治决定，一是需要法律授权并有法定事由，二是需要行政机关介入监督。

根据《土地管理法》第66条的规定，有下列情形之一的，农村集体组织报经原批准用地的人民政府批准后，可以收回村民的宅基地使用权。

### （一）为乡（镇）村公共设施和公益事业建设，需要使用土地

乡村公共设施是由政府、村民委员会及企业事业单位、社会组织建设的用于乡村社会公众使用或享用的公共服务设施，如乡村文化教育设施、乡村医疗卫生防疫设施、乡村文艺娱乐设施、乡村行政管理与社会服务设施等。乡村公益事业是为乡村经济活动、社会活动和村民生活服务的部门、企业及其设施，如自来水生产供应系统、公共交通系统、电气热供应系统、园林绿化系统等。乡村建设这些公共事业和公益事业，对改善村民的生产生活条件，促进农村社会经济发展，推进新农村建设具有重要意义。

当这些公共设施和公益事业建设需要使用农村土地包括需要使用村民宅基地时，根据村民自治规则，农村集体组织首先应当与村民通过协商方式收回宅基地使用权，经协商一致收回宅基地使用权的，属于村民自治行为，也就不再需要强制收回了。经协商不能达成协议的，农村集体组织才可以单方依法作出决定予以强制收回。但在强制收回时，农村集体组织应当依照规定程序行事，并应注意充分保护村民使用宅基地的合法权益：（1）使用农村宅基地的公共设施或者公益事业建设的项目已经依法批准，在未依法批准前不得强制收回村民的宅基地使用权；（2）在作出强制收回决定前，应当根据

《土地管理法》第 61 条的规定，先报原批准用地的人民政府批准，经批准后才可以对村民作出正式的强制收回决定；（3）农户使用的宅基地被收回后没有宅基地，或者达不到“一户一宅”面积标准的，农村集体组织应当重新给予安排宅基地；（4）给原土地使用权人造成损失的，应当给予合理的经济补偿。

（二）不按照批准的用途使用土地

这里的使用土地包含使用农村宅基地。从现实情况来看，农村村民不按照批准的用途使用宅基地主要有以下两种情况。

1. 村民将宅基地用于非住宅建设

根据《土地管理法》第 62 条的规定，农村集体组织分配给村民宅基地是供村民建设住宅使用的，村民取得宅基地的唯一用途亦应是建设住宅（包括农业生产用房），村民违反这个用途使用宅基地则为非法。《土地管理法》第 66 条规定的“不按照批准的用途使用土地”，包括村民以建造住宅为名取得宅基地，但实际上不用于住宅建造，如在宅基地上建造厂房（将已建住宅当厂房或者经营场所除外）农村集体组织可以要求村民改为住宅，拒不改正的，可以强制收回其宅基地使用权，有关部门还应依法予以行政处罚。

2. 村民闲置宅基地

原国家土地管理局《确定土地所有权和使用权的若干规定》第 29 条规定：“因原房屋拆除、改建或自然坍塌等原因，已经变更了实际土地使用者的，经依法审核批准，可将土地使用权确定给实际土地使用者；空地及房屋坍塌或拆除后两年以上仍未恢复使用的土地，由当地县级以上人民政府收回土地使用权。”第 52 条规定：“空闲或房屋坍塌、拆除两年以上未恢复使用的宅基地，不确定土地使用权。已经确定使用权的，由集体报经县级人民政府批准，注销其土地登记，土地由集体收回。”在现实中，村民闲置宅基地和住宅“坍塌”“拆除”的情况有时是复杂的，原因也是多种多样的，当以闲置为由强制收回其宅基地使用权时，应当结合实际情况认定“两年”期限以及是否强制收回的问题。

（1）关于“闲置”问题。《确定土地所有权和使用权的若干规定》中规定的闲置2年，应自政府批准使用宅基地之次日起计算，即农村村民从政府批准使用宅基地之次日起计算超过2周年未建设住宅的，农村集体组织可以收回村民的宅基地使用权。村民在此期限内已经开始建设住宅，但超过2年未建设完毕的，农村集体组织是不能收回宅基地使用权的。例如，村民经批准使用三间宅基地建造三层房屋，其在2年内已经填基三间建了二间一层住宅，另一间搭棚养鸡鸭，2年后仍无钱继续建造其余房屋，对此不能认为其已经闲置2年。但若该村民在批准的三间宅基地上继续耕种农作物而超过2年未建设住宅的，则可强制收回其宅基地使用权。《土地管理法》第66条规定“可以收回土地使用权”中的“可以”，包含着宽容性和灵活性。大多数农村集体组织强制收回村民宅基地使用权主要针对那些恶意占地、闲置多年、影响较大的情况，而对经济困难超过2年未建房的村民，农村集体组织通常都实行人性化管理，先行督促建设，有的还许可延长一定期限建设，在村民确无经济能力建设的情况下才决定强制收回，这种做法属于“可以”范畴，并不违反《土地管理法》第66条规定。

（2）关于“拆除”问题。在农村经济不断发展的背景下，农村村民为了改善居住条件拆除旧住宅继续使用原宅基地建设新住宅的越来越多，国家对此持鼓励和支持态度，但原住宅拆除后超过2年未恢复使用宅基地的（从原住宅拆除之次日起计算2年），则属闲置情形，故可强制收回。但是，“拆除两年以上未恢复使用宅基地”并非都应强制收回。例如，村民拆除原住宅后，在准备建造新住宅时与邻居发生宅基地纠纷而超过2年未得到解决；再如，本村集体组织准备修建道路需要占用村民已经拆除房屋留下的宅基地，致使该村民超过2年未能恢复使用原宅基地建设新住宅，后本村集体组织又不修建道路。在这些情况下，不能以“拆除两年以上未恢复使用宅基地”为由就强制收回。村民拆除原住宅后，在原宅基地上如果建造厂房从事工业生产，这是“不按照批准的用途使用土地”的行为，不受“两年”的限制就可以强制收回。由此可见，“拆除两年以上未恢复使用宅基地”的原因只有归责于原宅基地使用权人时，农村集体组织才可以强制收回，不可归责于原宅基地使用权人的，应视具体情况而定，而不宜一律强制收回。

（3）关于“坍塌”问题。《确定土地所有权和使用权的若干规定》中规定的“坍塌”，是指“房屋坍塌”。房屋坍塌主要有三种情况：一是不可抗力原因，如遇地震、台风、地质等自然灾害坍塌；二是老房子陈旧或者房屋质量问题自行坍塌；三是人为破坏或者人为事故坍塌。村民住宅无论何种原因坍塌，在符合“一户一宅”的条件下都有继续使用遗留宅基地的权利，但“两年以上未恢复使用”的（从坍塌之次日起计算），农村集体组织可以强制收回，但应以该宅基地仍可完整使用为条件，如果村民房屋因不可抗力坍塌而使宅基地同时毁损，恢复使用有一定难度的，应以宅基地修复可使用后再计算“两年”时间来决定是否强制收回；如果毁灭不可能再使用的，只能注销此宅基地的使用权，但在符合“一户一宅”条件下，农村集体组织应当给该村民重新分配宅基地。

（三）因撤销、迁移等原因而停止使用土地

这里的“停止使用土地”包括停止使用宅基地。《确定土地所有权和使用权的若干规定》中规定的“撤销”，是指有关行政机关依法取消村民违法批准、登记的宅基地使用权并使之无效的行政行为。《土地管理法》第 79 条第 1 款规定：“无权批准征收、使用土地的单位或者个人非法批准占用土地的，超越批准权限非法批准占用土地的，不按照土地利用总体规划确定的用途批准用地的，或者违反法律规定的程序批准占用、征收土地的，其批准文件无效，对非法批准征收、使用土地的直接负责的主管人员和其他直接责任人员，依法给予处分；构成犯罪的，依法追究刑事责任。非法批准、使用的土地应当收回，有关当事人拒不归还的，以非法占用土地论处。”有关行政机关对违法批准的宅基地使用权，先应依法撤销批准文件使之无效，再由农村集体组织决定收回宅基地使用权。

关于因“迁移”而停止使用土地的问题。《确定土地所有权和使用权的若干规定》中规定的“迁移”，是指户口迁移，村民户口一旦迁出本村，就在本村丧失使用宅基地的权利。但户口迁移并不必须收回宅基地，而应以原农户“停止使用土地”为条件。需要特别注意的是，这里的“停止使用土地”对农村住宅而言仅指停止使用宅基地，而非停止使用房屋。例如，农户全家将农业户口转为非农业户口移居城镇或者前往境外居住，原籍住宅处于闲置状态，农村集体组织就不能以“停止使用土地”为由强制其拆除房屋收回宅基地使用权，否则是对该原村民房屋所有权的侵害。此外，农户部分成员户口迁移，但仍有家庭其他成员在本村使用宅基地的，不属于“停止使用土地”的情形。只有在农户全家户口迁移致使空白宅基地处于“停止使用”状态（包括住宅拆除、坍塌留下的宅基地）的，农村集体组织才能决定强制收回。

## 三、强制收回农村宅基地使用权的自治程序

宅基地使用权是农民最为重要的用益物权，在发达地区和拆迁区域是农民的一大笔财产，故农村集体组织收回宅基地使用权涉及农民重大切身利益。因此，农村集体组织在坚持法定条件的同时，还必须严格按照法定程序作出决定，然后才可以强制收回。这里的法定程序可分为自治程序与行政程序。

《村民委员会组织法》第22条和第24条规定，涉及村民利益的事项需经村民会议讨论决定；召开村民会议，应当有本村18周岁以上村民的过半数，或者本村2/3以上的户的代表参加，村民会议所做决定应当经到会人员的过半数通过。强制收回村民宅基地使用权属于涉及村民利益的事项，根据上述规定应当执行自治程序即民主议定程序，如果未经自治程序通过，农村集体组织就作出强制收回决定的，该决定因违反上述规定而无效。

## 四、强制收回宅基地使用权的行政程序

农村集体组织进行自治程序后，除村民主动交还宅基地使用权外，如果需要强制收回的，在经自治程序后，还需执行行政程序。

首先，根据《土地管理法》第66条和《确定土地所有权和使用权的若干规定》第52条的规定，农村集体组织强制收回村民宅基地使用权，经村民大会或者村民代表会议通过后，应先报请原批准用地的人民政府批准，原批准用地的人民政府批准后，再按照行政程序作出决定。

有人认为，根据《民法典》第99条的规定，农村集体经济组织属于民事上的特别法人，故农村集体经济组织收回宅基地使用权的行为属于民事上

的自治行为而不是行政行为。这种认识忽略了自愿收回与强制收回的区别，也忽略了农村集体组织强制收回宅基地使用权的法律授权问题。《土地管理法》第 66 条“农村集体经济组织报经原批准用地的人民政府批准，可以收回土地使用权”的规定，是法律授权农村集体经济组织强制收回村民的宅基地使用权的规定。在此规定下，农村集体经济组织强制收回村民的宅基地使用权是其履行法律授权管理宅基地职责的行政行为，无须取得对方村民的同意就有权单方决定收回。

农村集体组织强制收回村民的宅基地使用权，既然是一种行政行为，经民主议定程序通过和有关人民政府批准后，也就必须遵循行政程序作出决定，特别是需要拆除房屋收回宅基地的，事先应当向村民说明收回宅基地使用权的根据、理由，告知村民有陈述、申辩权利和救济途径、方式和期限等。农村集体组织事先不履行这些告知义务，就作出强制收回决定，属于行政程序违法行为。根据《行政诉讼法解释》第 24 条第 1 款“当事人对村民委员会或者居民委员会依据法律、法规、规章的授权履行行政管理职责的行为不服提起诉讼的，以村民委员会或者居民委员会为被告”的规定，相对人村民可以以农村集体组织为被告向人民法院提起行政诉讼。

村民宅基地使用权被依法强制收回后，应当办理注销登记。宅基地使用权被注销后，原宅基地使用权人对被收回的宅基地不再享有使用权。但是，根据《民法典》第 364 条“宅基地因自然灾害等原因灭失的，宅基地使用权消灭。对失去宅基地的村民，应当依法重新分配宅基地”之规定，宅基地使用权被依法强制收回并不当然取消村民使用宅基地的资格权，村民在宅基地资格权仍然存在的情况下，宅基地使用权被依法强制收回后，该村民仍符合使用宅基地条件的，农村集体组织仍应给予安排宅基地。

## 案例 12

冯某某系 A 村村民，持有胶南市土地管理局就涉案土地颁发的集体土地使用权证。2018 年 9 月 8 日，A 村委会为了村庄整体搬迁改造，召开党员、村民代表会议，审议表决通过《A 村村庄搬迁安置补偿方案》，对 A 村全体村民的房屋及附着物进行改造，并于同日作出《公告》进行公示。

2019年12月12日，A村委会召开村民代表会议，讨论并形成《A村村庄改造收回集体土地使用权的决议》（以下简称《决议》）。2020年5月20日，黄岛区政府对该决议作出《批复》："同意A村委会依据《土地管理法》第六十五条之规定，收回A村部分集体土地使用权，由自然资源局办理不动产注销手续"。同日，A村委会将该《批复》及《决议》张贴于村公务栏，并向冯某某作出并送达涉案《限期交回集体土地使用权通知书》（以下简称《通知书》），通知冯某某于收到该通知之日起5日内即2020年6月7日前自行拆除房屋及附着物，交回集体土地使用权，并告知其逾期将依据决议内容收回土地并拆除地上房屋及附着物。

冯某某对该《通知书》不服，以A村民委员会为被告向青岛铁路运输法院提起收回集体土地使用权行政诉讼。

青岛铁路运输法院认为：(1) 关于本案是否属于行政诉讼受案范围的问题。《行政诉讼法解释》第24条第1款规定，当事人对村民委员会或者居民委员会依据法律、法规、规章的授权履行行政管理职责的行为不服提起诉讼的，以村民委员会或者居民委员会为被告。《土地管理法》第66条第1款规定，"有下列情形之一的，农村集体经济组织报经原批准用地的人民政府批准，可以收回土地使用权：（一）为乡（镇）村公共设施和公益事业建设，需要使用土地的；（二）不按照批准的用途使用土地的；（三）因撤销、迁移等原因而停止使用土地的"。本案中，被告作为村民委员会，为完成村庄搬迁改造工作，作出涉案《通知书》收回原告所占集体土地，系依据《土地管理法》的授权履行行政管理职责的行为，因此，本案属于行政诉讼受案范围。

(2) 关于被告作出的《通知书》是否合法的问题。2019年修正的《土地管理法》已于2020年1月1日起施行，被告仍适用2004年修正的《土地管理法》作出涉案《通知书》明显不当，在此予以指正。《山东省行政程序规定》第9条规定："行政机关实施行政行为，可能影响公民、法人和其他组织合法权益的，除法定情形外，应当书面告知其事实、理由、依据、陈述权、申辩权以及行政救济的途径、方式和期限。"该规定第2条规定："本省各级行政机关、法律法规授权的组织和依法受委托的组织实施行政行为，应当遵守本规定。”本案中，被告作出涉案《通知书》，未告知原告享有的陈述权、申辩权以及行政救济的途径、方式和期限，违反了程序正当原则，属于程序违法，依照《行政诉讼法》第 70 条第 3 项的规定，依法应予撤销。鉴于被告收回原告涉案集体土地使用权是为了更好地改善村庄居民的生活环境，提升区域形象，加快城市化进程，且 A 村绝大部分村民已签订补偿协议并拆除房屋，撤销该《通知书》会给公共利益造成重大损害，依照《行政诉讼法》第 70 条第 3 项、第 74 条第 1 款第 1 项的规定，判决确认被告青岛市黄岛区隐珠街道 A 村民委员会于2020 年6 月3 日向原告冯某某作出《限期交回集体土地使用权通知书》的行为违法。

冯某某不服一审判决，向济南铁路运输中级法院提起上诉，请求撤销青岛铁路运输法院一审行政判决，依法改判或发回重审。事实和理由：(1) 一审法院认定“涉案土地不在征收范围内，拆迁行为属于村民自治行为”属认定事实错误。涉案土地属于 A 村，上诉人一审提交的山东省人民政府2019 年10 月 16 日作出的征地批复中明确写明被征收土地包括 A 村，既然涉案土地被征收，就应当按照《土地管理法》中关于征收的法定程序进行，而不能再进行所谓的村民自治拆迁，最高人民法院（2019）最高法行申 3784 号案件中明确指出，征收拆迁与征收补偿事宜均属公权力职权范畴，职权之所在，即义务之所在，也即责任之所在，并不宜以村民自治形式进行。(2) 一审法院认定涉案土地拆迁符合公共利益要求，属认定事实错误。涉案所在地目前已经开工建设，该地块是用来进行商业开发的，明显不符合公共利益的要求。(3) 本案存在同案不同判情形，应当予以纠正。(2020) 鲁 7102 行初 100 号案件中，同样的情况被判决撤销通知书，虽然两案不是同一个村，但是在拆迁形式、实施方法、开始时点等各方面都基本一致，涉及的也都是村委收回土地使用权问题，所以两案应该同案同判。(4) 一审法院法律适用存在明显错误。因被上诉人作出涉案通知书不仅程序违法，而且存在诸多实体问题，不符合公共利益目的，不属于撤销会给国家利益、社会公共利益造成重大损害的情况，故不应当适用《行政诉讼法》第 70 条第 3 项、第 74 条第 1 款第 1 项的规定确认涉案通知书违法。综上请二审法院查明案情，依法审理，公正裁判。

被上诉人A村委会辩称，（1）被答辩人房屋所占土地并未被征收，仍为集体土地。在依据《土地管理法》的规定获得黄岛区人民政府作出的《批复》的情形下，答辩人收回涉案房屋所占集体土地使用权并无不当。2018年9月，A村为进一步改善村民生活质量启动村庄自主改造，由村民与村委会签订拆迁安置补偿协议并交回集体土地使用权。对于已签订拆迁安置补偿协议并收回使用权的集体土地通过征收程序转换土地性质，用于办理开工手续。对于未签订拆迁安置补偿协议未收回使用权的集体土地并未进行征收，仍为集体土地性质。原告在一审过程中提交的征地批复虽显示答辩人处有部分土地涉及征收，但涉及征收的并不包含被答辩人房屋所占土地，对此，答辩人提交的定界勘测图纸足以证明。综上，答辩人依据《决议》向被答辩人作出限期交回集体土地使用权通知书事实及法律依据充分。（2）收回集体土地使用权是为了村庄整体搬迁改造，是为了更好地改善村庄居民生活环境，提升区域形象，加快城市化进程，且A村绝大部分村民已签订补偿协议并拆除房屋等待回迁，如不收回涉案房屋所在集体土地，影响安置区建设，将会给公共利益造成重大损害。A村自主改造将A村土地分为两部分，一部分为安置区用地，用于建设村民安置住房以及村集体经济用房，另一部分为补亏用地，通过出让给第三方区政府获得土地收益将该部分收益用于安置住房建设。任何一个环节停滞都将影响自主改造的进程，进而产生村民无法按时回迁等一系列的严重社会不良反应，严重损害公共利益。综上，请求依法驳回被答辩人的上诉请求。

济南铁路运输中级法院认为，（1）关于被上诉人作出《通知书》主体上是否合法的问题。《土地管理法》规定，有下列情形之一的，农村集体经济组织报经原批准用地的人民政府批准，可以收回土地使用权。其中包括为乡（镇）村公共设施和公益事业建设需要使用土地的。《村民委员会组织法》规定，村民委员会依照法律规定，管理本村属于村集体的土地和其他财产。对于宅基地的使用方案及其他涉及村民利益的事项，可以经授权以村民代表会议的方式讨论决定。本案中，被上诉人依照上述法律规定，由村民代表会议审议表决通过的《A村村庄搬迁安置补偿方案》《决议》具有合法性。经青岛市黄岛区人民政府作出《批复》同意《决议》的内容后，被上诉人作出并向上诉人送达的《限期交回集体土地使用权通知书》，是依照上述法律规定履行对辖区内集体土地使用权进行管理和调整的职责体现，于法有据。(2) 关于被上诉人作出《通知书》程序上是否存在违法的问题。根据正当程序原则，行政机关在作出影响行政相对人权益的行政行为时，必须遵循正当法律程序，包括事先告知相对人，向其说明行为的根据、理由，听取相对人的陈述、申辩，事后为相对人提供相应的救济途径。本案中，被上诉人作为基层群众性自治组织，应当遵守现行的法律、法规和国家政策。村民代表会议作出的决定、决议必须恪守依法行政的原则，确保行政权力依照法定程序行使。被上诉人在作出《通知书》后，向上诉人送达时依法应当告知其享有陈述、申辩权的权利，并享有复议和诉讼救济的权利。因被上诉人未履行其告知义务，违反正当程序原则，依据行政法诉讼法的相关规定，应认定为程序违法。(3) 关于对本案裁判结果处理的问题。被上诉人作出《通知书》在行政程序上存在违法，法院应当依法判决予以撤销。但是，考虑A村村改方案是本着有利于提高村民生活质量，改善村容村貌形象、优化城乡管理水平，且在村民代表一致同意下作出的，符合广大村民的意愿，其正当性应予肯定。且全村绝大多数村民已签订安置补偿协议并拆除房屋等待回迁，剩余部分村民未签订并拆除房屋，影响安置区建设，如果撤销被诉行政行为，将会给绝大多数村民及社会公共利益带来明显的不利影响。原审判决基于以上事实确认被上诉人行政行为违法，而不予撤销，符合社会效果与法律效果相统一的裁判原则，予以支持。

济南铁路运输中级法院认定，原审判决认定事实清楚，审判程序合法，适用法律正确，依法应予维持。上诉人的上诉理由没有事实和法律依据，不予支持。依照《行政诉讼法》第89条第1款第1项之规定，判决如下：驳回上诉，维持原判。

［根据济南铁路运输中级法院（2020）鲁71行终252号行政判决书编写］

**【作者分析】**

本案有以下三个问题值得进一步分析说明：

(1) A村民委员会可否作为行政诉讼的被告。农村集体组织本身是村民自治组织而不是行政机关，但冯某某不服A村民委员会收回其宅基地使用权，以A村民委员会为被告提起行政诉讼。对此，法院根据《行政诉讼法解释》第24条第1款“当事人对村民委员会或者居民委员会依据法律、法规、规章的授权履行行政管理职责的行为不服提起诉讼的，以村民委员会或者居民委员会为被告”的规定，认定A村民委员会为完成村庄搬迁改造工作，对冯某某作出《通知书》收回其所占集体土地，系依据《土地管理法》的授权履行行政管理职责的行为，所以，A村民委员会是本案行政诉讼的被告。黄岛区政府对A村民委员会作出的是《批复》，而非直接对A村村民作出收回集体土地的决定，对A村村民不直接产生法律效力，故黄岛区政府不能成为本案行政诉讼的被告。

（2）A村民委员会在自治范围内的收回程序是否合法问题。根据《村民委员会组织法》的规定，村民委员会是村民自治组织，涉及村民利益的重要事项应经村民会议讨论决定，即通过民主议定程序决定。A村民委员会就村庄搬迁改造的需要收回集体土地这一重大事项，依照《村民委员会组织法》的有关规定，召开村民代表会议审议表决通过了《A村村庄搬迁安置补偿方案》《决议》，并报经黄岛区政府作出批准，符合民主议定程序，体现了村民自治精神。

（3）A村民委员会强制收回宅基地的行政程序是否合法问题。A村民委员会收回集体土地得到黄岛区政府的批复同意后，对村民作出收回集体土地决定，并向村民发出《通知书》，属于法律、法规、规章授权的履行行政管理职责的行为，而不再是单纯的自治行为。既然属于行政行为，就应按照行政程序的要求，书面告知相对人村民收回宅基地使用权的事实、理由、依据以及陈述权、申辩权和行政救济的途径、方式、期限。本案中，A村民委员会未进行这些行政程序就作出决定，当属程序违法。

## 案例13

冯B、冯C系冯A之子，冯D与冯A系亲兄弟，刘某某（已故）系冯A的堂嫂（以下简称冯A等五人）。2007年12月28日，鹤山市政府作出《用地批复书》，同意冯C使用位于××村96.6平方米土地作住宅用地，并注明："本批复许可的用地必须在二年内使用；逾期不使用的，土地使用权可以收回，本批复书自行失效。"2008 年 3 月 13 日，鹤山市政府给冯 C 核发《集体土地使用证》，该证记载的土地位置在××村民委员会×山村，土地用途为农村宅基地，使用权类型为批准拨用宅基地，使用权面积 96.6 平方米。2012 年 11 月 25 日，鹤山市政府给××村合作社核发《集体土地所有权证》，其中包含冯 C 的宅基地。冯 C 取得土地使用证后，一直未按照批准用途建设住宅，在冯 C 取得宅基地使用权之前，该地上有他人建设的砖墙和钢结构顶棚建筑物，2013 年 7 月被××村合作社强制拆除。2013 年 5 月 8 日，鹤山市政府根据××街道办的请示，作出××43 号《关于同意收回冯 A 等五宗宅基地使用权的批复》（以下简称 43 号批复），主要内容如下："报来《关于要求收回冯 A 等五宗宅基地使用权的批复》收悉，经市政府研究，现批复如下：一、同意注销冯 A 等五人五宗宅基地的登记；二、注销五宗宅基地由××村合作社收回；三、有关手续由市国土资源局协调办理。"

2013 年 10 月 23 日，冯 C 以鹤山市政府为被告向江门市中级人民法院提起行政诉讼，请求撤销鹤山市政府 43 号批复。江门市中级人民法院作出行政判决，驳回冯 C 的诉讼请求。冯 C 不服，提起上诉。广东省高级人民法院作出行政判决，认为鹤山市政府批准××村合作社收回冯 C 宅基地，直接影响冯 C 重大利益，但未遵循正当程序原则，给予冯 C 陈述和申辩的权利，属于程序违法；且 43 号批复未列明同意××村合作社收回宅基地的事实、理由和法律依据，属于主要事实不清，判决撤销一审判决，撤销 43 号批复，由鹤山市政府重新作出行政行为。

2014 年 9 月 28 日，××村合作社重新召开村民户代表大会，全村 571 户中的 551 户到场参加会议并表决，其中 550 户代表签名同意收回冯 A 等五人的宅基地，1 户弃权。2014 年 9 月 30 日，××村合作社向鹤山市政府提交《关于收回冯 A 等人宅基地使用权的申请》。2015 年 3 月 27 日，鹤山市政府向冯 C 送达《权利告知书》，告知冯 C 享有陈述、申辩和申请听证的权利。2015 年 3 月 31 日，冯 C 向鹤山市政府提交《听证申请书》。2015 年 5 月 21 日，鹤山市政府召开听证会，冯 A、冯 C、冯 B 参加听证活动。2015 年 12 月 31 日，鹤山市政府××3 号《批准收回宅基地使用权决定书》（以下简称 3

号决定)，认定冯C等人取得宅基地使用权后，一直闲置未使用，根据《土地管理法》第65条第1款[①]和《确定土地所有权和使用权的若干规定》第52条的规定，决定批准××村合作社收回冯A等五人的宅基地。2016年3月14日，冯C申请行政复议，请求撤销3号决定。2016年5月30日，江门市政府作出××8号《行政复议决定书》(以下简称8号复议决定)，以冯C取得宅基地使用权后长期闲置，经××村合作社村民大会表决收回宅基地使用权，鹤山市政府批准收回其宅基地使用权，事实清楚，程序合法为由，决定维持3号决定。2016年6月9日，冯C签收8号复议决定。

2016年6月21日，冯C向江门市中级人民法院提起行政诉讼，请求撤销3号决定及8号复议决定。江门市中级人民法院认为，冯C取得宅基地使用权后，没有按规定用途使用宅基地，造成土地闲置2年以上，××村合作社有权收回集体土地使用权。××村合作社经半数以上村民同意，报请鹤山市政府批准收回宅基地。鹤山市政府受理后，已将××村合作社申请事项、利害关系人享有的权利义务告知冯C，并应冯C的申请举行听证，进行调查核实，于法定期限内作出3号决定。被诉行政行为事实清楚，程序合法。江门市政府受理复议申请后，指定2名行政复议的工作人员负责审理，向鹤山市政府和××村合作社送达相应的法律文书，并到涉案宅基地开展现场勘验及实地调查，核实有关证据材料，履行了法定复议审查职责，处理得当。江门市中级人民法院判决驳回冯C的诉讼请求。

冯C不服江门市中级人民法院上述行政判决，向广东省高级人民法院提起上诉。广东省高级人民法院认为，冯C取得宅基地使用权后，超过2年未按批准用途建设住宅，符合收回土地的法定条件。××村合作社半数以上户代表签名同意收回冯C的宅基地，形成有效决议。鹤山市政府作出3号决定前，已向冯C送达《权利告知书》，并应冯C申请举行听证会，充分保障冯C的程序权益。江门市政府依照法定程序作出8号复议决定，符合法律规定。广东省高级人民法院判决驳回上诉，维持原判。

---

① 此处适用的是2004年修正的《土地管理法》，相关规定参见2019年修正的《土地管理法》第66条第1款。

冯 C 向最高人民法院申请再审称：(1) 涉案土地属于××村×山经济合作社（以下简称××经济社）所有，××村合作社无权收回；(2) 冯 C 通过竞拍取得涉案土地和厂房，并一直使用，涉案土地未被闲置；(3) 江门市中级人民法院生效行政判决撤销 43 号批复后，鹤山市政府又根据同一事实和理由作出 3 号决定，违反《行政诉讼法》第 71 条的规定。请求最高人民法院依法再审本案，撤销一审、二审判决，撤销 3 号决定和 8 号复议决定。

最高人民法院经审查认为，《土地管理法》第 65 条第 1 款第 2 项规定①，不按照批准的用途使用土地的，农村集体经济组织报经原批准用地的人民政府批准，可以收回土地使用权。《确定土地所有权和使用权的若干规定》第 52 条规定，空闲或房屋坍塌、拆除 2 年以上未恢复使用的宅基地，不确定土地使用权；已经确定使用权的，由集体报经县级人民政府批准，注销其土地登记，土地由集体收回。《村民委员会组织法》第 22 条第 1 款规定，召开村民会议，应当有本村 18 周岁以上村民的过半数，或者本村 2/3 以上的户的代表参加，村民会议所做决定应当经到会人员的过半数通过。也就是说，作为建设用地的宅基地，权利人取得集体土地使用权后，未按照批准的土地用途使用土地，造成宅基地空闲 2 年以上的，经村民会议讨论、半数以上通过，报县级人民政府批准，集体经济组织有权收回宅基地使用权。本案中，冯 C 于 2008 年 3 月 13 日取得土地使用证。但是，至 2013 年仍未按照批准的用途在涉案土地上建设住宅，土地闲置已经超过 2 年，符合收回土地的法定条件。××村合作社召开户代表会议，半数以上代表同意收回冯 C 的宅基地。鹤山市政府根据××村合作社的申请，进行调查核实，依法举行听证会，作出被诉 3 号决定，批准××村合作社收回宅基地，主要事实清楚，适用法律、法规正确，符合法定程序；江门市政府经过现场勘验、实地调查等程序，作出 8 号复议决定，维持 3 号决定，符合法律规定。一审、二审判决驳回冯 C 的诉讼请求，并无不当。冯 C 主张，涉案土地属于×山经济社，××村合作社无权收回土地。但是，涉案土地在鹤山市政府给××村合作社核发《集体土

① 此处适用的是 2004 年修正的《土地管理法》，相关规定参见 2019 年修正的《土地管理法》第 66 条第 1 款第 2 项。

地所有权证》的范围内，该证项下的集体土地所有权人是××村合作社，而非×山经济社。冯C的上述主张缺乏事实根据，不予支持。冯C又主张，通过竞拍取得涉案土地和厂房，并一直使用，涉案土地未被闲置。但是，根据《土地管理法》第65条第1款第2项的规定①，所谓“闲置”，是指“不按照批准的用途使用土地”。冯C土地使用证批准的土地用途为农村宅基地，冯C取得该证后，未按照批准用途建设住宅，已经构成“闲置”。冯C的上述主张不符合法律规定，亦不予支持。冯C还主张，江门市中级人民法院生效行政判决撤销43号批复后，鹤山市政府又根据同一事实和理由作出3号决定，违反《行政诉讼法》第71条的规定。但是，43号批复被依法撤销后，××村合作社重新召开村民代表会议，形成真实、有效的决议，鹤山市政府根据新的决议，重新进行调查、听证，认定事实，作出3号决定。3号决定与43号批复认定事实、适用法律完全不同。冯C的该项主张与事实不符，同样不予支持。最高人民法院裁定：驳回冯C的再审申请。

[根据最高人民法院（2018）最高法行申4651号行政裁定书编写]

**【作者分析】**

××村合作社收回冯C的闲置宅基地使用权案件，从2013年起诉，经中级人民法院判决、高级人民法院判决，最后申请再审到最高人民法院作出裁定，历经5年时间，主要原因是行政程序问题。

本案中的冯C取得宅基地使用权后闲置2年以上未建设住宅，××村合作社于2013年报经××街道办，××街道办向鹤山市政府请示，鹤山市政府批复书同意××村合作社收回冯C宅基地使用权；冯C诉至江门市中级人民法院，请求撤销鹤山市政府43号批复，而江门市中级人民法院未注意行政程序问题，驳回冯C的诉讼请求；冯C上诉至广东省高级人民法院，广东省高级人民法院发现鹤山市政府批复未遵循正当程序原则，未告知冯C有陈述和申辩等权利，属于程序违法，且未列明同意××村合作社收回宅基地的事实、理由和法律依据，属于主要事实不清，于是判决撤销一审判决和鹤山市政府

① 此处适用的是2004年修正的《土地管理法规定》，相关规定参见2019年修正的《土地管理法》第66条第1款第2项。

批复，由鹤山市政府重新作出行政行为。此后，××村合作社重新召开村民户代表大会通过了收回冯A等五人的宅基地使用权的决定，并向鹤山市政府重新提交了《关于收回冯A等人宅基地使用权的申请》，鹤山市政府向冯C送达《权利告知书》，告知冯C享有陈述、申辩和申请听证的权利，并组织召开了听证会，在完成行政程序后作出批准收回冯C等人的宅基地使用权的决定。此后，冯C提起的行政诉讼以败诉告终。

需要说明的是，鹤山市政府作出《批准收回宅基地使用权决定书》是人民政府在村民自治基础上作出的行政行为，对××村合作社和冯C等行政相对人直接发生法律效力，故鹤山市政府是本案行政诉讼的适格被告，人民政府如果出于监督职责对农村集体组织的申请作出内部批复，而由农村集体组织对村民作出收回宅基地使用权决定的，行政诉讼的被告应当是农村集体组织。

这个案件说明两个问题：(1) 强制收回村民宅基地使用权的自治程序即民主议定程序应由农村集体组织组织执行，如本案××村合作社重新召开村民户代表大会通过收回冯A等五人的宅基地使用权。(2) 人民政府决定收回村民宅基地使用权的，行政程序应由其执行，如本案鹤山市政府向冯C送达《权利告知书》，告知冯C享有陈述、申辩和申请听证的权利；如果是农村集体组织作出决定的，行政程序应由农村集体组织执行。

## 第六节 农村村民丧失宅基地使用权

农村村民作为农村集体经济组织成员，虽对依法取得的宅基地享有永久的使用权，但在实施某种行为或者发生某种事实的情况下也会丧失宅基地使用权。根据《民法典》《土地管理法》的有关规定，农村村民丧失宅基地使用权主要有以下几种情况。

## 一、宅基地本身因自然灾害等原因灭失

《民法典》第364条规定，“宅基地因自然灾害等原因灭失的，宅基地使用权消灭”。这里的“宅基地因自然灾害等原因灭失”，是指宅基地本身灭失，如不可抗力的地震、山体滑坡，河流改道、洪水等自然灾害，使宅基地完全灭失或者严重毁坏不能恢复原状，无法再作为宅基地使用。这种情况下，农村村民原在该宅基地上的使用权当然消灭，但该农村村民并不同时丧失宅基地资格权。因此，《民法典》第364条又规定，“对失去宅基地的村民，应当依法重新分配宅基地”。需要注意的是，这里的“灭失”，是指宅基地的灭失，自然灾害仅造成房屋毁灭，如房屋被洪水冲毁，但不影响该房屋所占宅基地的使用功能的，农村村民仍有权在该宅基地上行使使用权。

## 二、宅基地被依法征收

国家因公共设施建设需要，或者土地开发利用需要，依法征收宅基地为国家所有权，农村村民不可能再行使用该宅基地的，也就丧失该宅基地的使用权，至于被征收农村村民的宅基地使用权益，则应通过拆迁安置、合理补偿、重新安排等方法予以保护。

## 三、宅基地被农村集体组织依法收回

农村集体组织依法收回本村村民的宅基地使用权，并办理注销登记的，该村民也就丧失了该宅基地的使用权。

## 四、宅基地资格权丧失

村民丧失宅基地使用权与丧失宅基地资格权有着密切的关联。村民由于某种原因失去本村集体经济组织成员资格，如被国家招录为公务员、出嫁将户口迁出本村等都会丧失本村宅基地资格权，宅基地资格权一旦丧失，就不得申请使用宅基地，即丧失法定的宅基地使用权。但是，原村民已经在宅基地上建造住宅的，因其对农村住宅仍享有所有权，根据“房地一体”原则，原村民在使用房屋的同时可以继续使用宅基地；如果已建房屋因坍塌、拆除

等原因不再存在的，已经丧失宅基地资格权的原村民，不能再使用原宅基地，此时也丧失宅基地使用权。

## 五、合法出让宅基地使用权

宅基地使用权出让有两种情况：无房宅基地单独转让和宅基地使用权连同房屋一并转让。根据土地管理法律、法规、规章的有关规定，本村村民之间可以单独转让宅基地使用权或者宅基地使用权连同房屋一并转让，有些“三权分置”改革试点地区也许可村民在一定范围和一定条件下出让闲置宅基地，因此，在现实中存在宅基地使用权合法转让的事实。

宅基地使用权合法单独转让并办理转移手续后，出让方村民即丧失已经出让宅基地的使用权。“三权分置”试点地区的政策，如果许可宅基地使用权在一定条件下转让的，也被视为合法转让，出让方在办理过户手续后，同样丧失该宅基地的使用权。宅基地使用权随同房屋一并合法出让的，根据《民法典》的有关规定，可以认定房屋买卖合法有效，但若不符合宅基地使用权转移规定的，则不产生物权转移效力，即不能办理房产及其宅基地使用权的过户手续，出让方在法律上仍有宅基地使用权。出让方村民因出让宅基地丧失使用权后，根据《土地管理法》第 62 条第 5 款的规定，不能再申请宅基地。也就是说，同时丧失了再次使用宅基地资格权。

## 六、自行放弃宅基地使用权

具有农村集体经济组织成员资格的村民虽然享有法定的宅基地使用权，但是否行使宅基地使用权则由其自行决定，故法律并不禁止农村村民自愿放弃宅基地使用权。这些年，特别突出的是农民进城将全家迁入城市落户居住，没有再在老家农村建房的意愿。在此情况下，向村民委员会表示放弃已经依法批准取得的宅基地使用权，或者老屋坍塌后明确表示不再利用原宅基地建房，自愿将宅基地交还本村集体组织，并办理相关注销手续的，该村民也就丧失了宅基地使用权。但是，村民自愿放弃宅基地使用权并不一定丧失宅基地资格权，在宅基地资格权存在且符合建房条件的情况下，仍可申请使用宅基地建房。

此外，宅基地闲置被依法收回、村民死亡或者被宣告死亡等都是丧失宅基地使用权的原因。

## 七、关于认定村民丧失宅基地使用权需要注意的问题

这里所说的宅基地使用权丧失不是事实上的丧失，而是法律意义上的丧失。《民法典》第209条第1款规定："不动产物权的设立、变更、转让和消灭，经依法登记，发生效力；未经登记，不发生效力，但是法律另有规定的除外。"第365条规定："已经登记的宅基地使用权转让或者消灭的，应当及时办理变更登记或者注销登记。"据此，村民具有上述丧失宅基地使用权情形的，应当由农村集体组织收回，并办理宅基地使用权变更登记或者注销登记，然后才能产生具有丧失宅基地使用权的法律效力；未依法办理变更登记或者注销登记的，村民仍持有的宅基地使用权证，在物权法上仍处有效状态，故不能产生丧失宅基地使用权的法律效力。

《确定土地所有权和使用权的若干规定》第52条"空闲或房屋坍塌、拆除两年以上未恢复使用的宅基地，不确定土地使用权。已经确定使用权的，由集体报经县级人民政府批准，注销其土地登记，土地由集体收回"是管理性规定，而不是直接判断村民丧失宅基地使用权的法律依据。如果农村房屋基于自然原因坍塌，而宅基地本身没有灭失的，并不当然消灭村民的宅基地使用权，村民仍可办理相关审批手续后继续使用该宅基地建造住宅。但是，房屋基于自然原因坍塌，宅基地使用权人2年以上未恢复使用该宅基地的，属于闲置情形，农村集体组织可以报经县级人民政府批准注销其土地登记，然后予以收回。

**案例14**

谭A系武胜县金光乡××村村民，于1989年9月通过原武胜县国土局审批取得《村民建房占地许可证》。谭A修建房屋后，武胜县金光乡财政所于1994年4月24向其颁发了《房屋契证》。2011年10月20日，户主谭A户籍下有谭A本人、谭某方等六人。2015年2月2日，谭A死亡户籍注销。由于谭A修建的茅草屋年久失修，早已无法居住，谭某方全家已搬至武胜县谭某

方夫家居住。2018 年 3 月，同村村民谭 B 扩建鱼塘，叫挖土机挖了谭某方的宅基地。2020 年，谭某方以谭 B 为被告向武胜县人民法院提起诉讼，请求判令谭 B 恢复房屋、宅基地原状并赔偿相应损失。

武胜县人民法院认为，宅基地使用权人依法对集体所有的土地享有占有和使用的权利。本案中，谭某方之父亲谭 A 于 1989 年 9 月通过原武胜县国土局审批取得诉称的房屋宅基地使用权，谭 A 去世后，其家庭成员谭某方等五人继续享有该宅基地占有和使用的权利。虽然该宅基地上的房屋已垮塌，但宅基地使用权未消灭。谭 B 未经法定程序私自占用该地基扩建挖成鱼塘，侵犯了谭某方五人的宅基地使用权，故谭某方请求谭 B 恢复其宅基地原状的主张，符合法律规定，予以支持。因谭 B 挖该地基时，该地基上已无房屋，且谭某方亦未提供证据证明其损失，故其请求恢复房屋并赔偿相应损失的主张，无事实依据，不予支持。武胜县人民法院判决：（1）谭 B 于判决生效之日起 10 日内将谭某方位于武胜县的宅基地恢复原状；（2）驳回谭某方的其他诉讼请求。

谭 B 不服上述判决向广安市中级人民法院提起上诉称，宅基地地随房走，房屋灭失后，继承人无权继承宅基地，根据原国家土地管理局《确定土地所有权和使用权的若干规定》第 52 条的规定，该宅基地上的房屋已坍塌 2 年以上，该房占地范围内的土地使用权也随之消灭，故被上诉人主体不适格，谭 B 不存在侵害被上诉人宅基地使用权的行为。请求撤销一审判决，依法驳回被上诉人的所有诉讼请求或裁定驳回被上诉人的起诉。

广安市中级人民法院认为，本案二审争议焦点为谭某方是否享有位于武胜县的宅基地使用权。根据查明的事实，谭 A 于 1989 年 9 月取得《村民建房占地许可证》《房屋契证》后，在修建房屋内居住 20 年左右，因此，谭 A 家庭户对该宅基地享有的使用权应受法律保护，谭 A 去世后，其家庭户的其他成员仍对该宅基地享有使用权。原国家土地管理局《确定土地所有权和使用权的若干规定》第 52 条关于“空闲或房屋坍塌、拆除两年以上未恢复使用的宅基地，不确定使用权。已经确定使用权的，由集体报经县级人民政府批准，注销其土地登记，土地由集体收回”的规定，是享有职权的行政机关对“空闲或房屋坍塌、拆除两年以上未恢复使用的宅基地”的管理性规定，并非直接判断公民是否已经丧失宅基地使用权的法律依据。本案中，谭B并未提供证据证明相关集体已经对讼争土地进行收回，在没有经过收回程序前，不能认定谭某方已经丧失对该讼争土地的使用权，故一审判决支持谭某等人部分诉讼请求并无不当。

广安市中级人民法院认定，谭B的上诉请求不能成立，一审判决认定事实清楚，适用法律正确，应予维持。判决驳回上诉，维持原判。

[根据四川省广安市中院（2020）川16民终1043号民事判决书编写]

## 案例15

2012年3月19日，曲阜市政府成立尼山圣境指挥部因项目建设需要，须拆迁尼山镇某某村的所有房屋及附属物，同年9月7日公布的搬迁补偿方案载明：搬迁范围为某某村的所有房屋及附属物；安置方法一律实行产权调换（楼房安置），对某某村村民集中统一进行楼房安置符合有关宅基地政策及建房条件的宅基地院落，按126平方米楼房给予安置补偿，院落内房屋及构筑物按重置价格结合成新给予补偿；被搬迁人按签订协议并交出空房的先后顺序，挑选安置楼房。

李某某系尼山镇某某村村民，在该村原有宅基地及房屋一处，位于搬迁范围内。李某某于2012年9月21日交付了房屋，9月22日与尼山圣境指挥部签订了补偿协议，同日领取了67,471.49元补偿款。2012年11月，某某村委会向曲阜市国土资源局提出申请，要求注销登记李某某的原宅基地使用权，曲阜市国上资源局依其申请进行了注销登记。2017年1月16日，李某某向曲阜国土资源局查询土地登记信息档案得知其宅基地使用权已被登记注销，遂于2017年2月向曲阜市政府提起行政复议。2017年3月30日，曲阜市政府作出行政复议决定，维持了曲阜市国土资源局的注销登记行为。李某某便以曲阜市国土资源局、曲阜市政府为被告，向曲阜市人民法院提起行政诉讼，要求撤销曲阜市国土资源局作出的宅基地使用权注销登记，撤销曲阜市政府作出的行政复议决定。

曲阜市人民法院认为，根据最高人民法院《关于执行〈中华人民共和国行政诉讼法〉若干问题的解释》[①] 第12条的规定，与被诉行政行为有法律上利害关系的公民、法人或者其他组织，是行政诉讼的适格原告。行政机关作出宅基地使用权注销登记将直接影响原土地使用权人的合法权益，因此，只有与被诉注销登记行为有法律上利害关系的人才属于适格原告。本案中，原告李某某系宅基地原使用权人，在本案起诉之前，原告李某某已经签订了拆迁安置补偿协议，交出了宅基地上自己的房屋，领取了部分补偿款，接受了拆迁安置，因此丧失了原宅基地使用权，导致其与被诉注销登记行为不再具有法律上的利害关系。《土地管理法》第8条第2款规定[②]，“农村和城市郊区的土地，除由法律规定属于国家所有的以外，属于农民集体所有；宅基地和自留地、自留山，属于农民集体所有”。第10条[③]规定，“农民集体所有的土地依法属于村农民集体所有的，由村集体经济组织或者村民委员会经营、管理”。本案第三人某某村委会作为宅基地所有权人有权申请注销登记。综上，原告李某某与被诉注销登记行为不具有法律上的利害关系，不具有本案行政诉讼原告主体资格，于是裁定驳回原告李某某的起诉。

李某某不服一审上述判决，向济宁市中级人民法院上诉称：(1) 一审法院认定上诉人签订了拆迁安置协议及部分履行协议的行为产生了宅基地使用权丧失的法律后果之观点，没有法律依据。对于不动产，登记是物权行为。本案中协议的签署及部分履行，并不产生上诉人对宅基地使用权丧失的法律后果。(2) 作为不动产登记行为基础的债权债务关系以及其他民事法律关系的成立，并不导致登记行为的利害关系人丧失对于登记行为的起诉权，当事人与登记行为仍具有可诉讼的利害关系。请求二审法院予以改判。

被上诉人曲阜市国土资源局答辩称，按照“地随房走”的原则，上诉人交房之后，随之宅基地使用权也实质上灭失，上诉人房屋已拆除，即消灭了物权。上诉人李某某同其他村民一样接受了搬迁补偿，得到了妥善安置，且

---

① 此解释已于2018年2月8日因《行政诉讼法解释》施行前失效。

② 此处适用的是2004年修正的《土地管理法》，相关规定参见2019年修正的《土地管理法》第9条第2款。

③ 此处适用的是2004年修正的《土地管理法》，相关规定参见2019年修正的《土地管理法》第11条。

交出了不动产，实际上对原房屋不再具有法律上利害关系，不再具有诉讼主体资格。

被上诉人曲阜市政府答辩称：(1) 上诉人主张宅基地使用权的物权变动系以登记为生效要件，缺乏法律支持。我国现行法律没有规定登记是设定宅基地使用权的生效要件。(2) 上诉人自愿交房，并签订了搬迁安置补偿协议，领取了部分补偿款、接受了拆迁安置。因此，上诉人在交出空房后，便放弃了原宅基地使用权，与被诉注销登记行为不再具有法律上的利害关系。

济宁市中级人民法院认为，本案中上诉人系涉案宅基地原使用权人，在本案起诉之前，上诉人已经签订了拆迁安置补偿协议，交出了宅基地上自己的房屋，领取了部分补偿款，接受了拆迁安置，因此丧失了对原宅基地使用权，上诉人与被诉注销登记行为不再具有法律上的利害关系。原审裁定认定上诉人在本案中不具有原告主体资格，裁定驳回上诉人的起诉并无不当。上诉人的上诉理由不能成立，济宁市中级人民法院不予支持。裁定驳回上诉，维持原裁定。

[根据山东省济宁市中级人民法院（2017）鲁08行终286号行政裁定书编写]

**【作者分析】**

案例14和案例15都涉及收回宅基地使用权的物权效力问题。

根据《民法典》第209条、第365条的规定，农村集体组织在村民丧失宅基地使用权的情况下依法予以收回，只有办理变更登记或者注销登记手续，才能对村民产生丧失宅基地使用权的法律效力，如果未依法办理变更登记或者注销登记，即使事实上已经合法收回，也不能产生这种法律后果。

案例14中，谭家于1989年9月依法取得宅基地使用权建房，后房屋垮塌无法居住处于闲置状态，但谭家所在的××村集体组织没有以闲置宅基地为由收回谭家的宅基地使用权。据此，法院认为在没有经过收回程序前不能认定谭某方已经丧失对该讼争土地的使用权。本案还有一点具有借鉴意义的是，法院认为原国家土地管理局《确定土地所有权和使用权的若干规定》第52条是管理性规定，并非直接判断公民是否已经丧失宅基地使用权的法律依据。

案例15则不同，李某某作为宅基地使用权人与尼山圣境指挥部签订了拆迁安置补偿协议，并自愿交出了宅基地上的房屋，并领取了部分补偿款，因此具有丧失宅基地使用权的法定情形，曲阜市国土资源局依据某某村委会提出的申请办理了注销登记，便对李某某产生丧失宅基地使用权的法律效力。李某某在物权法律上丧失宅基地使用权后，不再是原宅基地的使用权人，故法院裁定驳回原告李某某的起诉。

# 第三章

# 村民建设住宅的行政许可

本章所称行政许可，是指有关行政机关根据村民使用宅基地建房的申请和农村集体组织的安排，依法进行审查并予以批准的行政行为。村民取得宅基地后的唯一用途是建设住宅，其中，宅基地使用许可执行《土地管理法》的有关规定，而在乡村规划区内的建设房屋许可执行《城乡规划法》的有关规定。本章将对村民建设房屋的有关行政许可问题进行分析。

## 第一节　村民申请建设房屋

村民作为农村集体经济组织成员，虽然具有法定的使用宅基地资格权，但并不当然取得宅基地使用权，在需要使用宅基地建设住宅时，应当向本村集体组织提出申请，经法定程序批准使用宅基地后才可以开始建造住宅。

### 一、村民申请建设房屋的基本条件

因农村住宅以户为单位建设，故村民建设房屋应以农户名义提出申请。农户在申请使用宅基地的同时申请建房的，根据《土地管理法》《城乡规划法》以及有关规章的规定，具有宅基地资格权的村民申请建房，应当具备以下几个基本条件。

（一）符合“一户一宅”制度

为了公平分配农村宅基地，保障村民的居住权益，同时为了遏制无序扩张宅基地，防止乱占滥用耕地，《土地管理法》第62条规定“一户一宅”制度，即“农村村民一户只能拥有一处宅基地”。因此，村民初始申请使用宅基地应当以户为单位，只有一人的农户，当然也可申请使用宅基地。这里的“户”，是指农村集体经济组织常住户口的成员登记在一本《居民户口簿》上组成的一个农户家庭。这里的“宅”，是指宅基地，包括新批宅基地和已建住宅所占用的宅基地。根据“一户一宅”制度，《土地管理法》第 62 条第 5 款又规定，“农村村民出卖、出租、赠与住宅后，再申请宅基地的，不予批准”，从而在初始取得上排除“一户二宅”或者“一户多宅”。

（二）符合政府规定标准的使用面积

《土地管理法》第 62 条第 1 款规定，“宅基地的面积不得超过省、自治区、直辖市规定的标准”。也就是说，宅基地使用面积标准由省级政府规定，并在各省级行政区域内执行。因省辖区内各地的实际情况不同，故省级政府又将宅基地的具体使用面积标准授权市县级政府进行规定，有些市县级政府还授权乡镇政府进行规定，故市县乡镇级政府有关宅基地使用面积标准的规定，也是村民初始取得宅基地面积的依据。

农村村民以户为单位申请使用宅基地，其宅基地面积多少与农户家庭人口有着直接的关系，所以在申请时必须有明确的农户人口，且农户宅基地人口必须是本村集体经济组织的成员。

在通常情况下，农户以“一人一口”为标准计算使用宅基地的总面积，但有些地方政府出于某方面的政策原因，往往规定“一人二口”等确定农户宅基地总面积。例如，《上海市青浦区农村村民住房建设管理实施细则（修订)》规定，一般个人建房的用地面积为，4 人户及 4 人以下户的宅基地总面积控制在 150 平方米至 180 平方米以内，6 人户的宅基地总面积控制在 160 平方米至 200 平方米以内。领取《独生子女父母光荣证》或者《独生子女证》的独生子女按 2 人计算，农户内在本市他处已计入批准建房人数的人员，或者因宅基地征收（拆迁）已享受补偿安置的人员，不得计入用地人数。

（三）符合土地利用总体规划、村庄规划

《土地管理法》第 62 条第 3 款规定：“农村村民建住宅，应当符合乡（镇）土地利用总体规划、村庄规划，不得占用永久基本农田，并尽量使用原有的宅基地和村内空闲地。”《村庄和集镇规划建设管理条例》就此也作出基本相同的规定。农村村民宅基地选址不符乡（镇）土地利用总体规划、村庄规划要求，或者占用永久基本农田的，有关部门不予批准。

（四）符合宅基地计划管理

为加强农村宅基地管理，正确引导农村村民合理建设住宅、节约使用土地，切实保护耕地，原国土资源部制定了《关于加强农村宅基地管理的意见》（已失效），将农村宅基地占用农用地纳入年度计划管理。《河南省农村宅基地用地管理办法》第11条规定："农村宅基地用地实行计划管理。农村居民建住宅用地列入国民经济和社会发展计划，由省统一下达用地指标，并逐级分解，落实到村。宅基地用地计划指标必须严格执行，未经批准不得突破。"据此，农户申请使用农用地建房，未纳入本村当年计划，或者本村当年计划使用完毕的，该农户在当年不能取得宅基地使用权，而只能在下年度纳入本村计划后再审批。

此外，地方性法规、规章等规范性文件有限制性规定，且不违反法律和行政法规的，亦应执行其规定。例如，根据《福建省农村村民住宅建设管理办法》第12条的规定，村民建房申请有下列情形之一的，不予批准：（1）现有宅基地面积虽明显低于法定标准，但现有人均住宅建筑面积超过60平方米的；（2）分户前人均住宅建筑面积已超过60平方米的；（3）年龄未满18周岁的；（4）不符合镇乡、村庄规划和镇乡土地利用总体规划的；（5）将原住宅出卖、出租、赠与或改作生产经营用途的；（6）不符合"一户一宅"政策规定的。

这里要特别说明的是，农村集体经济组织中的未成年人成员，根据《民法典》的规定是具有民事权利能力的人，也享有使用宅基地资格权，故可列入农户人口名额，随家庭成年人一起取得宅基地使用权，但因其不具有完全民事行为能力或者属于限制民事行为能力，除个别有特殊情况外，即使具有使用宅基地资格权，也不能单独申请宅基地用地建房。

## 二、村民申请建设房屋需要提交的资料

（一）填写《农村宅基地和建房（规划许可）申请表》

要求建房的村民从本村集体组织或者乡镇政府农业农村、自然资源部门

领取《农村宅基地和建房（规划许可）申请表》，并按该表如实填写申请户主信息、家庭成员信息、现宅基地及农房情况、拟申请宅基地及建房情况、申请理由等内容。

（二）签署《农村宅基地使用承诺书》

申请人在《农村宅基地使用承诺书》上签署姓名作出如下承诺：（1）符合“一户一宅”申请条件、申请材料真实有效；（2）宅基地和建房申请经批准后，将严格按照批复位置和面积动工建设；（3）在批准后规定的期限内建成并使用；（4）新住房建设完成后，按照规定在规定期限内拆除旧房，并无偿退出原有宅基地；（5）如有隐瞒或未履行承诺，愿承担一切经济和法律责任。

（三）需要提交的具体资料

村民申请宅基地用地建房需要提交的具体资料，各地要求有所不同，但通常需要提交以下资料：（1）《农村宅基地和建房（规划许可）申请表》和《农村宅基地使用承诺书》；（2）户口簿、身份证原件、复印件；（3）申请人现有宅基地情况，包括无使用宅基地，现有宅基地宗数、位置、面积等；（4）拟选宅基地的位置、面积、地类和四至等；（5）其他需要提交的资料。因各地审批机关要求不同和申请人申请使用宅基地的具体情况不同，申请人除提供上述资料外，还应根据当地审批机关的要求提交其他资料。

## 第二节 农村集体组织报送申请

村民建造住宅所使用的宅基地属于农村集体土地，农村集体土地由农村集体组织管理，故村民需要用地建房应先向本村集体组织提出申请。根据农业农村部、自然资源部《关于规范农村宅基地审批管理的通知》（以下简称《农村宅基地通知》）的规定和各地实践情况来看，农村集体组织收到村用地建房申请后，应当先行公示、审查，对符合条件的，按照民主议定程序给予安排宅基地后，签署同意使用权宅基地建房意见，然后报送乡镇政府审批。

## 一、农村集体组织公示村民用地建房申请

村民小组收到本组村民提交的用地建房申请后，应当在规定期限内提交村民小组会议讨论，并将申请理由、宅基地分配方案（拟用地位置和面积）和建房（规划许可）方案（拟建房层高和面积）等情况在本小组范围内公示。其他村民对公示有异议的，由村集体经济组织或村民委员会进行调查，经调查异议成立的，撤销或修改宅基地分配方案和建房（规划许可）方案再予以公示；异议不成立的，按程序上报。

## 二、农村集体组织对村民用地建房的申请进行审查

经公示无异议或异议不成立的，村民小组将村民用地建房的申请、村民小组会议记录等材料交本村集体经济组织或本村村民委员会进行审查。本村集体经济组织或本村村民委员会应当在收到材料后的规定期限内完成审查。本村集体经济组织或本村村民委员会重点审查村民申请用地建房是否符合规定条件，提交的申请材料是否齐全、真实，有效，同时审查拟用地建房是否符合村庄规划，是否征求了拟用地建房相邻权利人意见等。

## 三、本村集体组织报送村民用地建房申请

本村集体组织经审查通过村民用地建房申请的，应当在《农村宅基地和建房（规划许可）申请表》上签署意见，连同申请人提交的其他相关材料一并报送乡镇政府。没有分设村民小组或村民用地建房申请等事项已统一由本村集体组织办理的，村民直接向本村集体组织提出申请的，经村民代表会议讨论通过并在本村集体组织范围内公示后，由本村集体组织签署意见，并将村民提交的所有申请资料报送乡镇政府或者乡镇政府指定的部门。

村民未经本村集体组织公示和审查，自行直接向乡镇政府提出申请的，违反村民自治程序，乡镇政府应当不予受理，已经受理的应当退回申请资料。

## 第三节 乡镇政府审批村民用地建房

乡镇政府在审批村民使用宅基地建房时，一方面需要审查村民使用宅基地是否符合条件，另一方面需要审查村民建房是否符合乡村规划要求，这就涉及宅基地与乡村规划两大问题。

### 一、行政机关审批村民用地建房的职责分工

根据《农村宅基地通知》的规定，农业农村部门负责审查申请人是否符合使用宅基地申请条件、拟用地是否符合宅基地合理布局要求和面积标准、宅基地和建房（规划许可）申请是否经过村组审核公示等，并综合各有关部门意见提出审批建议。自然资源部门负责审查用地建房是否符合国土空间规划、用途管制要求，其中涉及占用农用地的，应在办理农用地转用审批手续后，核发乡村建设规划许可证；在乡村庄规划区内使用原有宅基地进行农村住宅建设的，可按照本省（区、市）有关规定办理规划许可；涉及林业、水利、电力等部门的要及时征求意见。

这里需要注意《土地管理法》第62条第4款“农村村民住宅用地，由乡（镇）人民政府审核批准；其中，涉及占用农用地的，依照本法第四十四条的规定办理审批手续”的规定。据此规定，就村民用地建房的问题，农业农村部门与自然资源部门虽有上述职责分工，但在不涉及占用农用地的情况下，应由乡镇政府负责审核批准；涉及占用农用地的，由省级政府授权的市县级政府批准农用地转为建设用地手续后，再由乡镇政府批准村民用地建房。

### 二、村民用地建房的审批流程

乡镇政府收到《农村宅基地和建房（规划许可）申请表》等申请资料后，应当对农户用地建房的申请进行审查，然后再决定是否予以审批。具体办理流程各地有所不同，这里以浙江省农业农村厅、浙江省自然资源厅、浙

江省住房和城乡建设厅《关于印发农民建房“一件事”办事指南》为例，介绍有关村民建房的办理流程。

1. 乡镇政府或街道办事处收到《农村宅基地和建房（规划许可）申请表》等资料后，重点审查申请人是否符合申请条件、拟用地是否符合宅基地合理布局要求和面积标准、拟用地是否符合相关规划、宅基地和建房（规划许可）申请是否经过村组审核公示、是否有农房设计方案等。符合条件的，由乡镇政府、街道办事处核准农村宅基地和建房（规划许可）审批表，并向申请人核发农村宅基地批准书和受托核发乡村建设规划许可证。在城镇建设用地范围内的农民建房，由自然资源主管部门或乡镇政府、街道办事处受托核发建设工程规划许可证。

2. 申请人取得相关审批证书，并与建筑施工单位或农村建筑工匠签订施工合同后，应预约申请放样。乡镇政府、街道办事处应当自收到建房村民放样申请之日起 7 个工作日内，及时组织相关人员到现场进行开工查验，实地丈量批放宅基地，确定建房位置。

3. 乡镇政府、街道办事处应当加强对农村住房施工现场的监督巡查。建房村民应当将确定的基槽验收、竣工验收时间事先告知或者经由村民委员会告知乡镇政府、街道办事处。乡镇政府、街道办事处届时应当派员到场监督并形成记录。

4. 农户建房完工后，乡镇政府、街道办事处组织相关部门进行验收，实地检查农户是否按照批准面积、四至、建筑高度等要求使用宅基地，是否按照批准面积和规划要求建设住房等，并出具《农村宅基地和建房（规划许可）验收意见表》。通过验收的农户，应当及时向不动产登记部门申请办理不动产登记。

## 三、村民用地建房的联审联办制度

村民用地建房的审批涉及农业农村和自然资源两个部门，有的还涉及林业、水利、电力等部门。这些部门各有自己的职能和职权，过去都各自为政，村民用地建房需要多级多部门审批，且审批环节多，办理时间长，造成村民审批用地建房难，有些急于建造住宅（如子女结婚）的农民，不得不通过讲

“人情面子”打交道等手段，才能及时取得审批手续，造成了不良影响。

为了解决这个问题，《农村宅基地通知》中提出，“乡镇政府要探索建立一个窗口对外受理、多部门内部联动运行的农村宅基地用地建房联审联办制度，方便农民群众办事”。为了贯彻落实上述精神，许多乡镇政府建立了用地建房联审联办工作机制。首先，由乡镇农业农村、自然资源、住房建设等部门负责人组建的联审联批工作组或办公室，具体负责本乡镇村民建房的联审联批工作。其次，落实部门联审责任，农业农村部门负责审查申请人是否符合申请条件、拟用地是否符合宅基地合理布局要求和面积标准、宅基地和建房（规划许可）申请是否经过村组审核公示等，并综合各有关部门意见提出审批建议；自然资源部门负责审查用地建房是否符合国土空间规划、用途管制要求，其中涉及占用农用地的，应在办理农用地转用审批手续后，核发乡村建设规划许可证；在乡村规划区内使用原有宅基地进行农村村民住宅建设的，可按照有关规定办理规划许可。从而提高了村民建房审批效率，解决了村民用地建房难的问题。

## 案例 16

2020 年 8 月 1 日，胡某某填写《农村宅基地和建房（规划许可）申请表》，拟申请宅基地及建房（规划许可）。2020 年 8 月 3 日，该申请表经胡某某所在的××村村民小组召开村民小组会议讨论后村民小组组长签署了“同意”意见。次日，该××村村委会主任在该申请表上签署“同意”意见并盖章。2020 年 8 月 6 日，胡某某将《农村宅基地和建房（规划许可）申请表》及《依法履责告知书》递交至某某乡政府。同日，某某乡政府拒绝接收，并向胡某某出具《告知书》，说明其需根据申请审查程序要求进行申请。2020 年 8 月 17 日，胡某某以某某乡政府不履行法定职责为由向舞钢市人民法院提起行政诉讼。

原告胡某某诉称，原告于 2020 年 8 月 6 日递交纸质原件《农村宅基地和建房（规划许可）申请表》《依法履责告知书》至某某乡政府办公室，公务人员阅读后拒绝接收两份纸质文件，并出具《告知书》一份给原告，称应让村委会递交至乡政府，原告不能直接递交给乡政府，原告直接递交给乡政府不符合申请程序，并口头告知原告不受理。原告当场提出电话通知村委会派人立刻过来。得到的答复是这样也不行。原告追问其什么流程才是对的，究竟什么部门受理，哪个工作人员负责。公务人员亦含糊其词，不能自圆其说。

某某乡政府已经采信并作为告知依据的《农村宅基地通知》，并未明确规定申请书由谁递交给乡政府。原告作为申请主体，在已经完成了村民小组、村民委会两级前置申请同意后，递交申请表原件给某某乡政府并无不妥，亦不违反程序，在国务院“放管服”政策的前提下，某某乡政府理应受理并依法审批。同时，自然资源部国土空间用途管制司某司长也在新闻专访中称，“农业农村部、自然资源部印发的《关于规范农村宅基地审批管理的通知》明确了宅基地农户申请、村组审核、乡镇审批程序。按新《土地管理法》，两部门明确宅基地和村民住宅规划许可施行一表申请、合并办理，由乡镇人民政府一并发放农村宅基地批准书、乡镇建设规划许可证”。以此可见，原告向某某乡政府提出的“一表申请”是正确无误的。

原告递交《农村宅基地和建房（规划许可）申请表》前，已依法完成了某某乡政府审批前的所有申请程序。××村××组就原告拟申请宅基地位置和面积、拟建层数和建筑高度做了公示，原告也就拟申请宅基地逐户当面征求了四邻意见，并由四邻签字确认，完成公示和逐户告知后，××村××组村民小组组长签署村小组同意意见，后递交申请表至××村村委会，由村委会主任签署同意意见并加盖了公章，事实清晰，相关文件皆依照两部通知办理，申请前置工作无任何瑕疵，全部按国家政策完成了村组级、村委级授权审核同意，完全符合申请程序要求，而被告公务人员断章取义，片面理解《农村宅基地通知》的规定，以此拒绝履行法定职责，原告认为涉嫌违法。根据《农村宅基地通知》的规定，“（二）完善审核批准机制市、县人民政府有关部门要加强对宅基地审批和建房规划许可有关工作的指导，乡镇政府要探索建立一个窗口对外受理、多部门内部联动运行的农村宅基地用地建房联审联办制度，方便农民群众办事”；“（三）严格用地建房全过程管理全面落实‘三到场’要求。收到宅基地和建房（规划许可）申请后，乡镇政府要及时组织农业农村、自然资源部门实地审查申请人是否符合条件、拟用地是否符合规划和地类等”。故在正确理解通知文件的前提下，按照《农村宅基地通知》的要求，某某乡政府公务人员在接收到原告递交的《农村宅基地和建房（规划许可）申请表》后，应当及时受理并积极办理后续宅基地审批事宜，如勤于政务，更应该告知原告具体办理时限，真正做到为人民服务。

最后，依据《土地管理法》第62条和《农村宅基地通知》的规定，原告胡某某要求某某乡政府履行法定职责，明确时限，受理并依法审批原告提出的宅基地申请及建房申请。故原告请求法院，责令某某乡政府履行法定职责，受理并依法审批原告提出的宅基地申请及建房申请。

被告舞钢市某某乡政府辩称，(1) 关于本案原告胡某某诉称受理程序问题。《河南省实施〈土地管理法〉办法》第55条规定：“符合申请宅基地条件的农村村民，应向本集体提出申请，经村民代表会议或村民会议讨论通过，由村民委员会报乡（镇）人民政府或街道办事处审核后，报县（市、区）人民政府批准。”也就是说，宅基地的申请首先必须经基层村民组织会议批准，再由村委会报请乡镇人民政府复审，后报县级政府正式批准。而本案中，原告自己携带所谓的村委会申请文件要求审批，不符合法定程序。因为法律规定必须由村委会报请乡级人民政府，正是基于村委会村民自治，自己管理自己的事情，并对申报事实负责确认。而申请人自己向乡政府递交材料，被告无法对其真实性作出判断，因此本案原告直接递交审批手续不符合法定程序。(2) 从实体上，本案被告提出申请后，被告从村委会询问得知原告申请的土地已经由村民刘某某依法申请获得宅基地证（1992年12月2日）。该块地存在第三人权利，因此在实体上不符合宅基地发放的位置条件。(3) 原告所依据的《农村宅基地通知》，也明确要求对申请宅基地的已用土地位置面积以及村委会审查意见，还有用地建房相邻权利人意见，都不得存在问题。由村级组织签署意见后报送乡镇政府，即村组织签署意见报送乡级政府。本案原告从程序上、实体上都不符合法律规定，因此原告诉讼请求事实和理由依法不能成立。

舞钢市人民法院认为，根据《土地管理法》第62条第4款的规定，农村村民住宅用地，由乡（镇）人民政府审核批准；其中，涉及占用农用地的，依照《土地管理法》第44条的规定办理审批手续。《农村宅基地通知》要求，符合宅基地申请条件的农户，以户为单位向所在村民小组提出宅基地和建房（规划许可）书面申请。村民小组收到申请后，应提交村民小组会议讨论，并将申请理由、拟用地位置和面积、拟建房层高和面积等情况在本小组范围内公示。公示无异议或异议不成立的，村民小组将农户申请、村民小组会议记录等材料交村集体经济组织或村民委员会（以下简称村级组织）审查。村级组织重点审查提交的材料是否真实有效、拟用地建房是否符合村庄规划、是否征求了用地建房相邻权利人意见等。审查通过的，由村级组织签署意见，报送乡镇政府。没有分设村民小组或宅基地和建房申请等事项已统一由村级组织办理的，农户直接向村级组织提出申请，经村民代表会议讨论通过并在本集体经济组织范围内公示后，由村级组织签署意见，报送乡镇政府。故原告胡某某申请宅基地，应当以户为单位向村民小组或村级组织提出申请，经法定程序审核公示后由村级组织报送至乡镇政府。原告胡某某直接将相关材料递交至乡镇人民政府，不符合法定程序。故原告胡某某要求某某乡政府履行法定职责的主张不能成立，不予支持。

舞钢市人民法院依照《行政诉讼法》第69条之规定，判决：驳回原告胡某某的诉讼请求。

[根据舞钢市法院（2020）豫0481行初14号行政判决书编写]

**【作者分析】**

根据《农村宅基地通知》的规定，符合申请宅基地条件的村民小组成员应以户为单位向所在村民小组提出宅基地和建房（规划许可）书面申请；村民小组收到申请后提交村民小组会议讨并在本小组范围内公示，公示无异议或异议不成立的，村民小组应提交本村集体经济组织或村民委员会审查，村级组织审查通过的，由村级组织签署意见，报送乡镇政府。胡某某宅基地用地建房的申请。本案中，原告胡某某因申请用地建房，村民小组召开村民小组会议讨论后，由村民小组签署了“同意”意见，但未经××村村委会审查，该村委会主任就直接签署“同意”意见，然后胡某某就直接向某某乡政府提交申请，因缺乏××村村委会审查这一程序，故某某乡政府不予受理，舞钢市人民法院驳回胡某某要求某某乡政府履行法定职责的诉讼请求。

本案涉及的另一个问题是，同村村民刘某某已于1992年在同一地块上依法获得宅基地使用权证，若不存在该第三人在同一地块上的宅基地使用权，且胡某某申请用地建房符合条件的，胡某某没有必要提起行政诉讼，只要要求本村村委会或者本集体经济组织履行审查程序，即可重新申请用地建房。

# 第四章

# 违法占地建房的行政处罚程序

行政处罚，是指行政机关依法对违反行政管理秩序的公民、法人或者其他组织，以减损权益或者增加义务的方式予以惩戒的行为。农村村民如果违反农村土地、规划的行政管理秩序建设房屋，农业农村、自然资源等行政主管部门或者乡镇政府（以下简称有关行政机关）应当依照《行政处罚法》《土地管理法》《城乡规划法》等法律、法规和规章的规定对其实施行政处罚。

## 第一节　村民违法占地建房行为与法律责任

根据《行政处罚法》第 2 条的规定，村民违法占地建房的行政处罚，由违法行为、法律责任、处罚主体和处罚程序等几大要素组成。下文先分析违法占地建房的违法行为和法律责任两个问题。

### 一、违法占地建房行为

行政机关实施行政处罚的前提条件是公民、法人或者其他组织实施了违反行政管理秩序的行为，但并非行政相对人所有违反行政管理秩序的行为都应予以行政处罚，依法应当予以行政处罚的违法行为是违反法律、法规、规章明确禁止的行为，故村民违法占地建房应当给予行政处罚的行为是国家有关农村土地和乡村规划等法律、法规、规章明确禁止的行为。

国家通过立法对村民使用宅基地和建造房屋进行立法监管，有关行政机关对村民使用宅基地与建造房屋进行执法监督，目的都是使农村宅基地与村民建造房屋有一个良好的秩序，在保障村民居住权的同时防止乱占滥用土地资源。农村村民包括城镇居民，如果违法占地建房，则会侵害国家相关法律、法规和规章规定的行政管理秩序，国家就有必要依法对其实施惩戒。这种惩戒通常由有关行政机关对违法行为人实施行政处罚，通过行政处罚追究违法行为人的法律责任。

从农村现状来看，村民违法占地建房行为的表现情形较多，但根据《土地管理法》《城乡规划法》的有关规定，应当依法给予行政处罚主要有以下几种情形：(1) 村民未经依法批准取得宅基地使用权，就非法占用农村集体土地建造住宅，这是违反农村土地管理秩序的行为。(2) 村民采取欺骗手段骗取有关行政机关批准宅基地使用权，非法占用农村集体土地建造房屋，这是违反农村土地管理制度的行为。(3) 村民超过审批取得的宅基地面积建造房屋，即"少批多占"，实践中称为"违章建筑"的行为。(4) 村民违反土地利用总体规划，擅自将农用地改为建设用地建造房屋，这是违反农用地管理的行为。(5) 村民在乡村规划区内未依法取得乡村建设规划许可证，或者未按照乡村建设规划许可证的规定建造房屋，这是违反乡村规划许可制度的行为。(6) 村民违反法律规定买卖或者以其他形式非法转让宅基地，这是违反《土地管理法》第 2 条第 3 款禁止性规定的违法行为。这种违法行为虽非直接违法占地，但同样破坏了农村集体土地管理秩序，故在这里一并进行分析。

在农村违法占地建房，在主体上除本村村民外，非本村村民和城镇居民未经有关行政机关特别批准，也实施上述有关违法行为建设房屋的，有关行政机关亦应根据《土地管理法》《城乡规划法》等法律的有关规定给予行政处罚。

## 二、违法占地建房的法律责任

行政法上的法律责任，是指行政相对人实施违法行为所应承担的法律后果。违法占地建房的法律责任是行为人违反有关行政管理法律规定使用宅基地或者占用农村集体土地建造房屋所应依法承担的法律后果。

行政法就法律责任问题，通常在同一法典中采取单设一章进行规定。例如，村民使用宅基地的行政管理规范是《土地管理法》的有关规定，与之相应的法律责任也由《土地管理法》“法律责任”一章进行规定。又如，村民建造房屋的规划管理规范是《城乡规划法》的有关规定，与之相应的法律责任也由《城乡规划法》“法律责任”一章进行规定。因此，有时候会称这些法律责任为违法责任。

法律责任与违法行为虽是两个不同的概念，但两者有着密切的关联性。首先，行政相对人只有实施了违法行为，才能产生相应的法律责任；行政相对人的行为符合法律规定，不可能产生违法责任。村民如果实施某些违法行为与使用宅基地建房无关，如村民违反农村土地承包法律规定将承包耕地挖成鱼塘养鱼，应当依照《农村土地承包法》的规定承担法律责任，而不是承担使用宅基地建房相关的法律责任。总之，行政相对人村民承担违法占地建房的法律责任是以其已经实施违法占地建房行为为前提条件，而行政相对人村民的法律责任是其实施违法占地建房行为应当承担的法律后果。

这里需要特别注意的是，行政相对人实施某些行为虽然违反了行政管理秩序，但若不属于相关行政管理法律、法规的禁止性规定范围，且相关行政管理法律、法规没有规定给予行政处罚的，行政相对人对该类行为不承担法律责任。例如，村民与邻居都已依法取得宅基地使用权，因方便生产、生活和居住的需要，在未办理变更登记宅基地地址的情况下，互换宅基地建造住宅，这与土地规划法律要求宅基地使用权人应当在批准的宅基地地址上建造房屋，宅基地地址变更应当办理变更登记手续的行政管理规范不符，故在某种意义上讲也属违法行为，但《土地管理法》《城乡规划法》等相关行政法律未予禁止，也未规定应当给予行政处罚，故该村民与邻居都不承担违法责任，本村集体组织或者乡镇政府只能督促其办理宅基地地址变更登记手续，而不能对其实施行政处罚。

## 第二节　村民违法占地建房的行政处罚主体

在行政处罚法律关系中，双方主体是行政主体与行政相对人，即处罚人与被处罚人。关于违法占地建房行政处罚的双方主体问题，下文根据行政管理的法理和行政处罚的法律做如下分析。

## 一、违法占地建房行政处罚中的行政主体

行政主体与行政机关是两个不同的概念，并非所有的行政机关都能成为行政主体。行政机关只有在对外行使行政管理权与行政相对人产生行政管理法律关系时，才能成为行政主体。我国法律授权行政机关实施的行政处罚，从广义上讲也属于一种行政管理方式，故行政处罚法律关系中的行政主体在通常情况下是行政机关。那么，哪些行政机关有权对违法占地建房的行政相对人村民实施行政处罚？

### （一）《行政处罚法》规定的行政处罚主体

1. 法律、法规授权的行政机关

《行政处罚法》第 19 条规定：“法律、法规授权的具有管理公共事务职能的组织可以在法定授权范围内实施行政处罚。”行政机关一般都是“具有管理公共事务职能的组织”，但并非所有行政机关都是行政处罚主体，根据上述规定，只有法律、法规授权的行政机关才有行政处罚权。

这里需要注意的是，村民委员会和农村集体经济组织虽然不是行政机关，但法律、法规、规章授权其行使某些土地行政管理职能，农村集体组织据此作出的行为是行政行为。然而，我国法律、法规、规章均无授予农村集体组织对村民违法占地建房的行政处罚权。故农村集体组织必须分清土地的行政管理权与行政处罚权的区别，不得对村民违法占地建房实施行政处罚。农村集体组织若发现本村村民或者其他人员在本村违法占地建房，应当加以制止，并上报乡镇政府或者有关行政机关处理，而不能自行作出行政处罚决定。

2. 国务院、省级政府决定的综合行政执法部门

《行政处罚法》第 18 条第 1 款规定：“国家在城市管理、市场监管、生态环境、文化市场、交通运输、应急管理、农业等领域推行建立综合行政执法制度，相对集中行政处罚权。”第 2 款规定：“国务院或者省、自治区、直辖市人民政府可以决定一个行政机关行使有关行政机关的行政处罚权。”根

据上述规定，在“建立综合行政执法制度，相对集中行政处罚权”的情况下，各级人民政府决定设立的综合行政执法部门是行政处罚主体，有关行政机关的行政处罚权被集中转移至综合行政执法部门不再行使行政处罚权。

3. 省级政府决定的乡镇政府、街道办事处

《行政处罚法》第 24 条第 1 款规定：“省、自治区、直辖市根据当地实际情况，可以决定将基层管理迫切需要的县级人民政府部门的行政处罚权交由能够有效承接的乡镇人民政府、街道办事处行使，并定期组织评估。决定应当公布。”据此规定，省级政府决定将县级政府部门的行政处罚权交由乡镇政府、街道办事处行使的，该乡镇政府、街道办事处具有相应的行政处罚权。

4. 行政机关依法委托的组织

《行政处罚法》第 20 条第 1 款规定：“行政机关依照法律、法规、规章的规定，可以在其法定权限内书面委托符合本法第二十一条规定条件的组织实施行政处罚。行政机关不得委托其他组织或者个人实施行政处罚。”根据第 21 条的规定，受委托组织必须符合以下三个条件：（1）依法成立并具有管理公共事务职能；（2）有熟悉有关法律、法规、规章和业务并取得行政执法资格的工作人员；（3）需要进行技术检查或者技术鉴定的，应当有条件组织进行相应的技术检查或者技术鉴定。在依法委托情况下，受委托组织应当在委托范围内实施行政处罚，但其实施行政处罚的后果应由委托行政机关承担法律责任。《行政诉讼法》第 26 条第 5 款也规定：“行政机关委托的组织所作的行政行为，委托的行政机关是被告。”据此，笔者认为，受委托组织仅为行政处罚的实施主体，而不是行政处罚的责任主体。

### （二）违法占地建房的行政处罚主体

在《行政处罚法》上述规定的框架下，具体到违法占地建房的行政处罚主体，根据《土地管理法》的有关规定，因不同性质的违法行为和政府部门的不同管理职能，分别是县级以上地方政府的自然资源或农业农村的行政主管部门；根据《城乡规划法》的有关规定，农房建造违反规划法律管理规定的，行政处罚主体是县级以上地方政府的城乡规划行政主管部门。但是，根

据《行政处罚法》的上述规定，违法占地建房的行政处罚主体，除受委托组织外，还有两种行政机关：一是根据国务院、省级政府决定组建的综合行政执法部门；二是根据省级政府决定授权的乡镇政府、街道办事处。

此外，村民占地建房如果违反林业、水利、电力等法律规定构成行政处罚的，林业、水利、电力等主管部门也是行政处罚主体。农业农村和自然资源的行政主管部门在没有林业、水利、电力等行政管理职能的情况下，不可越俎代庖实施行政处罚，否则会出现处罚主体错误而无效。

### （三）关于乡镇政府作为行政处罚主体的问题

随着《土地管理法》第 62 条下放村民使用宅基地建房由乡镇政府审核批准和《行政处罚法》第 24 条由省级政府决定下放违法占地建房行政处罚权可由乡镇政府、街道办事处行使的规定出台，许多地方政府也已开始将违法占地建房的行政处罚权下放到乡镇政府、街道办事处。如广东省人民政府《关于乡镇街道综合行政执法的公告》（粤府函〔2020〕136 号）决定，将部分县级人民政府及其所属行政执法部门行使的行政处罚权调整由乡镇人民政府、街道办事处以其自身名义行使，并将这类行政处罚权作为重点对象进行调整下放，同时强调行政处罚权调整实施后，与之相关的行政检查权、行政强制措施权都由乡镇政府、街道办事处一并实施；行政相对人不服乡镇政府、街道办事处作出的行政执法决定，可以依法向上一级政府申请行政复议或者向有管辖权的法院提起行政诉讼。

## 二、违法占地建房行政处罚中的行政相对人

### （一）行政相对人的法律地位

在行政处罚法律关系中，行政相对人是行政主体相对应的对方当事人，即被处罚人。基于行政管理的特定需要，行政主体与行政相对人在行政处罚法律关系中的地位是不平等的，行政主体是行政管理者，有权代表国家单方对行政相对人作出行政处罚决定，而行政相对人处于被管理者的地位，应当服从行政机关的行政处罚，若不服行政处罚，可以申请行政复议、提起行政诉讼。在违法占地建房的行政处罚中，行政相对人是违法占地建房的当事人，

包括本村村民、非本村村民和城镇居民都是行政处罚对象。

《行政处罚法》第4条规定："公民、法人或者其他组织违反行政管理秩序的行为，应当给予行政处罚的，依照本法由法律、法规、规章规定，并由行政机关依照本法规定的程序实施。"据此，行政处罚的对象是实施违反行政管理秩序行为的公民、法人或其他组织。但在行政处罚个案上，被处罚的行政相对人不能泛指"公民、法人或其他组织"，而应指具体的违法行为人，如张三、李四等。

（二）农户家庭的被处罚人问题

根据《土地管理法》"一户一宅"的规定，《农村宅基地通知》明确规定："符合宅基地申请条件的农户，以户为单位向所在村民小组提出宅基地和建房（规划许可）书面申请。"该通知所附的《农村宅基地和建房（规划许可）申请表》和《农村宅基地和建房（规划许可）审批表》的首栏都要求填写"申请户主信息"，包括户主的姓名、年龄、身份证号，同时要求填写"家庭成员信息"，载明农户家庭各位成员的姓名、年龄、身份证号和与户主关系。那么，违法占地建房行政处罚中的具体被处罚人是农户还是户主，或是农户的全体家庭成员？

农户是户口在农村的常住户。根据《行政处罚法》第4条的规定，行政相对人是公民、法人或者其他组织，而农户不是其他组织，更不是法人，在法律上尚无独立的主体资格。笔者认为，因农户由户内的家庭成员组成，故农户应属公民范畴，如《土地管理法》第78条规定，"非法占用土地建住宅"的处罚对象是"农村村民"而非农户；农村居民户口簿上登记的户主是该户家庭成员对外联系的代表，且农户违法用地建房大多数是由户主做主。因此，违法用地建房行政处罚决定书中的被处罚人应当表述为户主的姓名，如未经批准非法占用土地建住宅的，应以农村居民户口簿上登记的户主表述被处罚人；如果采取欺骗手段骗取批准文件的，应以《农村宅基地和建房（规划许可）申请表》或《农村宅基地和建房（规划许可）审批表》上记载的户主表述被处罚人。但也有的行政处罚决定书在表述户主姓名之后加上"户"字，如"李某某户"，用以明确表示该农户成员共同对违法用地建房的行为承担法律责任。在户主无法确定的情况下，笔者认为，应将该户的全部具有民事行为能力和责任能力的家庭成员列为被处罚人。但是，在违法用地建房的行政诉讼中，基于户主是农户家庭成员的代表，该户主无须取得家庭其他成员的委托，就可代表全体家庭成员作为原告提起行政诉讼，户主家庭成员也可以一致委托除户主外的其他家庭成员作为代表参加行政诉讼。

## 第三节 村民违法占地建房案件的管辖

行政处罚案件的管辖，是指各级行政机关与行政机关之间办理行政处罚案件的分工和权限。行政机关，是指依法行使国家权力、执行国家行政职能的机关，如各级政府和政府的职能部门。我国行政法通常将政府职能部门表述为××××主管部门，行政主管部门是具有管理某个方面公共事务职能的政府部门，如农业农村主管部门、自然资源主管部门等，都是行政机关。

行政处罚案件的管辖与政府职能部门的主管是两个不同的概念，但两者又紧密地联系在一起，政府职能部门的主管是确定行政处罚的管辖的前提和基础，而行政处罚的管辖是对政府职能部门主管的体现和落实，没有所谓的“主管”就无法确定“管辖”；行政法只赋予“主管”而没有授权行政处罚权的政府职能部门，该政府职能部门也就没有行政处罚案件的管辖权。

下文根据《行政处罚法》第22～25条的规定，以自然资源部《自然资源行政处罚办法》为例，介绍违法占地建房行政处罚案件的几种管辖情况。

### 一、违法占地建房行政处罚案件的地域管辖

地域管辖，是指以违法行为发生地的行政机关办理行政处罚案件的管辖。根据《行政处罚法》第22条的规定，除法律、行政法规、部门规章另有规定外，“行政处罚由违法行为发生地的行政机关管辖”。《自然资源行政处罚办法》第5条也规定，除法律法规以及本办法另有规定外，“自然资源违法案件由土地、矿产资源所在地的县级自然资源主管部门管辖”。地域管辖是

行政处罚案件的基本管辖原则，其他几种管辖都应在违法行为发生地管辖的基础上确定管辖权。

## 二、违法占地建房行政处罚案件的级别管辖

级别管辖，是指上下级行政机关之间在实施行政处罚方面的分工。《行政处罚法》第23条规定，“行政处罚由县级以上地方人民政府具有行政处罚权的行政机关管辖”。那么，县级以上地方政府的行政机关又如何分工管辖违法占地建房的行政处罚案件?

根据《自然资源行政处罚办法》第5 ~7条的规定，除法律、法规另有规定外，自然资源违法案件由资源所在地的县级自然资源主管部门管辖；在省市级行政区域内的重大、复杂和法律法规规定应当由其管辖的自然资源违法案件，由省市级自然资源主管部门管辖；在全国范围内的重大、复杂和法律法规规定应当由其管辖的自然资源违法案件由自然资源部管辖。全国范围内重大、复杂的自然资源违法案件有三种情况：（1）国务院要求自然资源部管辖的自然资源违法案件；（2）跨省级行政区域的自然资源违法案件；（3）自然资源部认为应当由其管辖的其他自然资源违法案件。从村民建设住宅的特点来看，使用宅基地建设住宅规模小，占地面积不大，即使占用土地面积较多，房屋建筑规模较大，也不至于在全国、省市范围内造成重大、复杂的影响。因此，绝大多数违法占地建房的行政处罚案件都由县级有关主管部门或者乡镇政府、街道办事处管辖并实施行政处罚。

## 三、违法占地建房行政处罚案件的指定管辖

指定管辖，是指两个或者两个以上的行政机关对同一违法行为的处罚管辖权问题发生争议时，由有权机关以决定的方式指定某个行政机关对该违法行为进行管辖并实施行政处罚。《行政处罚法》第25条规定：“两个以上行政机关都有管辖权的，由最先立案的行政机关管辖。对管辖发生争议的，应当协商解决，协商不成的，报请共同的上一级行政机关指定管辖；也可以直接由共同的上一级行政机关指定管辖。”《自然资源行政处罚办法》第9条第1款、第2款规定：“有管辖权的自然资源主管部门由于特殊原因不能行使管

辖权的，可以报请上一级自然资源主管部门指定管辖。自然资源主管部门之间因管辖权发生争议的，报请共同的上一级自然资源主管部门指定管辖。”就自然资源违法案件而言，这里的“共同的上一级行政机关”，是指国家自然资源部对下属的省级自然资源主管部门，省级自然资源主管部门对下属设区市级的自然资源主管部门，设区市级的自然资源主管部门对下属的县（区）级自然资源主管部门。下级两个以上自然资源主管部门都有管辖权并发生管辖权争议不能协商解决的，应由共同的上一级自然资源主管部门指定其中一个自然资源主管部门管辖，并实施行政处罚，其他相关的自然资源主管部门不再行使管辖权，但应当予以协助办理行政处罚案件。

## 四、违法占地建房行政处罚案件的转移管辖

转移管辖，是指经上级行政机关决定或者同意，将案件的管辖权由上级行政机关转交给下级行政机关，或者由下级行政机关转交给上级行政机关的管辖。转移管辖实际上是对级别管辖的一种变通和补充。《自然资源行政处罚办法》第8条规定，有下列情形之一的，上级自然资源主管部门有权管辖下级自然资源主管部门管辖的案件，下级自然资源主管部门应当立案调查而不予立案调查的案件，或者案情复杂、情节恶劣、有重大影响的案件；除法律法规规定应当由其管辖外，上级自然资源主管部门可以将本级管辖的案件交由下级自然资源主管部门管辖。

## 五、违法占地建房行政处罚案件的移送管辖

移送管辖，是指行政机关受理某一案件后，发现对该案无管辖权，将该案件移送给有管辖权的行政机关。移送管辖实质上是对管辖发生错误所采用的一种纠正措施。《自然资源行政处罚办法》第10条规定：“自然资源主管部门发现违法案件不属于本部门管辖的，应当移送有管辖权的自然资源主管部门或者其他部门。受移送的自然资源主管部门对管辖权有异议的，应当报请上一级自然资源主管部门指定管辖，不得再自行移送。”

因自然资源违法案件包括违法占地建房案件，故违法占地建房行政处罚案件的管辖适用上述规定。

遗憾的是，自然资源部依据2017年《行政处罚法》于2020年3月27日修正《自然资源行政处罚办法》后不到1年时间，全国人民代表大会常务委员会于2021年1月22日修正了《行政处罚法》，第24条增加了乡镇政府、街道办事处行使自然资源违法案件的行政处罚法权，而《自然资源行政处罚办法》尚未对此没有作出管辖规定。

## 第四节　村民违法占地建房的立案调查

行政处罚程序，是指行政主体依法对行政相对人实施行政处罚的方式和步骤。行政主体对行政相对人实施行政处罚，减损行政相对人的权益（如《土地管理法》规定的罚款、没收违法所得、拆除违法建筑物等）或者增加行政相对人的义务（如《土地管理法》规定的恢复土地原状、履行土地复垦等），对行政相对人的权益影响很大。因此，《行政处罚法》设置了一套完整的行政处罚操作程序，促使行政机关依法有效地实施行政处罚，同时切实有效地保护行政相对人的合法权益。有权对村民违法占地建房实施行政处罚的有关行政机关，如自然资源、农业农村的主管部门也制定了行政处罚程序规定。下文根据《行政处罚法》的有关规定，以自然资源部《自然资源行政处罚办法》为例，分析村民违法占地建房行政处罚主要操作程序。

### 一、发现和核查违法占地建房行为

从行政执法实践来看，有关行政机关发现村民违法占地建房的途径主要有在日常巡查中发现、他人举报发现、上级交办查处、下级报请查处、有关部门移送管辖、其他信息披露等。有关行政机关发现违法线索后，按照《行政处罚法》的规定，应当先立案后调查。《自然资源行政处罚办法》在“发现”与“调查”之间还设置了“核查”环节，即对已经掌握的违法线索审查核实。经核查，发现违法线索有明确违法行为发生地和基本违法事实的，由经办人填写《违法线索登记表》报请有关负责人签批，有关负责人签批后应当及时安排执法人员进行核查。发现违法案件不属本部门管辖的，应当依照

《自然资源行政处罚法》第10条的规定，移送有管辖权的自然资源主管部门或者其他部门管辖。

## 二、违法占地建房的立案条件

有关行政机关发现村民违法占地建房线索后，执法人员不能在主观上“先入为主”就断定违法行为的存在，而应先作“嫌疑”看待，经立案后进行调查。通过调查取证，对确有证据证实有违法占地建房行为的村民作出行政处罚决定。

有关行政机关决定对违法占地建房行为进行立案，标志着行政处罚程序的正式启动。但有关行政机关发现嫌疑村民有违法占地建房的行为不一定都必须予以立案，如果对不符合处罚条件的村民占地建房行为也予以立案调查，既浪费行政资源，又会对被立案的村民产生不利的影响。因此，有关行政机关经审核后，认为当事人基本符合处罚条件的才予以立案。根据《自然资源行政处罚办法》第12条的规定，符合下列条件的，自然资源主管部门应当在10个工作日内予以立案。

### （一）有明确的行为人

在行政处罚法律关系中，行政相对人（当事人）是不可缺少的主体，故《行政处罚立案审批表》上的“当事人”尽管仍是“嫌疑人”而不是真正意义上的被处罚人，但也必须是具体明确的调查对象，否则无法开展下一步的调查取证工作。因本节专门阐述村民违法占地建房，故只需明确实施违法占地建房的村民即可。这里的“明确”，对村民个人而言应当包括姓名、性别、出生年月日、身份证号码、家庭住址等基本身份情况，以及农户家庭的基本情况。经调查证实，实施违法占地建房确属某村民或者农户所为，但该村民的某些身份内容与立案时不一致的，因行政处罚立案仅为行政机关内部行为，对外并不直接产生法律效力，故可将《行政处罚立案审批表》上的当事人身份做相应更改，或者在作出行政处罚决定时进行正确表述即可。

### （二）有违反自然资源管理法律法规的事实

违法事实是行政处罚的基础要件，也是有关行政机关作出行政处罚的事实依据。经调查，某村民不存在违法占地建房的事实，也就不存在违法占地建房的违法责任，更谈不上对其实施行政处罚，故有关行政机关应当在内部撤销立案，对相对方已经开始的调查取证活动应当停止，已经采取的行政措施应当立即撤销。

需要特别强调的是，这里的“事实”对村民违法占地建房而言，是指违反自然资源管理法律法规的事实，或者是违反城乡规划管理法律法规的事实，非这些违法事实，不属于自然资源主管部门或者城乡规划主管部门的行政处罚范畴，故自然资源或者城乡规划主管部门应当撤销立案；如属于其他违法事实的，应当移送其他有关行政机关管辖。从司法实践来看，被处罚人作为原告向法院提起行政诉讼，作为被告的有关行政机关如果不能提供充分确凿的证据证明被处罚人具有违法占地建房的事实，法院就会认为行政处罚认定的事实不清、证据不足，然后判决撤销行政处罚决定。

（三）依照自然资源管理法律法规应当追究法律责任

这个条件强调的是对当事人实施行政处罚必须有法律依据。就村民违法占地建房而言，实施行政处罚主要有两方面的法律依据：（1）使用宅基地和乡村规划的行政管理规范；（2）相对应的行政处罚规范。也就是说，违反哪条法律规定、适用哪条法律规定进行处罚。如《土地管理法》第 62 条第 4 款“农村村民住宅用地，由乡（镇）人民政府审核批准；其中，涉及占用农用地的，依照本法第四十四条的规定办理审批手续”的规定，是通过审批在农用地上取得宅基地使用权的法律规范，相对应的处罚条款是《土地管理法》第 77 条第 1 款“对违反土地利用总体规划擅自将农用地改为建设用地的，限期拆除在非法占用的土地上新建的建筑物和其他设施，恢复土地原状，对符合土地利用总体规划的，没收在非法占用的土地上新建的建筑物和其他设施，可以并处罚款”的规定，这款规定是对违反《土地管理法》第 62 条第 4 款规定实施行政处罚的法律依据。村民实施某一行为虽然违反宅基地行政管理规范，但没有相应行政处罚的法律法规依据，有关行政机关就不能对其实施行政处罚。例如，农村村民出卖住宅后再申请宅基地，《土地管理法》第 62 条第 5 款只规定不予批准，而没有规定对这种行为可以实施行政处罚，在缺乏行政处罚法律依据的情况下，若对这种行为实施行政处罚，则属违法处罚。

（四）属于本部门管辖

有关行政机关发现村民违法占地建房，在立案时，首先应当根据《行政处罚法》以及本部门的行政处罚程序规定，审查本案是否属于本机关管辖，发现不属于本机关管辖的，应当移送有管辖权的行政机关管辖。

（五）违法行为没有超过追诉时效

行政处罚法上的追诉时效即追责时效，是行政机关追究违法行为人法律责任的法定有效期限即行政处罚时效。《行政处罚法》第 36 条规定："违法行为在二年内未被发现的，不再给予行政处罚；涉及公民生命健康安全、金融安全且有危害后果的，上述期限延长至五年。法律另有规定的除外。前款规定的期限，从违法行为发生之日起计算；违法行为有连续或者继续状态的，从行为终了之日起计算。"因村民违法占地建房不"涉及公民生命健康安全、金融安全且有危害后果的"问题，故不适用期限"延长至五年"的规定。据此，有关行政机关追究村民违法占地建房行为的法律责任即行政处罚，应视村民违法占地建房行为有无连续或者继续状态，再确定违法行为的起算日适用二年的追诉时效：首先，不存在连续或者继续状态的，从违法行为发生之日起未发现的，适用二年追诉时效，超过二年的，不再给予行政处罚；其次，有连续或者继续状态的，从行为终了之日起计算二年追诉时效，超过二年的，也不再给予行政处罚。

对村民违法占地建房的行为，有关行政机关适用 2 年追诉时效还需注意以下几个问题：

1\. 违法行为发现的问题

对违法行为发现的问题说法较多，如执法人员巡查中查出违法行为、接到群众提供证据举报、接到其他有关行政机关的案件移送、上级政府和主管部门的交办，就属发现。笔者认为，法律上的发现在通常情况下应当是有管辖权行政机关的发现，其他有关单位或者个人的发现一般不能认为是法律上的发现。例如，村民违法占地建房被当地村干部发现，但村干部未报告有管辖权的行政机关，致使有管辖权的行政机关未发现的，就不能以村干部的发现来确定追诉时效的起算日。又如，自然资源主管部门对群众举报置之不理，既不核查又不做登记的，也不能认为是法律上的发现。自然资源主管部门只有对村民违法占地建房的案件进行立案的，才属法律上的发现。

2.2 年追诉时效的起算日问题

《行政处罚法》第 36 条规定，追诉时效“从违法行为发生之日起计算”。行政机关如果以“发现日”起计算，除非“发生日”与“发现日”系同日，否则就会导致追诉时效期间的起算日错误。

3. 违法行为有连续或者继续状态的问题

《行政处罚法》第 36 条第 2 款规定，“违法行为有连续或者继续状态的，从行为终了之日起计算”。那么，如何理解连续状态与继续状态?

关于违法行为的连续状态，国务院原法制办公室《对湖北省人民政府法制办公室〈关于如何确认违法行为连续或继续状态的请示〉的复函》（国法函〔2005〕442 号，以下简称《国务院法制办确认违法行为的复函》）中指出：“违法行为的连续状态，是指当事人基于同一个违法故意，连续实施数个独立的行政违法行为，并触犯同一个行政处罚规定的情形。”

关于违法行为的继续状态，最高人民法院行政审判庭《关于如何计算土地违法行为追诉时效的答复》（〔1997〕法行字第26 号）中指出：“对非法占用土地的违法行为，在未恢复原状之前，应视为具有继续状态，其行政处罚的追诉时效，应根据行政处罚法第二十九条第二款①的规定，从违法行为终了之日起计算；破坏耕地的违法行为是否具有连续或继续状态，应根据案件的具体情况区别对待。”

根据《行政处罚法》上述规定和上述批复意见，村民违法占地建房，除在有关行政机关立案前已经自行拆除并退出土地外，在未恢复土地原状之前，该违法行为就一直处于继续状态。如果已经退出土地并恢复土地原状的，则是违法行为的终了，从终了之日起的 2 年时间计算追诉时效。

---

① 此处适用的是 1996 年修正的《行政处罚法》，相关规定参见 2021 年修订的《行政处罚法》第 36 条第 2 款。

## 三、违法占地建房案件的调查取证

《行政处罚法》第 5 条规定，“实施行政处罚必须以事实为依据”。第 40 条规定，“公民、法人或者其他组织违反行政管理秩序的行为，依法应当给予行政处罚的，行政机关必须查明事实”。第 54 条第 1 款规定，“除本法第五十一条规定的可以当场作出的行政处罚外，行政机关发现公民、法人或者其他组织有依法应当给予行政处罚的行为的，必须全面、客观、公正地调查，收集有关证据；必要时，依照法律、法规的规定，可以进行检查”。根据上述规定，有关行政机关在对违法占地建房的行为实施行政处罚之前，必须指派执法人员进行调查取证，查明村民有无违法占地建房的事实情况。

### （一）指定承办案件的执法人员

根据《行政处罚法》第 42 条、第 43 条、第 55 条的规定，有关行政机关对违法占地建房案件，除适用简易程序外，应当指派 2 人或 2 人以上具有行政执法资格的执法人员进行调查取证。《自然资源行政处罚办法》第 13 条也规定：“立案后，自然资源主管部门应当指定案件承办人员，及时组织调查取证。调查取证时，案件调查人员应当不少于 2 人，并应当向被调查人出示执法证件。”

执法人员如果与违法占地建房案件有直接利害关系或者有其他关系，可能影响公正执法的，应当向本机关提出回避，当事人也有权申请执法人员回避。当事人提出回避申请后，有关行政机关经审查认为，执法人员确与本案有直接利害关系或者有其他关系，可能影响公正执法的，应当决定执法人员回避，退出本案的调查。

执法人员在调查违法占地建房案件时，应当主动向当事人或者有关人员出示执法证件。执法人员未主动出示执法证件的，当事人或者有关人员有权要求执法人员出示执法证件，执法人员不出示执法证件的，当事人或者有关人员有权拒绝接受调查或者检查。

### （二）违法占地建房案件的取证范围

《行政处罚法》第 46 条规定，行政处罚的证据包括：（1）书证；（2）物证；（3）视听资料；（4）电子数据；（5）证人证言；（6）当事人的陈述；（7）鉴定意见；（8）勘验笔录、现场笔录。执法人员在调查违法占地建房时，应当根据上述的证据范围开展取证活动，经过调查取得的上述证据是认定案件事实的根据。

但是，违法占地建房有其特点，在具体证据方面也应有特定的要求，故执法人员还应结合查处违法占地建房案件的实际需要取证。如违法占有宅基地，应当通过调查取得如下证据：（1）当事人身份证明材料；（2）询问笔录；（3）地类及权属证明材料；（4）土地利用现状图、土地利用总体规划图等；（5）现场勘测材料，包括勘测笔录、勘测定界图、勘测报告等；（6）违法地块现状材料，包括现场照片、视听资料等；（7）土地来源资料，包括土地征收、农用地转用、预审、先行用地、供地等相关审批材料、土地取得协议或者合同、骗取批准的证明材料等；（8）项目立项、规划、环境影响评测、建设等审批资料；（9）破坏耕地等农用地的相关鉴定材料；（10）如果违法转让，证明材料包括转让协议、实际交付价款凭证、土地已实际交付证明材料、违法所得认定材料，以及违法批地的证明资料，包括批准用地的文件、协议、会议纪要、记录等。

（三）违法占地建房案件的取证方法

有关行政机关对违法占地建房行为进行立案后，应当向被调查人下达《接受调查通知书》，要求被调查人提供有关资料接受调查。

从实践来看，违法占地建房案件的调查取证的常用方法包括询问、现场勘测和收集其他证据。

（1）询问。询问是调查取证最为常用的基本方法。询问应当个别进行。在询问时，执法人员应向被调查人出示证件，告知被询问人负有诚实作证和配合调查的法定义务，隐瞒事实作伪证的法律责任，以及申请执法人员回避的权利。在违法占地建房案件的调查中，询问对象主要是违法占地建房的行为人、土地被占用的农村集体组织负责人、有关证人。执法人员在询问的同时应当根据谈话的内容制作谈话笔录，谈话笔录应当交给被询问人审阅或者向被询问人宣读，并由执法人员和被询问人签名或者盖章。执法人员在询问时，根据需要还可以在告知被询问人后录音、录像。通过询问所形成谈话笔录、录音、录像通常作为证据材料使用。

（2）现场勘测。现场勘测，是指执法人员对与案件事实有关的场所、物品进行现场观测，以发现、提取、收集证据。对违法占地建房行为，现场勘测是必不可少的调查取证方式，只有通过现场勘测，才能查清非法占用土地、房屋的位置、面积以及所建房屋的客观事实。土地执法人员在勘测现场时应当告知当事人参加，并应邀请案件发生地村（居）委会等基层组织相关人员作为见证人参加；行为人和村（居）委会等基层组织相关人员拒不到场参加的，不影响勘测取证，但执法人员应当在勘验笔录中说明情况。土地执法人员现场勘测应当制作《现场勘测笔录》，记载勘测内容、勘测时间、勘测地点、勘测人、勘测情况等内容，并附勘测图。《现场勘测笔录》应当由勘测人员、办案人员、当事人或者见证人签名，当事人拒绝签名或者不能签名的，应当注明原因。

（3）收集其他证据。执行人员在调查取证中，除采取询问、现场勘测外，应当在职权范围内全面收集与案件有关的证据材料，所需收集的证据材料包括物证、书证、视听材料等。

### （四）及时制止违法占地建房行为

执法人员在调查过程中，发现正在实施违法占地建房行为，如村民未经批准正在填基或者开始建房的，应在现场进行口头制止，然后及时下达《责令停止违法行为通知书》。

### （五）违法占地建房案件的调查终结

执行人员调查终结后，应当撰写本机关或者本机构调查报告。调查报告应当包括当事人的基本情况、违法事实以及法律依据、相关证据、违法性质、违法情节、违法后果，并提出依法是否应当给予行政处罚以及给予何种行政处罚的处理意见。

### （六）对调查报告进行审理

执行人员提交调查报告后，有关行政机关应当组织有关人员对调查报告进行内部审理。例如，《国土资源行政处罚办法》第 25 条规定，自然资源主管部门在审理案件调查报告时，应当就下列事项进行审理：（1）事实是否清楚、证据是否确凿；（2）定性是否准确；（3）适用法律是否正确；（4）程序是否合法；（5）拟定的处理意见是否适当。经审理发现调查报告存在问题的，可以要求调查人员重新调查或者补充调查。违法占地建房案件的调查报告进行内部审理，实际上是有关行政机关的内部审核，目的是解决调查报告的上述问题。

## 案例17

1984年，王某某到××村居住，取得××村的宅基地建房居住。

2019年7月15日，贺兰县自然资源局接上级交办线索，经向王某某、案外人李某某、刘某某制作询问笔录，查明王某某在2005年将××村6亩多土地以5000元的价格出售给同村村民刘某某，于2009年11月20日将××村的五间商店房和一处牛圈以124,000元的价格出售给同村村民李某某。

2019年8月5日，贺兰县自然资源局作出××号行政处罚决定书，认定王某某2005年将××村6社耕地6.43亩倒卖他人，2008年将位于××村十字路口宅基地1.34亩倒卖他人，违反《土地管理法》第2条第3款、第62条和《宁夏回族自治区土地管理条例》第5条的规定，依据《土地管理法》第73条、《宁夏回族自治区土地管理条例》第72条的规定，对王某某处以：（1）没收违法所得129,000元；（2）罚款25,800元（违法所得的20%）。并于当日向王某某送达了行政处罚决定书。

王某某不服，向银川铁路运输法院提起行政诉讼，请求依法判令撤销被告贺兰县自然资源局作出的××号行政处罚决定书。

银川铁路运输法院认为，《行政处罚法》第29条①规定："违法行为在二年内未被发现的，不再给予行政处罚。法律另有规定的除外。前款规定的期限，从违法行为发生之日起计算；违法行为有连续或者继续状态的，从行为

① 此处适用的是2017年修正的《行政处罚法》，相关规定参见2021年修订的《行政处罚法》第36条。

终了之日起计算。"《国务院法制办确认违法行为的复函》明确,《行政处罚法》第29条①中规定的违法行为的连续状态,是指当事人基于同一个违法故意,连续实施数个独立的行政违法行为,并触犯同一个行政处罚规定的情形。本案中,原告王某某于2005年、2009年分别转让开发土地、宅基地、营业房和后院牛圈的行为,符合上述复函中所说的行为连续状态。但王某某最后的转让行为发生在2009年11月20日,交易完成后即为行为终了之日,故对原告王某某的处罚期限也应从该日起计算。被告贺兰县自然资源局于2019年7月15日立案查处该案件,已超过上述法律规定的2年处罚期限。被告贺兰县自然资源局提出原告王某某及购买人从未向有权单位办理土地转让及使用手续,且涉案土地一直由购买人占有使用,原告王某某的违法行为状态一直持续存在,应当予以查处的辩论意见,法院不予支持。被告作出涉案处罚决定明显不当。银川铁路运输法院判决:撤销被告贺兰县自然资源局2019年8月5日作出的××号行政处罚决定书。

贺兰县自然资源局不服上述一审判决,向银川市中级人民法院提起上诉称:被上诉人倒卖土地的行为客观存在,并且购买人一直占有使用被倒卖的土地,被上诉人及购买人也从未向有权单位办理土地转让及使用手续,该违法行为状态一直持续存在。对非法占用土地的违法行为,在未恢复原状之前,应视为具有继续状态,追诉时效从违法行为终了之日起计算。故本案未超过法定的追罚期限,应予处罚。请求二审法院撤销一审判决,改判驳回被上诉人的诉讼请求。

银川市中级人民法院认为,《国务院法制办确认违法行为的复函》中明确了《行政处罚法》第29条中规定的违法行为的连续状态,是指当事人基于同一个违法故意,连续实施数个独立的行政违法行为,并触犯同一个行政处罚规定的情形。本案中,被上诉人王某某最后的转让行为发生在2009年11月20日,交易完成后即为行为终了之日,不属于上述规定中的违法行为的连续状态。故上诉人贺兰县自然资源局于2019年7月15日立案查处该案

---

① 此处适用的是2017年修正的《行政处罚法》,相关规定参见2021年修订的《行政处罚法》第36条。

件，已超过法律规定的2年处罚期限。综上，银川市中级人民法院判决：驳回上诉，维持原判。

［根据宁夏回族自治区银川市中级人民法院（2020）宁01行终7号行政判决书编写］

## 案例18

邓某某系梅江区××镇A村A组村民。2020年1月17日，梅州市住房和城乡建设局（以下简称梅州市住建局）执法人员巡查发现，邓某某涉嫌未取得建设工程规划许可证，擅自在××镇B村B组兴建建筑物，涉案房屋建筑物现状为四层，占用面积184平方米，建筑面积约860平方米。梅州市住建局查明，该建筑物是邓某某在未取得《建设工程规划许可证》情况下，于2006年动工建设，2007年建成。梅州市住建局据此认定邓某某违反了《城乡规划法》第40条第1款的规定。2020年5月13日，梅州市住建局向邓某某发出了《行政处罚意见告知书》，告知邓某某对认定的违法事实、处罚依据及处罚内容等持有异议，可自收到告知书之日起3日内提出书面陈述（申辩）意见。邓某某在规定的期限内向梅州市住建局提交了陈述（申辩）意见，梅州市住建局收到邓某某的陈述申辩意见书后，认为邓某某的陈述申辩理由不成立。2020年6月9日，梅州市住建局依照《城乡规划法》第64条的规定，对邓某某作出《行政处罚决定书》，责令邓某某于2020年6月19日前自行拆除上述建筑物。邓某某接到《行政处罚决定书》后不服，于2020年7月7日向兴宁市人民法院提起行政诉讼。

兴宁市人民法院认为：关于涉案违法建设是否超过法定的追诉时效问题。《行政处罚法》第29条①规定："违法行为在二年内未被发现的，不再给予行政处罚。法律另有规定的除外。前款规定的期限，从违法行为发生之日起计算；违法行为有连续或者继续状态的，从行为终了之日起计算。"本案中，虽然原告邓某某的房屋建设行为发生在2006年，2007年已经实施完毕，但

① 此处适用的是2017年修正的《行政处罚法》，相关规定参见2021年修订的《行政处罚法》第36条。

该违章建筑对规划实施的影响处于继续状态，只要该建筑未被拆除或依法采取改正措施，该影响就始终存在。如果对此类违法建设情形适用2年的追究时效，那么，本没有取得建设工程规划许可证的违法建筑，就可能因其在2年内未被查处而成为合法建筑，这显然违背《行政处罚法》关于追究时效规定的本意，也必将导致城乡规划管理的混乱或虚无。据此，被告梅州市住建局于2020年6月9日作出被诉行政处罚决定，并未超过法定的追诉时效。关于被告梅州市住建局作出的《行政处罚决定书》是否应当撤销的问题。本案中，在程序方面，被告梅州市住建局经过立案、调查，向原告邓某某告知拟作出行政处罚决定的事实、理由及依据，同时告知原告享有陈述、申辩的权利，作出被诉行政处罚决定书后及时送达原告。可见，被告作出的被诉行政处罚决定符合法定程序。有关事实和适用法律方面，根据《城乡规划法》第40条第1款“在城市、镇规划区内进行建筑物、构筑物、道路、管线和其他工程建设的，建设单位或者个人应当向城市、县人民政府城乡规划主管部门或者省、自治区、直辖市人民政府确定的镇人民政府申请办理建设工程规划许可证”和《城市规划法》[①] 第32条“在城市规划区内新建、扩建和改建建筑物、构筑物、道路、管线和其他工程设施，必须持有关批准文件向城市规划行政主管部门提出申请，由城市规划行政主管部门根据城市规划提出的规划设计要求，核发建设工程规划许可证件。建设单位或者个人在取得建设工程规划许可证件和其他有关批准文件后，方可申请办理开工手续”的规定，无论是已废止的《城市规划法》还是现在实施的《城乡规划法》，均规定建设单位或者个人如果在城市、镇规划区内进行建筑物、构筑物、道路、管线和其他工程建设的，都应当取得建设工程规划许可证。原告的涉案建筑物是在2006年兴建，2007年建成，其建设行为虽然是发生在《城乡规划法》实施以前，但原告兴建房屋所在位置××镇B村已于1997年6月6日经广东省人民政府同意划入梅州市城市规划区范围内，故原告在2006年兴建涉案房屋时，无论是适用已废止的《城市规划法》还是适用现在实施的《城乡规划

① 自2008年1月1日《城乡规划法》施行后，《城市规划法》同时废止。

法》，都应当取得建设工程规划许可证方可开工建设，但原告在未取得任何建设工程规划许可证的前提下就擅自兴建涉案房屋，其行为违反了《城乡规划法》第64条“未取得建设工程规划许可证或者未按照建设工程规划许可证的规定进行建设的，由县级以上地方人民政府城乡规划主管部门责令停止建设；尚可采取改正措施消除对规划实施的影响的，限期改正，处建设工程造价百分之五以上百分之十以下的罚款；无法采取改正措施消除影响的，限期拆除，不能拆除的，没收实物或者违法收入，可以并处建设工程造价百分之十以下的罚款”的规定，虽然原告的建设行为已停止，但违法建筑物处于存续状态，且原告至今未办理过建设工程规划许可证，其违法行为处于连续状态并未终止。综上，被告梅州市住建局根据《城乡规划法》第64条的规定，责令原告限期拆除涉案房屋认定事实清楚、证据充分、适用法律正确。兴宁市人民法院判决：驳回原告邓某某的诉讼请求。

邓某某向梅州市中级人民法院上诉称：原审法院已认定被上诉人梅州市住建局作出行政处罚决定时适用的是现行于2008年1月1日实施的《城乡规划法》第40条第1款的规定，由于上诉人的房屋建成时间是2006年，故对上诉人的房屋当时建房行为是否违法、如何处理，应适用房屋建成时间的《城市规划法》，新旧法律对违章建筑无论如何规定，均不应适用新法律去处罚“旧违法行为”，被上诉人以新法律处罚“旧违法行为”，没有任何依据。上诉人所建的房屋是村集体分得的自留地和宅基地，作为农民在自留地和宅基地上建设房屋的行为理应得到保护，且该房屋是上诉人的唯一住所，如果该房屋被拆除，上诉人全家何处栖身。请求依法撤销一审行政判决书和梅州市住建局对上诉人作出的《行政处罚决定书》。

梅州市中级人民法院认为：（1）关于对涉案违法建筑物的处罚是否超过追责时效的问题。《行政处罚法》第29条[①]规定：“违法行为在二年内未被发现的，不再给予行政处罚。法律另有规定的除外。前款规定的期限，从违法行为发生之日起计算；违法行为有连续或者继续状态的，从行为终了

① 此处适用的是2017年修正的《行政处罚法》，相关规定参见2021年修订的《行政处罚法》第36条。

之日起计算”。本案中，涉案建筑物至今未取得建设工程规划许可证，涉案建筑物对规划实施的影响处于继续状态，根据上述规定，并未超过法定的追责时效。(2) 关于被上诉人梅州市住建局作出的《行政处罚决定书》是否合法的问题。已废止的《城市规划法》第32条规定：“在城市规划区内新建、扩建和改建建筑物、构筑物、道路、管线和其他工程设施，必须持有关批准文件向城市规划行政主管部门提出申请，由城市规划行政主管部门根据城市规划提出的规划设计要求，核发建设工程规划许可证件。建设单位或者个人在取得建设工程规划许可证件和其他有关批准文件后，方可申请办理开工手续”。第40条规定：“在城市规划区内，未取得建设工程规划许可证件或者违反建设工程规划许可证件的规定进行建设，严重影响城市规划的，由县级以上地方人民政府城市规划行政主管部门责令停止建设，限期拆除或者没收违法建筑物、构筑物或者其他设施；影响城市规划，尚可采取改正措施的，由县级以上地方人民政府城市规划行政主管部门责令限期改正，并处罚款。”《城乡规划法》第40条第1款规定：“在城市、镇规划区内进行建筑物、构筑物、道路、管线和其他工程建设的，建设单位或者个人应当向城市、县人民政府城乡规划主管部门或者省、自治区、直辖市人民政府确定的镇人民政府申请办理建设工程规划许可证。”第64条规定：“未取得建设工程规划许可证或者未按照建设工程规划许可证的规定进行建设的，由县级以上地方人民政府城乡规划主管部门责令停止建设；尚可采取改正措施消除对规划实施的影响的，限期改正，处建设工程造价百分之五以上百分之十以下的罚款；无法采取改正措施消除影响的，限期拆除，不能拆除的，没收实物或者违法收入，可以并处建设工程造价百分之十以下的罚款。”本案中，上诉人主张涉案建筑物于2006年动工建设、2007年建成，上诉人建设涉案建筑物所在位置梅江区××镇B村已于1997年6月6日经广东省人民政府同意划入梅州市城市规划区范围内，根据上述规定，无论是适用上诉人认为2006年开始建设涉案建筑物时施行的《城市规划法》还是适用现行的《城乡规划法》，上诉人建设涉案建筑物均应当取得建设工程规划许可证，但上诉人至今未取得建设工程规划许可证，违反了已废止的《城市规划法》第32条、现行《城乡规划法》第40条第1

款的规定。鉴于上诉人的违法建筑物处于存续状态，其违法行为处于连续状态并未终止，被上诉人梅州市住建局于2020年6月作出涉案《行政处罚决定书》时适用现行的《城乡规划法》的规定并无不当。被上诉人根据《城乡规划法》第64条的规定，责令上诉人限期拆除涉案违法建筑物，认定事实清楚、证据充分，适用法律正确。被上诉人经过立案、调查，告知上诉人拟作出行政处罚决定的事实、理由及依据，告知上诉人享有陈述、申辩的权利，作出涉案《行政处罚决定书》并送达上诉人，程序合法。梅州市中级人民法院判决：驳回上诉，维持原判。

［根据广东省梅州市中级人民法院（2021）粤14行终62号行政判决书编写］

**【作者分析】**

这里先说明一下：2017年修正的《行政处罚法》第29条规定："违法行为在二年内未被发现的，不再给予行政处罚。法律另有规定的除外。前款规定的期限，从违法行为发生之日起计算；违法行为有连续或者继续状态的，从行为终了之日起计算"。2021年修订的《行政处罚法》第36条只在2017年修正的《行政处罚法》第29条第1款中增加了"涉及公民生命健康安全、金融安全且有危害后果的，上述期限延长至五年"，其他内容不变。案例17和案例18都发生在2021年修订的《行政处罚法》施行（2021年7月15日）之前，故适用2017年修正的《行政处罚法》第29条的规定。

在案例17中，原告王某某将开发土地、宅基地、营业房和后院牛圈转让给他人，虽属"基于同一个违法故意，连续实施数个独立的行政违法行为"，且有"连续状态"，但在2009年11月20日最后交易完成后，违法行为终了，故只适用2017年修正的《行政处罚法》第29条第1款"违法行为在二年内未被发现的，不再给予行政处罚"的规定。

而案例18中的原告邓某某实施的行为不是转让宅基地房屋，而是未取得建设工程规划许可证的违法建筑行为。村民违法建造的房屋即使已经竣工，只要该房屋未被拆除或未依法采取改正措施，违法行为就未终了，对乡村规划实施的影响也就一直处于继续状态，所以，该案例适用2017年修正的《行政处罚法》第29条第2款"违法行为有连续或者继续状态的，从行为终了之日起计算”的规定，法院据此认定梅州市住建局作出被诉行政处罚决定未超过法定的追诉时效。

## 第五节 村民违法占地建房案件的法制审核

有关行政机关对调查报告进行审核后，决定对违法占地建房的村民实施行政处罚的，应当依照《行政处罚法》和主管部门有关规定程序的规定进行操作。违法占地建房行政处罚有着先内后外两方面的操作程序，其中法制审核是有关行政机关内部的操作程序。

### 一、法制审核的法律依据

2017 年《行政处罚法》第 38 条第 3 款规定：“在行政机关负责人作出决定之前，应当由从事行政处罚决定审核的人员进行审核。行政机关中初次从事行政处罚决定审核的人员，应当通过国家统一法律职业资格考试取得法律职业资格。”只规定了行政机关在作出行政处罚决定前，应当由审核人员进行审核，至于审核哪些内容、未经审核就作出决定又怎么办等问题都未规定，致使一些行政机关对审核不重视或者审核搞形式、走过场，造成行政处罚质量不高，甚至因违法被法院撤销。

为了保障行政机关实施行政处罚的合法性，国务院办公厅于 2018 年 12 月 5 日印发了《关于全面推行行政执法公示制度执法全过程记录制度重大执法决定法制审核制度的指导意见》，其中，“重大执法决定法制审核制度”明确要求，行政机关在作出重大执法决定之前，必须进行法制审核，未经法制审核或者审核未通过的，不得作出决定，并要求由行政机关的法制机构负责本单位的法制审核工作。现行 2021 年《行政处罚法》第 58 条规定吸收了上述精神，在 2017 年《行政处罚法》第 38 条的基础上进行了修订和完善。

### 二、违法占地建房案件的法制审核范围

根据《行政处罚法》第 58 条第 1 款的规定，有下列情形之一，在行政

机关负责人作出行政处罚决定之前，应当由从事行政处罚决定法制审核的人员进行法制审核：（1）涉及重大公共利益的；（2）直接关系当事人或者第三人重大权益，经过听证程序的；（3）案件情况疑难复杂、涉及多个法律关系的；（4）法律、法规规定应当进行法制审核的其他情形。

因此，法制审核的范围即应当进行法制审核的行政处罚案件是重大、疑难或者涉及重大权益、公共利益的行政处罚案件。其他一般性行政处罚案件，既可以进行法制审核，也可以不经法制审核。至于上述四种情况的具体标准，则可由地方政府或者有关主管部门规定。对村民违法占地建房而言，有关行政机关作出拆除房屋、没收房屋、恢复土地原状等罚种的行政处罚，在通常情况下，即使不存在重大、疑难问题，对村民来说也属“直接关系当事人或者第三人重大权益”，故被处罚村民在陈述、申辩或者听证程序中提出异议的，都应进行法制审核。

## 三、违法占地建房案件的法制审核内容

法制审核的内容是合法性、适当性，具体内容包括：（1）当事人的基本情况是否查清；（2）本单位对该案是否具有管辖权；（3）事实是否清楚，证据是否确凿、充分，材料是否齐全；（4）定性是否准确，适用法律、法规、规章是否正确；（5）行政审批结果是否适当；（6）程序是否合法；（7）其他依法应当审核的事项。法制人员或者法制机构审查这些内容，其实是对本机关作出行政处罚决定的把关。

《行政处罚法》第41条第1款还规定，“行政机关依照法律、行政法规规定利用电子技术监控设备收集、固定违法事实的，应当经过法制和技术审核”。由此可见，执法人员利用电子技术监控设备收集、固定违法事实证据的，也属法制审核范围。

## 四、违法占地建房案件的法制审核意见

法制机构审核通常为书面审核，但在必要时可以向当事人了解情况、听取陈述申辩，还可以会同办案机构深入调查取证。法制机构审核后，应当制作法制审核笔录，并应根据审核的情况向本机关提出书面处理意见或建议：

（1）对事实清楚、证据确凿充分、定性准确、程序合法的，提出同意实施行政处罚的意见；（2）对违法行为不能成立的，提出不予批准行政处罚的建议，或者建议办案机构撤销行政处罚案件；（3）对事实不清、证据不足的，建议补充调查，并将案卷材料退回；（4）对定性不准、适用法律不当的，提出修正意见；（5）对程序违法的，提出纠正意见；（6）对超出本单位管辖范围的，提出移送意见；（7）对违法行为轻微，依法可以不予行政处罚的，提出不予处罚意见；（8）对重大、复杂案件，建议本单位负责人集体研究决定；（9）对违法行为涉嫌犯罪的，提出移送司法机关的建议。有些行政机关还规定，未经法制审核的重大行政执法决定，不得提交审批或集体讨论。

从上述法制审核制度来看，法制审核与《国土资源行政处罚办法》第25条规定的调查报告审核（审理）有着同工异曲之处。据此，笔者认为，可以将调查报告纳入法制审核一并进行审核，从而提高办理违法占地建房案件的效率。

## 五、未经法制审核就作出处罚决定怎么处理

关于行政机关未经法制审核就作出行政处罚决定怎么处理的问题，2017年《行政处罚法》第38条第3款没有规定。2021年《行政处罚法》第58条对此作出明确规定，“未经法制审核或者审核未通过的，不得作出决定”。那么问题又来了，行政机关行未经法制审核或者审核未通过就作出行政处罚决定，是行政程序瑕疵还是行政程序违法？下面利用两个不同的判例说明这个问题。

**案例19**

1996年，济南市居民刘某某以其未成年女儿刘B的名义与××村委会签订《协议书》，该《协议书》约定：××村委会将位于该村西山坡的旧院落一处，使用面积约0.9亩，由刘B翻建后居住，使用权和所有权归刘B；补偿费11万元，开工前一次性付清。刘某某付清补偿费11万元后，于1998年将原有的养殖用房拆除，新建了三层房屋和院落，占地面积801平方米，建筑面积约410平方米。2019年，济南市自然资源和规划局对刘某某非法占用

集体土地建设房屋及院落行为作出《行政处罚告知书》《行政处罚听证告知书》送达刘某某，刘某某于2019年7月11日提出听证申请，济南市自然资源和规划局举行听证会，听取刘某某的陈述申辩意见，并形成听证笔录及听证纪要。2020年5月11日，济南市自然资源和规划局作出《行政处罚决定书》，决定对刘某某进行处罚如下：（1）责令刘某某将非法占用的801平方米集体土地退还给××村；（2）限刘某某15日内自行拆除在非法占用的801平方米土地上新建的房屋。

刘某某不服济南市自然资源和规划局作出的上述《行政处罚决定书》，向历下区人民法院提起行政诉讼，以行政处罚决定认定事实错误、程序违法等理由，请求法院撤销该行政处罚决定。

历下区人民法院认为：原告刘某某系济南市居民，其并非涉案土地的××村集体经济组织成员。1996年，原告刘某某以其女儿刘B的名义与××村委会签订协议书获取涉案土地并建成住宅居住，但原告刘某某使用涉案土地并未经过县级人民政府批准，故原告刘某某获取涉案土地并建设住宅的行为违反了《土地管理法》的规定，被告依法作出涉案行政处罚决定书，认定事实清楚，适用法律正确。

关于原告刘某某称其系替女儿刘B购买涉案土地，涉案行政处罚决定存在认定事实错误的问题。历下区人民法院认为，首先，案外人刘B系原告刘某某之女，案外人刘B出生于1981年，在1996年原告以刘B之名签订涉案协议书时，案外人刘B为限制民事行为能力人；其次，原告刘某某及案外人刘B均非涉案土地所在村集体经济组织成员，所取得涉案上地并无证据证实已经县级人民政府批准，故涉案土地的取得违反《土地管理法》的规定；最后，1996年原告刘某某以案外人刘B的名义取得涉案土地后已实际交清协议书中约定的土地补偿费，且涉案地上建筑物均于1998年由原告刘某某自行施工建设完毕，原告刘某某也实际在涉案土地房屋内居住，故原告刘某某应为涉案土地的实际占用人。

原告刘某某于2019年7月8日收到《行政处罚告知书》《行政处罚听证告知书》后，于2019年7月11日提出听证申请，且被告已经实际举行听证会，听取了原告陈述申辩意见，并形成听证笔录及听证纪要。

《行政处罚法》第 38 条第 1 款、第 2 款[①]规定，“调查终结，行政机关负责人应当对调查结果进行审查，根据不同情况，分别作出如下决定：（一）确有应受行政处罚的违法行为的，根据情节轻重及具体情况，作出行政处罚决定；（二）违法行为轻微，依法可以不予行政处罚的，不予行政处罚；（三）违法事实不能成立的，不得给予行政处罚；（四）违法行为已构成犯罪的，移送司法机关。对情节复杂或者重大违法行为给予较重的行政处罚，行政机关的负责人应当集体讨论决定。”《国土资源执法监督规定》第 26 条规定：“县级以上国土资源主管部门实行重大行政执法决定法制审核制度。在作出重大行政处罚决定前，由该部门的法制工作机构对拟作出决定的合法性、适当性进行审核。未经法制审核或者审核未通过的，不得作出决定。重大行政处罚决定，包括没收违法采出的矿产品，没收违法所得，没收违法建筑物，限期拆除违法建筑物，吊销勘查许可证或者采矿许可证、地质灾害防治单位资质、测绘资质等。”第 29 条第 2 款规定：“经过审核，对拟作出的重大行政处罚决定符合本规定第二十八条的，法制工作机构出具通过法制审核的书面意见；对不符合规定的，不予通过法制审核。”本案中，涉案行政处罚决定包括限期拆除违法建筑物，符合《国土资源执法监督规定》中“重大行政处罚决定”所包含的内容，显然属于重大违法行为且给予较重的行政处罚的情形，被告法制工作机构应对拟作出决定的合法性、适当性进行审核并出具书面意见。被告所举证据中缺乏法制工作机构出具的书面意见，也没有行政机关的负责人作出的集体讨论决定材料，违反了《行政处罚法》第 38 条第 2 款[②]的规定，属于程序违法。

综上所述，被告济南市自然资源和规划局于 2020 年 5 月 11 日作出的《行政处罚决定书》虽然存在程序违法，但行政处罚决定结论并无不当，应予维持。

历下区人民法院依据《行政诉讼法》第 74 条之规定，判决如下：（1）确

① 此处适用的是 2017 年修正的《行政处罚法》，相关规定参见 2021 年修订的《行政处罚法》第 57 条。

② 此处适用的是 2017 年修正的《行政处罚法》，相关规定参见 2021 年修订的《行政处罚法》第 57 条第 2 款。

认被告济南市自然资源和规划局于2020年5月11日作出《行政处罚决定书》的程序违法；(2) 驳回原告刘某某的诉讼请求。

[根据济南市历下区人民法院（2020）鲁0102行初584号行政判决书编写]

## 案例20

自1998年开始，李某某在晋阳高速阳城东口北侧陆续修建了一些建筑物、构筑物，部分建筑物、构筑物上安装有钢架结构，钢架上安装有大型立体广告。2020年6月29日，阳城县城市管理综合行政执法局作出《限期拆除决定书》并送达李某某。该《限期拆除决定书》载明："李某某，经查，你未取得建设工程规划许可证在晋阳高速阳城东口北侧进行修建建筑物、构筑物的行为，违反了《中华人民共和国城乡规划法》第四十条第一款、第四十四条第一款、第二款之规定，根据《中华人民共和国城乡规划法》第六十四条、六十六条第一项之规定，现责令你于2020年7月6日24时前自行拆除该建筑物和顶楼上的构筑物；你未经审批许可在晋阳高速阳城东口北侧设置大型户外广告的行为，违反了《城市市容和环境卫生管理条例》第十一条第二款的规定，根据《城市市容和环境卫生管理条例》第三十六条第一款第一项之规定，现责令你于2020年7月6日24时前自行拆除该大型户外广告。如不服本决定，可自收到本决定书之日起六十日内向阳城县人民政府申请行政复议，也可在收到本决定书之日起六个月内直接向高平市人民法院提起行政诉讼。"

2020年7月2日，李某某对《限期拆除决定书》不服，向晋城市人民政府申请行政复议。2020年7月13日，晋城市人民政府作出《行政复议终止决定书》，终止了行政复议。2020年7月13日，李某某向高平市人民法院提起行政诉讼。

高平市人民法院经审理认为，根据《山西省行政执法条例》第27条第1款的规定，"行政执法机关作出重大执法决定前，应当进行法制审核，未经法制审核或者审核未通过的，不得作出决定"。《城市管理执法办法》第31条规定，"城市管理执法主管部门应当确定法制审核机构，配备一定比例符合条件的法制审核人员，对重大执法决定在执法主体、管辖权限、执法程序、事实认定、法律适用等方面进行法制审核。”本案被诉《限期拆除决定书》要求原告李某某自行拆除建筑物、构筑物以及其上的大型户外广告，涉及原告李某某的重大权益，被告作出《限期拆除决定书》之前应当进行法制审核，被告未提供其进行法制审核的证据材料，违反上述规定。综上，被告《限期拆除决定书》违反法定程序，应当予以撤销。

高平市人民法院依照《行政诉讼法》第 70 条第 3 项之规定，判决撤销被告阳城县城市管理综合行政执法局于 2020 年 6 月 29 日对李某某作出的《限期拆除决定书》。

[根据山西省高平市人民法院（2020）晋 0581 行初 39 号行政判决书编写]

**【作者分析】**

在案例 19 中，历下区人民法院以被告济南市自然资源和规划局在作出《行政处罚决定书》之前未进行法制审核为理由之一，依据《行政诉讼法》第 74 条的规定，在判决确认《行政处罚决定书》的程序违法的同时，驳回原告刘某某要求撤销行政处罚决定的诉讼请求，那么，济南市自然资源和规划局作出的《行政处罚决定书》仍为有效，刘某某仍应拆除房屋退出土地。

在案例 20 中，高平市人民法院同样以阳城县城市管理综合行政执法局在作出《限期拆除决定书》之前未进行法制审核为由，却依据《行政诉讼法》第 70 条第 3 项之规定，判决撤销被告阳城县城市管理综合行政执法局的《限期拆除决定书》。

两者的不同判决的关键在于适用《行政诉讼法》第 74 条规定还是第 70 条第 3 项规定。《行政诉讼法》第 74 条第 2 项规定，“行政行为程序轻微违法，但对原告权利不产生实际影响的”，法院判决确认违法，但不撤销行政行为。而对于第 70 条第 3 项“违反法定程序的”，法院判决撤销或者部分撤销，并可以判决被告重新作出行政行为。案例 19 显然将“未进行法制审核”认定为“程序轻微违法”，而案例 20 将“未进行法制审核”认定为“违反法定程序”。

笔者认为，法制审核是 2021 年修订的《行政处罚法》在完善的新设制度，且2021年修订的《行政处罚法》第58条还明确规定“未经法制审核或者审核未通过的，不得作出决定”。这里的“不得”分量很重，即禁止性规定。也就是说，在第58条规定的情形下，法制审核是法定程序，不由行政机关选择是否进行法制审核，而是必须进行法制审核。因此，依照2021年《行政处罚法》第58条规定应当进行法制审核而“未经法制审核或者审核未通过”，行政机关就作出行政处罚决定的，不能认为是《行政诉讼法》第74条第2项的“行政行为程序轻微违法”，而应认为是第70条第3项的“违反法定程序”，法院应当直接判决撤销行政处罚决定，至于这种行政处罚决定被法院撤销后，行政机关是否重新进行法制审核并重新作出作出行政处罚决定，则由行政机关自行决定。

## 第六节　村民违法占地建房案件的事先告知

《行政处罚法》第44条规定：“行政机关在作出行政处罚决定之前，应当告知当事人拟作出的行政处罚内容及事实、理由、依据，并告知当事人依法享有的陈述、申辩、要求听证等权利。”这是事先告知的规定。有关行政机关对违法占地建房的村民在作出行政处罚决定前，亦应照此规定进行事先告知。

### 一、违法占地建房案件的事先告知

这里的事先，是指“在作出行政处罚决定之前”。事先告知有两类内容：(1) 行政机关告知当事人拟作出的行政处罚内容及事实、理由、依据；(2) 行政机关告知当事人依法享有的陈述、申辩和要求听证等权利。违法占地建房案件也不例外，除适用简易程序外，无论案件大小、是否复杂，行政机关都应履行事先告知义务。例如，根据《自然资源行政处罚办法》第27条的规定：“违法行为依法需要给予行政处罚的，自然资源主管部门应当制作《行政处罚告知书》，按照法律规定的方式，送达当事人。当事人有权进行陈述和申辩。陈述和申辩应当在收到《行政处罚告知书》后3个工作日内提出。

口头形式提出的，案件承办人员应当制作笔录”。有关行政机关在办理违法占地建房案件中，如不履行事先告知义务，则为行政处罚程序违法。

## 二、违法占地建房村民的陈述权和申辩权

根据《行政处罚法》第 45 条第 1 款“当事人有权进行陈述和申辩”的规定，当事人村民的陈述权、申辩权是法律赋予的权利，即法定权利。这里的陈述权，是指当事人就行政机关拟对其实施行政处罚享有表明自己的意见、看法和提出事实、理由、证据的权利。这里的申辩权，是指当事人依法享有的就行政机关拟对其实施行政处罚进行辩解，并提出反驳意见的权利。陈述权侧重于客观实事的表述，而申辩权侧重于理性的辩解。有关行政机关在办理违法占地建房案件中将《行政处罚事先告知书》送达当事人村民后，当事人村民在规定的时间内行使陈述权、申辩权的，有关行政机关必须充分听取当事人的意见。

## 三、违法占地建房村民行使陈述权和申辩权

陈述权和申辩权虽是当事人的法定权利，但在行政机关依法告知后，是否行使陈述权、申辩权则由当事人自行决定，当事人在规定的期限内不行使陈述权、申辩权的，视为放弃。而后，行政机关无须按照《行政处罚法》第 45 条第 1 款“行政机关必须充分听取当事人的意见，对当事人提出的事实、理由和证据，应当进行复核；当事人提出的事实、理由或者证据成立的，行政机关应当采纳”的规定履行义务。当事人在规定的期限内行使陈述权、申辩权的，行政机关应当按照《行政处罚法》第 45 条第 1 款的规定，履行听取意见、进行复核、是否采纳等义务。

## 四、有关行政机关对陈述、申辩意见的复核

因当事人陈述权、申辩权是法律赋予的权利，故这里还特别强调行政机关必须听取陈述意见、应当进行复核等义务。听取陈述、申辩意见及复核是行政机关事先告知后的连续性法定义务。

为了证明已经履行告知陈述、申辩义务，并便于对陈述事实、申辩意见

的处理，执法人员在听取陈述、申辩意见时，应当当场制作《陈述申辩笔录》，交由当事人校对并在笔录上签名。

为使当事人的陈述权、申辩权得以尊重和落实，《行政处罚法》第45条还规定“对当事人提出的事实、理由和证据，应当进行复核”。这里的“应当进行复核”是当事人行使陈述权和申辩权的保障程序，所以行政机关对当事人提出的事实、理由、证据和解释、辩解以及反驳意见，无论是否正确，也无论是否合法，包括提出没有实施违法行为或者有减轻、从轻处罚情节等意见，都必须认真听取，并记录具体内容，然后进行复核，决定是否采纳。当事人提出的事实、理由或者证据成立的，复核时应当予以采纳，需要修改拟作出的处罚决定内容的，应当进行调整。自然资源、农业农村等主管部门事先已经告知，也听取了当事人的陈述申辩意见，但搞形式、走过场，不进行复核就作出行政处罚决定送达当事人的，也属程序违法。

执法人员如果只听当事人的陈述、申辩意见，而不制作《陈述申辩笔录》或者不进行复核就作出行政处罚决定，当事人一旦申请行政复议或者提起行政诉讼，有关行政机关不能提供《陈述申辩笔录》和有关复核记录证实已经听取陈述、申辩意见并进行复核，复议机关或者法院就会认为其剥夺当事人的陈述权、申辩权，并将以程序违法为由撤销行政处罚决定。

有关行政机关办理违法占地建房案件，在陈述、申辩问题上还需注意：《行政处罚法》第45条第2款规定，“行政机关不得因当事人陈述、申辩而给予更重的处罚”。这里的“更重的处罚”，是指行政机关因当事人陈述、申辩在拟处罚种类或者幅度的基础上加重处罚。更重的处罚既是程序违法行为，又是非法增加当事人实体义务的非法行为，如拟处罚款4万元，因当事人陈述、申辩，行政机关在行政处罚决定书中罚款5万元，其中1万元属于加重处罚。上述规定中的“不得”是禁止性规定，故加重处罚部分无效。

## 五、行政机关未履行事先告知和拒绝听取陈述、申辩的法律后果

《行政处罚法》第62条规定：“行政机关及其执法人员在作出行政处罚

决定之前，未依照本法第四十四条、第四十五条的规定向当事人告知拟作出的行政处罚内容及事实、理由、依据，或者拒绝听取当事人的陈述、申辩，不得作出行政处罚决定；当事人明确放弃陈述或者申辩权利的除外。”这里的“不得”也是禁止性规定，故行政机关及其执法人员未进行事先告知，未听取当事人陈述、申辩，就作出行政处罚决定的，属于行政处罚程序违法，此类案件在行政复议、行政诉讼中将会被撤销，然后由有关行政机关重新按照规定程序作出处罚决定。

## 案例 21

常某某系洛阳市伊滨区某某镇××社区居民，2001 年向本村集体组织交纳宅基地款，取得宅基地一处，后常某某在该宅基地上建造了房屋。2018 年 12 月 23 日，某某镇政府作出《责令限期拆除违法建筑处罚决定书》。该决定书认定，常某某在××社区×组建设的 1 处房屋未取得建设工程规划许可证，房屋为砖混结构，建筑面积约 100 平方米，现用于居住，另约 200 平方米为违章建筑，常某某该行为违反了《村庄和集镇规划建设管理条例》第 18 条的规定，事实清楚；依据《村庄和集镇规划建设管理条例》第 37 条和《城乡规划法》第 65 条的规定，决定拆除其违法建筑，并限常某某在 2018 年 12 月 26 日前，将建设的违法建筑自行拆除完毕，否则某某镇政府将组织执法人员依法拆除，拆除费用由常某某承担。因常某某未自行拆除房屋，某某镇政府于 2019 年 1 月 2 日组织人员将常某某房屋拆除。

常某某不服某某镇政府上述行政处罚，于 2019 年 1 月 21 日向老城区人民法院提起行政诉讼称：原告在某某镇××社区第×组拥有合法房屋，某某镇政府作出的《责令限期拆除违法建筑处罚决定书》违法，侵害了常某某的合法权益，请求撤销某某镇政府对其作出的《责令限期拆除违法建筑处罚决定书》。

老城区人民法院经审理认为：根据《城乡规划法》第 65 条的规定，被告某某镇政府在所辖村庄规划区内享有对未依法取得乡村建设规划许可证或者未按照乡村建设规划许可证的规定进行建设行为的行政执法权。被告某某镇政府在对原告常某某作出《责令限期拆除违法建筑处罚决定书》前，应当依照《行政处罚法》的规定，履行告知其作出行政处罚决定的事实、理由及依据的义务，并告知当事人依法享有陈述和申辩等权利。被告某某镇政府未履行告知行政处罚的事实、理由、依据和享有陈述、申辩权的告知义务，依照《行政处罚法》第41条[①]的规定，该行政处罚决定不能成立，根据《行政处罚法》第3条第2款[②]的规定，被告某某镇政府对原告常某某作出的《责令限期拆除违法建筑处罚决定书》应为无效。《行政诉讼法解释》第94条第1款规定："公民、法人或者其他组织起诉请求撤销行政行为，人民法院经审查认为行政行为无效的，应当作出确认无效的判决。"因此，本案应当确认被告某某镇政府对原告常某某作出的《责令限期拆除违法建筑处罚决定书》无效。

老城区人民法院依据《行政诉讼法解释》第94条第1款的规定，判决被告某某镇政府对原告常某某作出的《责令限期拆除违法建筑处罚决定书》无效。

［根据洛阳市老城区法院（2019）豫0302行初5号行政判决书编写］

**【作者分析】**

本案中，常某某虽向本村集体组织交纳了宅基地款取得一处宅基地，但其未取得建设工程规划许可证，就在该宅基地上建造了房屋，违反了《城乡规划法》《村庄和集镇规划建设管理条例》的规定，该房屋属于非法建筑，依法应当拆除。但是，某某镇政府在对常某某作出拆除决定书之前，未履行告知义务，即事先未告知常某某拟予行政处罚的事实、理由、依据和享有陈述、申辩权的告知义务，剥夺了常某某的陈述、申辩、听证等权利，在程序上显然违法。这种程序违法直接导致行政处罚决定不能成立，故法院判决本案拆除违法建筑的处罚决定书无效。但当事人非法建筑物不因行政机关程序违法就具有合法性，行政机关应当依照法定程序重新作出行政处罚决定。

## 案例22

李某某系××村村民，于2007年5月15日与本村村委会签订土地租赁

---

① 此处适用的是2017年修正的《行政处罚法》，相关规定参见2021年修订的《行政处罚法》第62条。

② 此处适用的是2017年修正的《行政处罚法》，相关规定参见2021年修订的《行政处罚法》第38条。

协议约定，李某某租赁村内两块宅基地中间的一块作为建库房之用。2017年7月4日，××国土资源分局作出××30号行政处罚决定书，认定李某某未经批准擅自占用××村集体土地建库房，违反《土地管理法》第43条①的规定，责令李某某退还非法占用的土地，并处非法占用土地每平方米19元的罚款，计5650.22元。李某某不服上述行政处罚，向××区政府申请行政复议。××区政府作出复议决定维持了行政处罚决定书。

李某某以××国土资源分局、××区政府为被告向竞秀区法院提起行政诉讼，请求撤销××国土资源分局作出的××30号行政处罚决定书及××区政府作出的××第8号行政复议决定书。

竞秀区人民法院经审理认为，被告××国土资源分局认定原告李某某违法占用××村集体土地，没有进行申请和审批，擅自占地建设，违反了《土地管理法》第43条的规定，在办理行政处罚过程中具备立案、调查、通知、听证、研究决定、审批、送达等程序，符合相关规定。被告××区政府在办理行政复议过程中具备立案受理、通知、研究决定、送达等程序，符合相关规定。法院对二被告的办案程序予以认定。原告认为，自己与××村委会签订了土地租赁协议，村委会同意原告在租赁的土地上建农机具库房，根据2017年中央一号文件精神，农机具库棚属于农田建设范围，不属于《土地管理法》第43条规定的需要审批的范围。被告××国土资源分局认为，原告李某某违法占用××村集体土地，没有进行申请和审批，擅自占地建设，违反了《土地管理法》第43条“任何单位和个人进行建设，需要使用土地的，必须依法申请使用国有土地”的规定，根据《土地管理法》第76条②、《土地管理法实施条例》第42条③、《河北省国土资源厅行政处罚裁量基准办法（试行）》第一部分第1条第2项第1目的规定，原告提交的证据不能证明其在占用的集体土地上进行建设经过职能部门审批。被告××国土资源分局对

① 此处适用的是2004年修正的《土地管理法》，2019年修正的《土地管理法》中已无相关规定。本案例中不再说明。

② 此处适用的是2004年修正的《土地管理法》，相关规定参见2019年修正的《土地管理法》第77条。

③ 此处适用的是2014年修订的《土地管理法实施条例》，相关规定参见2021年修订的《土地管理法实施条例》第57条。

原告在占用的集体土地上建设库房的行为所作的行政处罚并无不妥。法院对其认定事实及法律法、规适用予以确认。被告××区政府依据《行政复议法》第28条第2款的规定所作的行政复议决定适用法律正确，法院对其法律、法规适用予以确认。综上所述，二被告被诉行政行为主体适格，程序合法，认定事实清楚，适用法律、法规正确。依照《行政诉讼法》第69条的规定，判决驳回原告李某某的诉讼请求。

在本案诉讼过程中，××国土资源分局以××30号处罚决定适用法律不当，作出××01号关于撤销国土资源行政处罚的决定，撤销××30号行政处罚决定书。竞秀区人民法院与李某某沟通，李某某表示不撤诉。2017年12月12日，竞秀区人民法院作出行政判决确认××30号行政处罚决定违法。

××国土资源分局依据××30号处罚依据的事实和履行的程序，于2018年4月25日作出重字××30号行政处罚决定，认定李某某未经批准擅自占用××村集体土地建库房，违反《土地管理法》第43条[①]的规定，责令李某某退还非法占用的297.38平方米（合0.44亩）土地到××村委会，并处非法占用土地每平方米19元的罚款，共计5650.22元。

李某某不服一审判决，向保定市中级人民法院上诉称：重字××30号行政处罚决定书与××30号行政处罚决定书载明与内容一致。2007年5月15日，上诉人租赁村内两块宅基地中间的一块地，双方签了协议书，村委会同意建库房，上诉人作为集体经济组织成员，取得××村0.44亩集体土地使用权合理合法的，未非法占用《土地管理法》第43条规定的建设用地，未违反土地利用总体规划擅自将农用地改为建设用地。上诉人经村委会同意在租赁的土坑上盖农机具库棚，依照2017年中央一号文件，机具库棚属于农田建设范围，不属于《土地管理法》上的建设用地，不需要国土资源局审批。二被上诉人在行政处罚决定书未生效且未申请法院强制执行的情况下，将上诉人的库房拆毁，程序违法。请求法院依法撤销一审判决、撤销××国土资源分局重字××30号行政处罚决定书及××区政府作出的××第8号行政复议

① 此处适用的是2004年修正的《土地管理法》，2019年修正的《土地管理法》已无相关规定。本案例中不再说明。

决定书。

保定市中级人民法院认为，《行政处罚法》第 31 条①规定："行政机关在作出行政处罚决定之前，应当告知当事人作出行政处罚决定的事实、理由及依据，并告知当事人依法享有的权利。"第 32 条②规定："当事人有权进行陈述和申辩。行政机关必须充分听取当事人的意见，对当事人提出的事实、理由和证据，应当进行复核；当事人提出的事实、理由或者证据成立的，行政机关应当采纳。行政机关不得因当事人申辩而加重处罚。"第 41 条③规定："行政机关及其执法人员在作出行政处罚决定之前，不依照本法第三十一条、第三十二条的规定向当事人告知给予行政处罚的事实、理由和依据，或者拒绝听取当事人的陈述、申辩，行政处罚决定不能成立；当事人放弃陈述或者申辩权利的除外。"据此，被上诉人××国土资源分局在作出重字××30 号行政处罚决定书之前，应当履行告知义务，并听取上诉人李某某的陈述和申辩。被上诉人××国土资源分局以在作出××30 号行政处罚决定书之前履行了告知和听证程序为由，认为本案所涉处罚决定程序合法，该理由不成立。××30 号行政处罚决定书已被撤销而不具有法律效力，重字××30 号行政处罚决定是独立的行政行为，作出之前应重新履行法律规定的告知和听取陈述、申辩的程序。因此，重字××30 号行政处罚决定违反法定程序，应予撤销。被上诉人××区政府作出的××第 8 号行政复议决定书维持重字××30 号行政处罚决定书错误，应予撤销。

保定市中级人民法院依照《行政诉讼法》第 70 条第 3 项、第 86 条、第 89 条第 1 款第 2 项之规定，判决如下：（1）撤销竞秀区人民法院的行政判决；（2）撤销被上诉人××国土资源分局重字××30 号行政处罚决定；（3）撤销被上诉人××区政府××第 8 号行政复议决定；（4）责令被上诉人××国土资源分局重新调查处理。

---

① 此处适用的是 2017 年《行政处罚法》，相关规定参见 2021 年《行政处罚法》第 44 条。

② 此处适用的是 2017 年修正的《行政处罚法》，相关规定参见 2021 年修订的《行政处罚法》第 45 条。

③ 此处适用的是 2017 年修正的《行政处罚法》，相关规定参见 2021 年修订的《行政处罚法》第 62 条。

[根据河北省保定市中级人民法院（2018）冀06行终273号行政判决书编写]

**【作者分析】**

本案的典型意义在于行政机关重新作出行政处罚决定应当重新按照法定程序进行。

李某某虽与村委会签订了土地租赁协议，村委会也同意其在租赁的土地上建农机具库房（农业生产用房），但李某某没有提出使用集体土地申请，也就未经批准取得集体土地使用权。在此情况下，李某某就建造了建农机具库房，该建农机具库房当属非法建筑，××国土资源分局责令李某某退还非法占用的土地并可处罚款，在实体处理上合法。

本案被告××国土资源分局在第一次作出行政处罚决定的过程中，依法进行了立案、调查、通知、听证、研究决定、审批、送达等程序，符合相关程序规定，所以法院判决驳回原告李某某的诉讼请求。但××国土资源分局后来以适用法律不当为由撤销第一次行政处罚决定，使第一次行政处罚决定归于无效。××国土资源分局在重新作出行政处罚决定时认为，其在第一次作出行政处罚决定书之前，已经履行了告知、听证等程序，故在重新作出行政处罚决定之前不再履行事先告知义务。对此，法院认为，第一次行政处罚决定书已被撤销而不具有法律效力，重新作出行政处罚决定是独立的行政行为，应当重新履行法律规定的告知和听取陈述、申辩等程序，而××国土资源分局未重新履行上述义务，违反法定程序，故判决予以撤销，并责令××国土资源分局重新调查处理。

## 第七节　村民违法占地建房案件的听证程序

行政处罚听证程序，是指有关行政机关在作出行政处罚决定前依当事人的申请，按照法定形式听取当事人的陈述、申辩，并进行质证的程序。听证程序是法律为当事人创建的行使陈述权、申辩权的一个重要平台，也是对当事人行使陈述权、申辩权的加强，有利于行政机关客观、全面地查清案件事实和准确适用法律，合法、公开、公正、有效地处理行政处罚案件，但听证程序不是所有行政处罚的必经程序。

## 一、适用听证程序的违法占地建房案件

我国《行政处罚法》自1996年设置听证程序以来，有关行政机关也都制定了听证程序的具体规定，如自然资源部的《自然资源听证规定》、农业农村部的《农业行政处罚程序规定》（已失效）等，这些部门规章就违法占地建房行政处罚案件的听证作出了较为详细、具体的操作规定。

2017年修正的《行政处罚法》第42条规定："行政机关作出责令停产停业、吊销许可证或者执照、较大数额罚款等行政处罚决定之前，应当告知当事人有要求举行听证的权利。"现行2021年修订的《行政处罚法》第63条第1款规定："行政机关拟作出下列行政处罚决定，应当告知当事人有要求听证的权利，当事人要求听证的，行政机关应当组织听证：（一）较大数额罚款；（二）没收较大数额违法所得、没收较大价值非法财物；（三）降低资质等级、吊销许可证件；（四）责令停产停业、责令关闭、限制从业；（五）其他较重的行政处罚；（六）法律、法规、规章规定的其他情形。"显然，2021年修订的《行政处罚法》第63条第1款在2017年修正的《行政处罚法》第42条规定的基础上扩大了适用听证程序的处罚种类，主要原因是2021年修订的《行政处罚法》第9条增加了一些处罚种类，如没收较大价值非法财物、降低资质等级、限制从业等，第63条第1款也随之相应地增加了听证范围。

村民违法占地建房，自然资源、城乡规划、农业农村、乡镇政府等行政主管部门拟对其作出行政处罚，处罚种类为《行政处罚法》第63条之一，当事人接到听证告知后在规定的期限内要求听证的，如没收违法用地上的新建建筑物和其他设施、限期拆除违法用地上的新建建筑物和其他设施、恢复土地原状等案件、上述有关行政机关就应组织听证。但一些处罚较轻的罚种，如警告、通报批评、暂扣许可证件等，对当事人实体权益影响不大的案件，可以不进行听证。

在村民违法占地建房行政处罚案件属于《行政处罚法》第63条规定的听证范围，违法村民明知行政机关拟处罚内容合法、证据充分、程序合法也

要求听证，这是没有意义和作用的，但有关行政机关不能以此为由剥夺当事人村民的听证权。当事人村民在主观上认为拟处罚的内容、事实、理由、依据等存在违法要求听证，有关行政机关明知其无理要求听证也应组织听证。至于当事人在听证会上不能提供新的证据证明无违法事实，没有法律依据进行无理申辩，有关行政机关不予采纳即可，不能拒绝听证。

《行政处罚法》虽然赋予当事人听证的权利，但是否要求听证由当事人自行决定。行政机关履行告知陈述、申辩、听证权利的义务后，当事人明确表示放弃或者逾期行使该权利的，有关行政机关不必举行听证。

## 二、有关行政机关的听证操作程序

根据《行政处罚法》第 64 条的规定，有关行政机关拟对村民违法占地建房实施行政处罚的，应当依照以下程序组织听证：

（1）当事人要求听证的，应当在行政机关告知后 5 日内提出。

（2）行政机关应当在举行听证的 7 日前，通知当事人及有关人员听证的时间、地点。

（3）除涉及国家秘密、商业秘密或者个人隐私依法予以保密外，听证公开举行。

（4）听证由行政机关指定的非本案调查人员主持；当事人认为主持人与本案有直接利害关系的，有权申请回避。

（5）当事人可以亲自参加听证，也可以委托一至二人代理。

（6）当事人及其代理人无正当理由拒不出席听证或者未经许可中途退出听证的，视为放弃听证权利，行政机关终止听证。

（7）举行听证时，调查人员提出当事人违法的事实、证据和行政处罚建议，当事人进行申辩和质证。

（8）听证应当制作笔录，笔录应当交当事人或者其代理人核对无误后签字或者盖章，当事人或者其代理人拒绝签字或者盖章的，由听证主持人在笔录中注明。

从自然资源、城乡规划等行政主管部门有关听证程序的规定来看，村民违法占地建房行政处罚案件的听证，在一般情况下由内部法制机构负责，听证主持人通常应是法制机构负责人，其他听证员应由主管部门或者法制机构指定，但非本案调查人员不得作为听证员。

行政机关通知当事人及有关人员参加听证会后，当事人无正当理由拒不出席听证或者未经许可中途退出听证的，视为放弃听证权利，行政机关终止听证。

## 三、当事人在听证会上的陈述和申辩

在听证会上，当事人应当紧紧围绕行政机关告知行政处罚的内容、事实、理由、依据进行陈述和申辩。在陈述案件事实时，当事人否认违法事实，或者认为执法人员调查取证程序违法的，应当说明情况并提供证据予以证实；在申辩时，认为不构成违法或拟处罚过重，或者认为具有减轻或者从轻处罚情形的，应当结合案件事实提供法律依据，并说明理由。

## 四、关于听证会上的质证问题

我国证据采用规则由取证、举证、质证、认证四个环节构成，其中质证是一个重要的环节。《行政处罚法》第 64 条规定中的“质证”，是指在行政处罚听证会上调查人员与当事人及第三人，对对方提出的证据就真实性、合法性、关联性以及证明力的有无、大小予以说明和质辩的活动。调查人员出示的证据由当事人进行质辩，当事人出示的证据由调查人员进行质辩。这里需要特别注意两点：（1）听证主持人及听证员不能因与调查人员系同一行政机关而代替调查人员对当事人出示的证据进行质辩，否则质辩无效；（2）听证主持人及听证员不能在听证会上当场认定证据，行政处罚案件的证据应当在集体讨论时做最后认定。

## 五、听证程序的“听取”与“采纳”问题

根据《行政处罚法》第 45 条的规定，行政机关举行听证会，听证主持人及听证员的主要任务是“听”，即听取当事人的陈述和申辩，同时可以采取调查、询问等方式进一步查清事实。因此，在一般情况下，听证主持人及听证员不能当场作出对案件有直接影响的有关结论，例如，不能对当

事人陈述的事实当场进行肯定或者否定；又如，不能对当事人的申辩意见当场进行辩驳或者予以采纳，而应在听证结束后提交集体组织进行复核，集体组织认为当事人提出的事实、理由或者证据成立的，应当予以采纳，否则不予采纳。

当事人要求听证符合法律规定要求，而行政机关拒绝听证、未组织听证，或者虽已组织听证但进行复核的，亦属程序违法，被处罚人如果依法申请行政复议、提起行政诉讼，该案件的行政处罚决定就会被撤销。

至于违法占地建房案件的具体听证程序操作，应当执行自然资源、农业农村等主管部门的听证规定，这里不做具体分析。

## 案例23

肖某某系××村村民，2014年曾经申报建房，但最终未取得相关国土及规划审批同意手续。2014年9月，肖某某在××村建成砖混结构建筑面积为299.88平方米的房屋。2020年4月30日，××区城管执法大队对肖某某上述房屋进行现场勘验，并向肖某某发出《询问调查通知书》，要求肖某某接受调查。2020年5月9日，××高新技术产业开发区管理委员会自然资源和规划局向××区城管执法大队出具《关于肖某某所占土地的建（构）筑物的回复意见》载明如下内容：肖某某在××村占用的土地，占地面积149.94平方米，未在我局登记办理用地许可手续；经核实规划手续，当事人在此地上建设的一组建（构）筑物，具体位置和面积以你队现场勘测笔录为准；函中所述建（构）筑物未取得《建设工程规划许可证》及建设工程设计方案审查文件进行建设，违反《城乡规划法》第40条的规定，系违法建设工程，根据住房和城乡建设部《关于规范城乡规划行政处罚裁量权的指导意见》第4条及第7条，属于无法采取改正措施消除对规划实施影响的情形，建议贵队依法处理。

2020年5月11日，××区城管执法大队向肖某某作出《行政处罚意见告知书》告知肖某某，经检查，肖某某在××村建设一处两层砖混结构面积为299.88平方米建筑，××区管理委员会自然资源和规划局认定上述建（构）筑物为违法建设；依据《城乡规划法》第64条的规定，拟对肖某某作出责令限期自行拆除违法建设的处理决定，并告知肖某某享有陈述和申辩的权利。

2020年5月13日，肖某某向××区城管执法大队提出申辩称，肖某某于2008年成家立户后，于2014年在本村组建有一栋148平方米房屋，肖某某一家四口是农村户口，属于集体经济组织成员，根据《物权法》[①]关于宅基地的使用规定，对自己的宅基地享有占有和使用权；肖某某所建房屋是唯一住宅，如果该房屋被拆，肖某某一家四口无处可居，违反了《土地管理法》第62条的规定。

2020年5月14日，××区城管执法大队作出《拆除决定书》，以当事人肖某某未经批准擅自搭建建（构）筑物的行为违反了《城乡规划法》第40条第1款的规定为由，依据《城乡规划法》第64条的规定，决定责令当事人自接到该决定书之日起2日内自行拆除涉案违法建（构）筑物，逾期不拆除的，将依据《城乡规划法》第68条，报请××区管理委员会责成有关部门组织强制拆除。

肖某某不服上述行政处罚决定，向长沙铁路运输法院提起行政诉讼，请求判决撤销《拆除决定书》。

长沙铁路运输法院认为，肖某某涉案房屋所在的××村属于城区范围内，根据《城乡规划法》第40条的规定，肖某某于建设时应当办理建设工程规划许可证。《城乡规划法》第64条规定："未取得建设工程规划许可证或者未按照建设工程规划许可证的规定进行建设的，由县级以上地方人民政府城乡规划主管部门责令停止建设""无法采取改正措施消除影响的，限期拆除"。本案中，肖某某在建设房屋时未办理建设工程规划许可证，至涉案限期拆除决定作出时仍未取得，违反上述法律规定，系违法建（构）筑物，且属于住房和城乡建设部《关于规范城乡规划行政处罚裁量权的指导意见》第4条及第7条规定的无法采取改正措施消除对规划实施影响的情形。××区城管执法大队将肖某某建设的涉案房屋认定为违法建（构）筑物，事实清楚，定性准确。××区城管执法大队在履行了调查取证、现场勘验、书面告知肖某某拟作出行政处罚决定的事实、理由、依据以及肖某某依法享有陈述

① 2021年1月1日《民法典》施行后，《物权法》同时废止。

和申辩等相关权利，并听取了肖某某的陈述和申辩后，向肖某某作出被诉限期拆除决定并依法送达，程序合法。长沙铁路运输法院根据《行政诉讼法》第69条的规定，判决驳回肖某某的诉讼请求。

肖某某不服上述一审判决，向长沙市中级人民法院上诉称，涉案房屋是上诉人唯一住宅，如被认定为违建，上诉人一家将面临无处可居的危困境地；被上诉人提供的证据不足以认定涉案房屋属于城市规划区范围，不足以认定"无法采取改正措施消除影响"，系认定事实不清，主要证据不足；一审判决严重忽略了被上诉人在作出拆除决定书之前未经集体讨论、未告知听证权利、调查时未告知行为目的等程序违法事实。

长沙市中级人民法院认为，(1) 根据《长沙市城市总体规划》的相关内容，涉案房屋所在地属于城市规划区，依法应当取得建设工程规划许可。上诉人建设涉案房屋时未取得建设工程规划许可，且无法采取改正措施消除对规划实施的影响，××区城管大队作出被诉《拆除决定书》，具有事实根据和法律依据。上诉人还提出涉案房屋系其唯一住房，但根据上诉人自述，涉案房屋并非由其实际居住，而是部分出租给他人使用。因此，上诉人关于涉案房屋不应认定为违法建设的上诉理由均不能成立。(2) 根据《行政处罚法》第42条第1款①的规定，行政机关作出责令停产停业、吊销许可证或者执照、较大数额罚款等行政处罚决定之前，应当告知当事人有要求举行听证的权利；当事人要求听证的，行政机关应当组织听证。××区城管大队在作出《拆除决定书》之前，虽然告知了上诉人作出处罚的事实、理由和依据，听取了上诉人的陈述、申辩意见，但没有告知上诉人听证权利，程序违法。但考虑××区城管大队认定涉案房屋属于违法建设应予拆除的事实清楚，且作出拆除决定前已经听取了上诉人的陈述、申辩意见，如果判决撤销《拆除决定书》并责令其重作，只会增加上诉人和行政机关的负担和诉累，故应判决确认××区城管大队作出的《拆除决定书》违法，不予撤销。

---

① 此处适用的是2017年修正的《行政处罚法》，相关规定参见2021年修订的《行政处罚法》第63条第1款。

长沙市中级人民法院依照《行政诉讼法》第74条第1款第1项和第89条第1款第2项的规定，判决：(1) 撤销长沙铁路运输法院行政判决；(2) 确认被上诉人××区城管大队作出被诉《拆除决定书》违法。

[根据长沙市中级人民法院（2021）湘01行终74号行政判决书编写]

**【作者分析】**

本案中，××区城管大队对肖某某作出《拆除决定书》，事实清楚、依据充足，且事先已经履行书面告知肖某某拟作出行政处罚决定的事实、理由、依据以及依法享有陈述和申辩等相关权利的行政义务，并听取了肖某某的陈述和申辩，一审法院据此判决驳回肖某某要求撤销××区城管大队《拆除决定书》的诉讼请求。肖某某在二审中提出，一审判决严重忽略了被上诉人××区城管大队在作出拆除决定书之前未告知听证权利的程序违法问题，因××区城管大队在二审中不能提供听证通知和听证记录等证据材料，确实未通知肖某某听证权利，事实上也未组织听证，故二审法院认为，××区城管大队作出被诉《拆除决定书》具有事实根据和法律依据，但在作出《拆除决定书》之前，虽然告知了上诉人作出处罚的事实、理由和依据，听取了上诉人的陈述、申辩意见，却未告知上诉人听证权利，程序违法。因考虑××区城管大队作出拆除决定前已经听取了上诉人的陈述、申辩意见，如果判决撤销《拆除决定书》并责令其重作，将会增加上诉人和行政机关的负担和诉累，故只判决确认××区城管大队作出的《拆除决定书》违法，但不予撤销。

从本案二审判决可以看出，凡是依法应当听证的行政处罚案件，行政机关在告知当事人的陈述、申辩权利的同时，应当一并告知听证权利，如果只是告知陈述、申辩权利，但未告知听证权利，也未实际组织听证的，亦属程序违法。

## 第八节　村民违法占地建房案件的集体讨论决定

根据违法占地建房案件的集体讨论决定，是行政机关对情节复杂或者重大违法行为的案件由行政机关负责人集体讨论决定行政处罚的一种制度。集体讨论决定制度是推行行政执法责任制的一个重要内容，对于规范行政执法，特别是规范行政处罚自由裁量权，切实保护行政相对人的合法权益，具有重要意义。

## 一、行政处罚的简易程序与普通程序

行政处罚的决定程序分为简易程序与普通程序。简易程序又称当场处罚程序，是指行政机关对于事实清楚、情节简单、后果轻微的行政违法行为，当场作出行政处罚决定的程序。《行政处罚法》第 51 条规定，“违法事实确凿并有法定依据，对公民处以二百元以下、对法人或者其他组织处以三千元以下罚款或者警告的行政处罚的，可以当场作出行政处罚决定。法律另有规定的，从其规定。”适用简易程序的行政处罚案件，由执法人员当场填写预定格式的行政处罚决定书，并当场交付当事人签收，然后报所属行政机关备案，因此不适用集体讨论程序。

普通程序也称一般程序，是指除法律特别规定应当适用简易程序外，行政机关依照法律规定的方式与步骤对违法当事人实施行政处罚的程序。普通程序由立案、调查、拟定处罚、事先告知、制作并送达处罚决定书等内容构成。适用普通程序作出的行政处罚决定，应当由行政机关负责人批准，或者经集体讨论决定后再行政机关负责人签发。

## 二、行政处罚决定的集体讨论决定

《行政处罚法》第 57 条第 2 款规定，“对情节复杂或者重大违法行为给予行政处罚，行政机关负责人应当集体讨论决定”。也就是说，遇有“情节复杂或者重大违法行为的”案件，行政机关负责人不能单独作出处罚决定，而应由集体讨论决定。

至于哪些违法占地建房案件属于“情节复杂或者重大违法行为的”案件，有关法律、行政法规没有具体规定，就此许多基层地方政府的有关行政主管部门根据当地的实际情况建立了重大行政处罚案件集体讨论决定的制度。各地集体讨论决定制度虽然各有不同，但归纳起来，应由集体讨论决定的违法占地建房案件大致有：（1）拟作出对公民处以 × 万元以上罚款、对法人和其他组织处以×万元以上罚款、没收违法所得的行政处罚案件；（2）限期拆除违法建筑物、退还非法占用土地面积在××平方米以上的行政处罚案件；（3）吊销有关许可证、撤销有关执业资格的行政处罚案件；（4）案情复杂、群众反映强烈、社会影响较大的行政处罚案件；（5）当地政府、上级主管部门挂牌督办、移交办理的行政处罚案件；（6）经行政复议或者行政诉讼程序，需要重新作出具体行政行为的案件；（7）需移送司法机关追究刑事责任的重大案件；（8）本行政机关负责人认为应当提交集体讨论决定的其他行政处罚案件。

这里还需要注意：2017 年修正的《行政处罚法》第 38 条第 2 款规定，“对情节复杂或者重大违法行为给予较重的行政处罚，行政机关的负责人应当集体讨论决定”。2021 年修订的《行政处罚法》第 57 条第 2 款规定删除了“较重”一词。也就是说，凡属集体讨论决定的行政处罚案件，行政机关不论行政处罚是否较重，2021 年修订的《行政处罚法》施行后，都应由行政机关负责人集体讨论决定。

## 三、参与集体讨论决定的人员

“行政机关负责人”通常是指行政机关的行政领导班子成员，所以，这里的集体是指行政机关行政领导班子成员集体。但有些行政机关考虑领导班子成员因工作需要不一定全部到场，便规定 60% 到场即可召开会议作出集体决定。同时考虑讨论行政处罚案件的需要，规定非领导班子成员的法制、监察机构的负责人和案件承办人参与集体讨论会议。集体讨论的组织形式可以是“局长办公会议”和由机关负责人和机构负责人组成的“案审会”等。

集体决定应当实行民主集中制，根据多数领导班子成员的意见作出处罚决定，但根据行政机关首长负责制，在领导班子成员不能形成统一意见的情况下，应由行政机关主要负责人作出决定。非领导班子成员在集体讨论中可以发表意见，但在“少数服从多数”中不能作为人数计算。

这里的集体讨论与法制审核是不同的，法制审核只对案件的合法性、合理性进行把关并提出建议性意见，而其提出的建议性意见是否采纳，则由集体讨论决定。

## 四、集体讨论决定的议程

在一般情况下，集体讨论行政处罚案件应当以会议形式（包括线上线下）进行，会议通常由行政机关主要负责人或者分管负责人主持。集体讨论的议程主要是：（1）行政处罚案件承办人员汇报案件调查情况，包括违法事实、证据、处罚的理由、程序、法律依据和拟处罚意见等有关内容；（2）法制机构负责人或法制人员汇报案件审核情况；（3）案件承办机构负责人发表意见；（4）与会人员发表意见并进行讨论；（5）与会领导班子成员提出行政处罚意见，意见难以统一的，可以采取表决方式进行；（6）主持会议的负责人汇总与会人员的意见，并根据“少数服从多数”规则确定是否实施行政处罚和行政处罚的具体内容。

行政机关集体讨论行政处罚案件应当制作记录。集体讨论记录有三个作用：（1）作出行政处罚的内部依据，即行政机关应当根据集体讨论决定的统一意见对当事人作出行政处罚决定；（2）行政复议和行政诉讼中已经进行集体讨论的证据材料，用以证明行政机关实施行政处罚已经依法进行了集体讨论并在内部作出了决定；（3）集体讨论决定作出的行政处罚决定如果违法，在追究行政过错责任时，集体讨论记录的内容是主要依据。因此，集体讨论记录应当如实、详细地记录与会人员提出的具体意见，会议结束后，应将集体讨论记录交参会人员审阅并在记录上签署姓名。

## 五、未经集体讨论作出处罚决定的法律后果

有些行政执法人员认为，集体讨论属于行政机关内部行使权力范畴，对外并不直接产生法律效力，故行政机关集体讨论不应是作出行政处罚决定的必经程序。

笔者认为，行政机关负责人集体讨论决定虽是行政机关办理行政处罚案件的内部程序，但根据《行政处罚法》第 57 条的规定，集体讨论是行政机关对“情节复杂或者重大违法行为”作出行政处罚的必经程序。所以，有关行政机关对村民违法占地建房案件，依法应当集体讨论决定而未经集体讨论就作出行政处罚决定的，属于程序违法，被处罚村民就此提起行政诉讼的，

法院将依照《行政诉讼法》第70条第3项之规定判决撤销行政处罚决定。

## 案例24

叶某某是××村村委会建档立卡的贫困户，其住房危房等级被评定为D级，故被确定为危改对象户。2016年，叶某某未经批准擅自在本村集体土地上平整宅基地准备建设房屋，××市国土资源局工作人员在巡查中发现后，便向叶某某送达了《责令停止违法行为通知书》，责令叶某某立即停止上述违法行为。2016年9月7日，叶某某已经开始建造房屋，××市国土资源局再次向叶某某送达了《责令停止违法行为通知书》，责令其立即停止上述违法行为。2017年4月17日，××市国土资源局向叶某某送达了《行政处罚告知书》《行政处罚听证告知书》，告知叶某某拟对其作出"责令退还非法占用的128.4平方米集体土地及在15日内自行拆除违法占地建设的建筑物"的行政处罚决定，并告知叶某某享有陈述、申辩和要求举行听证的权利。2017年4月24日，××市国土资源局对叶某某作出《行政处罚决定书》，认定叶某某未经批准，擅自占用位于××村共128.4平方米集体土地建房的行为，违反了《土地管理法》第62条①的规定，根据《土地管理法》第77条②的规定，决定处罚如下：（1）责令退还非法占用的128.4平方米集体土地；（2）在15日内自行拆除违法占地建设的建筑物。次日，××市国土资源局工作人员向叶某某送达该《行政处罚决定书》时，由于叶某某因事外出，经过与叶某某电话沟通后，由××村村委会文书代收《行政处罚决定书》并转交至叶某某。

叶某某不服××市国土资源局作出的行政处罚决定，向银海区人民法院提起行政诉讼，请求予以撤销。

银海区人民法院认为：被告××市国土资源局发现原告叶某某在涉案宅基地上建房后，履行了立案、调查、审理的程序，并告知原告享有陈述、申

① 此处适用的是2004年修正的《土地管理法》，相关规定参见2019年修正的《土地管理法》第62条。

② 此处适用的是2004年修正的《土地管理法》，相关规定参见2019年修正的《土地管理法》第77条。

辩、申请听证的权利，依法送达行政处罚决定等程序，符合查处土地违法案件的正常程序。原告称被告出具调查报告的人员与询问、现场勘察的人员不一致，法院认为，被告在调查时符合法律规定的执法人员不少于两人的规定。原告主张被告先调查取证再进行立案违反法定程序，没有法律依据，法院不予采信。原告称被告向原告送达《行政处罚决定书》程序不合法，法院认为，由于被告进行送达时与原告电话沟通由××村村委会文书代收并转交，原告在庭审中也承认收到了《行政处罚决定书》，原告以此主张送达程序不合法不能成立。原告提出被告作出的行政处罚执法不公且不符合扶贫政策，法院认为，被告作出被诉行政行为程序合法、事实清楚，适用法律正确，原告提出的扶贫政策与本案无关。银海区人民法院认定，原告请求撤销××市国土资源局作出的《行政处罚决定书》，没有事实根据和法律依据，判决驳回原告叶某某的诉讼请求。

叶某某不服银海区人民法院的上述行政判决，向北海市中级人民法院提起上诉称，原审法院认定被上诉人××市国土资源局作出的行政处罚程序合法是错误的，被上诉人××市国土资源局存在以下程序违法情形：

（1）非案件承办人以承办人员的身份出具调查报告。根据《国土资源行政处罚办法》第13条“立案后，国土资源主管部门应当指定案件承办人员，及时组织调查取证”以及第24条“案件调查终结，案件承办人员应当提交调查报告”之规定，案件承办人员是特定的，只有案件承办人员才有权出具调查报告。本案中，被上诉人提供的证据2《询问笔录》反映案件的承办人员为许某某和林某，不是案件承办人的吴某某以承办人的身份出具了《违法案件调查报告》。

（2）立案后未经调查就出具报告。被上诉人××市国土资源局提供的证据4《立案呈批表》反映，立案时间为2016年12月30日，而被上诉人提供的证据2《询问笔录》和证据3《现场勘验笔录》时间为2016年11月2日，即立案后没有组织调查取证，而是依据为立案时（2016年11月2日）的《询问笔录》出具了《违法案件调查报告》，违反了先立案后调查的法定程序。

（3）承办人员与审理人员身份重合，且审理程序不合法。被上诉人××

市国土资源局提供的证据5《违法案件审理记录》反映，主持人为魏某某，审理人员为许某某和吴某某，案件的承办人员为林某和吴某某。魏某某不是审理人员而是审理会的主持人，却发表了决定性的审理意见，而作为审理人员的吴某某却没有发表审理意见；且吴某某既是案件承办人员又是审理人员，身份重合，作为案件承办人在审理会会议上应依法回避，以免先入为主，影响审理结果的公正性。

（4）留置送达程序不合法。上诉人叶某某因外出不在家并没有拒签行政处罚决定书，不符合留置送达的条件，被上诉人采用留置送达也不符合需2名见证人见证的条件，送达的场所也不是上诉人的住所，且送达人、见证人没有按规定在送达回证上签名。

此外，××市国土资源局作出行政处罚不符合扶贫政策。被上诉人已调查核实，上诉人属精准扶贫户，现居住的房屋已被鉴定为危房，符合危房改造的条件，享有危房改造政策福利。本案行政处罚与扶贫政策不符，属于行政行为不适当。

北海市中级人民法院认为，根据《行政处罚法》第30条①“公民、法人或者其他组织违反行政管理秩序的行为，依法应当给予行政处罚的，行政机关必须查明事实；违法事实不清的，不得给予行政处罚”、第32条第1款②“当事人有权进行陈述和申辩。行政机关必须充分听取当事人的意见，对当事人提出的事实、理由和证据，应当进行复核；当事人提出的事实、理由或者证据成立的，行政机关应当采纳”的规定，行政机关在查处行政违法行为之时，应当查明相关事实，并对当事人陈述申辩的事实进行复核查证。本案中，上诉人叶某某于2016年11月2日接受被上诉人××市国土资源局工作人员询问时提出其属于被扶贫户、现居住的房屋是危房并被确定为危改对象户，且上诉人新建房屋所用宅基地属于村庄建设用地，符合土地利用总体规划所确定的用途。但被上诉人未就上诉人提出的上述事实进行调查核实、收

---

① 此处适用的是2017年修正的《行政处罚法》，相关规定参见2021年修订的《行政处罚法》第40条。

② 此处适用的是2017年修正的《行政处罚法》，相关规定参见2021年修订的《行政处罚法》第45条第1款。

集相关证据。被上诉人在作出被诉处罚决定前忽略了上诉人属于危改对象户、扶贫对象及新建房屋被拆除后上诉人将面临无房居住等客观事实，所作被诉行政处罚决定主要证据不足。

根据《行政处罚法》第 3 条[①]“公民、法人或者其他组织违反行政管理秩序的行为，应当给予行政处罚的，依照本法由法律、法规或者规章规定，并由行政机关依照本法规定的程序实施。没有法定依据或者不遵守法定程序的，行政处罚无效”的规定，行政机关作出行政处罚应遵守法定程序。本案中，被上诉人作出行政处罚决定，责令上诉人退还占用土地并自行拆除违法占地建设的建筑物，而责令拆除建筑物属于情节复杂或重大违法行为并给予较重处罚的情形，应根据《行政处罚法》第 38 条第 2 款[②]“对情节复杂或者重大违法行为给予较重的行政处罚，行政机关的负责人应当集体讨论决定”的规定，由被上诉人的负责人集体讨论决定，但被上诉人没有提供相关证据证明作出该行政处罚决定之前已经过该机关负责人集体讨论。

根据《国土资源行政处罚办法》第 13 条“立案后，国土资源主管部门应当指定案件承办人员，及时组织调查取证。调查取证时，案件调查人员应当不少于二人，并应当向被调查人出示执法证件”的规定，对国土资源违法案件的查处程序是立案后及时调查取证。本案中，被上诉人于 2016 年 12 月 30 日决定对上诉人违法占地建设房屋进行立案查处，在案证据显示被上诉人在立案前对上诉人的违法建设行为进行了勘查、询问，立案后并未另行调查取证。被上诉人主张立案前已进行多次调查，立案后没有必要重复调查，该主张与上述规定不符，不予支持。

根据《国土资源违法行为查处工作规程》第 10.1 条“审理基本要求”的规定，“承办人员提交《国土资源违法案件调查报告》后，执法监察工作机构或者国土资源主管部门应当组织审理人员对案件调查报告和证据等相关材料进行审理。审理人员不能为同一案件的承办人员”，在同一案件中，审理

---

① 此处适用的是 2017 年修正的《行政处罚法》，相关规定参见 2021 年修订的《行政处罚法》第 4 条，第 2 款已经取消。

② 此处适用的是 2017 年修正的《行政处罚法》，相关规定参见 2021 年修订的《行政处罚法》第 57 条第 2 款。

人员不能与承办人员为同一人。本案中，《立案呈批表》《违法案件调查报告》显示行政处罚案件的承办人员是林某、吴某某，但《违法案件审理记录》显示吴某某既是审理（会审）人员也是承办人员，违反了该工作规程的规定。

综上所述，被上诉人作出《行政处罚决定书》认定事实的主要证据不足，程序违法，依法应予撤销；原审法院判决认定事实不清、适用法律不当，依法应予以撤销。

北海市中级人民法院根据《行政诉讼法》第89条第1款第2项、第3款之规定，判决如下：撤销银海区人民法院一审行政判决，撤销××市国土资源局作出的《行政处罚决定书》。

[根据广西壮族自治区北海市中级人民法院（2018）桂05行终53号行政判决书编写]

**【作者分析】**

本案二审法院判决撤销××市国土资源局对叶某某作出的《行政处罚决定书》的主要理由有两个：（1）未考虑危改对象户、扶贫对象不具合理性；（2）程序违法，如先立案后调查、审理人员与承办人员混同、未经集体讨论等。

关于本案的集体讨论决定问题，二审法院根据2017年修正的《行政处罚法》第38条第2款“对情节复杂或者重大违法行为给予较重的行政处罚，行政机关的负责人应当集体讨论决定”之规定，认定××市国土资源局对叶某某作出行政处罚决定，责令叶某某退还占用土地并自行拆除违法占地建设的建筑物，属于“重大违法行为并给予较重处罚的情形”，但××市国土资源局未经集体讨论决定就作出行政处罚决定，显然违反了2017年修正的《行政处罚法》第38条“集体讨论决定”规定，故二审法院根据《行政诉讼法》第89条第1款第2项“原判决、裁定认定事实错误或者适用法律、法规错误的，依法改判、撤销或者变更”和第3款“人民法院审理上诉案件，需要改变原审判决的，应当同时对被诉行政行为作出判决”的规定，判决撤销一审行政判决和《行政处罚决定书》，说明本案未经集体讨论是程序违法为，而不属于“行政行为程序轻微违法，但对原告权利不产生实际影响”的情形，故不适用“人民法院判决确认违法，但不撤销行政行为”的规定。

## 第九节　村民违法占地建房案件的行政处罚决定

行政机关对当事人作出的行政处罚决定是一种外部行政行为，这种外部行政行为直接影响行政相对人的权益，且属于《行政诉讼法》第12条规定的行政诉讼的范围，故有关行政机关负责人对村民违法占地建房行为，在作出行政处罚决定前应当严格审查，把好“合法性”这一非常重要关口，然后慎重作出决定。

### 一、行政处罚案件的审查和处理

根据《行政处罚法》第57条第1款的规定，有关行政机关对村民违法占地建房案件调查终结后，行政机关负责人应当对调查结果进行审查，根据不同情况，分别作出如下决定：第一，“确有应受行政处罚的违法行为的，根据情节轻重及具体情况，作出行政处罚决定”。也就是说，行为人确有应受行政处罚的违法行为，应当根据其违法行为的情节轻重以及违法事实的性质、社会危害程度等具体情况，依据有关法律法规的规定作出相应的行政处罚决定。处罚种类、幅度等与违法行为和违法事实相适应，做到责罚相当。

第二，“违法行为轻微，依法可以不予行政处罚的，不予行政处罚”。《行政处罚法》第33条第1款也规定，“违法行为轻微并及时改正，没有造成危害后果的，不予行政处罚。初次违法且危害后果轻微并及时改正的，可以不予行政处罚”。如无房农户未经批准在承包地上准备建房，刚开始填土就被村干部制止而停止填土，就属于“违法行为轻微并及时改正，没有造成危害后果”“初次违法”的情形，只要给予教育即可，而不应给予行政处罚。

第三，“违法事实不能成立的，不予行政处罚”。违法事实是追究法律责任的根据，所谓的当事人没有违法事实或者违法事实不能成立的，当然不可对其实施行政处罚来追究其法律责任。例如，村民兄弟A与B经本村集体组织同意但未经审批就在宅基地上建造房屋，乡镇政府以村民A违法占地建房为由对其进行立案调查，后经调查，村民A根本没有建房的经济能力，而由村民 B 单独出资建房的，村民 A 就不存在违法事实，乡镇政府应当撤销对其立案处罚，而应对村民 B 进行立案调查。

第四，“违法行为涉嫌犯罪的，移送司法机关”。如《刑法》第 228 条规定：“以牟利为目的，违反土地管理法规，非法转让、倒卖土地使用权，情节严重的，处三年以下有期徒刑或者拘役，并处或者单处非法转让、倒卖土地使用权价额百分之五以上百分之二十以下罚金；情节特别严重的，处三年以上七年以下有期徒刑，并处非法转让、倒卖土地使用权价额百分之五以上百分之二十以下罚金。”第 342 条规定：“违反土地管理法规，非法占用耕地、林地等农用地，改变被占用土地用途，数量较大，造成耕地、林地等农用地大量毁坏的，处五年以下有期徒刑或者拘役，并处或者单处罚金。”农村村民包括其他人员的违法行为构成上述规定的“非法转让、倒卖土地使用权罪”或者“非法占用农用地罪”的，有关行政机关不能以行政处罚代替刑事处罚，而应将案件移送司法机关，由移送司法机关追究其刑事责任。

## 二、法定不予行政处罚的情形

根据《行政处罚法》的有关规定，村民即使实施违法占地建房行为，也不得给予行政处罚，即法定不予行政处罚。

（1）《行政处罚法》第 31 条规定，精神病人、智力残疾人在不能辨认或者不能控制自己行为时有违法行为的，不予行政处罚。这些无民事行为能力人，不可能单独实施违法占地建房行为，现实中的问题是，无民事行为能力人的父母、兄弟姐妹未经批准为其占地建房或者将其作为家庭成员一起非法占地建房。在此情况下，实际违法行为人是父母、兄弟姐妹，故父母、兄弟姐妹是被处罚人，而不能将无民事行为能力人作为处罚对象。

（2）《行政处罚法》第 33 条第 1 款规定，违法行为轻微并及时改正，没有造成危害后果的，不予行政处罚；初次违法且危害后果轻微并及时改正的，可以不予行政处罚。对于这里的“可以”，往往理解为可以不予行政处罚，也可以给予行政处罚。但《行政处罚法》第 57 条第 1 款第 2 项规定采取宽容态度，依法可以不给予行政处罚的，有关行政机关应当作出不予行政处罚的决定，而不能决定给予行政处罚。故“初次违法且危害后果轻微并及时改正的”也属法定不予行政处罚的情形。例如，无房户村民未按照乡村建设规划许可证的规定“少批多建”，城乡规划主管部门责令其限期改正后，该村民自动拆除多建部分的建筑物，城乡规划主管部门不能再以“少批多建”为由对其作出罚款的处罚决定，而应决定不予行政处罚。

（3）《行政处罚法》第 33 条第 2 款规定，除法律、行政法规另有规定外，当事人有证据足以证明没有主观过错的，不予行政处罚。这是 2021 年修订的《行政处罚法》特别新增的规定，即行政处罚以当事人主观过错为要件，当事人在主观上没有过错不得给予行政处罚。例如，村民兄弟俩已经分家立户，弟弟进城务工，哥哥在未告知弟弟的情况下，未经批准在兄弟俩的承包地上填土成为兄弟俩的宅基地。其中，实际违法行为人是哥哥，哥哥在主观上有过错，根据上述主观过错规定应受行政处罚，而弟弟因不知道也没有实施违法行为，在主观没有过错，根据上述规定，自然资源行政主管部门不得对弟弟给予行政处罚。

（4）《行政处罚法》第 36 条规定，违法行为在 2 年内未被发现的，不再给予行政处罚。这个问题前面已经阐明，这里不再重复。

村民违法占地建房具有上述法定不予行政处罚的情形，有关行政机关如果对其作出行政处罚决定，该决定无效。

## 三、行政处罚案件的办案期限

这里的办案期限，是指行政机关自行政处罚案件立案之日起至作出行政处罚决定之日止的时间界限。2021 年《行政处罚法》修订前，没有规定行政处罚的办案期限，但行政机关办理行政处罚案件应当讲究效率，不能久拖不决，故许多行政机关在制定行政处罚程序规定时一般都自行设定一个办案期限。如《自然资源行政处罚办法》第 32 条第 1 款规定：“自然资源主管部门应当自立案之日起 60 日内作出行政处罚决定。”第 2 款规定：“案情复杂，不能在规定期限内作出行政处罚决定的，经本级自然资源主管部门负责人批准，可以适当延长，但延长期限不得超过 30 日，案情特别复杂的除外。”

2021 年修订的《行政处罚法》弥补了之前的不足，第 60 条统一规定了行政处罚的办案期限，即“行政机关应当自行政处罚案件立案之日起九十日内作出行政处罚决定。法律、法规、规章另有规定的，从其规定”。那么，遇有案情复杂的案件在“九十日”内不能办结可否再延长办案期限？超出“九十日”期限是否属于程序违法？做如下分析：

首先，关于可否超过“九十日”的问题。在一般情况下，“九十日”应当是办理行政处罚案件的总期限，《自然资源行政处罚办法》第 32 条第 1 款规定的“60 日”加上延长“30 日”，总期限不得超过“九十日”。但《行政处罚法》第 60 条最后又规定“法律、法规、规章另有规定的，从其规定”。由此可见，法律、法规、规章另有超过“九十日”办案期限规定的，亦应为有效的办案期限。如自然资源主管部门办理行政处罚案件遇有案情特别复杂的，根据《自然资源行政处罚办法》第 32 条第 1 款“案情特别复杂的除外”的规定，经批准后可以超过“九十日”，至于在“九十日”之后延长多少办案时间，则应根据案件的实际情况而定，但不宜在“九十日”之后再延长“九十日”。

其次，关于超过“九十日”办案期限是否属于程序违法的问题。在 2021 年修订的《行政处罚法》出台前，因办案期限由规章和规范性文件规定，故未按期办结案件属于内部违章的情形。在此情况下，不少行政执法人员认为，超期办结案件只是内部违章并不对外违法，故不应属于“程序违法”。笔者认为，根据《行政诉讼法》第 63 条第 3 款“人民法院审理行政案件，参照规章”的规定，在行政诉讼中，法院参照行政规章有关办案期限的规定（如《自然资源行政处罚办法》第 32 条第 1 款规定），行政机关如果超过办案期限，也可认为程序违法。《行政处罚法》第 60 条统一规定办案期限后，这个问题也就更加明确了。

从司法实践来看，超过办案期限的程序违法可分两种不同情况处理：（1）行政机关作出的行政处罚决定书，认定事实清楚，证据确凿，适用法律正确，量罚适当，尽管严重超过法定办案期限，但因无其他违反法定程序的情形，对当事人权利不产生实际影响的，法院将超过法定办案期限作为程序轻微违法认定，并根据《行政诉讼法》第 74 条的规定，判决确认违法，但不撤销行政处罚决定；（2）严重超过法定办案期限对当事人权利产生严重影响的，则为程序违法，法院将根据《行政诉讼法》第 70 条的规定，认定为

“违反法定程序”，判决撤销或者部分撤销，并可以判决被告重新作出行政处罚决定。

## 四、行政处罚决定书及其内容

根据《行政处罚法》的规定，行政处罚决定书分为两种：（1）适用简易程序作出的当场行政处罚决定书；（2）适用普通程序作出的一般行政处罚决定书。简易程序因对行政处罚案件无须经过立案、听证、集体讨论等程序，执法人员按照事先已经制作《当场行政处罚决定书》的格式填写有关内容即可交给当事人，故比较简单；而适用普通程序作出的行政处罚决定书，程序较多且要求严格。下文分析一般行政处罚决定书（以下简称行政处罚决定书）的有关问题。

行政处罚决定书是行政机关追究违法行为人的法律责任而制作的书面法律文书。在行政处罚程序中，行政处罚决定书记载着当事人的违法事实和行政机关给予行政处罚的理由、依据和内容等事项，一旦送达当事人就对其具有法律强制力。行政处罚决定书体现行政机关办理行政处罚案件的结果，是行政处罚程序中最为重要的法律文书。

行政机关作出行政处罚决定直接减损当事人的权益或者增加当事人的义务，如拆除房屋、退出土地等，对当事人权益影响很大，故《行政处罚法》为了保证行政处罚决定书的质量和合法性，以及保障当事人依法行使救济权利，对行政处罚决定书的内容作了具体、明确的规定。根据《行政处罚法》第 59 条规定，行政机关制作的行政处罚决定书应当载明下列事项：

（1）当事人的姓名或者名称、地址。被处罚人是单位的，应当载明单位全称、地址、法定代表人（负责人）姓名、性别、年龄和职务等内容；被处罚人是个人的，应当载明个人姓名、性别、出生年月、住址、身份证号码等基本情况。

（2）违反法律、法规、规章的事实和证据。如村民未经批准违法占用土地建房的行政处罚决定书，应当载明被处罚人违反了《土地管理法》第 44 条、第 59 条的管理规定，并根据调查取得的证据简明扼要表述非法占用土地建房的事实情况，并载明相关证据材料。

（3）行政处罚的种类和依据。处罚依据即追究违法责任的法律依据。处罚依据的表述应当写明法律、法规、规章全称，具体到条、款、项。如农村村民未经批准非法占用土地建房，处罚依据是《土地管理法》第77条规定。这里需要注意的是，行政处罚决定书不能直接引用《行政处罚法》第9条中的处罚种类，而应适用有关行政法规定的处罚种类，如《土地管理法》或者《城乡规划法》“法律责任”章中相应处罚条款规定的处罚种类。如未经批准违法占用土地建房的行政处罚决定书，应当根据《土地管理法》第77条规定表述的责令退还非法占用的土地、拆除在非法占用的建筑物和其他设施、恢复土地原状、罚款等。

（4）行政处罚的履行方式和期限。如在行政处罚决定书中载明：“限你自收到本处罚决定书之日起15日内拆除在非法占用的土地上新建的房屋”，又如，“按非法占用的××平方米土地按每平方米为××元的标准处罚款××××元”“被处罚人应当在接到本处罚决定书之日起15日内到××银行缴纳上述罚款”“到期不缴纳罚款的，每日按罚款数额3%加处罚款”等。

（5）申请行政复议、提起行政诉讼的途径和期限。如在行政处罚决定书中告知：“被处罚人如不服本处罚决定，可在接到本处罚决定书之日起60日内向××人民政府或××自然资源局申请复议，也可以接到本处罚决定书之日起6个月内依法直接向××人民法院提起行政诉讼。逾期不申请行政复议，不提起行政诉讼，又不履行本行政处罚决定的，本局将依法申请人民法院强制执行。”

（6）作出行政处罚决定的行政机关名称和作出决定的日期。

同时，行政处罚决定书必须盖有作出行政处罚决定的行政机关的印章。

## 五、行政处罚决定书的合法要素

综上所述，行政机关作出的行政处罚决定书应当同时具备以下五大要素才能合法有效：

（1）作出行政处罚的主体适格，即作出行政处罚决定的行政机关对本案依法具有管辖权和处罚权。

（2）行政处罚的对象即被处罚人必须是违反行政管理秩序的违法相对

人，且具有《民法典》规定的民事行为能力和责任能力。

（3）当事人的违法行为事实清楚，且有充分证据予以证实。

（4）适用法律正确，包括适用的规范条款和处罚条款没有错误。

（5）处罚程序合法，包括未超过追诉时效。

行政机关制作的行政处罚决定书，如果有其中一种要素不符合法律规定，则为无效的行政处罚决定。

## 六、行政处罚决定书的送达

这里的送达，是指作出行政处罚的行政机关依照法定方式把行政处罚决定书送交给被处罚人的一种行为。《行政处罚法》第 61 条第 1 款规定："行政处罚决定书应当在宣告后当场交付当事人；当事人不在场的，行政机关应当在七日内依照《中华人民共和国民事诉讼法》的有关规定，将行政处罚决定书送达当事人。"这里只是规定行政处罚决定书的送达，其实，在办理行政处罚案件的过程中，许多法律文书都要依法送达，如事先告知书、听证通知书等，都应通过送达方式交给当事人。

根据《行政处罚法》上述规定和《民事诉讼法》的有关规定，行政处罚决定书的送达有以下 7 种方式。

### （一）当场交付

当场交付是《行政处罚法》第 61 条第 1 款规定的首选送达方式，即行政机关的执法人员或者经办人员在向当事人宣告行政处罚决定后，当场将行政处罚决定书交付当事人（被处罚人），并让当事人当场签收行政处罚决定书。行政处罚决定书当场交付后，不再适用其他送达方式。

### （二）直接送达

直接送达，是指行政机关派专人把行政处罚决定书直接交给受送达人。当场交付实际上也是《民事诉讼法》规定的直接送达。《行政处罚法》第 61 条第 1 款规定的当事人不在场的情况下也可以直接送达，由被处罚人签收；当事人不在场的，可以交给同住成年家属签收，同住成年家属签收的，也是一种直接送达方式。

（三）邮寄送达

邮寄送达，是指行政机关通过邮局将行政处罚决定书寄送给当事人的一种送达方式。在通常情况下，邮寄送达同时要具备以下两种条件：（1）直接送达有困难；（2）当事人有明确的地址。邮寄送达可以采取“双挂号”“邮寄专递”等方式。

（四）留置送达

留置送达即当事人拒绝收受行政处罚决定书，送达人将行政处罚决定书置于受送达人住所的一种送达方式。行政处罚决定书在直接送达有困难的情况下，可以依照法定条件留置送达。《民事诉讼法》第89条规定：“受送达人或者他的同住成年家属拒绝接收诉讼文书的，送达人可以邀请有关基层组织或者所在单位的代表到场，说明情况，在送达回证上记明拒收事由和日期，由送达人、见证人签名或者盖章，把诉讼文书留在受送达人的住所；也可以把诉讼文书留在受送达人的住所，并采用拍照、录像等方式记录送达过程，即视为送达。”据此规定，只有在“受送达人或者他的同住成年家属拒绝接收诉讼文书的”情况下才能适用留置方式送达，不存在这种情形的，应当采取其他方式送达，而不适用留置方式送达。

（五）委托送达

委托送达即直接送达行政处罚决定书有困难而委托其他行政机关或者单位代为交给受送达人的一种送达方式。委托送达应当具备两个基本条件：（1）直接送达有困难；（2）受送达人的住所在外辖区。此外，上级行政机关也可以在辖区内委托下级行政机关送达，如地市级自然资源行政主管部门可以委托本辖区内的县级自然资源行政主管部门送达。

（六）公告送达

公告送达即以张贴公告和利用报纸、广播、电视等传播媒介，将行政处罚决定书的有关内容送达当事人的一种送达方式。公告送达适用于当事人下落不明，采用直接、邮寄、留置等方式无法送达的情形，能够直接送达或者留置送达的，不适用公告送达。采用公告方式送达的，自公告之日起经过60日，即视为送达。

（七）电子送达

《行政处罚法》第 61 条第 2 款规定："当事人同意并签订确认书的，行政机关可以采用传真、电子邮件等方式，将行政处罚决定书等送达当事人。"这是 2021 年修订的《行政处罚法》新设的一种送达方式，可称之为电子送达。这里的"等"，还应包括电子邮箱、微信等网络工具。随着现代通信技术的不断发展和互联网的不断普及，电子送达的条件已趋成就，且电子送达可最大化地突破时间和空间的约束而即时送达，既能简化送达成本和流程，又能起到高效便民的作用。但行政机关采取电子方式送达行政处罚决定书需要注意两个事情：首先，事先应当取得当事人同意并签订确认书；其次，当事人的签收日应为当事人接受日，而不是行政机关的发送日。

行政处罚决定书送达的法律意义在于，一旦送达便对当事人产生法律效力，当事人应当按照行政处罚决定书的内容和时间履行义务；行政机关如果采取非法方式送达或者未能送达的，行政处罚决定书对当事人不能生效。行政处罚决定书成功送达后，行政处罚程序结束，至于后续发生的行政复议、行政诉讼以及行政执行的问题，后面再做分析。

**案例 25**

自 2002 年起，高某某未经自然资源行政主管部门批准，在 × × 村内占用耕地并建房用于居住。经 × × 市自然资源局勘测，高某某占用耕地面积 390. 85 平方米，建造房屋面积为 98. 45 平方米。2019 年 9 月 4 日，× × 市自然资源局对高某某非法占地一案进行立案，2020 年 7 月 20 日作出行政处罚决定书。该行政处罚决定书认定，高某某未经自然资源行政主管部门批准，擅自在耕地内建房的行为，违反了《土地管理法》第 37 条、第 77 条和《土地管理法实施条例》第 42 条①的规定，决定给予高某某限期 15 日内拆除所占耕地上的 98. 45 平方米房屋，恢复土地原状；对高某某占用 390. 85 平方米的违法行为处以每平方米 10 元的罚款，共计 390, 009 元。

---

① 此处适用的是 2014 年修订的《土地管理法实施条例》，相关规定参见 2021 年修订的《土地管理法》第 56 条。

高某某不服××市自然资源局对其作出的行政处罚决定，于 2021 年 1 月 19 日向海林市人民法院提起行政诉讼。

海林市人民法院经审理认为，高某某违反《土地管理法》的规定，未经自然资源行政机关批准非法占地用于建房，依法应予以限期拆除并处罚款。根据《土地管理法》第 83 条的规定，“依照本法规定，责令限期拆除在非法占用的土地上新建的建筑物和其他设施的，建设单位或者个人必须立即停止施工，自行拆除；对继续施工的，作出处罚决定的机关有权制止。建设单位或者个人对责令限期拆除的行政处罚决定不服的，可以在接到责令限期拆除决定之日起十五日内，向人民法院起诉；期满不起诉又不自行拆除的，由作出处罚决定的机关依法申请人民法院强制执行，费用由违法者承担”。根据《行政处罚法》第 38 条第 2 款①的规定，对情节复杂或者重大违法行为给予较重的行政处罚，行政机关的负责人应当集体讨论决定。××市自然资源局对高某某作出被诉行政处罚前，未经××市自然资源局集体讨论决定，而是由××市自然资源局所属××市自然资源局执法监察局集体讨论决定。根据《自然资源行政处罚办法》第 32 条的规定，自然资源违法案件办理期限为 90 日，但××市自然资源局从 2019 年 9 月 4 日立案到 2020 年 7 月 20 日作出行政处罚决定，期间达 10 个月，且延长办案期限未经部门负责人批准。综上，××市自然资源局作出的被诉行政处罚决定实体正确，而程序存在违法之处，但对高某某不产生实质损害，故法院确认该行政处罚程序违法，但不撤销该行政处罚。海林市人民法院依照《行政诉讼法》第 74 条第 1 款第 2 项的规定，判决确认被告××市自然资源局对原告高某某作出的行政处罚决定书违法。

[根据黑龙江省××市人民法院（2021）黑 1083 行初 4 号行政判决书编写]

## 案例 26

望花区人民法院经审查查明，2019 年 6 月 3 日，申请执行人××自然资

---

① 此处适用的是 2017 年修正的《行政处罚法》，相关规定参见 2021 年修订的《行政处罚法》第 57 条第 2 款。

源分局发现××村孙某某非法占地建设房屋，后于2019年7月15日对孙某某进行立案查处，认为孙某某未经国土部门审批，擅自在新抚区违法占地的行为违反了《土地管理法》第43条[①]的规定，并于同日向孙某某下达《责令停止违法行为通知书》《接受调查通知书》。2020年3月13日，××自然资源分局对孙某某作出第××号《行政处罚决定书》，内容如下：孙某某未经国土部门批准擅自在新抚区违法占地建房的行为，违反了《土地管理法》第43条的规定，依据《土地管理法》第76条[②]的规定决定对孙某某作出如下行政处罚：（1）责令孙某某在15日内对违法占地面积682平方米（建筑物457平方米、硬化地面225平方米）地上建筑物予以拆除，恢复682平方米农用地原状（恢复种植条件）；（2）根据违法占地面积处以罚款7220元［20平方米旱地（基本农田）×30元＝600＋662平方米（农用地）×10元＝6620元］。2020年9月16日，××自然资源分局又对孙某某下达了履行行政处罚催告书。孙某某在收到处罚决定后，没有向上级行政机关申请复议，也没有向法院提起行政诉讼。2020年9月22日，××自然资源分局向望花区法院申请强制执行第××号行政处罚决定书。

望花区人民法院经审查认为，《自然资源行政处罚办法》第32条规定，自然资源主管部门应当自立案之日起60日内作出行政处罚决定。案情复杂，不能在规定期限内作出行政处罚决定的，经本级自然资源主管部门负责人批准，可以适当延长，但延长期限不得超过30日，案情特别复杂的除外。本案中，申请执行人××自然资源分局从2019年7月15日立案到2020年3月13日作出行政处罚决定长达半年之久，且无延长情形，属程序违法。申请执行人××自然资源分局的行政处罚行为具有违法性。望花区人民法院依照《行政诉讼法解释》第161条第1款第4项之规定，裁定不准予执行申请执行人××自然资源分局第××号《行政处罚决定书》。

［根据辽宁省××市××区人民法院（2020）辽0404行审31号行政判决书编写］

---

① 此处适用的是2004年修正的《土地管理法》，2019年修正的《土地管理法》已无对应规定。

② 此处适用的是2004年修正的《土地管理法》，相关规定参见2019年修正的《土地管理法》第77条。

**【作者分析】**

案例 25 和案例 26 中的当事人都实施了违法占地建房行为，依法都应给予行政处罚，两案中的自然资源主管部门都存在超过规定办案期限作出行政处罚决定的程序违法情形，法院的判决结果为何不同？

在案例 25 中，××市自然资源局对高某某的案件，从 2019 年 9 月 4 日立案到 2020 年 7 月 20 日作出行政处罚决定，在未报经批准延长的情况下，办案期间长达 10 个月，远远超过《自然资源行政处罚办法》第 32 条规定的 60 日。就此，法院认为被诉行政处罚决定实体正确，而程序存在违法之处，但对高某某不产生实质损害，故判决确认该行政处罚程序违法，但不撤销该行政处罚。

在案例 26 中，孙某某未经自然资源主管部门批准违法占地建房，自然资源主管部门亦应依据《土地管理法》有关规定给予行政处罚，但因孙某某在收到处罚决定后，没有申请复议也没有提起行政诉讼，××自然资源分局便向法院申请非诉行政强制执行。然而，法院在审查时发现，××自然资源分局从 2019 年 7 月 15 日立案到 2020 年 3 月 13 日作出行政处罚决定长达半年之久，且无延长情形，属程序违法，于是裁定不准予执行《行政处罚决定书》。

在这两个案例中，高某某和孙某某的违法占地建房行为都应依法给予行政处罚，但法院处理结果不同，主要原因是：案例 25 中的高某某提起行政诉讼，法院才有条件适用《行政诉讼法》第 74 条第 1 款第 2 项规定，判决确认被告××自然资源局对原告高某某作出的行政处罚决定书程序违法，但不撤销该行政处罚决定；案例 26 的孙某某因没有提起行政诉讼，故××自然资源分局直接申请法院非诉行政强制执行。在此情况下，法院无法适用《行政诉讼法》第 74 条第 1 款第 2 项规定在确认程序违法的同时不撤销行政处罚决定，而只能依照《行政诉讼法解释》第 161 条第 1 款第 4 项“其他明显违法并损害被执行人合法权益的情形”的规定，裁定不准予执行行政处罚决定。但是，法院以程序违法为由裁定不予执行后，行政处罚实体上合法的，行政机关仍可重新作出行政处罚决定。

# 第五章

# 对村民违法占地建房的行政处罚

《行政处罚法》是一部规范行政处罚基本规则的程序法，而行政机关在办理行政处罚案件时还必须以行政法的实体规定为依据。于是，行政处罚决定就成为程序与实体相结合的产物。本章根据有关行政法管理规范和行政处罚法规定，从实体角度分析村民违法占地建房的行政处罚问题。

## 第一节　对村民非法占用宅基地的行政处罚

这里的非法占用宅基地，是指未经批准或者采取欺骗手段骗取批准，占用农村集体土地为宅基地准备建造房屋的行为。农村宅基地本身就是集体土地，非法占用宅基地属于非法占用农村集体土地的行为。这里将非法占用农村集体土地为宅基地准备建造房屋的行为称为“非法占用宅基地”行为。

非法占用宅基地的行为人主要是本村村民，当然，非本村村民在本村非法占用宅基地和城镇居民在农村非法占用宅基地也是行政处罚的对象。这里以村民为例分析非法占用宅基地的行政处罚问题。

### 一、村民非法占用宅基地的行为表现

从土地管理法律规定和农村现实情况来看，村民为建造房屋非法占用宅基地主要有以下三种情形。

1. 未经批准占用农村集体土地为宅基地。根据《土地管理法》有关规定，农村使用农村集体土地建设住宅，事先须经法定程序批准取得宅基地使用权，如果未经法定程序批准就占用农村集体土地准备建设住宅，属于非法

占用行为。

2. 采取欺骗手段骗取批准宅基地。村民为了达到占用集体土地建设房屋的目的，采取虚构事实或者隐瞒真相的方法，使有关行政机关及其工作人员陷入错误认识而予以批准的，当属骗取宅基地行为，有关批准文件应当予以撤销。村民骗取批准宅基地的手段和方法较多，常见的有以下几种表现：（1）非本集体经济组织成员提供伪造材料冒充本集体经济组织成员，骗取有关行政机关批准使用宅基地；（2）户口已经迁出本村或者已经转为城镇居民，该村民又故意冒充本村村民，列入本户名下申批宅基地；（3）村民故意将他人家庭成员拉入自己家庭，或者篡改户籍资料增加人口数量，骗取批准更多的宅基地面积；（4）故意将农用地弃耕使之荒芜，然后谎称是非农用地，从而绕过农用地转用审批；（5）故意将农用耕地谎报为山地、荒地，骗取取得宅基地使用权。

3. 少批多占，其中多占部分属于非法占用农村集体土地。

村民非法占用宅基地不仅破坏了农村宅基地的行政管理秩序，而且侵害了农村土地的集体所有权，故应依法给予行政处罚来追究其法律责任。

## 二、对村民非法占用宅基地实施行政处罚的法律依据

村民非法占用农村集体土地为宅基地但尚未在宅基地上建设房屋，有关行政机关就此实施行政处罚的，涉及《土地管理法》第 75 条、第 77 条、第 78 条的依据问题。

### （一）关于第 75 条规定的适用问题

《土地管理法》第 75 条规定："违反本法规定，占用耕地建窑、建坟或者擅自在耕地上建房、挖砂、采石、采矿、取土等，破坏种植条件的，或者因开发土地造成土地荒漠化、盐渍化的，由县级以上人民政府自然资源主管部门、农业农村主管部门等按照职责责令限期改正或者治理，可以并处罚款；构成犯罪的，依法追究刑事责任。"这里的"违反本法规定""擅自"，是指违反《土地管理法》第 37 条第 2 款和第 44 条第 1 款的规定，未办理农用地转用审批手续占用耕地。村民为建设房屋未办理农用地转用审批手续占用耕

地，仅破坏种植条件的，根据上述规定，有关行政机关只能责令限期改正或者治理并处罚款；破坏种植条件的，违法村民应当在非法占有的土地上恢复种植条件，并将土地交还农村集体组织。

村民非法占用宅基地但尚未建设房屋，也就不存在拆除房屋的处罚问题，如果在非法占用宅基地上已建房屋，则不适用这条规定处罚。

（二）关于第77条规定的适用问题

《土地管理法》第77条第1款规定："未经批准或者采取欺骗手段骗取批准，非法占用土地的，由县级以上人民政府自然资源主管部门责令退还非法占用的土地，对违反土地利用总体规划擅自将农用地改为建设用地的，限期拆除在非法占用的土地上新建的建筑物和其他设施，恢复土地原状，对符合土地利用总体规划的，没收在非法占用的土地上新建的建筑物和其他设施，可以并处罚款；对非法占用土地单位的直接负责的主管人员和其他直接责任人员，依法给予处分；构成犯罪的，依法追究刑事责任。"这条规定的处罚对象是所有非法占用土地的单位和个人，包括非法占用农村土地的本村村民、外村村民、城镇居民和单位。

村民未经批准或者采取欺骗手段骗取批准非法占用宅基地的，应当分别以下面两种情况给予行政处罚：第一种，仅村民非法占用宅基地（如已在宅基地打桩、填土等）而未建造房屋的，自然资源主管部门只要责令其退还非法占用的土地即可；非法占用基本农田的，应当根据《基本农田保护条例》第33条的规定，同时责令违法行为人恢复原种植条件。第二种，村民非法占用宅基地违反土地利用总体规划，且擅自将农用地改为建设用地并已建房的，限期拆除在非法占用的土地上新建的建筑物和其他设施，恢复土地原状；对符合土地利用总体规划的，没收在非法占用的土地上新建的建筑物和其他设施，可以并处罚款。根据《土地管理法实施条例》第57条的规定，罚款额为非法占用土地每平方米100元以上1000元以下。

（三）关于第78条规定的适用问题

《土地管理法》第78条第1款规定："农村村民未经批准或者采取欺骗手段骗取批准，非法占用土地建住宅的，由县级以上人民政府农业农村主管部门责令退还非法占用的土地，限期拆除在非法占用的土地上新建的房屋。”这是针对村民非法占地建房设置的行政处罚规定。也就是说，村民未经批准或者采取欺骗手段骗取批准非法占用土地建住宅的，由农业农村主管部门责令退还非法占用的土地，限期拆除房屋。但村民仅非法占用基本农田而未建造房屋的，则由自然资源主管部门依照《土地管理法》第 77 条的规定给予处罚。

## 三、关于“少批多占”的问题

《土地管理法》第 77 条第 2 款规定，“超过批准的数量占用土地，多占的土地以非法占用土地论处”。《土地管理法》第 78 条第 2 款规定，“超过省、自治区、直辖市规定的标准，多占的土地以非法占用土地论处”。这是对“少批多占”行政处罚的规定。

就村民非法占用宅基地而言，这里的“多占”，是指多占农村集体土地为宅基地，而非多建房屋面积，至于违反规划许可规定多建房屋面积，则应按照《城乡规划法》的有关规定进行处罚。

在“少批多占”问题上需要特别注意的是，上述两条规定的“多占”的标准是不一样的。第 77 条第 2 款规定的是“超过批准的数量占用土地”，而第 78 条第 2 款规定的是“超过省、自治区、直辖市规定的标准”。例如，某农户经依法批准取得 150 平方米宅基地使用权，而实际建房占用面积达 250 平方米，依照《土地管理法》第 77 条第 2 款的规定，其中 100 平方米属于超过批准数量；如果按照省级政府（包括授权的县级政府）规定的“一户一宅”标准，该农户如果可以取得 200 平方米宅基地的，依照《土地管理法》第 78 条第 2 款的规定，其中只有 50 平方米属于超过标准，故只能对超过标准的 50 平方米进行处罚，而另 50 平方米可通过补办审批手续予以完善。

在农村，“少批多占”“少批多建”的情况非常普遍，有些地方甚至出现“法不治众”的程度。在此种情况下，行政机关全部拆除或者没收“新建的建筑物和其他设施”已经不可能。对此，有不少地方政府认为“堵不如疏”，采取保留“有偿使用”的方法解决这个遗留问题。例如，《临安市集体土地违法建筑处置意见》（临政办〔2014〕37 号）在认定“少批多占”“少批多建”属于违建行为的基础上，对集体土地违法建筑分应当拆除、暂缓拆除、有偿使用、没收和补办手续五种形式进行处置。其中，对遗留农民所建的自住用房、农业生产用房、农家乐经营用房三种不同形式的用房，在不属于应当拆除的情形下，采取“保留有偿使用”的处置方式，即无论超占地面积，还是超建筑面积，都规定按照标准分别缴纳有偿使用费，然后由村民继续使用；对违法当事人缴纳的有偿使用费，按照“谁征收，谁使用”的原则进行管理，征收的有偿使用费全部用于本行政村所辖范围内的新农村建设和发展村集体经济的项目建设投资。但对新出现的超面积违法建筑不适用“保留有偿使用”，情节严重者应当予以拆除。

笔者认为，在不影响土地利用总体规划和乡村建设规划的情况下，对“少批多占”“少批多建”的村民住宅采取“保留有偿使用”方法进行处置，首先，有利于保障村民的居住权和改善村民的居住条件；其次，可避免拆除带来的资源浪费和村民损失；最后，有效地增加了农村集体组织的经济收入，有利于新农村建设和发展村集体经济。但“保留有偿使用”也容易助长“少批多占”“少批多建”的发生，故需要同时采取措施予以防范和制止。

## 四、根据具体违法情形实施行政处罚

村民非法占地建房通常有三个过程，不同过程中的不同违法情形所产生的法律责任是不同的，故有关行政主管部门应当根据具体违法情形依法实施行政处罚。

1. 事先准备非法占用宅基地。村民以建住宅为目的非法占用集体土地，先行实施的某些准备行为，如买受农地、以地换地、丈量土地面积等，尚未实际改变土地原状为宅基地的，农村集体组织、乡镇政府、有关行政主管部门可以告诫其以后不得进一步实施违法行为，但不构成非法占用土地，故不得以非法占用宅基地为由给予行政处罚，至于构成其他违法，如买卖或者以其他形式非法转让土地，应当给予行政处罚的，则应另当别论。

2. 已经非法占用土地为宅基地。村民为建造住宅已经在宅基地上实施打桩、填基等行为，事实上已经非法占用农地，并已改变土地原状使之成为确定的宅基地，但尚未开始建房的，仅为非法占用土地行为。《土地管理法》第 78 条是对“非法占用土地建住宅”规定的处罚，故此种情形不适用该条规定实施行政处罚，但可以适用《土地管理法》第 77 条“未经批准或者采取欺骗手段骗取批准，非法占用土地的，由县级以上人民政府自然资源主管部门责令退还非法占用的土地”之规定进行处罚。

3. 非法占有土地已经建设房屋。村民在非法占用的土地上填好宅基地并已经开始建造房屋或者已经建成房屋的，就构成完整的“非法占用土地建住宅”的事实。此时，农业农村主管部门应当适用《土地管理法》第 78 条第 1 款规定追究其法律责任，即责令行为人退还非法占用的土地，限期拆除在非法占用的土地上新建的房屋。

**案例 27**

1995 年，黄某某响应××村建设蔬菜大棚、发展蔬菜生产的招商号召，举家搬迁至××村发展蔬菜种植，自费建设蔬菜大棚 1.9 亩，并在大棚地头修建看护房及放置生产资料和农副产品的附属棚厦。2001 年，黄某某将全家户口迁入××村，并向××村申请办理宅基地和建房审批手续，但该村无宅基地供其使用，故未得到审批。2013 年，黄某某在原址将原看护房及棚厦翻新，全家入住。

2018 年 7 月 30 日，集安市国土资源局依据《土地管理法》第 76 条第 1 款、第 77 条第 1 款①的规定，对黄某某作出××号《行政处罚决定书》，责令黄某某在 2018 年 8 月 6 日之前，退还非法占用的土地，拆除在非法占用的土地上新建的住宅及棚厦。黄某某不服，向通化市国土资源局（2019 年更名为通化市自然资源局）提出复议申请。通化市国土资源局于 2018 年 10 月 29 日作出××号《行政复议决定书》，维持集安市国土资源局作出的××号《行政处罚决定书》，驳回了黄某某的复议申请。黄某某于 2018 年 11 月 20 日向集安市人民法院提起行政诉讼，要求撤销被告通化市国土资源局作出的

---

① 此处适用的是 2004 年修正的《土地管理法》，相关规定参见 2019 年修正的《土地管理法》第 77 条第 1 款、第 78 条第 1 款。

《行政复议决定书》和被告集安市国土资源局作出的《行政处罚决定书》，并要求被告集安市国土资源局重新作出具体行政行为。

集安市人民法院认为，被告集安市国土资源局作出的××号《行政处罚决定书》和被告通化市国土资源局作出的××号《行政复议决定书》，认定事实清楚、证据确实充分，程序合法，适用法律法规正确。原告黄某某虽在庭审中提出其响应政府号召，举家搬迁至××村，自费建设蔬菜大棚，政府至今没有审批宅基地，现仅有的“房屋”符合“一户一宅”的法律规定，且没有超过法定标准，不能以违法占地建房为由拆除住宅及棚厦，而应通过依法申请获得合法的宅基地建房的诉讼请求，法院不予支持。集安市人民法院判决驳回原告黄某某的诉讼请求。

黄某某不服上述一审判决，向通化市中级人民法院上诉称，根据原国土资源部、原农业部《关于进一步支持设施农业健康发展的通知》[①]（国土资发〔2014〕127号）的规定，看护房超面积部分属于违法用地，不超过面积15平方米之内属于合法用地，不需要办理审批手续。本案的一审判决、复议决定、行政处罚决定不仅错误违法，其后果也十分严重，相当于剥夺了上诉人黄某某全家的生存权。

被上诉人通化市自然资源局辩称，根据《土地管理法》的相关规定，国家保护耕地，严格控制耕地转为非耕地，农村住宅等乡村建设，应当按照村庄和集镇规划，合理布局，应当符合乡（镇）土地利用总体规划和土地利用年度计划。上诉人黄某某未经审批，在耕地上建设住宅及棚厦，硬化了院落道路，且未办理相关用地审批手续，不符合土地利用总体规划和年度利用计划，其行为已构成非法占地。

通化市中级人民法院二审认为，《土地管理法》第76条[②]规定：“未经批准或者采取欺骗手段骗取批准，非法占有土地的，由县级以上人民政府土地行政主管部门责令退还非法占用的土地，对违反土地利用总体规划擅自将农用地改为建设用地的，限期拆除在非法占用的土地上新建的建筑物和其他设

---

① 有效期5年，已失效。

② 此处适用的是2004年修正的《土地管理法》，相关规定参见2019年修正的《土地管理法》第77条。

施，恢复土地原状，对符合土地利用总体规划的，没收在非法占用的土地上新建的建筑物和其他设施，可以并处罚款；对非法占用土地单位的直接负责的主管人员和其他直接责任人员，依法给予行政处分；构成犯罪的，依法追究刑事责任。超过批准数量占用土地，多占的土地以非法占用土地论处。”第 77 条[①]规定：“农村农民未经批准或者采取欺骗手段骗取批准，非法占用土地建设住宅的，由县级以上人民政府土地行政主管部门责令退还非法占用的土地，限期拆除在非法占用的土地上新建的房屋。超过省、自治区、直辖市规定的标准，多占的土地以非法占用土地论处。”上诉人黄某某未经审批，违反土地利用总体规划擅自将农用地改为建设用地，非法占用土地建设住宅及棚厦，被上诉人集安市国土资源局作出的××号《行政处罚决定书》责令上诉人退还非法占用的土地，限期拆除在非法占用的土地上新建的建筑物和其他设施，恢复土地原状，符合《土地管理法》第 76 条第 1 款、第 77 条第 1 款[②]规定的情形，事实清楚，证据确实充分，程序合法，应予维持。被上诉人通化市自然资源局作出××号《行政复议决定书》维持原行政机关决定，驳回申请人的复议申请，并无不妥之处，应予维持。通化市中级人民法院判决：驳回上诉，维持原判。

［根据吉林省通化市中级人民法院（2019）吉 05 行终 7 号行政判决书编写］

## 案例 28

梁某某系××村村民，2005 年 12 月 1 日与同村村民委员会签订《租赁协议》约定，梁某某从××村村民委员会处承租集体所有的××渔场北沿原砖场废弃的土地从事生产经营，租期 50 年，租金×××××元，梁某某可以在所承租的土地上进行房屋建筑。

2018 年 7 月 16 日，××市国土资源局对梁某某作出行政处罚决定，认

① 此处适用的是 2004 年修正的《土地管理法》，相关规定参见 2019 年修订的《土地管理法》第 78 条。

② 此处适用的是 2004 年修正的《土地管理法》，相关规定分别参见 2019 年修订的《土地管理法》第 77 条第 1 款、第 78 条第 1 款。

为梁某某未经国土资源行政主管部门批准，占用××村砖厂建设用地1517.02平方米建设房屋院落的行为，违反了《土地管理法》第43条[①]“任何单位和个人进行建设，需要使用土地的，必须依法申请使用国有土地”的规定，根据《土地管理法》第76条[②]、《吉林省土地管理条例》第58条的规定，限梁某某于2018年9月1日前自行退还非法占用的土地。

梁某某不服上述行政处罚，向大安市人民法院提起行政诉讼称，涉案争议退还的土地到目前为止权属仍是××村村委会，是村集体土地而非国有土地，被告依据《土地管理法》第43条作出的处罚决定，认为原告使用国有土地，混淆了国有土地和集体土地的概念，属于适用法律错误；原告与××村委会订立的租赁协议合法有效，该协议还约定原告可以在涉案争议的土地上进行房屋建筑，现租赁协议没有到期，不存在非法占地行为。被告××市国土资源局作出的行政处罚决定缺少事实依据和法律依据，请求撤销××市国土资源局对其作出的行政处罚决定。

大安市人民法院认为，梁某某在租赁的土地上，未经相关部门批准，构筑建筑物和其他的设施行为，违反《土地管理法》第76条的规定，属于非法占有土地，同时违反了土地利用的总体规划，被告××市国土资源局作出行政处罚决定证据确凿、适用法律、法规正确，符合法定程序。大安市人民法院判决：驳回原告梁某某的诉讼请求。

梁某某不服上述行政判决，向白城市中级人民法院提起上诉称，(1)涉案土地从性质和权利及来源是××村村民委员会所属的农民集体土地，至今未经国家依法征收，根本不存在使用国有土地法定情形，并且××村委会与上诉人之间具有合法土地租赁合同为法律保障，其土地租赁合同存续期限还剩余36年，在没有对本合同依法解除和撤销及存在无效事由情形下，上诉人具有××村村民身份资格，其租赁××村土地是法律赋予的权利，任何单位和个人无权剥夺。(2)上诉人利用该块土地仅是对原建设用地的重新利用，没有违反土地利用总体规划，并且诉人已经实际使用多年，被上诉人作出的

① 此处适用的是2004年修正的《土地管理法》，2019年修订的《土地管理法》已无相关规定。

② 此处适用的是2004年修正的《土地管理法》，相关规定参见2019年修订的《土地管理法》第77条。

处罚决定，欠缺城市规划部门法律生效要件。(3) 被上诉人在一审期间中没有提供集体讨论记录，违反《行政处罚法》第 38 条第 2 款[①]“对情节复杂或者重大违法行为给予较重的行政处罚，行政机关的负责人应当集体讨论决定”的规定，违反法定程序。请求撤销一审判决和被告作出的行政处罚决定。

白城市中级人民法院认为，(1)《土地管理法》第 76 条[②]规定，未经批准或者采取欺骗手段骗取批准，非法占用土地的，由县级以上人民政府土地行政主管部门责令退还非法占用的土地，对违反土地利用总体规划擅自将农用地改为建设用地的，限期拆除在非法占用的土地上新建的建筑物和其他设施，恢复土地原状，对符合土地利用总体规划的，没收在非法占用的土地上新建的建筑物和其他设施，可以并处罚款；对非法占用土地单位的直接负责的主管人员和其他直接责任人员，依法给予行政处分；构成犯罪的，依法追究刑事责任。从上述规定来看，对非法占用土地构建建筑物和其他设施的，应当区分是否违反土地利用总体规划作出相应的处罚。本案中，被上诉人××市自然资源局作出的涉案处罚决定书中认定上诉人占用的是建设用地，但对是否符合土地利用总体规划并未予以认定，且并未查清违法用地建设房屋的基本情况，因此涉案处罚决定认定事实不清。(2) 本案属情节复杂且给予较重的行政处罚案件，根据《行政处罚法》第 38 条第 2 款的规定，被上诉人在作出处罚决定前应当进行集体讨论决定，被上诉人未向法院提供该案进行集体讨论的证据，故亦应认定被上诉人作出的处罚决定程序违法。(3) 依据《国土资源违法行为查处工作规程》之规定，行政处罚决定书的内容应当明确、具体，有明确的履行方式和期限，责令退还的，应当写明退还、交还土地的对象、范围、期限。涉案行政处罚决定内容中，只是责令上诉人退还占用土地，未明确退还土地的对象、范围。因此，涉案处罚决定认定事实不清，证据不足。综上，被上诉人××市自然资源局于 2018 年 7 月 16 日作出

---

① 此处适用的是 2017 年修正的《行政处罚法》，相关规定参见 2021 年修订的《行政处罚法》第 57 条第 2 款。

② 此处适用的是 2017 年修正的《土地管理法》，相关规定参见 2019 年修正的《土地管理法》第 77 条。

的行政处罚决定认定事实不清，违反法定程序，应予撤销。原审判决认定事实不清，证据不足。白城市中级人民法院判决：(1) 撤销大安市人民法院行政判决；(2) 撤销××市国土资源局作出的行政处罚决定。

[根据吉林省大安市人民法院（2019）吉0882行初3号行政判决书和白城市中级人民法院（2019）吉08行终25号行政判决书编写]

**【作者分析】**

案例27中的黄某某和案例28中的梁某某都实施了非法占用农村集体土地建设房屋的行为，当地自然资源（国土资源）主管部门也都依照2004年修正的《土地管理法》第76条[①]的规定给予行政处罚，但法院的判决结果完全不同，主要区别之一是有无违反土地利用总体规划的问题。

村民使用耕地建房应当符合土地利用总体规划，因此在处理未经批准非法占用耕地建房的案件时，应当查明村民所占用的土地是否符合土地利用总体规划。案例27中的黄某某未经批准非法占用耕地建房，而使用耕地建房必须符合土地利用总体规划，如果不符合土地利用总体规划，应当给予限期拆除房屋的处罚；如果符合土地利用总体规划的，则应给予没收房屋的处罚。案例27中的黄某某未经批准擅自将耕地改为建设用地，违反土地利用总体规划建造房屋和棚厦，故××市国土资源局对黄某某作出责令退还土地、限期拆除房屋和棚厦、恢复土地原状的行政处罚，符合2004年修正的《土地管理法》第76条和第77条[②]的规定。

案例28中的梁某某未经相关部门批准在承租××村原砖场的土地上建造房屋当属违法行为，但××市国土资源局只是认定梁某某违反2004年修正的《土地管理法》第76条的规定，属于非法占有土地，而对是否符合土地利用总体规划并未予认定，且并未查清违法用地建设房屋的基本情况就作出退还非法占用土地的行政处罚决定，当属事实不清的处罚，故法院判决撤销其行政处罚决定。

---

① 参见2019年修正的《土地管理法》第77条。

② 参见2019年修正的《土地管理法》第77条和第78条。

## 案例 29

施某某系临海市 A 村村民，鲍某某系临海市 B 村村民，二人系堂兄弟关系。2003 年，临海市 A 村村委会决定将公路旁 1 间屋基出让给鲍某某。因鲍某某系 B 村村民在 A 村无法进行宅基地审批，施某某同意以自己的名义作为 A 村村民上报住宅用地审批手续。2003 年 9 月 16 日，A 村村委会以施某某户名义为鲍某某上报住宅用地审批，《集体土地私人建房用地呈报表》载明，须拆除 1 间 30 平方米的老屋。2003 年 9 月 18 日，鲍某某向 A 村村委会支付屋基款 3.75 万元。2004 年 1 月 8 日，临海市人民政府以××号文批准同意施某某户建房 1 间，占地面积 61.2 平方米，后鲍某某在该地块上建造一间四层住宅。房屋建成后经地籍调查确认，存在少批多建 2.66 平方米，经对少批多建部分处理后，2005 年 11 月，临海市人民政府批准同意登记发证 63.86 平方米，土地使用者登记为施某某，但由鲍某某使用居住该地块及房屋至今。2017 年 11 月 28 日，临海市国土资源局（2019 年更名为临海市自然资源和规划局）决定以“涉嫌农村村民采取欺骗手段骗取批准，违法占用土地建住宅”为由对施某某进行立案查处。2017 年 12 月 26 日，临海市国土资源局作出《行政处罚决定书》，决定：（1）责令施某某、鲍某某将非法占用的土地 63.86 平方米退还给临海市 A 村集体；（2）限在接到本决定书之日起 15 日内自行拆除在非法占用的 63.86 平方米土地上新建的房屋。

施某某、鲍某某不服，向台州市自然资源和规划局申请行政复议，台州市自然资源和规划局于 2019 年 6 月 28 日作出《行政复议决定书》，确认临海市国土资源局于 2018 年 10 月 26 日作出《行政处罚决定书》违法。

施某某、鲍某某不服上述行政处罚决定及行政复议决定，向法院提起行政诉讼称，被告作出行政处罚决定认定二原告采取欺骗手段骗取批准、违法占用土地建住宅的理由不能成立。法律上的欺骗，是以非法占有为目的，用虚构事实或者隐瞒真相的方法，骗取财物的行为。而二原告主观上并没有虚构事实骗取宅基地和建房的主观故意，也不存在虚构事实的行为。涉案宅基地登记在施某某名下，事实的真相是宅基地审批当时，A 村为修建桥梁以及村内水泥道路硬化，集体资金短缺，由原告鲍某某支付宅基地款项 3 万多元，作为建桥修路的资金来源，二原告并无串通、隐瞒以施某某名义申请，并由鲍某某实际占有使用的主观故意，即便二原告有骗取批准的主观故意，但经过村委会审核、国土部门实地踏勘，骗取行为也不可能发生，欺骗批准的意图不可能实现。涉案宅基地及房屋，原告鲍某某已建成居住多年，且为唯一住处，临海市自然资源和规划局一纸退还土地、拆除房屋决定，致原告生活无着。请求撤销被告临海市自然资源和规划局作出的《行政处罚决定书》和被告台州市自然资源和规划局作出《行政复议决定书》。

天台县人民法院认为，关于事实认定及证据问题。本案中，被告临海市自然资源和规划局认定"施某某明知鲍某某不属临海市 A 村集体成员，反而同意以自己名义为鲍某某在临海市 A 村申请建房 1 间 61.2 平方米（以拆除老屋 1 间 30 平方米为条件，该老屋在报批时并不存在），并取得建房用地审批，尔后由鲍某某出资建造、居住、使用至今"。结合鲍某某提交的"疑义"中对涉诉事实的自认以及土地使用权、建房等书面审批材料，证据之间能够互相印证，临海市自然资源和规划局认定事实清楚。原告鲍某某购买地基并以施某某名义审批建房，其对整个过程均知晓，原告施某某亦知晓并同意鲍某某以其名义审批建房的事实，即便二原告未具体实施填报土地使用权及建房审批材料的行为，但不影响二原告主观上存在骗取并达到批准结果的意思表示，而实际上原告鲍某某在骗取批准后又积极主动地实施了建房行为并居住至今。二原告通过默许或主动作为实现了主观目的与客观结果的统一，被告临海市自然资源和规划局根据《土地管理法》第 77 条①的规定作出本涉案诉行政处罚适用法律正确。被告台州市自然资源和规划局作出的行政复议决定对临海市自然资源和规划局认定的事实、适用的法律亦予以支持，但因临海市自然资源和规划局案件处理期限超过 60 日，认定其程序违法，鉴于对二原告的权利义务不产生实际影响，从而确认临海市自然资源和规划局作出的行政处罚决定书违法。天台县人民法院判决驳回原告施某某、鲍某某的诉讼请求。

---

① 此处适用的是 2004 年修正的《土地管理法》，相关规定参见 2019 年修正的《土地管理法》第 78 条。

鲍某某不服上述一审判决，向台州市中级人民法院提起上诉，请求撤销原判，撤销临海市自然资源和规划局作出《行政处罚决定书》和台州市自然资源和规划局作出《行政复议决定书》。

台州市中级人民法院认为，首先，临海市自然资源和规划局提供的鲍某某询问笔录、调查笔录，施某某谈话笔录、听证笔录，鲍某某疑义材料、私人建房用地呈报表，A村村委会盖章谈话笔录等证据，可以认定施某某以拆除一间老屋为条件在该村取得建房用地审批，但实际上其应拆除的老屋并不存在，且新审批的土地系B村村民鲍某某使用的事实。鲍某某应当知道其依法不能在A村申报土地，却以施某某名义取得建房用地审批，属于骗取批准的情形。其次，临海市自然资源和规划局履行了立案、调查、告知、听证等程序，依法保障了上诉人陈述、申辩、听证等程序权利。《土地管理法》第77条第1款①规定，农村村民未经批准或者采取欺骗手段骗取批准，非法占用土地建住宅的，由县级以上人民政府土地行政主管部门责令退还非法占用的土地，限期拆除在非法占用的土地上新建的房屋。临海市自然资源和规划局根据该条规定作出被诉行政处罚决定并无不当。最后，鉴于临海市自然资源和规划局作出行政处罚决定超过临海市人民政府指定的期限，台州市自然资源和规划局认定被诉行政处罚决定违法，亦无不当。台州市中级人民法院判决：驳回上诉，维持原判。

[根据天台县人民法院（2019）浙1023行初118号行政判决书和浙江省台州市中级人民法院（2020）浙10行终69号行政判决书编写]

**【作者分析】**

本案是一起《土地管理法》规定的农村村民“采取欺骗手段骗取批准，非法占用土地建住宅”的典型案件。

本案中的施某某和鲍某某共同“采取欺骗手段骗取批准”宅基地建房体现在两方面：（1）鲍某某受让A村村委会1间宅基地后，因鲍某某系B村村民无法在A村取得宅基地，施某某便同意以自己的名义作为A村村民上报审

① 此处适用的是2004年修正的《土地管理法》，相关规定参见2019年修正的《土地管理法》第78条。

批使用宅基地，虚构了宅基地使用权人，属于“冒名顶替”的欺骗行为。(2) 施某某提交的《集体土地私人建房用地呈报表》上载明“须拆除1间30平方米的老屋”，但事实上施某某应拆除的老屋并不存在，虚构了“拆旧建新”事实，致使政府批准同意施某某登记发证，而由鲍某某使用A村宅基地建房并居住，构成“采取欺骗手段骗取批准，非法占用土地建住宅”的违法占用土地建房行为，故临海市国土资源局决定以“涉嫌农村村民采取欺骗手段骗取批准，违法占用土地建住宅”为由，对鲍某某、施某某作出退还非法占用的土地、限期拆除房屋的行政处罚决定是合法的行政行为。本案的行政复议决定之所以被认定程序违法，原因是临海市国土资源局超过办案期限，但超过办案期限对施某某、鲍某某的实体权利义务并不产生实际影响，故法院不判决撤销本案的行政处罚决定。

## 第二节　对村民违法占用耕地建房的行政处罚

耕地，是指专门种植农作物并经常进行耕种、能够正常收获的一种农用地，包括水田、水浇地、旱地。耕地是土地管理法律的特殊保护对象。根据《土地管理法》第44条第1款的规定，“建设占用土地，涉及农用地转为建设用地的，应当办理农用地转用审批手续”。村民未办理农用地转用审批手续占用耕地建房的，根据《基本农田保护条例》的规定，应当依法给予从重处罚。

### 一、耕地保护的法律规范

耕地是人们赖以生存的基本资源和条件。我国人多地少，耕地总体质量不高，后备资源严重不足，故我国法律对耕地实行特殊保护，这对保障国家粮食安全、提高粮食综合生产能力具体重大意义。

《土地管理法》第3条规定：“十分珍惜、合理利用土地和切实保护耕地是我国的基本国策。各级人民政府应当采取措施，全面规划，严格管理，保护、开发土地资源，制止非法占用土地的行为。”第30条第1款规定，“国家保护耕地，严格控制耕地转为非耕地”。第 37 条第 2 款规定，“禁止占用耕地建窑、建坟或者擅自在耕地上建房、挖砂、采石、采矿、取土等”。第 43 条规定：“因挖损、塌陷、压占等造成土地破坏，用地单位和个人应当按照国家有关规定负责复垦；没有条件复垦或者复垦不符合要求的，应当缴纳土地复垦费，专项用于土地复垦。复垦的土地应当优先用于农业。”

国务院还专门制定了《基本农田保护条例》，要求各地划定基本农田保护区，对基本农田实行特殊保护。该条例第 17 条规定：“禁止任何单位和个人在基本农田保护区内建窑、建房、建坟、挖砂、采石、采矿、取土、堆放固体废弃物或者进行其他破坏基本农田的活动。禁止任何单位和个人占用基本农田发展林果业和挖塘养鱼。”这里的“基本农田”，是指依据土地利用总体规划确定的不得占用的耕地。

农村村民确需占用耕地建房，应当根据《土地管理法》第 44 条规定办理农用地转用审批手续，如果未办理农用地转用审批手续就占用耕地建房，就属违法占用耕地的行为。

## 二、村民违法占用耕地建房的行政处罚依据

《土地管理法》第 75 条规定：“违反本法规定，占用耕地建窑、建坟或者擅自在耕地上建房、挖砂、采石、采矿、取土等，破坏种植条件的，或者因开发土地造成土地荒漠化、盐渍化的，由县级以上人民政府自然资源主管部门、农业农村主管部门等按照职责责令限期改正或者治理，可以并处罚款；构成犯罪的，依法追究刑事责任。”这里的“违反本法规定”，是指违反《土地管理法》第 37 条第 2 款“禁止占用耕地建窑、建坟或者擅自在耕地上建房、挖砂、采石、采矿、取土等”和第 44 条第 1 款“建设占用土地，涉及农用地转为建设用地的，应当办理农用地转用审批手续”的规定。

《基本农田保护条例》第 30 条还规定：“违反本条例规定，有下列行为之一的，依照《中华人民共和国土地管理法》和《中华人民共和国土地管理法实施条例》的有关规定，从重给予处罚：（一）未经批准或者采取欺骗手段骗取批准，非法占用基本农田的；（二）超过批准数量，非法占用基本农田的；（三）非法批准占用基本农田的；（四）买卖或者以其他形式非法转让

基本农田的。”这里的“从重给予处罚”充分体现了国家对基本农田特殊保护。

《基本农田保护条例》第 33 条规定：“违反本条例规定，占用基本农田建窑、建房、建坟、挖砂、采石、采矿、取土、堆放固体废弃物或者从事其他活动破坏基本农田，毁坏种植条件的，由县级以上人民政府土地行政主管部门责令改正或者治理，恢复原种植条件，处占用基本农田的耕地开垦费 1 倍以上 2 倍以下的罚款；构成犯罪的，依法追究刑事责任。”这条规定与《土地管理法》第 75 条的规定比较，罚种更为清晰，除责令改正或者治理外，还明确了违法行为人负有恢复原种植条件的义务，罚款标准为“占用基本农田的耕地开垦费 1 倍以上 2 倍以下”。

## 三、村民违法占用耕地建房的行政处罚

根据上述规定，村民违法占用耕地建房的，自然资源、农业农村主管部门应当分别以下两种不同情形进行处罚：（1）村民在耕地上填地基破坏耕地种植条件，尚未建成房屋或者不存在其他建筑物的，只要责令限期改正，恢复土地原状（达到原耕地种植要求），并处罚款即可。（2）在违法占用的耕地上已建房屋或者其他建筑物的，则应同时或者单独适用《土地管理法》第 77 条的规定实施处罚，即对违反土地利用总体规划擅自将农用地改为建设用地的，限期拆除在非法占用的土地上新建的建筑物和其他设施，恢复土地原状；对符合土地利用总体规划的，没收新建的建筑物和其他其他设施，并可处罚款。

这里的责令限期改正，是指责令违法行为人在确定的期限内停止违法活动，包括停止在耕地上填地基、建房等活动。如果依法处以罚款的，则应同时适用《基本农田保护条例》第 33 条“占用基本农田的耕地开垦费 1 倍以上 2 倍以下”的规定确定具体的处罚金额。

### 案例 30

2020 年 4 月 13 日，临泉县自然资源和规划局接到由临泉县扫黑办转办单，要求调查韩某某涉嫌违法用地案件。临泉县自然资源和规划局查明，韩

某某未经批准，占用××村集体农用土地5152平方米进行挖塘取土。2020年7月7日，临泉县自然资源和规划局向韩某某作出《责令停止违法行为通知书》。2020年9月8日对韩某某作出（2020）××号行政处罚决定：（1）责令韩某某缴纳复垦费41,216元（造成5152平方米土地遭到破坏，每平方米缴纳8元复垦费）；（2）处以罚款234,931.2元（处以耕地开垦费的1.9倍罚款）。2020年10月13日，临泉县自然资源和规划局向韩某某送达上述《行政处罚决定书》。韩某某不服，向临泉县人民法院提起行政诉讼。

临泉县人民法院认为，韩某某未经批准，占用××村集体土地5152平方米进行挖塘取土，违反了《土地管理法》第43条的规定，构成拒不履行复垦义务。临泉县自然资源和规划局于2020年9月8日作出（2020）××号《行政处罚决定书》，认定事实清楚、证据充分，处理程序合法，适用法律正确。韩某某要求撤销该处罚决定的理由不能成立。临泉县人民法院判决驳回韩某某的诉讼请求。

韩某某不服上述一审判决，向阜阳市中级人民法院提起上诉称，《土地管理法》第75条所说的“耕地”是指具备种植条件的土地，涉案地原本为老塘，韩某加深未加宽，后与他人换地扩宽，但换的地为不具备种植条件的河滩，涉案行政处罚决定认定事实错误。且韩某取土面积并未达到5152平方米。请求撤销一审判决，撤销被上诉人临泉县自然资源和规划局作出的涉案行政处罚决定。

阜阳市中级人民法院认为，在临泉县自然资源和规划局于2020年4月17日对韩某某进行询问时，韩某某明确表示“老大塘是我挖的，共清三次，是2005年清一回，2010年清一回，2016年清一回”，并在补充材料中称其是“2005年3月开始在××行政村大塘取土的，共挖三次”，且两次笔录均有韩某某认可与其所说一致的签字及签名。临泉县自然资源和规划局经过询问、调查、听证、会审后作出涉案处罚决定，并无不当。韩某某并未提交足以推翻案件事实的相关证据。法院经现场查验，涉案土地至今尚未复垦。因此，临泉县自然资源和规划局所作处罚决定认定事实清楚，程序合法，一审判决驳回韩某某的诉讼请求并无不当。韩某某的上诉理由不能成立，不予支持。阜阳市中级人民法院判决：驳回上诉，维持原判。

［根据临泉县人民法院（2020）皖1221行初157号行政判决书和安徽省阜阳市中级人民法院（2021）皖12行终73号行政判决书编写］

## 案例31

2015年，孙某某、江某某、王某与周某某签订建设工程施工合同，约定合作开发海州区××村×队房屋。同年11月11日，周某某与孙某签订《合作建房协议》，约定孙某将其宅基地交给周某某建房，周某某向孙某支付110万元。2016年6月建成6套别墅。2016年8月30日，孙某某、江某某、王某（以下简称孙某某三人）交付了土地转让款120万元、建房款113.4万元，周某某将所建别墅6套交付给孙某某三人。

2019年6月28日，连云港市自然资源和规划局对孙某某三人及周某某非法占用土地建房进行立案调查后认为，自2015年12月起，孙某某三人及周某某在没有取得合法用地手续的情况下，在海州区××村×队非法占地建设别墅，占地面积987.5平方米，均为耕地，该地块符合海州区土地利用总体规划。2019年9月18日，连云港市自然资源和规划局对孙某某三人作出行政处罚决定：（1）责令退还非法占用的土地，没收在非法占用的土地上新建的建筑物和其他设施；（2）罚款：对非法占用的耕地按20元/平方米进行处罚，合计罚款金额为19,750元整。

孙某某三人向连云港经济技术开发区人民法院提起行政诉讼称，2015年11月11日，第三人周某某与孙某签订了《合作建房协议》，约定由孙某将其宅基地交与周某某建房，周某某向其支付110万元。2016年8月30日，周某某向三原告出具收条约定，已向三原告收取了孙某土地转让款120万元、建房款113.4万元，所建别墅6套归三原告所有。后涉案别墅被沈某、李某、骆某等人强行占有，三原告并未实际占有涉案别墅，既不是该别墅的所有人，也不是该别墅的使用人，被告不应对原告进行处罚。被告处罚没收建筑物不符合法律规定，应予改正。根据《土地管理法》第43条的规定，该涉案别墅应当予以拆除，而不是没收。请求撤销涉案处罚决定书，重新作出处罚决定，拆除涉案别墅。

被告连云港市自然资源和规划局答辩称，三原告自认涉案别墅是三原告与第三人周某某共同合伙开发，无论目前涉案别墅处于何种状态，均不影响三原告与第三人周某某非法占用土地的事实。故答辩人作出的涉案处罚决定事实清楚，原告作为被处罚主体适格。请求驳回原告诉讼请求。

连云港经济技术开发区人民法院认为，我国土地管理法实行保护耕地制度，禁止在耕地上建房，建设占用土地涉及农用地转为建设用地的，应当办理农用地转用审批手续。经被告调查，本案三原告均陈述与第三人共同向案外人孙某购买土地用于建设涉案别墅，涉案别墅所占用的土地系××村耕地，面积为987.5平方米。《土地管理法》第76条①规定，未经批准或者采取欺骗手段骗取批准，非法占用土地的，由县级以上人民政府土地行政主管部门责令退还非法占用的土地，对违反土地利用总体规划擅自将农用地改为建设用地的，限期拆除在非法占用的土地上新建的建筑物和其他设施，恢复土地原状，对符合土地利用总体规划的，没收在非法占用的土地上新建的建筑物和其他设施，可以并处罚款；对非法占用土地单位的直接负责的主管人员和其他直接责任人员，依法给予行政处分；构成犯罪的，依法追究刑事责任。《土地管理法实施条例》第42条②规定："依照《土地管理法》第七十六条的规定处以罚款的，罚款额为非法占用土地每平方米30元以下。"被告查明三原告与案外人非法转让土地，在农用地上建设房屋，未经批准且未办理农用地转用审批手续，其行为违反了《土地管理法》的规定，并查明该土地符合土地利用总体规划。被告依据土地管理法的上述规定作出的没收涉案别墅，并处罚款的处罚，符合法律规定。连云港经济技术开发区人民法院判决：驳回原告孙某某、江某某、王某的诉讼请求。

孙某某三人不服上述判决，向连云港市中级人民法院提起上诉，请求撤销原审判决，依法改判或发回重审。连云港市中级人民法院认为，被上诉人查明了上诉人与周某某合资购买涉案农用土地、建设涉案别墅，并未办理农

---

① 此处适用的是2004年修正的《土地管理法》，相关规定参见2019年修正的《土地管理法》第77条。

② 此处适用的是2014年修订的《土地管理法实施条例》，相关规定参见2021年修订的《土地管理法实施条例》第57条。

用地转用审批手续的事实。由于上诉人的上述行为违反《土地管理法》的规定，被上诉人对上诉人进行处罚具有法律依据。上诉人对违法建设别墅的事实行为没有异议，但认为其由于受到周某某的欺骗，对涉案别墅没有受让取得亦没有实际控制占用，不应作为被处罚对象，上诉人这一主张的事由与涉案查处的非法占用土地行为无关，被上诉人认定上诉人作为被处罚对象，具有事实和法律依据。上诉人非法占用农用土地改为建设用地，但没有违反土地利用总体规划，被上诉人决定没收在非法占用的土地上建设的别墅等，符合《土地管理法》第76条①的规定。上诉人孙某某、江某某、王某请求撤销被上诉人作出的涉案处罚决定书的理由不能成立，原审判决依法驳回其诉讼请求并无不当。连云港市中级人民法院判决：驳回上诉，维持原判。

［根据连云港经济技术开发区人民法院（2020）苏0791行初92号行政判决书和江苏省连云港市中级人民法院（2020）苏07行终189号行政判决书编写］

**【作者分析】**

案例30和案例31都是非法占用耕地（农用地）案件，当地自然资源主管部门都适用《土地管理法》的有关规定作出行政处罚，但因当事人违法行为的性质不同，故作出行政处罚所适用的法律也不同。

案例30中的韩某某未经批准在农村集体农用地上挖塘取土，违反了《土地管理法》第37条第2款“禁止占用耕地建窑、建坟或者擅自在耕地上建房、挖砂、采石、采矿、取土”的规定，属于破坏种植条件的违法行为，故临泉县自然资源和规划局根据《土地管理法》第43条“因挖损、塌陷、压占等造成土地破坏，用地单位和个人应当按照国家有关规定负责复垦；没有条件复垦或者复垦不符合要求的，应当缴纳土地复垦费，专项用于土地复垦。复垦的土地应当优先用于农业”和第75条“擅自在耕地上建房、挖砂、采石、采矿、取土等，破坏种植条件的”的规定，作出责令缴纳复垦费和处以罚款的处罚决定。

① 此处适用的是2004年修正的《土地管理法》，相关规定参见2019年修正的《土地管理法》第77条。

案例31中的孙某某三人未办理农用地转用审批手续，擅自在耕地（农用地）上建造别墅，属于违法占用耕地建房行为，违反了2004年修正的《土地管理法》第44条（参见2019年修订的《土地管理法》第44条）“建设占用土地，涉及农用地转为建设用地的，应当办理农用地转用审批手续”的规定，根据2004年修正的《土地管理法》第76条（参见2019年修正的《土地管理法》第77条）“未经批准或者采取欺骗手段骗取批准，非法占用土地的，由县级以上人民政府自然资源主管部门责令退还非法占用的土地，对违反土地利用总体规划擅自将农用地改为建设用地的，限期拆除在非法占用的土地上新建的建筑物和其他设施，恢复土地原状，对符合土地利用总体规划的，没收在非法占用的土地上新建的建筑物和其他设施，可以并处罚款；对非法占用土地单位的直接负责的主管人员和其他直接责任人员，依法给予处分；构成犯罪的，依法追究刑事责任”的规定，因孙某某三人建造别墅所占用的土地符合土地利用总体规划，故连云港市自然资源和规划局作出责令退还土地、没收房屋、处以罚款的行政处罚。

## 第三节 对村民非法出卖、转让宅基地的行政处罚

村民转让宅基地使用权的方式比较多，包括买卖的有偿转让和互换、继承、分割的无偿转让，其中买卖是最为典型的转让方式。下文以村民出卖为主，分析宅基地使用权转让行为及其行政处罚的问题。

### 一、村民出卖宅基地合法与非法的界限

农村宅基地买卖主要有两种情况：（1）农村集体组织将土地有偿转让给受让人作为宅基地使用；（2）村民（包括农户）将依法取得的宅基地转移给买受人，买受人支付价款而取得使用权。

在市场经济不断发展和适度流通农村土地的背景下，农村村民有偿出让宅基地的情况越来越多，纠纷也随之增多，那么村民的这种行为是否合法？下文根据《土地管理法》第2条第3款“任何单位和个人不得侵占、买卖或

者以其他形式非法转让土地。土地使用权可以依法转让”的规定，以及其他有关规定进行具体分析。

（一）村民出卖宅基地所有权的问题

农村宅基地属集体所有的土地，除国家为了公共利益的需要征收外，村民不可能也无法买卖宅基地的所有权。在实践中，村民在与他人订立宅基地买卖合同中如果约定交付宅基地“所有权”，则是对农村集体土地所有权的侵害，该行为当属无效，但应认定为交付使用权。

（二）村民出卖尚未取得使用权的宅基地问题

村民出卖宅基地的前提条件应当是已经依法取得使用权，也只有经依法批准取得宅基地使用权才可以在一定条件下出卖。村民尚未依法取得宅基地使用权，就将所谓的“宅基地”出卖，实际上出卖的是农村集体所有的土地，这是对农村集体土地所有权的侵害，故为绝对禁止。在农村，不少村民认为家庭承包地是自家土地，便将承包地卖给他人做宅基地使用。农户家庭承包地由农户家庭自行经营，也可以以有偿方式出租、转包经营权给他人经营，但若通过买卖方式出卖承包地给他人作为宅基地建房，则是非法的无效行为。但是，买受人经本村集体组织同意并通过审批在买受承包地上依法取得宅基地使用权的，法律对这种买卖行为一般不加干涉，至于出卖人村民与本村集体组织之间的相关权益关系，则应根据村民自治原则自行解决。

（三）村民出卖空白宅基地的问题

村民经依法批准取得宅基地使用权但未在宅基地上建造房屋，或者原房屋拆除、坍塌不存在，宅基地就处于空白状态。村民基于“一户一宅”的限制和无偿的福利性依法取得的宅基地使用权，具有人身依附性特征，即哪块地、多少面积批给哪家农户作为宅基地使用的，就只能由该农户建造住宅，但宅基地使用权人在一定条件下是可以出卖宅基地使用权的。因只有本村集体经济组织成员才有资格使用本村宅基地，故宅基地使用权买卖的双方主体通常限于本村集体经济组织成员。村民将空白宅基地的使用权出卖给非本村村民或者城镇居民是对本村集体土地的一种侵害，不仅无效而且有可能构成行政处罚。但在某些特别情况下，经本村集体组织同意并报乡镇政府或主管部门批准，非本村村民或者城镇居民可以买受本村村民的宅基地建房。

## 二、村民出卖宅基地使用权的基本条件

在上述分析中，笔者一直强调“在一定条件下”村民可以出卖宅基地使用权，而有关条件应当是根据法律规定形成的。根据《土地管理法》对宅基地进行管控的规定，村民只有同时具备以下三个基本条件，才可以出卖宅基地使用权：

第一，出卖人村民已经通过法定程序取得宅基地使用权，这是个基础条件或称前提条件。村民未经批准或者骗取批准，其所占有的所谓宅基地属于非法占有，村民出卖非法占有的宅基地肯定无效。

第二，出卖人和买受人都是本村集体经济组织的成员（同村村民），这是买卖宅基地使用权双方主体的限制条件。村民如果向外村村民或者向城镇居民出卖宅基地使用权，除经特别批准许可外，为无效行为。

第三，经本村集体组织同意。因宅基地为农村集体所有，且由本村集体组织统一安排和分配，故村民之间买卖其宅基地使用权需经本村集体组织同意，并报乡镇政府及有关部门备案。当然，本村集体组织不能在村民合法买卖宅基地的情况下不同意买卖，也不能在村民违法买卖宅基地的情况下同意买卖。

在农村土地制度改革“试点地区”，当地试点政策许可宅基地使用权买卖的，村民出卖宅基地使用权应当执行当地改革政策的规定，可不受上述条件限制。

## 三、村民出卖住宅涉及宅基地使用权的效力问题

根据《民法典》有关物权的规定，凡是具有房屋产权的单位和个人都可以自由流转其房产，农村村民对自己依法建造的私有住宅享有房产所有权，故也不例外地可以自由交易。但是，由于村民房屋是建设在农村集体土地之上，在“房地一体”不可分离的情况下，村民出卖住宅后该住宅所占用的宅

基地使用权必须应当随时转移。

有些地方规定，因“一户一宅”的限制，即“受让人已有住房，不符合宅基地分配条件”村民买受本村住宅无效，“受让方必须在该农村集体内没有宅基地”才能有效。笔者认为，这些规定的不足之处在于，“一户一宅”仅对村民原始取得宅基地使用权而言，而村民之间买卖住宅中的买受人是一种继受取得，并不破坏“一户一宅”制度。也就是说，村民已有住宅，再买受同村村民的住宅可以“一户二宅”或者“一户多宅”，这是农村市场经济发展和村民改善居住条件的一种必然，如农民进城安家落户，不再在老家农村居住，同村村民买受其住宅对双方都有利，同时解决了农村住宅闲置以及农村宅基地资源重新配置的问题。《土地管理法》第 62 条第 5 款规定：“农村村民出卖、出租、赠与住宅后，再申请宅基地的，不予批准。”由此可见，我国法律并不禁止村民出卖住宅，只因村民使用宅基地受“一户一宅”的限制，故村民出卖住宅后不能在本村再取得宅基地。

从当前的司法实践来看，不少法院为了解决村民住宅可以买卖而宅基地受“一户一宅”限制的矛盾，在通常情况下都从合同法律规范的角度判决村民房屋买卖合同有效。至于宅基地使用权问题，则不作物权上的评判，待以后法律和政策有规定后，再行处理。此种判决，在《集体土地使用证》《房屋产权证书》合并办理一个《不动产权证》的情况下，因买受人尚未依法取得宅基地使用权是无法办理《不动产权证》的，届时该住宅因坍塌、毁灭、拆除而不存在的，房屋产权随之消灭，那么就不符合“一户一宅”条件，买受人就无权在原宅基地上重建住宅。

## 四、宅基地使用权的其他转让方式

《土地管理法》第 2 条第 3 款规定中的“土地使用权可以依法转让”，就宅基地使用权转让而言不限于买卖，还应包括以下几种方式。

### （一）交换宅基地使用权

例如同村的甲村民与乙村民，为了方便生产和生活，相互对调宅基地，这种对调就是宅基地使用权交换。但宅基地使用权交换应当具备以下三个基本条件：

（1）双方应当是同一农村集体经济组织成员。非同村村民在一般情况下是不能交换宅基地的，否则，各自都不能使用非本村集体组织的土地建造住宅。

（2）双方均已经批取得宅基地使用权。村民之间均未经批准取得宅基地使用权而交换有关土地，如准备审批宅基地而交换各自的承包地，就不属于法律意义上宅基地使用权交换；一方已经批准而另一方未经批准的，也不能交换。

（3）宅基地面积基本相同。由于农户建造住宅的宅基地面积受规定面积限制，故在宅基地使用权交换时，双方的宅基地面积应当基本相同。换取方如果换得的宅基地面积远远超过规定面积，且在超出部分的宅基地上也建造住宅，就有可能构成非法多占或者非法多建的违法行为。

在符合上述三个条件的情况下，由于交换宅基地的地段不同或者面积略有差异，双方利用金钱补偿方式取得平衡的，是一种合理方法，故不能以非法买卖宅基地使用权论处。

### （二）继承继受宅基地使用权

农户成员死亡遗留的房屋产权应由其继承人继承，但因遗留的宅基地属于农村集体所有而不属村民私人遗产，故除宅基地的收益外不发生使用权的继承问题。但是，无论遗留的是空白宅基地还是已建住宅的宅基地都可转移至继承人继续使用，笔者称为“继承继受宅基地使用权”。

### （三）分割继受宅基地使用权

农村夫妻离婚、子女成家等析产需要分割住宅的，必然同时分割相关的宅基地；宅基地还处于空白状态的，亦可分割使用。通过房屋及其宅基地使用权分割，宅基地使用权人也随之分离，这与继承继受宅基地使用权一样是一种特殊的转让方式。需要注意的是，宅基地使用权一般只能在原农户家庭成员内部进行分割，特别是非农户成员作为继承人分得遗产房屋，虽可继受使用宅基地，但其原本不是宅基地使用权人，故没有宅基地使用权份额。如果符合条件，则应在此基础上另行办理审批或者变更手续。

村民依法转让住宅改变宅基地使用权人的，在合同（协议）生效后30日内向自然资源主管部门申请办理土地使用权变更登记手续，自然资源主管部门予以变更登记后，受让人合法取得宅基地使用权。

## 五、非法转让宅基地使用权

非法转让宅基地，是指村民违反土地法律法规规定，将宅基地使用权部分或者全部转移给他人的行为。因宅基地属农村集体所有的土地，故非法转让宅基地实际上是非法转让农村集体土地。除上述已经说明的几种合法方式转让外，无论村民采取何种形式转让宅基地，包括单独转让空白宅基地的使用权，凡是违反土地管理法律、法规的，都属非法转让宅基地的行为。下面通过两种情况进行说明。

1. 出地换房。笔者在农村也曾发现，有些经济困难的村民，在批取宅基地后无力或者缺资建设住宅，便将宅基地交付他人出资建造，自己不出资或者少出资从中分得部分住宅。例如，甲户批得四间宅基地，由他人出资人全部出资建造住宅，甲户不出资分得二间房屋，其他二间房屋归出资人所有。其中，出资人享有二间房屋所有权没有问题，问题在于出资人二间房屋所占的宅基地使用权实际上是甲户转让了使用权。就此转让行为，如果符合上面所述条件的，则应为合法，可以办理土地使用权变更登记手续；如果不符合条件，如出资人是城镇居民、非本村村民或者企业单位的，则应认为是非法转让行为，应当依法给予行政处罚。

2. 无偿赠送。村民无偿赠送宅基地使用权在农村时有发生，如父母将自己的宅基地交给未取得宅基地的成年子女建造住宅并归成年子女所有；如孤寡老人为了养老与他人约定，将宅基地交由他人建房并归他人所有，他人为其养老送终，为此订立无偿赠送宅基地合同。在这些合理因素下，经本村集体组织同意，并办理宅基地使用权变更登记手续，则为合法。但也有恶意赠送的情况，例如，名为无偿赠送，实则抵偿债务，这实际上是买卖宅基地；又如将宅基地无偿赠送给城镇居民的子女建房，将宅基地无偿赠送给非本村成员的女婿建房等，都是非法转移宅基地使用权的行为。

## 六、非法买卖、转让宅基地的行政处罚

### （一）非法买卖、转让宅基地行为的构成条件

《土地管理法》第74条规定："买卖或者以其他形式非法转让土地的，由县级以上人民政府自然资源主管部门没收违法所得；对违反土地利用总体规划擅自将农用地改为建设用地的，限期拆除在非法转让的土地上新建的建筑物和其他设施，恢复土地原状，对符合土地利用总体规划的，没收在非法转让的土地上新建的建筑物和其他设施；可以并处罚款。"认定村民非法买卖、转让宅基地需要具备四个条件：（1）在同一买卖行为中必须有两方或两方以上的违法行为当事人，即必须同时具有出卖方和买受方或者出让方和受让方，这是合同法律规范的基本要求；（2）必须违反现行土地管理的法律法规，即属于现行法律法规的违法违规行为，这是法律依据要求；（3）双方当事人已经实际交付宅基地，这是事实条件要求，双方虽已签订买卖或者转让合同，但未实际交付宅基地的，该合同虽然无效，但因未产生违法后果，尚不构成非法事实；（4）违法当事人通过非法转让土地手段获取非法利益，如出卖宅基地村民收取转让款所得、无偿受赠人占用宅基地等。

### （二）非法买卖、转让宅基地的行政处罚

根据《土地管理法》第74条的规定，村民实施非法买卖、转让宅基地行为，自然资源主管部门能够作出如下四种行政处罚。

1. 没收违法所得

这里的违法所得，是指非法买卖、转让土地时除土地本身价款外所获得的全部价款。村民非法买卖、转让宅基地有违法所得的，应当给予没收。但自然资源主管部门对这种违法行为实施行政处罚时需要注意如下三点：（1）村民因无偿取得宅基地使用权，故非法买卖宅基地的全部价款都应给予没收；（2）如果是向集体组织有偿取得的，应当在出让款中减去这部分的土地本身价款；（3）村民以其他形式非法转让宅基地如无违法所得的，则不适用没收违法所得这一罚种。

2. 限期拆除新建的房屋、恢复土地原状

受让人在买卖或者以其他形式非法转让的宅基地上新建了房屋（包括其他设施），且该房屋违反土地利用总体规划的，根据《土地管理法》第 74 条“对违反土地利用总体规划擅自将农用地改为建设用地的，限期拆除在非法转让的土地上新建的建筑物和其他设施，恢复土地原状”的规定，自然资源主管部门应当责令当事人期限拆除房屋，并恢复土地原状。

3. 没收房屋

受让人在买卖或者以其他形式非法转让的宅基地上新建了房屋（包括其他设施），根据《土地管理法》第 74 条“对符合土地利用总体规划的，没收在非法转让的土地上新建的建筑物和其他设施”的规定，自然资源主管部门给予没收房屋的处罚。

4. 罚款

《土地管理法》第 74 条规定“可以并处罚款”中的“可以”是一种罚种的自由裁量，即是否并处罚款由自然资源主管部门根据案件的具体情况决定。自然资源主管部门决定处以罚款的，根据《土地管理法实施条例》第 54 条的规定，罚款额为违法所得的 10% 以上 50% 以下；如果没有非法所得的，则不可并处罚款。

## 案例 32

宋某某与廖某某原系夫妻关系，两人持有证号为 A 号、B 号的集体土地建设用地使用证。1997 年 1 月 19 日，廖某某向宋 A 出具一份证明材料载明：“廖某某现委托宋 B 永久保管房屋两间，特此证明”。同日，廖某某向宋 B 出具《收条》载明：“现收到宋 B 交来现金壹万玖仟元正，作两间房屋地价”。上述款项支付完毕后，廖某某遂将两间房屋交付给宋 A 使用，并将两本集体土地建设用地使用证原件交与宋 A。2004 年，宋某某与廖某某经法院调解离婚。2008 年 1 月 9 日，廖某某与宋 A 签订《协议书》载明：“我村 × × 村原村民小组村民宋 A、廖某某现自愿将坐落在 × × 村房屋 41 平方米、36 平方米，赠送给宋 A 使用，从今天开始永远归宋 A 使用”。× × 村村民委员会在《协议书》上盖章确认。宋 A 与宋某某均系 × × 村村民。2015 年，宋 A 将上述《协议书》中的房屋两间进行了拆旧建新。2019 年 6 月 26 日，××镇政府经调查对宋 A 作出《限期整改通知书》，认为宋 A“在建设前没有申请办理报建审批手续，没有取得城乡建设规划许可证，属于违法建设”，责令其“自收到通知书之日起 30 日内，停止建设，自行整改”。

2020 年，宋 A 向新会区人民法院提起宅基地使用权纠纷诉讼，请求：(1) 确认宋 A 与廖某某、宋某某签订的《协议书》有效，廖某某、宋某某不享有涉案宅基地的权利；(2) 判令 A 和 B 号集体建设用地使用证的使用权归宋 A。

新会区人民法院认为，涉案《协议书》虽载明房屋系“赠送给宋 A 使用”，但从“从今天开始永远归宋 A 使用”以及廖某某收取款项 19,000 元的行为可知，《协议书》实质为农村房屋买卖合同。首先，宋某某主张未出卖涉案房屋与事实不符。廖某某于 1997 年将涉案房屋出卖给宋 A 后，宋某某与廖某某在 2004 年调解离婚时，宋某某并未提出涉案房屋的分割问题，且宋某某此后已经在《协议书》上签名确认，宋 A 亦实际持有涉案房屋的集体土地建设用地使用证原件。因此，《协议书》是双方真实意思表示。其次，法律、行政法规对农村房屋买卖行为未作禁止性规定。《土地管理法》第 62 条第 5 款规定“农村村民出卖、出租赠与住宅后，再申请宅基地的，不予批准”。从该条规定可见，农村村民出卖宅基地上所建住宅，法律并没有予以禁止，只是村民卖房后再申请宅基地的将不被批准。最后，宅基地是农村集体经济组织分配给成员用于建造住宅的土地，宅基地使用权的主体具有特定性即该农村集体经济组织成员，其具有一定的社会保障和社会福利性质。非本集体经济组织成员无权取得或变相取得。农村集体经济组织成员在集体土地上建造的住宅，其买卖也必然涉及宅基地使用权买卖。而我国在处理涉及房屋及宅基地权属纠纷中采取“房地一体”的原则，房随地走、地随房走是该原则的具体表现形式。本案中宋 A、宋某某、廖某某签订的《协议书》，转让内容为宅基地及地上房屋，坐落于××村，宋 A 系该地块所在集体经济组织成员，符合取得涉案宅基地及房屋的条件，××村村民委员会也在《协议书》盖章确认。因此，宋 A 可以依据《协议书》取得涉案房屋及宅基地的权利。本案宋 A、宋某某、廖某某虽因故未办理宅基地使用权证相关的变更手续，但并不影响涉案《协议书》的效力。同时《协议书》也不存在《合同法》第52条[①]规定的情形，应为有效合同，双方并已经实际履行多年，涉案房屋及宅基地使用权的权利人为本案宋A，廖某某、宋某某无权再对涉案房屋及宅基地主张权利，对于集体建设用地使用证的登记权利人与实际权利人不一致的问题，宋A可另行向相关行政部门申请变更。

新会区人民法院判决：(1) 确认宋A与廖某某、宋某某签订的《协议书》为有效合同；(2) 驳回宋A的其他诉讼请求。

宋某某不服一审判决，向江门市中级人民法院提出上诉称，(1) 本案宅基地使用权纠纷属于土地权属发生的争议，应先由人民政府处理，宋A未经人民政府处理，向法院提起民事诉讼错误。(2)《协议书》没有约定对价是赠与合同，不是农村房屋买卖合同。(3) 涉案房屋及宅基地是宋某某、廖某某共同财产，宋某某与廖某某离婚时，对涉案房屋未办理房屋产权证，权属未确定，所以未进行分割处理，一审认为宋某某、廖某某认可涉案房屋已不属于夫妻共同财产错误。根据《物权法》第9条第1款[②]的规定，房屋的所有权以登记为准，涉案房屋未办理权属证书。宋某某与廖某某在未取得房屋所有权证书的前提下，无权签订涉案的协议书，故《协议书》无效。

江门市中级人民法院认为，本案是宅基地使用权纠纷。根据一审判决结果，结合宋某某的上诉请求，本案二审审理焦点问题为：(1) 本案是否属于民事诉讼案件受理范围；(2) 宋A与廖某某、宋某某签订的《协议书》效力应如何认定，属有效还是无效。

1. 关于本案是否属于民事诉讼案件受理范围的问题。根据最高人民法院《关于适用〈中华人民共和国物权法〉若干问题的解释（一）》第1条[③]“因不动产物权的归属，以及作为不动产物权登记基础的买卖、赠与、抵押等产生争议，当事人提起民事诉讼的，应当依法受理”的规定，本案中，宋A一审所提诉讼请求均系以确认涉案《协议书》有效为基础，本案审理的焦点是

---

① 《合同法》已失效，相关规定参见《民法典》第146条。

② 《物权法》已失效，相关规定参见《民法典》第209条第1款。

③ 此解释已失效，相关规定参见最高人民法院《关于适用〈中华人民共和国民法典〉物权编的解释（一）》第1条。

作为基础法律关系的合同效力争议，依法属于民事诉讼案件受理范围。宋某某认为本案应驳回宋A的起诉理据不足，不予支持。

2. 关于宋A与廖某某、宋某某签订的《协议书》的效力问题。首先，依法成立的合同，自成立时生效。买卖与赠与均为物权变动的合法原因，涉案《协议书》无论是认定为赠与还是买卖，因宋某某、廖某某均在《协议书》中签字，且并未对宋A实际持有涉案房屋的集体土地建设用地使用证原件及实际占有涉案宅基地及地上房屋的事实提出异议，涉案《协议书》中也没有附生效条件的约定，故应认定属双方真实意思表示，自各方签字时成立并生效。宋某某上诉认为涉案房屋属夫妻共同财产，其对廖某某出卖涉案房屋给宋A并不知情。江门市中级人民法院认为，根据廖某某于1997年1月19日向案外人宋B出具材料载明“廖某某现委托宋B永久保管房屋两间”和出具的《收条》载明“现收到宋B交来现金壹万玖仟元正，作两间房屋地价”的内容可知，涉案《协议书》中虽存在“赠送”表述，但并非无偿转让而是有偿转让，故实质为农村房屋买卖而非赠与。即使廖某某在1997年1月19日出具证明材料并收取宋A 19,000元的行为未经宋某某同意且存在无权处分的情形，但宋某某在涉案《协议书》中的签字应认定为属对廖某某此前行为的追认，故涉案《协议书》不存在因无权处分而无效的情形，仍为合法有效。其次，宅基地使用权是我国农村集体经济组织成员享有的一项用益物权，与物权人特定的身份具有密切的联系；宅基地使用权并非绝对禁止转让，但取得宅基地使用权的人员应限于宅基地所在集体经济组织成员。本案中，涉案《协议书》指向的标的物均为涉案房屋而非单纯的宅基地使用权。根据“房地一体”原则，农村房屋买卖必然涉及占用范围内的宅基地使用权，因宋A也系××村集体组织成员，且××村村民委员会也在《协议书》中盖章确认，故涉案《协议书》的内容并不违反法律强制性规定。另外，根据《土地管理法》第62条第5款“农村村民出卖、出租、赠与住宅后，再申请宅基地的，不予批准”的规定，农村村民可以出卖其住房，其后果仅是不能再申请宅基地，而不是合同无效；“一户一宅”原则不是评价合同效力的强制性规定，故宋A在所在集体经济组织是否有其他宅基地的事实不影响对涉案《协议书》效力的认定。最后，涉案宅基地上的房屋虽未办理产权证，但未办理权属证书并不影响涉案《协议书》的效力；双方签订涉案《协议书》后虽未办理宅基地使用权变更登记，但这一事实也不影响涉案《协议书》的效力。

江门市中级人民法院判决：驳回上诉，维持原判。

［根据广东省江门市中级人民法院（2020）粤07民终1193号民事判决书编写］

## 案例33

张某系××村村民，该村在县城规划区域内。宽城满族自治县建设局因旧城改造于2006年与张某签订《房屋拆迁协议书》，约定拆除张某家在××村的住宅，张某获得补偿款并可获得三套回迁安置房。后张某又购买了同村邵某的民族街××号院房屋，2007年12月12日经宽城满族自治县政府批准，张某获得了闲置宅基地使用权。

董某某是某医院职工，系非农业户口，在县城××村××号自建住宅一处，并依法取得《房屋所有权证》《集体建设用地使用证》。2012年4月13日，张某与董某某签订《房地产买卖协议书》，张某以68万元的价格购买了董某某民族街××号院落，后张某搬入该院落居住。

2013年5月1日，宽城满族自治县国土资源局对董某某涉嫌非法买卖宅基地立案调查，后向董某某、张某送达了《行政处罚告知书》和《行政处罚听证告知书》。2013年8月30日，宽城满族自治县国土资源局作出××第16号行政处罚决定书。该决定书认定。董某某将其位于民族街××号院落的房地产以一次性68万元的价格卖给张某，双方签订《房地产买卖协议书》后，张某足额支付价款，实际使用了该宅基地。经评估，民族街××号院落原有房屋估价25.4281万元，董某某买卖非法所得为42.5719万元。董某某将院落的房地产卖给张某的行为，违反了《河北省农村宅基地管理办法》第6条、第14条的规定，属非法买卖宅基地行为。根据《河北省农村宅基地管理办法》第20条的规定，处罚如下：（1）责令董某某15日内收回其宅基地使用权，没收违法所得42.5719万元，并处违法所得10%计4.2572万元的罚款；（2）责令张某15日内退还非法购买的宅基地，并处非法购买宅基地交易价格42.5719万元的10%，计4.2572万元的罚款。

张某不服上述处罚决定，向承德市国土资源局申请复议，承德市国土资源局作出《行政复议决定书》，维持宽城满族自治县国土资源局的《行政处罚决定书》。

张某向宽城满族自治县人民法院提起行政诉讼称，原告和董某某都是××村人，原告购买董某某的房子是在原告家房子因拆迁失去宅基地之后，本村集体成员之间买卖房屋是合法有效的；虽然此处宅基地政府还没有给原告办理过户，但根据物权法相关规定，买卖合同是合法有效的，所以处罚原告是错误的；原告购买的是房屋所有权，宅基地的权属仍是集体所有，土地使用权随房屋所有权转移，董某某的房屋土地使用权随其房屋一并转移由原告使用，原告不存在单独购买宅基地的问题。原告认为，被告行政处罚认定事实错误，处罚没有法律依据，请求法院依法予以撤销。

被告宽城满族自治县国土资源局辩称，2006年旧城改造中，原告张某分得回迁安置房指标三套。2007年11月，原告购买了邵某的××号民房。2012年4月13日，原告又与董某某签订《房地产买卖协议书》，以68万元的价款买下董某某的民族街××号住宅。原告作为董某某民族街××号住宅的买主和受让人，不符合农村购房和重新申请宅基地的条件。董某某虽在××村居住，但不属于××村居民，其民族街××号住宅所占有的土地属于集体土地，董某某无权进行买卖。原告虽属于××村村民，但不符合农村购房和重新申请宅基地的条件，董某某将该房屋的所有权连同宅基地的使用权实际交付给原告，土地权利已经发生了转移。《房地产估价报告》证明对董某某的房屋及附属建筑物（不含土地）的估价为254,281元，董某某与原告的成交价是68万，可以认定形成变相买卖土地的非法所得为425,719元，计算方法科学、计算结果准确。被告作出第16号行政处罚决定程序合法。请法院依法予以维持。

宽城满族自治县人民法院认为，《土地管理法》第2条第3款规定：“任何单位和个人不得侵占、买卖或者以其他形式非法转让土地。土地使用权可以依法转让。”《河北省农村宅基地管理办法》第6条规定：“农村村民建设住宅，应当依法取得土地使用权。禁止非法占用土地建设住宅。禁止买卖或者以其他方式非法转让农村宅基地。”被告宽城满族自治县国土资源局作为土地管理部门，在接到案件线索后，通过立案调查，取证、告知申辩，委托评估，送达处罚决定等法定程序，对第三人董某某与原告张某买卖房屋和宅基地的行为作出处罚，认定事实清楚，定性准确，适用法律正确，处罚适当。宽城满族自治县人民法院判决维持被告宽城满族自治县国土资源局作出的行政处罚决定。

张某对一审上述判决不服，向承德市中级人民法院提起上诉。

承德市中级人民法院二审认为，张某受让涉案土地和董某某转让涉案土地的行为属非法买卖宅基地的行为。张某与董某某签订的《房地产买卖协议书》违反了《土地管理法》第 2 条第 3 款的强制性规定；宽城满族自治县国土资源局认定张某与董某某签订的《房地产买卖协议书》无效于法有据。根据××房地产评估公司《房地产估价报告》认定，宽城满族自治县国土资源局确认涉案土地非法所得的数额科学、准确。被告依据《河北省农村宅基地管理办法》第 20 条规定作出的第 16 号行政处罚决定，认定事实清楚，适用法律正确。张某与原审第三人董某某非法买卖宅基地的事实存在，违法所得的金额准确。承德市中级人民法院判决：驳回张某上诉，维持原判。

张某对二审判决仍不服，向河北省高级人民法院申请再审，河北省高级人民法院指令承德市中级人民法院对本案进行再审。

承德市中级人民法院再审认为，张某与董某某就涉案宅基地及地上房屋买卖的行为不符合《河北省农村宅基地管理办法》的相关规定。农村宅基地转让必须同时具备三个条件：转让人必须是农村村民；受让人必须符合申请宅基地的条件；受让人必须依法办理宅基地审批手续。董某某退休前系某医院医生，不是农村村民，不符合转让（买卖）农村宅基地的条件。《河北省农村宅基地管理办法》第 7 条规定：“农村村民符合下列条件之一的，可以申请宅基地：（一）因子女结婚等原因确需分户，缺少宅基地的；（二）外来人口落户，成为本集体经济组织成员，没有宅基地的；（三）因发生或者防御自然灾害、实施村庄和集镇规划以及进行乡（镇）村公共设施和公益事业建设，需要搬迁的。”显然，张某及董某某不符合上述条件中的任一条。

《河北省农村宅基地管理办法》第 14 条第 1 款规定：“农村村民因继承

等原因形成一户拥有二处以上宅基地的，多余的住宅应当转让。受让住宅的村民必须符合申请宅基地的条件，并依照本办法的规定办理宅基地审批手续。”据此可以认定张某受让涉案土地，董某某有偿转让涉案土地的行为属非法买卖宅基地的行为。

张某与董某某签订的《房地产买卖协议书》违反了《土地管理法》第 2 条第 3 款“任何单位和个人不得侵占、买卖或者以其他形式非法转让土地。土地使用权可以依法转让”的强制性规定；《合同法》第 52 条第 1 款[①]规定：“有下列情形之一的，合同无效：……（五）违反法律、行政法规的强制性规定”。据此，宽城满族自治县国土资源局关于张某与董某某签订的《房地产买卖协议书》无效的认定于法有据。宽城满族自治县国土资源局根据《房地产估价报告》的评估，确认涉案土地非法所得的数额科学、准确。依据《河北省农村宅基地管理办法》第 20 条规定作出的第 16 号行政处罚决定，认定事实清楚，于法有据。

据此，张某与董某某非法买卖宅基地的事实存在，违法所得的金额确认准确。宽城满族自治县国土资源局作出的行政处罚决定认定事实清楚、证据充分，适用法律正确。原一审、二审判决认定事实清楚，适用法律正确，审判程序合法。再审申请人张某申请再审的理由不成立。

承德市中级人民法院判决：维持本院二审行政判决及宽城满族自治县人民法院一审行政判决。

［根据宽城满族自治县人民法院（2014）宽行初字第 5 号行政判决书和河北省承德市中级人民法院（2017）冀 08 行再 3 号行政判决书编写］

**【作者分析】**

农村村民买卖房屋及宅基地是否构成《土地管理法》第 74 条规定的“买卖或者以其他形式非法转让土地的”行为以及是否给予行政处罚，关键在于合法还是非法的问题。买卖房屋及宅基地如果是合法有效的行为，不仅不受行政处罚，反而应受法律保护；如果是违法行为，不仅买卖合同无效，而且应受行政处罚。由此可见，村民买卖房屋及宅基地，自然资源主管部门

① 《合同法》已失效，相关规定参见《民法典》第 146 条。

只有在其行为违法且合同无效的基础上才能实施行政处罚。

在案例32中，宋某某、廖某某和宋A都是××村集体经济组织成员，涉案房屋及宅基地也在××村，双方买卖房屋系在同一农村集体内部进行，且符合合同法律规范的规定，故法院认定房屋买卖合同有效，据此，××镇政府认为宋A“在建设前没有申请办理报建审批手续，没有取得城乡建设规划许可证，属于违法建设”就不能成立，责令宋A“自收到通知书之日起30日内，停止建设，自行整改”错误，故不能继续对宋A作出行政处罚。

而在案例33中，出卖人张某是××村村民，而买受人董某某是某医院职工系非农业户口，两者非同村集体经济组织成员而签订《房地产买卖协议书》，买卖农村房屋及宅基地是非法的，故宽城满族自治县国土资源局认定张某与董某某签订的《房地产买卖协议书》无效是正确的，宽城满族自治县国土资源局在基础上依照规定程序对董某某、张某作出行政处罚是合法的。

## 第四节　对村民未取得乡村规划许可建房的行政处罚

农村村民建设住宅涉及两个规划，即土地利用总体规划和乡规划、村庄建设规划（以下简称乡村规划）。村民建设住宅违反土地利用总体规划的，依照《土地管理法》的有关规定给予行政处罚；违反乡村规划的，则应依照《城乡规划法》有关规定给予行政处罚。

### 一、《城乡规划法》对村民建房的基本要求

乡村规划是在乡村划定规划区，对住宅、道路、供水、排水、供电、垃圾收集、畜禽养殖场所等农村生产、生活服务设施、公益事业等各项建设的用地布局、建设要求，以及对耕地等自然资源和历史文化遗产保护、防灾减灾以及村庄发展布局等的具体安排。农村村民在乡村规划区范围内建造住宅的，应当执行《城乡规划法》的有关规定。根据《城乡规划法》第41条的规定，农村村民在乡村规划区范围内建造住宅应当符合以下要求。

（一）使用原有宅基地建设住宅应当符合省级规划管理办法的规定

《城乡规划法》第 41 条第 2 款规定："在乡、村庄规划区内使用原有宅基地进行农村村民住宅建设的规划管理办法，由省、自治区、直辖市制定。"此规定属于法律授权，故农村村民在乡村规划区内使用原有宅基地建设住宅，应当符合省级政府或人大常委会制定的规划管理办法的规定。例如，《广西壮族自治区乡村规划建设管理条例》第 25 条规定："在乡、村庄规划区内进行乡镇企业、乡村公共设施、公益事业建设，以及村民不使用原有宅基地或者扩大原有宅基地面积建设住宅的，乡（镇）人民政府自受理申请之日起十个工作日内将审核意见以及该建设工程相关材料报上一级人民政府城乡规划主管部门；城乡规划主管部门自受理申请之日起二十个工作日内作出决定，对符合本条例第二十二条规定条件的，核发乡村建设规划许可证；对不符合本条例第二十二条规定条件的，不予核发，并书面说明理由。县级人民政府城乡规划主管部门可以委托乡（镇）人民政府核发乡村建设规划许可证。在乡、村庄规划区内进行本条第一款规定的建设，应当在取得乡村建设规划许可证后，依法办理用地审批手续"。

（二）占用农用地建设住宅应当依法办理农用地转用审批手续

《城乡规划法》第 41 条第 3 款规定："在乡、村庄规划区内进行乡镇企业、乡村公共设施和公益事业建设以及农村村民住宅建设，不得占用农用地；确需占用农用地的，应当依照《中华人民共和国土地管理法》有关规定办理农用地转用审批手续后，由城市、县人民政府城乡规划主管部门核发乡村建设规划许可证。"这款规定与《土地管理法》第 44 条的规定一致。也就是说，农村村民在乡村规划区内占用农用地建设住宅的，只有在依法办理农用地转用审批手续后，城乡规划主管部门才核发乡村建设规划许可证。

（三）取得乡村建设规划许可证后方可办理用地审批手续

根据《城乡规划法》第 41 条第 4 款"建设单位或者个人在取得乡村建设规划许可证后，方可办理用地审批手续"的规定，农村村民在乡村规划区内建设住宅的，应当先申请规划许可，在取得乡村建设规划许可证后，才可以办理用地审批手续；如果未取得乡村建设规划许可证，则不予办理用地审批手续。

（四）按照规定程序办理乡村建设规划许可证

《城乡规划法》第41条第3款规定，农村村民住宅建设确需占用农用地的，应当依照《土地管理法》有关规定办理农用地转用审批手续后，由县级政府城乡规划主管部门核发乡村建设规划许可证。至于村民在乡村规划区内申办乡村建设规划许可证的具体操作程序，根据《乡村建设规划许可实施意见》第5条和第6条的规定，村民应向乡镇政府提出乡村建设规划许可的书面申请，申请材料应包括：（1）国土部门书面意见；（2）房屋用地四至图及房屋设计方案或简要设计说明；（3）经村民会议讨论同意、村委会签署的意见；（4）其他应当提供的材料。乡镇政府应自申请材料齐全之日起10个工作日内将申请材料报送县级政府城乡规划主管部门，城乡规划主管部门应自受理乡村建设规划许可申请之日起20个工作日内进行审查并作出决定。对符合法定条件、标准的，应依法作出准予许可的书面决定，并向申请人核发乡村建设规划许可证；对不符合法定条件、标准的，应依法作出不予许可的书面决定，并说明理由。

## 二、村民违反乡村规划许可建设住宅的行为

这里的未取得乡村规划许可，是指《城乡规划法》第65条规定的“未依法取得乡村建设规划许可证”。从现实表现来看，村民违反乡村规划许可建设住宅的行为，主要有以下几种表现情形。

（一）未取得乡村建设规划许可证建设住宅

农村村民未取得乡村建设规划许可证主要有以下几种情况：

（1）未向城乡规划主管部门或者城乡规划主管部门委托的乡镇政府申请核发乡村建设规划许可，原因可能是明知自己建设住宅违反乡村建设规划而不敢申请，也可能是符合乡村建设规划但因法治观念不强未提出申请，结果违法建设住宅。

（2）已经提出申请但未获得批准。农村村民虽已向城乡规划主管部门或者乡镇政府申请核发乡村建设规划许可，但因其申请不符合乡村建设规划，

城乡规划主管部门或者乡镇政府未予批准而未取得乡村建设规划许可证。

（3）已经开始违法建设后，才申请乡村建设规划许可证。这是“先建后批”行为，城乡规划主管部门或者乡镇政府不予核发乡村建设规划许可证，待村民纠正违法建设或者违法建设经处理后，再予考虑核发乡村建设规划许可证。

（4）农村村民已经提出申请，城乡规划主管部门或者乡镇政府正在审核，但在尚未核发乡村建设规划许可证的情况下，村民就开始建设住宅。这种“未批先建”行为，城乡规划主管部门或者乡镇政府应当停止核发乡村建设规划许可证，待“未批先建”问题处理后，再核发乡村建设规划许可证。

（二）骗取乡村建设规划许可证建设住宅

农村村民提交虚假材料，如提交虚假的村民委员会的同意意见、四邻书面同意意见，虚假选址情况、农户成员情况等，骗取乡村建设规划许可证的，原核发该证的城乡规划主管部门或者乡镇政府应当予以撤销。乡村建设规划许可证因此被撤销后，村民建设住宅行为应按未取得乡村建设规划许可证进行处理。

## 三、村民违反乡村规划许可建房的行政处罚

《城乡规划法》第65条规定：“在乡、村庄规划区内未依法取得乡村建设规划许可证或者未按照乡村建设规划许可证的规定进行建设的，由乡、镇人民政府责令停止建设、限期改正；逾期不改正的，可以拆除。”据此规定，乡镇政府应当根据村民违法行为的不同阶段和情节轻重实施以下行政处罚。

（一）责令停止建设、限期改正

乡镇政府发现村民未取得乡村规划许可证建设住宅的，先应向其发出责令停止违法建设的通知，责令其立即停止违法建设住宅的活动。责令停止违法建设通常适用于正在违法建设的情形，用以制止这种违法行为继续进行。

乡镇政府在责令停止建设的同时还应责令限期改正，用以消除违法行为造成的危害后果，恢复合法状态，如村民正在超面积建设住宅，乡镇政府应当责令其自行拆除超面积部分的建筑。

需要注意的是，根据《行政处罚法》第 8 条行政处罚种类的规定，责令停止建设是一种行政处罚种类；责令限期改正是行政措施，而不是行政处罚种类。

（二）限期拆除

这里的限期拆除，是指乡镇政府作出的要求违法村民在一定时间内拆除违反乡村建设规划许可规定所建住宅的行政行为。乡镇政府责令停止建设并限期改正后，村民在期限内已经改正，如自行拆除违法建筑，消除了对乡村规划的实施影响的，乡镇政府不得再对其作出拆除的决定；如果超过期限自行拆除的，乡镇政府也不能再对其作出拆除的处罚决定。如果在作出拆除处罚决定后，村民已经自行拆除的，拆除处罚决定已经到达目的，应当作结案处理。

乡镇政府依据《城乡规划法》第 65 条的规定对村民违反乡村规划许可建设住宅的行为实施行政处罚，需要注意以下两个问题：

1. 责令限期拆除通知是否可诉的问题

有一种观点认为，乡镇政府对这种违法村民作出的限期拆除通知书，实质上是限期改正的一种行政措施，属于程序性的告知行为，目的是要求村民自行纠正违法行为，并不具有独立性及终局性，尚未对村民的实体权利义务产生实际影响，故是不可诉的行政行为，也就是说，村民单就限期拆除通知不服的，不能提起行政诉讼。村民未在规定期限内拆除违法建设的房屋，乡镇政府作出拆除决定的，该拆除决定对村民的实体权利义务产生实际影响，故是可诉的行政行为，村民可以就此向法院提起行政诉讼。但是，国务院原法制办公室《关于“责令限期拆除”是否属于行政处罚行为的答复》（国法秘函〔2000〕13 号）已经明确答复，“责令限期拆除”不应当理解为行政处罚。其行为本质上属于行政命令，而行政命令则要求行为人履行相应义务，若相对人不履行行政命令，则会受到行政处罚或行政强制执行的后果。据此，乡镇政府作出的责令限期拆除通知书尽管不是以决定书的形式发出，但其作为限期拆除违法建筑的基础行为，实质上已为相对人设定了限期拆除的法律义务，对当事人产生实质影响，故责令限期拆除通知属可诉的行政行为。

2.《城乡规划法》第65条规定“逾期不改正的，可以拆除”的问题

这里规定“可以”，而不是“应当”。例如，村民申请宅基地建房符合“一户一宅”条件，且符合乡村规划要求，只是未办理乡村规划许可手续，就在宅基地上建设住宅的，笔者主张人性化执法，乡镇政府应当尽可能给予补办乡村规划许可手续，而不宜拆除其已建的住宅，使其多年的心血毁于一旦，并导致其居无定所。

**案例34**

2018年10月，黑马河镇政府经调查证实，个体工商业主季某在没有取得《乡村建设规划许可证》等相关建设手续的情况下，于2012年在黑马河镇109国道南侧规划区内，擅自建设房屋，从事旅馆业经营。黑马河镇政府认为，季某擅自建设房屋的行为，违反了《城乡规划法》第41条的规定，属违法建筑，便对季某作出《责令限期改正及限期拆除违法建筑事先告知书》《责令限期改正及限期拆除违法建筑听证告知书》《责令限期拆除违法建筑决定书》《责令限期拆除违法建筑催告书》《违法建筑强制拆除公告》，告知季某有陈述和申辩及申请听证等的权利，最后依据《行政强制法》第37条、《城乡规划法》第68条的规定作出《行政强制执行决定书》，决定：报请共和县政府责成有关部门于2018年11月20日后依法组织实施强制拆除，请你（单位）自行清理上述违法建筑内的物品，逾期清理造成的一切损失由你（单位）自行承担。由于季某未自行拆除，黑马河镇政府对该违法建筑予以强制拆除。

季某不服黑马河镇政府强制拆除房屋的行政行为，于2020年1月向共和县人民法院提起行政诉讼，请求确认黑马河镇政府强制拆除其房屋的行政行为违法。

共和县人民法院认为，根据《行政强制法》第34条“行政机关依法作出行政决定后，当事人在行政机关决定的期限内不履行义务的，具有行政强制执行权的行政机关依照本章规定强制执行”的规定，《城乡规划法》第65条“在乡、村庄规划区内未依法取得乡村建设规划许可证或者未按照乡村建设规划许可证的规定进行建设的，由乡、镇人民政府责令停止建设、限期改

正；逾期不改正的，可以拆除”的规定，黑马河镇政府具有在规划区内对房屋建设违法行为监督管理的法定职权，被告主体适格；被告黑马河镇政府强制拆除季某房屋的行政行为，与季某有利害关系，其有权依法起诉。被告黑马河镇政府提交的调查笔录、现场勘查笔录、照片、现场测绘测量笔录、宗地图、房产分丘平面示意图、套合规划成果图可以证明被告拆除原告房屋的行政行为认定事实清楚；被告作出《责令限期改正及限期拆除违法建筑事先告知书》《责令限期拆除违法建筑催告书》向原告季某告知陈述、申辩的权利，《责令限期改正及限期拆除违法建筑听证告知书》告知了季某申请听证的权利，《行政强制执行决定书》告知了季某申请行政复议和行政诉讼的期限和途径，且对强制拆除房屋的行政行为予以公告，被告的行政行为程序合法。综上，被告黑马河镇政府强制拆除原告房屋的行政行为证据确凿，适用法律法规正确，符合法定程序，原告季某要求确认行政行为违法的诉讼请求，因无事实和法律依据判决驳回，依照《行政诉讼法》第69条的规定，判决驳回原告季某的诉讼请求。

季某不服上述一审判决，向海南藏族自治州人民法院上诉称，(1) 上诉人涉案房屋实属历史遗留问题，且在该房屋上已经实际居住、生活多年，虽涉案房屋没有取得建设规划部门的审批，但是这种长期的实际居住和生活取得了相关单位或部门的许可与支持，形成了行政法上的信赖利益，应当予以合法、合理的认定和保护；被上诉人在实施强制拆除行为时，并未给予上诉人合理的复议、诉讼救济时间，违反《行政强制法》第44条的规定，属严重违法行为。(2) 被上诉人在集体土地上依据《城乡规划法》实施强制拆除行为，适用法律错误；被上诉人在贯彻落实《青海省贯彻落实中央环境保护督察反馈意见整改方案》时未严格依法进行，违反《行政强制法》的规定，属没有法律依据。请求二审法院依法撤销共和县人民法院上述一审行政判决，依法予以改判。

海南藏族自治州中级人民法院认为，本案的争议焦点是：(1) 涉案被拆除的房屋是否属于违法建筑；(2) 黑马河镇政府的强制拆除行为是否合法。

1. 关于涉案房屋是否属于违法建筑的问题。依照《城乡规划法》及国务院《村庄和集镇规划建设管理条例》第18条的规定，农村村民在村庄、集镇规划内建住宅的，使用原有宅基地、村内空闲地和其他土地的，由乡级人民政府根据村庄、集镇规划和土地利用规划批准。上诉人季某建设的涉案房屋，应当取得乡级政府的规划批准。在未依法取得乡村建设规划许可证的情况下，其所建的涉案房屋应属违法建筑。黑马河镇政府依据《城乡规划法》等法律规定确定涉案房屋为违法建筑，事实清楚。上诉人季某认为涉案房屋属于历史遗留问题，该房屋合法合理存在的上诉理由，无法律依据不能成立。

2. 关于黑马河镇政府的强制拆除行为是否合法的问题。《城乡规划法》第 65 条规定，“在乡、村庄规划区内未依法取得乡村建设规划许可证或者未按照乡村建设规划许可证的规定进行建设的，由乡、镇人民政府责令停止建设、限期改正；逾期不改正的，可以拆除。”根据上述规定，黑马河镇政府对于在乡、村庄规划区内违法建筑负有法定的行政管理权，对涉案房屋黑马河镇政府在相对人未按期履行改正义务后，有权依法予以强制拆除房屋。为此，黑马河镇政府向上诉人季某送达了《责令限期改正及限期拆除违法建筑事先告知书》《责令限期拆除违法建筑催告书》《责令限期改正及限期拆除违法建筑听证告知书》《行政强制执行决定书》等法律文件，告知上诉人陈述、申辩、听证的权利，并告知申请行政复议和行政诉讼的期限和途径。黑马河镇政府的行政执法程序合法。上诉人认为黑马河镇政府实施强制拆除行为适用法律错误及违反相关法律规定的上诉理由，无事实法律依据，该上诉理由，亦不能成立。

海南藏族自治州中级人民法院认定，原审法院判决认定事实清楚，适用法律正确，应予维持。依据《行政诉讼法》第 89 条第 1 款第 1 项的规定，判决驳回上诉，维持原判。

[根据青海省共和县人民法院（2020）青 2521 行初 41 号行政判决书和海南藏族自治州中级人民法院（2020）青 25 行终 51 号行政判决书编写]

**【作者分析】**

本案是一起未依法取得乡村建设规划许可建房的行政处罚案件。季某在乡村规划区内未依法取得乡村建设规划许可证擅自建房，违反了《城乡规划法》第 41 条第 1 款“在乡、村庄规划区内进行乡镇企业、乡村公共设施和公益事业建设的，建设单位或者个人应当向乡、镇人民政府提出申请，由乡、镇人民政府报城市、县人民政府城乡规划主管部门核发乡村建设规划许可证”的规定，属违法建筑。

笔者在实践中发现，不少乡镇政府在办理违乡村规划许可的行政处罚案件时，往往只考虑《城乡规划法》第65条的规定而疏忽了《行政强制法》的程序规定，结果造成程序违法而被法院撤销。而本案的黑马河镇政府将《城乡规划法》《行政强制法》的有关规定有效地结合起来进行处理，在依照《城乡规划法》第65条规定责令季某停止建设、限期改正后，依照《行政强制法》第35条、第36条、第37条的规定，向季某送达了《责令限期拆除违法建筑催告书》《责令限期改正及限期拆除违法建筑听证告知书》，告知上诉人陈述、申辩、听证的权利，最后作出《行政强制执行决定书》，并告知申请行政复议和行政诉讼的期限和途径，且进行公告，这个过程符合《行政强制法》规定的程序，所以法院判决驳回原告季某“确认强制拆除房屋的行政行为违法”的诉讼请求，即维持了黑马河镇政府作出的拆除决定。

## 第五节　对村民违反规划许可证规定建房的行政处罚

这里的未按规划许可规定，是指《城乡规划法》第65条规定的“未按照乡村建设规划许可证的规定”。农村村民未按照乡村建设规划许可证的规定内容建设住宅，也是一种违反乡村规划许可的行为，也应依据《城乡规划法》第65条规定的规定给予行政处罚。

### 一、违反乡村规划许可证规定建设住宅的行为

住房和城乡建设部《乡村建设规划许可实施意见》第3条第1款规定：“乡村建设规划许可的内容应包括对地块位置、用地范围、用地性质、建筑面积、建筑高度等的要求。根据管理实际需要，乡村建设规划许可的内容也可以包括对建筑风格、外观形象、色彩、建筑安全等的要求。”乡村建设规划许可证载明的上述内容，既是村民建设住宅的具体权利依据，同时也是对

村民建设住宅的制约，故村民应当按照乡村建设规划许可证许可的内容建设住宅。村民未按照乡村建设规划许可证的内容建设住宅，如变动地块位置、超出用地范围、改变用地性质、超出建筑面积和高度等，事先应向作出乡村建设规划许可决定的行政机关申请办理变更手续，未申请办理变更手续或者申请办理变更未得到批准，村民就实施上述行为是违法行为，有关行政机关就应依照《城乡规划法》第 65 条的规定给予行政处罚。

## 二、关于“少批多建”的行政处罚问题

从农村现实情况来看，村民未按规划许可证规定建设住宅主要是“少批多建”。关于“少批多建”，有人理解为违法多建住宅面积，也有人理解为违法多占宅基地面积，还有人理解为两者兼有之。笔者认为，对村民建设住宅而言，“少批多建”是指超过乡村建设规划许可证规定的建筑面积，同时也应包括超出建筑高度或建筑层高。例如，村民依法取得的乡村建设规划许可证限建四层，而村民在宅基地有限的情况下追求宽敞的居住空间，便向上层发展建设六层楼房，上两层就属违法“少批多建”或“批低建高”的行为。又如，村民依法取得的乡村建设规划许可证限建 300 平方米，而该村民建设了 400 平方米，其中超出的 100 平方米也是“少批多建”行为。村民未按照乡村规划许可证规定建设住宅，包括“少批多建”“批低建高”，与未依法取得乡村建设规划许可证建设住宅一样，乡镇政府应当依照《城乡规划法》第 65 条的规定给予行政处罚。

这里需要注意的是，实践中所说的“少批多建”与“少批多占”是有区别的。“少批多占”的“占”是占有的“占”，而非建设的“建”，故“少批多占”应指超过批准的宅基地使用面积占用土地的行为。例如，村民因建设住宅需要经依法批准取得 150 平方米的宅基地，但在建设住宅时占用了 200 平方米的土地，其中 50 平方米属于“少批多占”行为。“少批多占”属违反土地行政管理秩序的行为，不适用《城乡规划法》第 65 条规定给予行政处罚，而应依据《土地管理法》第 77 条第 2 款“超过批准的数量占用土地，多占的土地以非法占用土地论处”和第 78 条第 2 款“超过省、自治区、直辖市规定的标准，多占的土地以非法占用土地论处”的规定给予行政处罚，

否则就会出现案件定性和适用法律错误，导致行政处罚无效。

## 三、关于“少批多建”和“少批多占”案件的强制执行问题

在“少批多建”“少批多占”的情况下，村民所建的住宅在客观上存在部分合法和部分非法的事实，即在依法批准范围内所建的住宅属于受法律保护的合法私有财产，而“多占”“多建”部分属于非法财产。有关行政机关对“少批多建”“少批多占”作出拆除房屋决定，因房屋是整体结构的建筑物，无论拆除“多占”的部分房屋还是拆除“多建”的部分，都有可能影响房屋的结构、质量、外观以及安全等问题。就此，《行政诉讼法解释》第155条规定，行政机关申请非诉执行的，应当具备“行政行为依法可以由人民法院执行”和“行政行为已经生效并具有可执行内容”两个基本条件。第161条还规定，被申请执行的行政行为有“其他明显违法并损害被执行人合法权益的情形”的，法院应当裁定不准予执行。据此，有关行政机关向法院申请“少批多建”“少批多占”拆除房屋的行政处罚决定，法院在强制拆除时发现，该拆除房屋的行政处罚决定虽已生效，但拆除“新建的建筑物”的方位、层次、数量等具体内容不能确定的，可视为“不具有可执行内容”；如果强制拆除“新建的建筑物”对整体房屋结构或者对合法部分的房屋有较大影响，将被视为有“损害被执行人合法权益的情形”，故应裁定不准予执行。

## 四、采取有偿使用方式处理“多占”“多建”的问题

在农村，村民“少批多占”“少批多建”的情况非常普遍，有些地方甚至出现“法不治众”的程度，全部拆除“新建的建筑物和其他设施”已经不可能。对此，有不少地方政府认为“堵不如疏”，采取“保留有偿使用”方法解决这个遗留问题。如《临安市集体土地违法建筑处置意见》在认定“少批多占”“少批多建”属于违建行为的基础上，对集体土地违法建筑分应当拆除、暂缓拆除、有偿使用、没收和补办手续五种形式进行处置。其中，对遗留农民所建的自住用房、农业生产用房、农家乐经营用房等三种不同形式的用房，在不属于应当拆除的情形下，采取“保留有偿使用”方式处置，即按照标准分别缴纳有偿使用费，然后由村民继续使用；对违法当事人缴纳的

有偿使用费，按照“谁征收，谁使用”的原则进行管理，征收的有偿使用费全部用于本行政村所辖范围内的新农村建设和发展村集体经济的项目建设投资。但对新出现的超面积违法建筑不适用“保留有偿使用”，情节严重者应当予以拆除。

笔者认为，在没有严重影响土地利用总体规划和乡村建设规划的情况下，应对新出现的“少批多占”“少批多建”的村民住宅采取“保留有偿使用”的方法进行处置，首先，有利于保障村民的居住权和改善村民的居住条件；其次，可避免拆除带来的资源浪费和村民损失；最后，能够有效地增加农村集体组织的经济收入，有利于新农村建设和发展村集体经济。但“保留有偿使用”也容易助长“少批多占”“少批多建”的发生，故仍需同时采取措施予以防范和制止。

## 案例35

吴某某、周某某夫妇系东白湖镇××村村民。早年吴某某建造了两间一层房屋，2004年取得使用权面积68平方米的集体土地使用权证。2017年7月，吴某某以房子年久失修、已将倒塌为由，向东白湖镇政府递交了《农村村民住宅拆翻改建申请表》和申请报告，申请对该房屋进行原拆原建。东白湖镇政府经审核，同意吴某某在原宅基地上进行拆、翻、改建，占地面积为68平方米，建筑面积为68平方米，建筑层数为1层，檐高为2.9米，坡屋顶栋高控制4.5米。但吴某某在实际建造过程中存在重建超高现象。2017年11月1日，东白湖镇政府依据《浙江省城乡规划条例》第60条之规定，向吴某某户下发了《通知》，认为吴某某户未经批准，违法挑头10平方米，责令其于2017年11月5日前自行拆除违法建筑，逾期将组织力量进行强制处理。吴某某户认为，挑头10平方米不属于违法建设，未在通知的期限内自行拆除，于是东白湖镇政府对吴某某户的挑头等构筑物实施了强制拆除。

吴某某、周某某不服，于2017年12月8日向诸暨市政府申请行政复议，请求撤销东白湖镇政府于2017年11月1日所作的《通知》；确认强制拆除挑头的行为违法；赔偿强拆建筑损失和精神损失。

2018年3月12日，诸暨市政府作出行政复议决定：（1）确认被申请人东白湖镇政府于2017年11月1日对申请人所作的要求申请人限期拆除“违法挑头10平方米”建筑的《通知》违法；（2）确认东白湖镇政府强制拆除申请人超建部分建筑的行为违法；（3）驳回吴某某、周某某要求赔偿强制拆除建筑物损失和精神损失。

吴某某对上述行政复议决定不服，向越城区人民法院提起行政诉讼，请求：（1）撤销诸暨市政府的行政复议决定书第3项；（2）确认东白湖镇政府强制拆除原告房屋挑头的行政行为违法；（3）依法对原告建筑损失和精神损失作出行政赔偿。

越城区人民法院经审理认为，《浙江省违法建筑处置规定》第3条规定：“本规定所称违法建筑，是指未依法取得规划许可或者未按照规划许可内容建设的建筑物和构筑物，以及超过规划许可期限未拆除的临时建筑物和构筑物，包括城市、镇规划区内的违法建筑（以下简称城镇违法建筑）和乡、村庄规划区内的违法建筑。”《城乡规划法》第65条规定：“在乡、村庄规划区内未依法取得乡村建设规划许可证或者未按照乡村建设规划许可证的规定进行建设的，由乡、镇人民政府责令停止建设、限期改正；逾期不改正的，可以拆除。”故被告东白湖镇政府具有对乡镇范围内未依法取得规划许可的建筑物和构筑物按违法建筑进行处置的行政职权。

1. 关于东白湖镇政府实施的强制拆除行为是否符合法律规定的问题。越城区人民法院认为，违法建筑既包括未依法取得规划许可或者未按照规划许可内容建设的建筑物，也包括构筑物。本案中，原告房屋的挑头已超出审批的拆、翻建范围，且搭建在东白湖镇政府所辖区域的村属集体土地上，东白湖镇政府将其认定为违法建筑依法具有职权依据，也并无不当。虽然原告的涉案建筑认定为违法建筑事实清楚，但东白湖镇政府对于违法构筑物实施拆除的行为属于行政强制，依法应当遵循《行政强制法》第35条、第36条、第37条、第38条、第44条的程序规定。东白湖镇政府在行政强制过程中，既未作出行政强制执行决定，也未告知并听取原告的陈述和申辩及原告依法应享有的救济权利，已违反法定程序，原告要求确认东白湖镇政府的行政行为违法，理由充分，故诸暨市政府的行政复议决定认定东白湖镇政府的拆除行为违法有事实依据和法律依据，其复议决定并无不当。但诸暨市政府未谨慎审查原告的复议申请，将原告提出的“确认被申请人于2017年11月1日对申请人所作的要求申请人限期拆除‘违法挑头10平方米’建筑的《通知》违法”及“确认被申请人强制拆除申请人超建部分建筑的行为违法”两个独立的行政行为在一个复议程序中作出确认，不符合“一案一审查”的规定，但鉴于该结果未对原告的实体权利义务产生影响，予以指正。

2. 关于原告主张的行政赔偿请求依据是否充分的问题。越城区人民法院认为，《国家赔偿法》第2条第1款规定：“国家机关和国家机关工作人员行使职权，有本法规定的侵犯公民、法人和其他组织合法权益的情形，造成损害的，受害人有依照本法取得国家赔偿的权利。”因涉案构筑物属于违法建设的事实清楚，且原告未提供充分的证据证明东白湖镇政府在实施拆除挑头、挑台过程中，已对原告的其他建筑物造成损害。同时，被告实施强制拆除后，所有拆下的建筑材料仍在原处，不妨碍原告随时取回，故原告要求东白湖镇政府行政赔偿不符合《国家赔偿法》的相关规定，其赔偿请求依法不成立，不予支持。

越城区人民法院依照《行政诉讼法》第69条及最高人民法院《关于审理行政赔偿案件若干问题的规定》第33条之规定，判决驳回原告吴某某、周某某的诉讼请求。

吴某某、周某某不服一审判决，向绍兴市中级人民法院上诉称，根据造房挑出“借天不借地”法则，一审法院不认可挑檐合法性有失公允。同时，上诉人房屋有合法审批手续，不应适用《浙江省违法建筑处置规定》《城乡规划法》等认定为违法建筑；涉案房屋只造了68平方米，并未超建；东白湖镇政府实施的强制拆除行为程序严重违法。请求撤销一审判决，发回重审，或依法改判撤销诸暨市政府的行政复议决定书第3项；确认东白湖镇政府限期拆除“违法挑头10平方米”建筑的《通知》及强制拆除行为违法；依法对上诉人建筑损失和精神损失作出行政赔偿。

绍兴市中级人民法院认为，东白湖镇政府既未依法作出强制执行决定，亦未进行公告，径行在作出《通知》后实施强制拆除，有违《行政强制法》第35条、第36条、第37条、第44条等的规定，构成程序违法，诸暨市政府行政复议决定对此所作确认违法的认定，法院予以认可。本案争议焦点实质在于上诉人吴某某、周某某提出的行政赔偿请求是否具有事实和法律依据。

《国家赔偿法》第2条规定，国家机关和国家机关工作人员行使职权，有本法规定的侵犯公民合法权益的情形，造成损害的，受害人有依照本法取得国家赔偿的权利。据此，获得国家赔偿以合法权益受到侵害为前提，违法权益不受法律保护。结合东白湖镇政府《通知》中“违法挑头10平方米”的表述、后续拆除情况及其复议答复情况，应认定涉案《通知》及据此所作拆除行为均系针对涉案房屋涉嫌超出审批面积占地部分，即上诉人主张的所谓“挑台走道”，故本案对该部分建筑是否属于合法权益进行审查。关于本案中被拆除的挑台走道，因涉案房屋经审批的占地面积为68平方米，现上诉人未能提交证据证明东白湖镇政府实施拆除行为后剩余房屋主体占地面积小于68平方米或与审批情况不符，故其关于被拆除部分系其合法财产、应当据此获得行政赔偿的主张缺乏事实依据，法院不予支持。诸暨市政府作出行政复议决定的程序符合《行政复议法》第22条、第23条、第31条等规定，上诉人关于复议决定程序违法的上诉意见，缺乏事实及法律依据，亦不予支持。

绍兴市中级人民法院判决：驳回上诉，维持原判。

［根据绍兴市越城区人民法院（2019）浙0602行初199号行政判决书和绍兴市中级人民法院（2019）浙06行终662号行政判决书编写］

**【作者分析】**

《城乡规划法》第65条规定的“违法建筑”，包括在乡村规划区内“未依法取得乡村建设规划许可证”和“未按照乡村建设规划许可证的规定”进行建设的建筑物和构筑物，以及超过规划许可期限未拆除的临时建筑物和构筑物。

案例34是“未依法取得乡村建设规划许可证”的行政处罚案件，而案例35是“未按照乡村建设规划许可证的规定”的行政处罚案件，两者都适用《城乡规划法》第65条的规定进行处罚。

“挑头”是农村住宅这一建筑物的构成部分，亦应属于乡村建设规划许可的范畴。本案中，吴某某、周某某经批准取得只取得68平方米的建房面积，而其另行所建的10平方米挑头是超出审批面积的部分，故东白湖镇政府、越城区人民法院和绍兴市中级人民法院都认定为违法建筑，且事实清楚，本应适用《城乡规划法》第65条规定给予行政处罚，但因东白湖镇政府未依照《行政强制法》的规定作出强制执行决定，亦未进行公告，在作出《通知》后径行实施强制拆除，构成程序违法。

## 第六节 对村民违法占地建房案件的强制执行

行政强制执行，是指行政机关或者人民法院对不履行行政决定的公民、法人或者其他组织依法强制其履行义务的执法行为。自然资源、城乡、农业农村的主管部门或者乡镇政府等行政机关对农村村民违法占用土地建设住宅、违反乡村规划许可建设住宅作出行政处罚决定后，被处罚村民拒不执行行政处罚决定的，该类案件应当进入强制执行程序，采取强制措施迫使其履行义务，从而实现土地、规划的行政管理目的。

### 一、行政机关强制执行与法院强制执行

#### （一）行政处罚案件的强制执行机关

根据《行政处罚法》《行政诉讼法》《行政强制法》等法律的规定，拥有行政处罚强制执行权的机关分别是行政机关与法院。那么，哪些行政处罚案件由行政机关自行强制执行，哪些行政处罚案件应当申请法院强制执行？根据《行政强制法》第13条第1款“行政强制执行由法律设定”的规定，法律规定由行政机关强制执行的行政处罚案件，行政机关具有强制执行权，故应自行强制执行，而不可申请法院强制执行；法律规定由行政机关申请法院强制执行或者没有规定的，行政机关不得自行强制执行，而应申请法院强制执行。行政机关强制执行程序适用《行政强制法》的规定，而法院强制执行适用《行政诉讼法》的规定。

#### （二）行政诉讼执行与行政非诉执行

根据《行政诉讼法》的有关规定，法院行政强制执行分为行政诉讼执行与行政非诉执行。

行政诉讼执行，是指法院依行政机关的申请对行政处罚决定实施执行措施的执法活动。《行政诉讼法》第95条规定："公民、法人或者其他组织拒绝履行判决、裁定、调解书的，行政机关或者第三人可以向第一审人民法院申请强制执行，或者由行政机关依法强制执行。"其中，行政机关依法向"人民法院申请强制执行"，法院据此依法受理执行的是行政诉讼执行。

行政非诉执行，是指法院依行政机关的申请对未经行政诉讼程序的行政处罚决定实施执行措施的执法活动。《行政诉讼法》第97条规定："公民、法人或者其他组织对行政行为在法定期限内不提起诉讼又不履行的，行政机关可以申请人民法院强制执行，或者依法强制执行。"其中，行政机关在"可以申请人民法院强制执行"的情况下申请法院强制执行的，法院据此依法受理执行的是行政非诉讼执行。

（三）行政诉讼执行与行政非诉执行的区别

行政诉讼执行与行政非诉执行都是法院依行政机关申请而对行政处罚案件实施的行政强制执行，但两者有以下四个主要区别：（1）是否经过行政诉讼程序不同。前者的执行案件已经行政诉讼程序，而后者的执行案件未经行政诉讼程序。（2）执行根据不同。前者的执行根据是法院作出的裁判文书、调解书和经过审理的行政处罚决定书，而后者的执行根据是行政处罚决定书。（3）法院审查情况不同。前者因已经行政诉讼程序审理，法院在受理执行时只需对申请程序和申请资料进行审查即可；而后者因未经行政诉讼程序审理，法院在立案执行前，将对行政处罚的实体和程序作严格的审查。（4）申请执行期限不同。根据《行政诉讼法解释》第153条和第156条的规定，行政诉讼执行的申请执行期限从法律文书规定的履行期间最后一日起计算为2年（法律文书规定分期履行的，从规定的每次履行期间的最后一日起计算；法律文书中没有规定履行期限的，从该法律文书送达当事人之日起计算）；而行政非诉执行的申请执行期限为自被执行人的法定起诉期限届满之日起3个月内。

## 二、违法占地建房的强制执行权

《行政诉讼法》第95条"或者由行政机关依法强制执行"规定中的"依

法”和《行政强制法》第 13 条第 1 款“行政强制执行由法律设定”规定中的“法律”，主要是指行政法。行政法已经授予行政机关强制执行权的，行政处罚案件应由行政机关自行强制执行，行政法没有授予行政机关强制执行权或者没有规定的，行政机关可以申请法院强制执行。

《土地管理法》第 83 条规定，“建设单位或者个人对责令限期拆除的行政处罚决定不服的，可以在接到责令限期拆除决定之日起十五日内，向人民法院起诉；期满不起诉又不自行拆除的，由作出处罚决定的机关依法申请人民法院强制执行，费用由违法者承担”。此规定没有授予自然资源和农业农村的主管部门以及乡镇政府拆除违法建筑物的强制执行权，故拆除违法建筑物的案件，有关行政机关应当申请法院强制执行。

根据上述规定，法院在受理土地行政处罚执行案件时，经审查符合规定条件的，应当裁定准许强制执行裁判文书、行政处罚决定书中的拆除违法占用土地上新建的建筑物及其他设施，并责令被申请执行人在一定期限内拆除。因强制拆除村民的违法住宅的主要目的是恢复土地原状并将土地退还给农村集体组织，故《行政处罚决定书》有恢复土地原状、退还土地内容的，这类裁定书还应责令被申请执行人村民恢复土地原状、退还非法占用的土地；裁判文书和行政处罚决定书中有没收地上建筑物和其他设施内容的，法院应当裁定予以没收。有些地方实行裁定与实施分离制度，即由法院裁定拆除、由行政机关组织实施，故这类裁定书会出现由申请执行人行政机关组织实施的内容。《土地管理法》第 83 条没有赋予有关行政主管部门对罚款、没收违法所得的强制执行权，故裁判文书、《行政处罚决定书》中的罚款、没收违法所得，应由法院实施强制执行。

## 三、违反规划许可建房的强制执行权

《城乡规划法》第 68 条规定：“城乡规划主管部门作出责令停止建设或者限期拆除的决定后，当事人不停止建设或者逾期不拆除的，建设工程所在地县级以上地方人民政府可以责成有关部门采取查封施工现场、强制拆除等措施。”此规定赋予地方政府对违反规划建房的强制执行权，其中包括对村民违反乡村规划建设住宅的强制执行权。这条规定中的“可以”，是指地方人民政府可以以自己的名义实施强制拆除，也可以责成或者委托有关行政主管部门以及综合行政执法机关实施强制拆除。

有些地方根据《城乡规划法》第68条的规定，就地方政府责成或者委托有关部门强制拆除的问题作出了更为具体的规定。《浙江省城乡规划条例》第66条规定："城乡规划主管部门作出责令停止建设的决定后，当事人不停止建设的，城乡规划主管部门应当立即向本级城市、县人民政府报告。城市、县人民政府应当自收到报告之日起十日内书面责成有关部门采取查封施工现场等措施。城乡规划主管部门作出责令限期拆除的决定后，当事人逾期不拆除又在法定期限内不申请复议、不起诉的，城乡规划主管部门应当自法定期限届满之日起十五日内向本级城市、县人民政府报告。城市、县人民政府应当自收到报告之日起六十日内书面责成有关部门强制拆除。"

最高人民法院《关于违法的建筑物、构筑物、设施等强制拆除问题的批复》也指出："根据行政强制法和城乡规划法有关规定精神，对涉及违反城乡规划法的违法建筑物、构筑物、设施等的强制拆除，法律已经授予行政机关强制执行权，人民法院不受理行政机关提出的非诉行政执行申请。"据此，在法律已经授予强制拆除权的情况下，地方政府或由其责成的城乡规划主管部门等申请法院非诉强制执行的，法院裁定不予受理。

## 四、行政强制执行的程序问题

笔者在实践中经常发现，一些自然资源、农业农村、城乡规划的主管部门以及乡镇政府在作出行政处罚决定后，若当事人拒不履行行政处罚决定义务，就认为行政处罚程序已经进行完毕，行政处罚决定产生强制执行效力，便直接实施拆除行为，结果被法院判定其强制执行程序违法，其中的原因是未执行或者未完全执行《行政强制法》的规定程序。

其实，行政处罚决定与行政强制执行决定是两个不同性质的行政决定，行政机关依据《行政处罚法》的规定作出的决定是行政处罚决定，而在行政处罚决定作出后，依据《行政强制法》作出的决定是行政强制执行决定。因此，有关行政机关作出拆除房屋的行政处罚决定后，当事人拒不自行拆除而需强制拆除的，行政机关应当依照《行政强制法》规定的程序继续作出强制拆除决定。

《行政强制法》是一部专门规范行政机关行政强制的设定和实施的法律，其中第35条、第36条、第37条、第38条、第44条对行政机关强制执行程序作了明确规定。例如，当事人在行政机关处罚决定的期限内不履行义务，行政机关在作出强制拆除决定前，应当事先采取书面方式催告当事人履行拆除义务，当事人收到拆除催告书后仍有权进行陈述和申辩，此时，行政机关应当充分听取当事人的意见并进行复核；经书面催告，当事人逾期仍不自行拆除的，行政机关应当进行拆除公告；当事人不服强制拆除的，还有权申请行政复议、提起行政诉讼。《行政强制法》的上述规定程序进行完毕后，行政机关才可实施强制拆除，或者申请法院强制执行。行政机关未按上述规定的程序进行就实施强制拆除的，属于程序违法的行政行为。

## 五、责令停止、改正违法行为可否可诉和执行的问题

《行政处罚法》第28条规定："行政机关实施行政处罚时，应当责令当事人改正或者限期改正违法行为。"《土地管理法》第68条规定，县级以上人民政府自然资源主管部门履行监督检查职责时，有权责令非法占用土地的单位或个人停止违反土地管理法律、法规的行为。第75条、第76条也有"责令限期改正"的规定。据此，有关行政主管部门包括乡镇政府在实践中对有关村民违反占地建房行为都会作出《责令停止土地违法行为通知书》，并送达当事人。

### （一）关于责令停止违法行为的问题

责令停止违法行为是行政机关制止当事人继续实施违法行为的具有命令性和强制性的行政行为。在行政行为的性质或者种类上，责令停止违法行为是行政强制措施而非行政处罚种类。但当责令停止违法行为作为行政处罚中的一种过程性行为，不直接影响当事人的财产权等合法权益，且其效力被后来的行政处罚决定所吸收，不具有独立法律意义的行政行为，故不可诉也不可强制执行。

责令停止违法行为与《行政处罚法》第9条第4项规定的"责令停产停

业、责令关闭”是不同的。责令停产停业、责令关闭是行政处罚种类，直接影响当事人的财产权等合法权益，属于《行政诉讼法》第12条第1款第12项“认为行政机关侵犯其他人身权、财产权等合法权益的”情形，当事人就此提起行政诉讼的，法院作为行政处罚案件予以受理。

（二）关于责令改正违法行为的问题

责令改正是行政机关责令当事人纠正违法行为，并恢复原状的一种行政行为。行政处罚的目的不只是惩戒，更为重要的是保证法律实施，维护行政管理秩序，故《行政处罚法》第6条规定：“实施行政处罚，纠正违法行为，应当坚持处罚与教育相结合，教育公民、法人或者其他组织自觉守法”。责令改正违法行为充分体现了“处罚与教育相结合”的原则。因此，当事人在行政机关责令改正的规定期限内改正了违法行为，就有可能被免除处罚，如村民违法占地建房，其在规定期限内自行拆除房屋并恢复土地原状，自然资源主管部门或者乡镇政府就不得再对其作出行政处罚决定。

关于责令改正违法行为是否可诉和执行的问题，根据《行政诉讼法解释》第1条第2款的规定，行政机关为作出行政行为而实施的准备、论证、研究、层报、咨询等过程性行为，不属于法院行政诉讼的受案范围。责令改正违法行为作为行政处罚的过程性行为，对当事人权利义务尚未实际产生影响，与责令停止违法行为一样，其效力被行政处罚决定吸收，当事人不能就此单独提起行政诉讼，行政机关也不可就此申请法院强制执行。

这里摘录最高人民法院在（2018）最高法行申4718号行政裁定书中的一段阐述，供读者参考：“责令改正或限期改正违法行为是否属于行政处罚的问题。首先，责令改正（或者限期改正）与行政处罚概念有别。行政处罚是行政主体对违反行政管理秩序的行为依法定程序所给予的法律制裁；而责令改正或限期改正违法行为是指行政机关在实施行政处罚的过程中对违法行为人发出的一种作为命令。其次，两者性质、内容不同。行政处罚是法律制裁，是对违法行为人的人身自由、财产权利的限制和剥夺，是对违法行为人精神和声誉造成损害的惩戒；而责令改正或者限期改正违法行为，其本身并不是制裁，只是要求违法行为人履行法定义务，停止违法行为，消除不良后果，恢复原状。再次，两者的规制角度不同。行政处罚是从惩戒的角度，对行政相对人科处新的义务，以告诫违法行为人不得再违法，否则将受罚；而责令改正或者限期改正则是命令违法行为人履行既有的法定义务，纠正违法，恢复原状。最后，两者形式不同。行政处罚法第八条规定了行政处罚的具体种类，具体有：警告，罚款，没收违法所得、非法财物，责令停产停业，暂扣或者吊销许可证、执照和行政拘留等；而责令改正或者限期改正违法行为，因各种具体违法行为不同而分别表现为停止违法行为、责令退还、责令赔偿、责令改正、限期拆除等形式。综上，责令改正或限期改正违法行为是与行政处罚不相同的一种行政行为，二审法院认为其不属于行政处罚，并无不当。"

## 六、关于恢复土地原状、责令退还土地、没收违法建筑物的执行问题

有关行政机关对村民违法占地建房作出的恢复土地原状、责令退还土地、没收违法建筑物等处罚，因这些罚种具有强制执行内容，故作为法院行政强制执行的标的是没有问题的，问题在于对这些罚种实施强制执行缺乏明确的操作程序，在客观上难以采取强制措施实施执行。例如，村民未经批准或者采取欺骗手段骗取批准，非法占用土地建房，符合土地利用总体规划的，土自然资源主管部门根据《土地管理法》第 77 条的规定，作出没收在非法占用的土地上新建的建筑物和其他设施并处罚款的处罚决定。其中，强制执行罚款较为方便，但如何强制执行"没收"呢？没收建筑物只要将该建筑物交付国有资产管理部门或自然资源主管部门占有并办理产权为国家所有即可实现执行目的，但如何交付这种"违法建筑物"，又如何办理这种"违法建筑物"的产权转移手续呢？这种违法行为所占用的土地属农村集体土地，没收该土地上的房屋，该土地所有权又如何处理呢？对此，法院缺乏相应的强制措施，于是造成了执行难的问题。

为了解决上述问题，有些自然资源主管部门和法院借鉴最高人民法院《关于办理申请人民法院强制执行国有土地上房屋征收补偿决定案件若干问题的规定》第 9 条"人民法院裁定准予执行的，一般由作出征收补偿决定的市、县级人民政府组织实施，也可以由人民法院执行"的规定，实行"裁执

分离”机制。如浙江省高级人民法院、浙江省人民政府法制办公室、原浙江省国土资源厅联合于2013年5月形成的《省行政复议与行政审判联席会议第八次会议纪要》，决定“建立健全国土资源非诉行政案件‘裁执分离’执行机制”，明确自然资源主管部门提出强制执行申请后，法院通过审查相关材料，询问、实地查看、听证等程序，对没有违反相关规定的案件作出准予执行的裁定后，交由当地政府或自然资源部门组织实施。2014年1月16日，浙江省高级人民法院出台《关于推进和规范全省非诉行政执行案件“裁执分离”工作的纪要（试行）》，进一步明确了对责令限期拆除违法建筑、恢复原状等行政处罚案件适用“裁执分离”的机制。

## 案例36

李某某户系××镇××村××组村民，在该组先后建造了2栋住宅，第1栋建房时间于1986年（旧房），办证日期为1993年3月17日，批准面积为139.6平方米，占地面积为153.88平方米；第2栋建房于1995年，办证日期于2005年10月19日，批准面积100平方米。

2020年3月27日，永安镇政府对李某某作出的《一户多宅限期拆除通知书》载明：“你户属于‘一户多宅’范畴，根据《中华人民共和国土地管理法》第六十二条‘农村村民一户只能拥有一处宅基地’的规定和《湖南省人民政府办公厅关于加强农村建房的通知》‘异地新建的，新房建成后6个月内村民应自行拆除全部旧房。逾期不拆除的，由乡镇人民政府依法组织拆除’的规定，限定你户15日内自行拆除，否则镇政府将依法组织相关部门对你户上述违法建设予以强制拆除，一切损失由你户自行承担”。同年4月10日，永安镇政府向李某某作出限期拆除全部旧房的《行政处罚决定书》，限李某某在收到该决定书之日起15日内自行拆除全部旧房，并载明权利救济途径。2020年6月7日，永安镇政府向李某某作出《履行行政决定催告书》，限李某某在收到该催告书之日起10日内履行自行拆除后位于××镇××村××组的旧房，逾期仍未履行的，永安镇政府将依法组织相关部门实施强制拆除，并告知李某某享有的陈述申辩权。李某某均拒绝在上述文书的送达回证上签字。2020年6月19日，永安镇政府作出《强制拆除决定书》，该决定书载明："根据《中华人民共和国土地管理法》第六十二条和《湖南省人民政府办公厅关于加强农村建房的通知》规定，决定2020年6月23日对李某某位于××镇××村××组旧房采取查封现场，实施强制拆除。"2020年6月23日，永安镇政府将李某某的旧房予以强制拆除。

2020年8月26日，李某某不服，以永安镇政府为被告诉至长沙铁路运输法院。

长沙铁路运输法院认为，《行政强制法》第35条规定，"行政机关作出强制执行决定前，应当事先催告当事人履行义务。催告应当以书面形式作出，并载明下列事项：（一）履行义务的期限；（二）履行义务的方式；……（四）当事人依法享有的陈述权和申辩权"。第37条规定，"经催告，当事人逾期仍不履行行政决定，且无正当理由的，行政机关可以作出强制执行决定。强制执行决定应当以书面形式作出，并载明下列事项：（一）当事人的姓名或者名称、地址；（二）强制执行的理由和依据；（三）强制执行的方式和时间；（四）申请行政复议或者提起行政诉讼的途径和期限"。第44条规定，"对违法的建筑物、构筑物、设施等需要强制拆除的，应当由行政机关予以公告，限期当事人自行拆除。当事人在法定期限内不申请行政复议或者提起行政诉讼，又不拆除的，行政机关可以依法强制拆除"。根据上述法律规定，行政机关在强制执行前，在作出强制执行决定时应明确告知当事人强制执行的理由和依据、强制执行的方式和时间、申请行政复议或者提起行政诉讼的途径和期限。本案中，永安镇政府认为李某某违反了"一户一基"原则，先向李某某先后送达《行政处罚决定书》《履行行政决定催告书》《强制拆除决定书》，因李某某拒不自行拆除，故对涉案房屋实施行政强制拆除的行为。虽然永安镇政府依法告知李某某应当履行的义务、其享有的法定权利以及强制执行的理由和依据，但根据本案现有证据，不能证明其充分保障了李某某行使陈述权和申辩权，亦不能证明其履行了公告的法定程序。因此，不论李某某的涉案房屋是否合法，永安镇政府拆除涉案房屋的程序也违反法定程序，应予撤销，但拆除行为已经实施，且不具有可撤销内容，故李某某关于确认涉案拆除行为违法的诉讼请求，法院予以支持。

长沙铁路运输法院根据《行政诉讼法》第74条第2款第1项之规定，判决：确认永安镇人民政府于2020年6月23日强制拆除李某某位于××镇××村××组的旧房的行为违法。

李某某不服，向长沙市中级人民法院提出上诉。长沙市中级人民法院认为，本案的争议焦点系永安镇政府实施的强制拆除行为是否合法。根据湖南省人民政府《关于同意浏阳市永安镇开展相对集中行政处罚权工作的批复》的规定，永安镇政府具有行使相对集中行政处罚权的法定职权。但根据《行政强制法》第35条、第37条、第44条之规定，行政机关在强制执行前，在作出强制执行决定时应明确告知当事人强制执行的理由和依据、强制执行的方式和时间、申请行政复议或者提起行政诉讼的途径和期限。本案中，2020年4月10日，永安镇政府向李某某作出限期拆除全部旧房的《行政处罚决定书》。2020年6月23日，永安镇政府即对涉案房屋实施强制拆除。永安镇政府在李某某可以针对行政处罚决定提起行政诉讼的期限内就将涉案房屋实施了拆除，该拆除行为违反了《行政强制法》第44条规定的程序，该拆除行为应确认违法，但本案判决确认永安镇政府实施的强制拆除行为违法并不影响上述两被告的实际权益。综上，长沙市中级人民法院依照《行政诉讼法》第89条第1款第1项之规定判决：驳回上诉，维持原判。

［根据湖南省长沙市中级人民法院（2021）湘01行终215号行政判决书编写］

**【作者分析】**

行政处罚决定与行政强制执行决定是两个不同的性质的行政决定，行政处罚决定是依据《行政处罚法》的规定作出的处罚决定，而行政强制执行决定是在行政处罚决定作出后适用《行政强制法》作出的执行决定。有关行政机关作出拆除房屋的处罚决定后，当事人拒不自行拆除而需强制拆除的，行政机关应当依照《行政强制法》规定的程序继续作出强制拆除决定，然后才可实施强制拆除行为。

根据《行政强制法》第35条、第36条、第37条、第38条的规定，行政机关作出强制执行决定前，应当事先催告当事人履行义务，当事人收到催告书后有权进行陈述和申辩，行政机关应当充分听取当事人的意见，当事人提出的事实、理由或者证据成立的，行政机关应当采纳。特别是《行政强制法》第44条规定，“对违法的建筑物、构筑物、设施等需要强制拆除的，应当由行政机关予以公告，限期当事人自行拆除。当事人在法定期限内不申请行政复议或者提起行政诉讼，又不拆除的，行政机关可以依法强制拆除”。

本案中，永安镇政府虽然依法告知李某某应当履行的义务、享有的法定权利以及强制执行的理由和依据，但未按《行政强制法》第44条的规定进行公告，未能充分保障李某某行使陈述权和申辩权，且在李某某就行政处罚决定提起行政诉讼的期限内，就强制拆除了李某某的房屋，违反了《行政强制法》第44条的程序规定，法院本应予以撤销，但拆除行为已经实施而不具有可撤销内容，故法院确认永安镇政府强制拆除李某某房屋的行为违法。

## 案例37

1990年3月24日，那洪乡村镇建设办公室向莫某某核发了《准建证》，批准莫某某在××队土地建设红砖结构二层房屋，面积为34.51平方米。1998年11月11日，那洪土地管理所向莫某某核发了《建设（住宅）用地许可证》，批准用地面积为42.8平方米。后莫某某建成××号房屋三层，即地下一层及地上两层。

2013年3月22日，江南区城管综合执法局向莫某某送达了《限期拆除告知书》，称莫某某建设涉案房屋的行为违反《城乡规划法》第40条的规定，构成违法建设，根据该法第64条的规定，拟对上述建设行为作出限期拆除违法建（构）筑物的决定，告知莫某某在收到上述告知书之日起3日内向江南区城管综合执法局提出陈述和申辩意见，逾期视为放弃陈述和申辩的权利。同年4月22日，江南区城管综合执法局向莫某某送达了《限期拆除决定书》。该决定书载明，依据《城乡规划法》第64条和《南宁市城市管理相对集中行政处罚实施办法》第5条的规定，作出如下处理决定：责令莫某某自接到该决定书之日起3日内自行拆除涉案房屋。同年8月20日，江南区城管综合执法局作出《限期自行拆除搬离告知书》称，莫某某因所使用的建

（构）筑物的建设未经规划部门批准，属于违法建设，规划监察部门已根据《城乡规划法》的规定按程序对该违法建设行为进行了制止，但该户在期限内拒不接受处理，现相关法律程序已走完，并已报请上级同意进入依法强制拆除程序，告知该户于同年 8 月 22 日上午 7 时前自行拆除并及时搬离，逾期不自行拆除搬离的，政府将组织强制拆除。同年 8 月 22 日，江南区城管综合执法局对莫某某××号房屋进行了强制拆除。

莫某某对该强制拆除行为不服，以江南区城管综合执法局、南江南区政府、南宁市政府为共同被告，向南宁市中级人民法院提起行政诉讼，请求：确认南宁市政府、江南区政府与江南区城管综合执法局强制拆除原告莫某某××号房屋的行为违法，并赔偿损失（本案的其他诉讼请求略）。

南宁市中级人民法院查明，南宁市政府、江南区政府均不是本案适格被告，向莫某某释明后，莫某某不愿变更被告。南宁市中级人民法院裁定驳回莫某某对南宁市政府、江南区政府的起诉。

南宁市中级人民法院认为，江南区城管综合执法局作为江南区城市管理综合行政执法机关，对其辖区范围内涉嫌违法建设的行为具有监督检查的主体资格和行政处罚的法定职权。但是，行政处罚权并不等同于强制执行权。根据《行政强制法》第 13 条第 1 款“行政强制执行由法律设定”的规定，强制拆除作为典型的行政强制执行，应当符合法律的相关规定。根据《城乡规划法》第 68 条“城乡规划主管部门作出责令停止建设或者限期拆除的决定后，当事人不停止建设或者逾期不拆除的，建设工程所在地县级以上地方人民政府可以责成有关部门采取查封施工现场、强制拆除等措施”的规定，县级以上地方人民政府或其责成的有关部门才具有实施强制拆除活动的法定职权。本案中，江南区城管综合执法局提交的证据均不能证明其受南宁市政府、江南区政府的责成或者委托实施了被诉强制拆除行为，应当认定江南区城管综合执法局实施被诉强制拆除行为不具有法定职权，其于2013 年8 月22日对涉案房屋径行实施强制拆除的行为属于违法行为。

南宁市中级人民法院判决：（1）确认南宁市江南区城市管理综合行政执法局于2013 年 8 月 22 日对莫某某××号房屋实施强制拆除的行政行为违法；（2）南宁市江南区城市管理综合行政执法局于本判决生效之日起60 日内赔

偿莫某某房屋价值损失298,393元；(3) 驳回莫某某的其他诉讼请求。

莫某某以一审判决赔偿不公等理由向广西壮族自治区高级人民法院上诉，江南区城管综合执法局以一审法院认定其不具有实施本案被诉强拆行为的法定职权并确认强拆行为违法为由也向广西壮族自治区高级人民法院提起上诉。

江南区城管综合执法局上诉称，广西壮族自治区人民政府《关于同意调整南宁市城市管理综合行政执法范围的批复》(桂政函〔2012〕55号，以下简称自治区人民政府55号批复) 规定，"同意你市对现成的城市管理综合行政执法范围进行调整，即：将城乡规划管理方面的法律、法规、规章规定的对城市规划区内未取得规划许可进行建设的行政处罚权和土地管理方面法律、法规、规章规定的对城市规划区内未依法取得用地审批手续非法占用土地的行政处罚权，一并纳入城市管理综合行政执法范围，由城市管理综合行政执法机关统一行使"。"根据《行政强制法》有关规定，法律、法规规定与上述行政处罚权有关的行政强制措施一并由城市管理综合行政执法机关统一实施。"本案被诉强拆行为于2013年8月22日作出，在自治区人民政府对南宁市政府作出上述批复的2012年3月30日之后。因此，江南区城管综合执法局不仅具有实施城乡规划管理的行政处罚权，与此有关的行政强制措施也属其法定职权。

广西壮族自治区高级人民法院认为，根据自治区人民政府55号批复，江南区城管综合执法局具有在城乡规划管理方面对未经规划部门许可的违法建设行为行使行政处罚权。虽然自治区人民政府55号批复亦载明"根据《中华人民共和国行政强制法》的规定，法律、法规与上述行政处罚权相关的行政强制措施一并由城市管理行政执法机关统一实施"，但《行政强制法》第13条第1款规定："行政强制执行由法律设定"，因此，根据《城乡规划法》第68条"城乡规划主管部门作出责令停止建设或者限期拆除的决定后，当事人不停止建设或者逾期不拆除的，建设工程所在地县级以上地方人民政府可以责成有关部门采取查封施工现场、强制拆除等措施"的规定，本案应按照上述法律规定，由建设工程所在地县级以上地方人民政府进行责成后，江南区城管综合执法局方可实施强制拆除措施。但江南区城管综合执法局提交的证据均不能证明江南区城管综合执法局受南宁市政府、江南区政府的责成或者委托实施了被诉强制拆除行为，应当认定江南区城管综合执法局实施被诉强制拆除行为未经依法责成程序，不具有法定职权。同时，江南区城管综合执法局未依法作出强制执行决定，就对涉案房屋实施了强制拆除行为，违反了《行政强制法》第37条的规定，程序违法。

关于莫某某提出的赔偿请求问题。根据《国家赔偿法》第36条第3项“应当返还的财产损坏的，能够恢复原状的恢复原状，不能恢复原状的，按照损害程度给付相应的赔偿金”的规定，由于涉案房屋所在土地已被纳入征地范围，涉案房屋已被拆除，涉案房屋已不具备恢复原状的前提条件，故一审法院判决以赔偿金作为赔偿方式，并无不当，但没有对应赔偿款项的利息部分作出判决，应予纠正。

广西壮族自治区高级人民法院判决：(1) 维持南宁市中级人民法院行政判决第1项、第3项；(2) 变更第2项为“由南宁市江南区城市管理综合行政执法局赔偿莫某某房屋损失298,393元及利息（按中国人民银行同期同类存款基准利率计算，从2013年8月22日起计算至实际履行之日止)，限于本判决生效之日起60日内履行完毕。”

莫某某向最高人民法院申请再审。

最高人民法院认为，江南区城管综合执法局主张其通过《南宁市城市管理相对集中行政处罚实施办法》第4条、第5条的规定，获得行使对未经规划部门许可的违法建设行为的行政处罚权和相应的行政强制措施，其据此对涉案房屋采取强制拆除措施，符合法律规定。江南区城管局的此种认识，显然是混淆了对行政强制措施和行政强制执行的理解。行政强制措施，是指在行政处罚决定作出前，行政机关采取的强制手段，通常是为了迅速查处违法行为而作出的临时性处置；而行政强制执行是在行政处罚决定作出后，为执行该行政处罚所采取的强制手段，二者具有显著区别。本案中，江南区城管综合执法局于2013年4月22日向莫某某送达《限期拆除决定书》，该决定属于行政处罚决定，而2013年8月22日作出的强制拆除行为，则属于为执行上述行政处罚决定而实施的行政强制执行行为。因此，本案被诉的强制拆除行为并非江南区城管局所称的行政处罚或者行政强制措施，而是属于行政处罚决定作出后的行政强制执行。根据《行政强制法》第13条第1款和《城乡规划法》第68条的规定，江南区城管局并无实施本案行政强制执行行为的职权。一审、二审法院确认江南区城管局实施的强制拆除行为属于违法行为，适用法律正确，予以支持。最高人民法院裁定驳回莫某某的再审申请。

［根据广西壮族自治区高级人民法院（2017）桂行终589号行政裁定书和最高人民法院（2018）最高法行申6741号行政裁定书编写］

**【作者分析】**

本案中，江南区城管综合执法局对莫某某房屋实施强制拆除的行为存在两个违法问题：

其一，未经政府责成无职权强制拆除。江南区城管综合执法局具有行政处罚的法定职权，但根据《行政强制法》第13条第1款“行政强制执行由法律设定”和《城乡规划法》第68条“城乡规划主管部门作出责令停止建设或者限期拆除的决定后，当事人不停止建设或者逾期不拆除的，建设工程所在地县级以上地方人民政府可以责成有关部门采取查封施工现场、强制拆除等措施”的规定，城乡规划主管部门只有在县级以上地方人民政府责成或者委托的情况下才具有实施强制拆除的法定职权。而江南区城管综合执法局在没有江南区政府的责成或者委托的情况下，不具有强制拆除的职权，而其强制拆除了莫某某的房屋，应属违法行政行为。

其二，强制拆除程序违法。江南区城管综合执法局即使受江南区政府的责成或者委托有强制拆除的职权，也应按照《行政强制法》的规定程序实施强制拆除。根据《行政强制法》第35条、第37条、第44条的规定，行政机关在作出强制执行决定前，应明确告知当事人强制执行的理由和依据、强制执行的方式和时间、申请行政复议或者提起行政诉讼的途径和期限。江南区城管综合执法局对莫某某作出的《限期拆除决定书》属于行政处罚决定，而后没有依照上述程序进行就直接强制拆除莫某某的房屋，在强制执行上程序违法。

基于上述原因，南宁市中级人民法院判决确认南宁市江南区城市管理综合强制拆除莫某某房屋违法，广西壮族自治区高级人民法院判决维持，最高人民法院裁定驳回莫某某的再审申请。

## 案例38

A镇B村村民谢甲为解决住房困难，申请拆除祖业老屋39.8平方米进行重建。2012年11月，永嘉县住房和城乡规划建设局与永嘉县国土资源局批准谢甲与兄弟谢乙共同建造套间用地112.7平方米（各分摊面积56.35平方米），其中谢甲在老屋基础上扩建16.55平方米，许可建房高度为4层。2013年谢甲建造2间5层（局部6层）完工并入住。

2014年12月24日，因邻里纠纷，邻居赵某某以永嘉县住房和城乡规划建设局向谢乙、谢甲颁发的乡村建设规划许可证违法为由，向法院提起行政诉讼，要求撤销谢甲和谢乙已取得的乡村建设规划许可证。法院经审理，于2015年8月21日判决撤销了永嘉县住房和城乡规划建设局核发的乡村建设规划许可证。2016年2月16日，A镇政府认为谢甲未经批准违法建造住宅，作出《责令限期改正通知书》，责令谢甲对涉案房屋予以自行改正（补办建房规划许可证或自行拆除），谢甲依法向永嘉县政府申请行政复议。2016年5月26日，永嘉县政府作出行政复议决定，撤销了A镇政府的《责令限期改正通知书》。2017年6月2日，由永嘉县住房和城乡规划建设局提供的原审批选址坐标与现状的土地勘测坐标结果校对，现有2间住宅用地88.03平方米为谢甲独立建造使用，其中少批多占38平方米（部分用地面积移位），谢甲在该用地38平方米土地上已建成砖混结构简易5层（局部6层）住宅，所占土地类别为建设用地。永嘉县国土资源局于2017年7月18日作出行政处罚决定：（1）责令谢甲将非法占用的38平方米土地退还给原村集体经济组织；（2）限谢甲在30日内自行拆除非法占用土地上新建的房屋。

谢甲不服该决定，于2017年7月28日向永嘉县政府申请行政复议，永嘉县政府复议决定，维持被申请人作出的行政处罚决定。

谢甲不服永嘉县国土资源局作出的上述行政处罚决定和永嘉县政府作出的上述行政复议决定，向永嘉县人民法院提起行政诉讼。

永嘉县人民法院认为，《土地管理法》第 2 条第 3 款[①]规定，任何单位和个人不得侵占、买卖或者以其他形式非法转让土地。土地使用权可以依法转让。第 76 条第 2 款[②]规定，超过批准的数量占用土地，多占的土地以非法占用土地论处。第 77 条[③]规定，农村村民未经批准或者采取欺骗手段骗取批准，非法占用土地建住宅的，由县级以上人民政府土地行政主管部门责令退还非法占用的土地，限期拆除在非法占用的土地上新建的房屋。超过省、自治区、直辖市规定的标准，多占的土地以非法占用土地论处。本案谢甲存在少批多建及违法移位的事实，事实清楚，被告永嘉县国土资源局依据有关法律之规定，对谢甲违法建设的行为实施处罚，认定事实清楚，证据确凿，程序合法，适用法律正确，量罚适当。被告永嘉县政府经复议对该处罚决定作出维持决定，也无不当。据此判决：驳回原告谢甲的诉讼请求。

谢甲不服一审判决，向温州市中级人民法院提起上诉，请求撤销原判决，并撤销被诉行政处罚决定及行政复议决定。谢甲提起多个上诉理由，其中的理由之一是：被告永嘉县国土资源局并没有证据证明上诉人存在违法多占土地 38 平方米的事实，原审判决对超出批准范围所占的 38 平方米土地的性质未予以明确，到底是属于“少批多建”还是“位移”，被诉行政处罚决定和复议决定对此均未予以查清；原审判决认为上诉人谢甲存在“违法位移”，适用法律错误，《土地管理法》等相关法律法规没有关于“位移”的规定，浙江省人民政府《关于规范农村宅基地管理切实破解农民建房难的意见》规定定量不定位，上诉人建房部分用地位移，完全符合该规范性文件规定；原审判决认定“少批多建”，适用法律错误，《土地管理法》第 76 条及第 77 条[④]有关责令村民退还或者限期拆除的规定的适用对象是“非法占用的土

---

① 此处适用的是 2004 年修正的《土地管理法》，相关规定参见 2019 年修正的《土地管理法》第 2 条第 3 款。

② 此处适用的是 2004 年修正的《土地管理法》，相关规定参见 2019 年修正的《土地管理法》第 77 条第 2 款。

③ 此处适用的是 2004 年修正的《土地管理法》，相关规定参见 2019 年修正的《土地管理法》第 78 条。

④ 此处适用的是 2004 年修正的《土地管理法》，相关规定参见 2019 年修正的《土地管理法》第 77 条、第 78 条。

地上新建的建筑物”，对非新建房屋并没有作具体规定，上诉人谢甲的涉案房屋并非新建房屋，涉案38平方米土地上房屋系与主体房屋一起于2012年建成，属于历史遗留的存量房屋，根据浙江省人民政府办公厅《关于做好农村宅基地及住房确权登记发证工作的通知》（以下简称浙政办发〔2017〕43号文件）第1条第3款的规定，上诉人建造的涉案房屋在时间节点上符合地方政策法规，并不属于非拆不可的房屋。

温州市中级人民法院认为，《土地管理法》第77条①规定，农村村民未经批准或者采取欺骗手段骗取批准，非法占用土地建住宅的，由县级以上人民政府土地行政主管部门责令退还非法占用的土地，限期拆除在非法占用的土地上新建的房屋。超过省、自治区、直辖市规定的标准，多占的土地以非法占用土地论处。第76条第2款②规定，超过批准的数量占用土地，多占的土地以非法占用土地论处。本案中，各方当事人在一审诉讼中提供的证据材料足以证实上诉人谢某某建造的涉案房屋所占用的土地已超出批准建房用地的范围，占用未经批准的土地38平方米。被上诉人永嘉县国土资源局据此作出被诉行政处罚决定，符合前述法律规定。被上诉人永嘉县政府作出复议决定维持被诉行政处罚决定，并无不当。上诉人谢甲主张其在超出批准建房用地范围的土地上建造涉案房屋符合有关政策规定，明显缺乏法律依据。

温州市中级人民法院判决：驳回上诉人谢某某的诉讼请求，维持原判。

谢某某不服温州市中级人民法院上述行政判决，向浙江省高级人民法院申请再审称，申请人谢甲依法正规办理建房手续不存在未经批准或者采取欺骗手段骗取批准非法占有土地建设住宅的情况。38平方米成为违建，首先是由永嘉县住房和城乡规划建设局及永嘉县国土资源局不解释造成的。原该部分是申请人所有的祖屋基地，不存在非法未经批准或采取欺骗手段骗取批准而非法占用土地建住宅。该房屋系2012年拆原老房屋重建，根据浙政办发

① 此处适用的是2004年修正的《土地管理法》，相关规定参见2019年修正的《土地管理法》第78条规定。

② 此处适用的是2004年修正的《土地管理法》，相关规定参见2019年修正的《土地管理法》第77条。

〔2017〕43 号文件规定属于历史遗留问题的旧房子，并非“新建”的房子，所以执行标的物尚不明确，存在执行错误的可能。申请人房屋符合农村习俗约定，老房原拆原建也符合农村建设总体规划。申请人所建房屋系一家 5 口人唯一生活居住房子，所以依法应该不拆或缓拆，以保证申请人生活居住需求。即使申请人房子部分违建，根据房屋实际情况无法单独拆除，依据 2014 年 6 月 5 日浙江省人民政府办公厅《关于加快推进全省农村宅基地确权登记发证工作的意见》（以下简称浙政办发〔2014〕73 号文件）规定，“对不符合补办用地审批手续违法超占宅基地，且确因违法超占不足一间房屋等原因暂时无法拆除的，可对批准面积进行确权登记发证，对违法超占部分应在土地登记簿、土地权利证书记事栏内注明超占面积，超占部分待今后拆建、翻建时予以拆除。宗地图按实际使用范围绘制”。浙政办发〔2017〕43 号文件规定，“1993 年 11 月 1 日《村庄和集镇规划建设管理条例》实施起至 2014 年 3 月 27 日《浙江省人民政府办公厅关于规范农村宅基地管理切实破解农民建房难的意见》（浙政办发〔2014〕046 号）出台前，农民未经批准或超过批准面积占用宅基地建房的，在按浙政办发〔2014〕73 号文件规定确定宅基地使用权的基础上，对已确定宅基地使用权范围内的房屋，补办村镇规划审批手续后，按照村镇规划批准的建筑面积确定房屋所有权”。所以申请人认为 38 平方米违建可以补办手续而不予拆除，即使未能补办也应当依法缓拆，待今后主体合法部分拆建或翻建时再考虑拆除与否。

浙江省高级人民法院认为，《土地管理法》第 77 条①规定，农村村民未经批准或者采取欺骗手段骗取批准，非法占用土地建住宅的，由县级以上人民政府土地行政主管部门责令退还非法占用的土地，限期拆除在非法占用的土地上新建的房屋。超过省、自治区、直辖市规定的标准，多占的土地以非法占用土地论处。第 76 条第 2 款②规定，超过批准的数量占用土地，多占的

---

① 此处适用的是 2004 年修正的《土地管理法》，相关规定参见 2019 年修正的《土地管理法》第 78 条。

② 此处适用的是 2004 年修正的《土地管理法》，相关规定参见 2019 年修正的《土地管理法》第 78 条第 2 款。

土地以非法占用土地论处。本案中，再审申请人谢甲于2013年拆建老房时少批多建、移位建设了占地面积为88.03平方米的房屋，非法占用了38平方米的土地，事实清楚，予以确认。在此基础上，被申请人永嘉县国土资源局作出行政处罚决定，亦无不当。再审申请人提出的根据相关政策涉案38平方米违建可以补办手续而不予拆除、即使未能补办也应当依法缓拆等意见，不能成为土地行政主管部门依据《土地管理法》第77条的规定作出的行政处罚违法的理由。在再审申请人未有相关证据证明国土部门对于其他类似本案的土地违法采用了相关政策所规定的其他方式进行处理的情况下，再审申请人提出的相关再审申请理由不能成立，不予支持。当然，在被诉行政处罚决定强制执行时，有关行政机关应根据本案的实际情况依法保障再审申请人的基本居住权不受侵害。

浙江省高级人民法院裁定：驳回再审申请人谢某某的再审申请。

[根据浙江省温州市中级人民法院（2018）浙03行终89号行政裁定书和浙江省高级人民法院（2018）浙行申801号行政裁定书编写]

**【作者分析】**

本案的典型意义在于体现了在强制拆除村民违法所建住宅时仍应依法保障村民的基本居住权不受侵害的精神。

本案中，谢甲在拆建老房时少批多建并移位占用38平方米土地非法建设了住宅，永嘉县国土资源局就此作出的行政处罚并无不当，所以，一审判决驳回原告谢甲的诉讼请求，二审法院判决驳回谢甲的上诉请求，再审裁定驳回谢甲的再审申请。但谢甲在申请再审时提出其所建房屋系一家5口人唯一生活居住房子，要求依法不拆或缓拆，以保证其生活居住的请求，却被浙江省高级人民法院采纳。浙江省高级人民法院在再审裁定中指出，“在被诉行政处罚决定强制执行时，有关行政机关应根据本案的实际情况依法保障再审申请人的基本居住权不受侵害”。也就是说，在强制执行中不得拆除谢甲违法所建但必需居住的房屋，从而依法保障谢甲的基本居住权。农村村民的必需住房属于居住权的保障范围，因此，农民必需居住的房屋即使违法所建，只要确认其违法即可，但不应剥夺其居住权而进行强制拆除，否则会导致被执行的村民流离失所、无家可归。

浙江省高级人民法院在认定谢甲非法占用土地建设住宅并确认行政处罚决定合法的同时，在再审裁定中指出，“在被诉行政处罚决定强制执行时，有关行政机关应根据本案的实际情况依法保障再审申请人的基本居住权不受侵害”，既体现严肃执行土地管理法律的精神，又体现了人性化执法的精神，具有典型意义。

# 第六章

# 农村住宅产权的取得与归属

农村住宅产权是村民依法对自己的房屋（包括农业生产用房）享有所有权和宅基地享有使用权的权利。本章重点分析农村住宅产权取得与确认的问题。

## 第一节　农村住宅产权的取得

农村住宅产权包含房屋所有权和宅基地使用权两大权利，且因“房地一体”，其中的房屋所有权取得与宅基地使用权取得一样，分为原始取得与继受取得两种情况。

### 一、农村住宅产权的原始取得

这里的原始取得，是指村民在依法批准使用的宅基地上自行投资所建房屋而取得的所有权，包括自建、合建、联建取得房屋所有权，也包括因宅基地被征收而取得的安置房所有权。

#### （一）村民申请住宅产权的初始登记

农村住宅产权初始登记，是指不动产登记机构根据村民的申请对其依法建造的房屋进行所有权的首次登记。自然资源部《不动产登记暂行条例实施细则》第 40 条第 2 款规定：“依法利用宅基地建造住房及其附属设施的，可以申请宅基地使用权及房屋所有权登记。”下面根据《不动产登记暂行条例》和该细则的有关规定，介绍农村住宅产权的初始登记程序。

1. 申请人提交申请材料

村民申请房屋所有权首次登记，应当填写登记申请书，并根据不同情况，向不动产登记机构提交下列材料：（1）申请人身份证和户口簿；（2）人民政府批准用地的文件等权属来源材料；（3）房屋符合规划或者建设的相关材料；（4）权籍调查表、宗地图、房屋平面图以及宗地界址点坐标等有关不动产界址、面积等材料；（5）其他必要材料。

申请材料应当提供原件，特殊情况不能提供原件的，可以提供复印件，复印件应当与原件保持一致。

2. 不动产登记机构查验

不动产登记机构查验，是指不动产登记机构接受申请后，对申请材料与事实、法律是否一致进行审查、核验的行为。根据《不动产登记暂行条例》第 15 条的规定，不动产登记机构接受村民房屋不动产首次登记申请后，应当对下列内容进行查验：（1）村民房屋界址、空间界限、面积等材料与申请登记的不动产状况是否一致；（2）有关证明材料、文件与申请登记的内容是否一致；（3）登记申请是否违反法律、行政法规的规定；（4）法律、行政法规规定的完税或者缴费凭证是否齐全。不动产登记机构经查验，申请资料齐备、形式合法的，应予受理，并发给受理通知书；资料不齐全的，应当要求申请人补交资料。如果不符合登记条件或者属于非法建筑的，则不予受理，并发给不予受理通知书，说明不予受理的理由。

3. 不动产登记机构实地查看

《不动产登记暂行条例》第 16 条规定："不动产登记机构进行实地查看，重点查看下列情况：（一）房屋等建筑物、构筑物所有权首次登记……" 这里规定的是"可以"。也就是说，可以去实地查看，也可以不去实地查看，是否进行实地查看，由不动产登记机构自行决定。但从实践情况来看，申请人提交的首次登记申请材料不一定都完全真实，特别是存在违法违章情况的，申请人提交的首次登记申请材料中往往不进行反映，仅查验申请材料是难以发现的，故首次登记的实地查看很重要。实地查看主要是看新建住宅的坐落、界址、面积等是否与有关批准文件以及申请登记内容一致，新建住宅有无"少批多建""批低建高"等违法违章情况，然后再决定是否予以登记。

4. 不动产登记机构公告

不动产登记机构经审查，对村民宅基地使用权及房屋所有权欲予核准登记的，应以公告方式向公众公布申请人申请登记的房屋产权的有关事项，并告知利害关系人可以在规定的期限内向登记机构提出异议。公告应当在不动产登记机构门户网站以及不动产所在地等指定场所进行，公告期不少于15个工作日。

5. 利害关系人异议的处理

利害关系人在公告期内对不动产登记机构公布的欲予核准房屋产权的有关事项提出异议的，不动产登记机关应当组织听证，听取利害关系人、申请人以及农村集体组织的意见。利害关系人提出的异议成立，而申请人提出的申请不符合规定条件的，或者两者存在产权争议尚未解决的，应当不予登记或者暂时不予登记。

6. 不动产登记机构核准登记发证

申请人提交的资料齐全、合法有效，土地和房屋权属来源合法、明确，公告期满，无利害关系人提出异议，或者利害关系人提出的异议不成立的，不动产登记机构应当及时记载于不动产登记簿，并向申请人核发不动产权属证书。

农村村民自取得《不动产权证书》之时起，根据《民法典》第209条“不动产物权的设立、变更、转让和消灭，经依法登记，发生效力”和第217条“不动产权属证书是权利人享有该不动产物权的证明”的规定，该村民就《不动产权证书》所记载的房屋享有确定的所有权，就所记载的宅基地享有确定的使用权，并受国家法律保护。

（二）村民住宅未登记的产权问题

村民住宅与城市房屋以及商品房的不同特点在于，村民住宅是基于本村集体经济组织的成员身份，在本村集体组织享有法定宅基地使用权和“一户一宅”制度的特定条件下建设的房屋，其产权本身就具有特定性和确定性，农村住宅产权登记只是加强其法律效力而已，故未经登记未取得《不动产权证书》的，不能否定其事实上的产权，《民法典》第209条规定的“未经登记，不发生效力”对村民住宅而言，只是不得对抗善意第三人而已。

## 二、农村住宅产权的继受取得

房产继受取得，是指现行产权人通过某种法律行为从原产权人那里取得房屋的所有权。继受取得是农村村民除初始取得之外的另一种产权取得的方式。农村住宅产权继受取得的方式是比较多的，如买卖、调换、继承、赠与、析产等。但是，农村住宅产权继受取得是否合法有效，将受农村宅基地使用权和“一户一宅”的牵连，故情况比较复杂。

### （一）关于继受取得与“一户一宅”的关系问题

随着农村经济的不断发展和农民家庭的不断富裕，我国农村普遍存在“一户两宅”“一户多宅”的情况。有不少人认为，《土地管理法》第62条第1款规定的“一户一宅”是强制性规定，因此“一户两宅”“一户多宅”当属非法。受此观点影响，有些乡镇政府在开展集中清理农村非法占地建设时，不分“一户两宅”“一户多宅”的存在是否合法，都将“一户一宅”外的住宅进行强制拆除，这是非常危险的行政行为。

笔者认为，《土地管理法》第62条第1款规定的“一户一宅”仅对宅基地初始取得而言，而对农村住宅的继受取得一般不受“一户一宅”的限制。这里的“一户一宅”，是指农村居民一户只能申请一处符合规定面积标准的宅基地。也就是说，具有使用宅基地资格的村民，通过法定程序申请初始取得宅基地使用权限于“一户一宅”，而继受取得农村住宅产权时，在宅基地使用权上不一定受“一户一宅”的限制，我国法律也没有禁止继受取得农村房产的同时继受取得宅基地使用权。

### （二）继受取得农村住宅的几种主要方式

根据相关法律规定，当事人可以通过下列方式继受取得农村房屋及宅基地使用权：

1. 买受取得

农村村民所使用的宅基地属于农村集体所有的土地，但对宅基地上的房屋享有所有权，故农村房屋是可以自由买卖的。农房买卖所涉的宅基地使用权如果符合土地管理法律规定，且买卖合同本身不存在无效情形的，买受人可继受取得农村住宅产权。关于农房买卖“地随房走”问题，前文已有阐明，这里不再重复。

2. 分家析产取得

农村子女较多的家庭，兄弟姐妹分家和父母子女分家是必然发生的事情。农村住宅是村民的重大财产，且受“一户一宅”的限制，住宅面积有限，因此，分家析产必然分割房屋及所占的宅基地使用权。子女从父母处分家析产得到的农房及宅基地，兄弟姐妹分家析产所得的农房及宅基地，属于合法的继受取得。

3. 赠与取得

在农村，村民将自己的房屋赠与他人并不罕见，有富裕的哥哥将房屋赠与贫穷的弟弟，有老人为了养老将房屋有条件地赠与侄子，等等。财产赠与通常都有积极的社会意义，应为法律所尊重。但因宅基地受法律的限制，农房赠与不得违反土地管理法律的规定，在一般情况下，赠与人与受赠人应为同一农村集体经济组织成员。但笔者还认为，在某些特定情况下，亦应考虑积极的社会意义打破这一限制，如为了养老将房屋赠与外村的侄子，经本村村民民主议定程序同意后，应当作有效处理；若侄子也为同村村民的，允许其受赠后有“一户两宅”。

4. 继承取得

父母死亡后遗留的农房，该农房作为私有财产应由继承人继承。继承人继承农房是《民法典》赋予的权利，同时有权继续使用遗产农房所占的宅基地，且不受继承人是否属于本村村民还是城镇居民以及“一户一宅”的限制。以后，该继承的房屋拆除、倒塌不存在时，农村集体组织才可以对宅基地进行调整或者回收。

5. 互换取得

在本村集体经济组织内部，村民之间出于生产、生活或者其他原因可以互换住宅。从性质上看，村民互换住宅有两种情况：（1）互换居住，即互换占有权和使用权；（2）互换产权，即互换房屋的所有权。农村之间互换居住不属于此处继受取得的范围，互换期限届满时，各自回归房屋的占有权和使用权，而互换产权属于继受取得的范围。

从主体上看，农村互换产权主要有以下三种情况：

第一种，本村村民之间互换。这种互换如无特别情况，通常为有效行为，应当许可办理房地产变更登记手续。

第二种，本村村民与外村村民互换。这种产权互换，在房屋所有权上是没有问题的，但双方都不是对方集体经济组织成员而无权使用对方集体组织宅基地，故在房屋产权与土地使用权同一登记的情况下，是不能通过登记办理《不动产权证书》的。但笔者认为，双方出于正常生产生活需要，经双方农村集体组织同意，应当属于合法互换。例如，甲村男子入赘乙村、乙村女子出嫁甲村，双方互换住宅产权，且各经本村集体组织同意的，并不破坏农村集体土地的行政管理秩序，双方持互换合同、本村集体组织同意的意见、房屋所有权证书和宅基地使用权证书（或不动产权证书）申请办理产权变更登记手续的，有关登记机关应当给予办理变更登记手续。

第三种，农村村民与城镇居民互换。农村村民与城镇居民互换房屋居住是没有问题的，但因城镇居民不得在农村使用宅基地，故两者不能互换产权。例如，退休干部因回农村原籍生活需要，其原籍有村民进城务工需要，退休干部与原籍村民互换房屋产权，因退休干部属于城镇居民，对农村集体土地不能享有宅基地使用权，即使互换了房屋，也不能办理农村住宅产权的变更登记手续的，但原籍农村集体组织经民主议定程序同意互换的，应当给予办理住宅产权变更手续。

6. 拆迁安置取得

农村住宅被政府征用，政府按照当地政策给拆迁农户另行安置住宅，农户由此取得的安置房也属继受取得，且不受“一户一宅”的限制。

7. 改革取得

在农村土地制度改革的“试点地区”，农户根据当地改革试点的政策规定，通过买卖、抵押等方式继受取得的农村住宅产权，也不受“一户一宅”的限制。

### （三）继受取得的不动产登记

根据《民法典》的有关规定，农村村民继受取得农房及宅基地后，若想取得完整的物权效力，不能只是占有和使用，还应依法办理变更登记手续取得《不动产权证书》，然后才在法律上真正取得宅基地使用权和房屋所有权。

根据《不动产登记暂行条例实施细则》第42条的规定，因依法继承、分家析产、集体经济组织内部互换房屋等导致宅基地使用权及房屋所有权发生转移申请登记的，申请人应当根据不同情况，提交下列材料：（1）不动产权属证书或者其他权属来源材料；（2）依法继承的材料；（3）分家析产的协议或者材料；（4）集体经济组织内部互换房屋的协议；（5）其他必要材料。此外，该细则第14条规定，因继承、受遗赠取得农房及宅基地，当事人申请登记的，应当提交死亡证明材料、遗嘱或者全部法定继承人关于不动产分配的协议以及与被继承人的亲属关系材料等，也可以提交经公证的材料或者生效的法律文书。登记机构对继受取得的农房及宅基地进行变更登记后，继受人取得《不动产权证书》。

## 第二节　农村家庭内部的住宅产权归属

从表面上看，农村住宅产权的归属是清晰的，即《不动产权证书》上登记的“权利人”是明确的所有权人，在“共同共有”栏里有共同共有人登记的，已登记的共同共有人享有共同共有产权，但实践中的情况并非如此简单，在未登记情况下的产权归谁、在“共同共有”栏里没有登记共同共有人的情况下在农户家庭内部又归谁等问题，都值得分析和探究。

### 一、农村住宅产权归属的一般规则

农村住宅产权归属是解决农村住宅归谁所有的问题。农村住宅产权归属主要有两种情况，一是农户与农户之间归谁所有；二是农户家庭内部归谁所有。由于农村宅基地只能由本农村集体经济组织成员或农户用于建造住宅，故农村住宅产权在一般情况下都应归属于宅基地使用权人所有，那么农村住宅产权在农户家庭内部又归属于谁？

我国城市房产有《城市房地产管理法》规范，但针对农村房产尚无专门立法，所以，关于农村住宅在农户家庭内部的产权归属问题，只能将散见于《民法典》物权、家庭婚姻的有关规定和《土地管理法》的有关规定综合起来进行分析。

在通常情况下，农村住宅产权在农户家庭内部应归依法取得宅基地使用权的建造者。也就是说，既要有依法取得的宅基地使用权又要有资金投入建造的家庭成员，方可取得房屋所有权，但发生房屋产权纠纷时，首先应当根据宅基地使用权确定房屋所有权，然后才考虑由谁投资建造的问题。

## 二、农村住宅的家庭共有产权

"一户一宅"是农村集体组织安排农户使用宅基地建造住宅的基本原则。据此，各地政府在安排农户宅基地时都规定，先按照农户人口数量确定每人使用宅基地面积，然后以农户人口再确定每户的宅基地总面积。因此，农村住宅以户为单位使用宅基地建设住宅，《不动产权证书》通常也只登记户主一个人的名字。在此情况下，农户家庭其他成员对已建住宅是否享有房屋所有权？

首先可以肯定的是，农户在申请审批宅基地使用权时登记在册的农户家庭成员都是宅基地使用者。农户家庭全体成员如果都是使用宅基地在册人员，且以家庭共同收入建造住宅的，该住宅应为农户家庭共有财产，故《不动产权证书》上的"权利人"只登记主户或者农户成员中的某一代表人，并不改变农户家庭的共同共有产权的性质。

但从实践中看，农户宅基地在册成员不一定都愿意在农村建房，例如，长子在城市已购商品房，长女即将出嫁，自愿将宅基地交由其他家庭成员建造住宅，然后由其他家庭成员出资建造住宅的，该房屋产权应以建造房屋申请书上核准的申请人数确定为家庭成员共同共有。

## 三、农村住宅的夫妻共有产权

夫妻一方婚前建造的农村住宅，包括在农户家庭中享有的住宅产权份额，根据《民法典》第 1063 条的规定属于个人财产，婚后双方如无特别约定，也未办理共有产权登记手续，另一方虽然享有共同居住权，但不应是夫妻共有财产。

农村住宅成为夫妻共有产权，在通常情况下需要同时具备三个条件：（1）已经依法办理结婚手续，即已领取结婚证；（2）双方均为本农村集体经济组成员，包括入嫁（入赘）方婚后将户籍迁入配偶方的农村集体组织；（3）夫妻从原农户家庭分户出来已经独立成户，共同取得宅基地使用权并共同申请建房，并以共同收入建造住宅。同时达到上述三个条件的，根据《民法典》第1062条规定，该农村住宅应是夫妻共同财产，由夫妻共享产权。

夫妻一方在本村集体组织已经依法取得宅基地使用权，而另一方未取得宅基地使用权的，只能由已经取得宅基地使用权的一方申请建造农村住宅，故该农村住宅的产权在一般情况下应当登记享有宅基地使用权的申请方。在此情况下，在夫妻婚姻存续期间共同居住该住宅是没有问题的，问题在于在离婚时，对方要求分割房产怎么办？

根据物权与债权分离的原则，除非双方自愿协商分割房产，该住宅产权应归享有宅基地使用权方，即使对方户籍已经迁入本农村集体组织，但未取得宅基地使用权的，也不能仅凭户籍登记主张房屋及宅基地的分割，至于对方共同出资问题，只能作为债权处理，由产权取得方向对方补偿。

## 四、农村住宅的个人独有产权

这里的个人独有产权，是指农村集体经济组织单个成员独自享有农村住宅所有权，包括独享宅基地使用权和房屋所有权。农村个人独有产权主要有三种情况：（1）产权人单独一人一户，如未成年人单独继承取得住宅、离婚成年男子单独取得宅基地并独自出资建造住宅；（2）在夫妻婚姻存续期间，享有宅基地使用权的一方以其个人财产建造的住宅；（3）从农户家庭中分户出来的单个成员分得住宅，或者另行依法取得宅基地建造的住宅。

## 五、未成年子女的农村住宅产权问题

此问题在实践中纠纷较多，理论界也有不同看法。有的认为，未成年子女不享有农村住宅产权，主要理由是，无论农村未成年子女是不是在册的宅基地使用权人，因其没有经济收入，不可能出资建造住宅；父母投入资金建造住宅后，基于抚养义务让未成年子女一起居住，并不改变父母的共同产权，所以未成年子女不应有法律上的产权。笔者认为，不能简单地以没有出资为准否定未成年子女的农村住宅产权，而应以未成年子女是不是宅基地使用权人来认定其有无产权。

（一）未成年子女不享有产权的情形

在未成年子女没有经济收入投入建造住宅的情况下，笔者认为，具有下列情形之一的，该未成年子女不享有农村住宅产权：

（1）农户申请使用宅基地时尚未出生，农村集体组织不可能给予安排宅基地，农户住宅建成后才出生的。

（2）农户在申请使用宅基地时未包括未成年子女，农村集体组织安排宅基地时也未将未成年子女列入在册使用权人名单，致使其未取得宅基地使用权的。基于农村村民以宅基地使用权为主要条件取得房产所有权的基本规则，这类未取得宅基地使用权的未成年子女不能取得家庭住宅的所有权，但在其成家立业并分户后，有权依法另行取得宅基地建房。

（3）父母未将房产赠与未成年子女，未成年子女也未通过继承取得父母的房屋遗产。如果通过赠与或者继承取得农村房产，因未成年子女与父母为同一农村集体经济组织成员，故可将相关宅基地使用权转移至未成年子女名下。

（二）未成年子女享有产权的情形

（1）未成年子女虽然没有经济收入出资建造住宅，但当其是农户家庭在册的宅基地使用权人之一时，因父母投入资金建造的住宅属于家庭共有财产，故未成年子女作为该家庭成员就应享有相应的产权份额。

（2）未成年子女虽然不是在册的宅基地使用权人，但父母为了增加未成年子女建筑面积的份额使住宅建筑面积扩大，在申请建房的审批表中填上未成年子女姓名的，说明父母自愿将该未成年子女作为共有人建设住宅，当农村集体组织和有关部门核准后，未成年子女便对该家庭共有的农村住宅享有产权份额。但在其成人后分家析产时，应当考虑其没有出资的情况，适当减少其产权份额，或者采取补偿方式取得应有的份额。

另外，父母在申请建造房屋时，未成年子女已满 16 周岁未到 18 周岁，在家庭建房中已以自己的劳动取得的收入用于家庭生活，或者有劳动投入建房的，应当认定其为共同产权人。

关于农村住宅产权的取得与归属在实践中遇到的具体问题，将在下一章的农村住宅产权纠纷处理中再做详细分析。

# 第七章

# 农村住宅民事纠纷处理

农村住宅纠纷即农村房地产纠纷，是指村民相互之间以及与他人之间基于农村房屋和宅基地的权利义务所发生的争议。从狭义角度讲，农村住宅纠纷仅指产权纠纷，但从广义上看，还包括买卖、析产、继承、抵押等纠纷。农村住宅是农民的重大财产，农村住宅纠纷是农民的重大纠纷，合法合理解决这类纠纷，对农村社会和谐稳定具有重要意义。

## 第一节　农村房屋所有权纠纷处理

这里的所有权纠纷，是指农村房屋所有权属归谁不明而产生的争议。农村房屋所有权纠纷不是单纯的宅基地使用权纠纷，所涉的标的物首先是房屋所有权，然后才涉及宅基地使用权，但也有因宅基地使用权争议而引起房屋所有权。

### 一、农村房屋所有权纠纷的成因

从农村现实情况来看，农村房屋所有权纠纷的成因主要有以下几种：

（1）房屋所有权区分不明引起的纠纷。如多家农户联合建房、兄弟一起建房等，由于事先没有明确约定各自房屋的具体位置（如东头、西头与中间）或者具体楼层（如一楼、二楼、三楼、四楼），结果引起房屋不同位置的所有权纠纷。

（2）家庭建房引起的共有权纠纷。如农户以家庭名义建造住宅，成年子女认为该住宅属于自己与父母共有，未成年弟妹没有资金投入不享有共有权，于是引起共有权纠纷。

（3）相邻关系引起的所有权纠纷。如邻居乙认为邻居甲建造住宅时占用了其宅基地，主张该宅基地上的房屋归其所有，而邻居甲认为邻居乙主张的宅基地未取得审批手续，双方因宅基地使用权引起房屋所有权纠纷。

（4）因析产分割房屋引起的所有权纠纷。如家庭成员分家、夫妻离婚在分割农村住宅时，因房屋取得和归属争议，或者因分割不明确而造成房屋所有权纠纷。

（5）房屋买卖引起的所有权纠纷。村民出卖住宅，因买卖违法或者出卖人村民反悔等原因，致使买受人未取得《不动产权证书》，买受人主张事实上取得房屋所有权，而出卖人村民以违法或者未办理过户手续进行对抗。

（6）因住宅互换引起的所有权纠纷。农村住宅互换后，在未办理房产过户手续的情况下，一方主张是居住权互换，而另一方主张是所有权互换，于是造成纠纷。

除上述几种情况外，农村住宅因继承、赠与、抵押等都有可能产生房屋所有权纠纷。农村住宅所有权还有可能衍生一些其他纠纷，如相邻通行、通风、采光等纠纷。

## 二、农村房屋所有权纠纷处理的基本规则

农村房屋所有权纠纷的成因和表现是多种多样的，具体纠纷应当根据相关的法律进行处理，但在总体上应当遵循以下几个基本规则。

### （一）房产已登记的应以登记为准确认房屋所有权人

《民法典》第209条第1款规定："不动产物权的设立、变更、转让和消灭，经依法登记，发生效力；未经登记，不发生效力，但是法律另有规定的除外。"第217条规定："不动产权属证书是权利人享有该不动产物权的证明。不动产权属证书记载的事项，应当与不动产登记簿一致；记载不一致的，除有证据证明不动产登记簿确有错误外，以不动产登记簿为准。"农村村民经依法登记取得《不动产权证书》，因该证登记的宅基地和房屋已经过合法性审查，该证书便是村民合法使用宅基地和拥有房屋所有权的法律凭证，任

何单位和个人都不非法侵害。因此，当事人之间就农村住宅所有权产生纠纷的，应依《不动产权证书》确认农村住宅所有权的归属。

在农村房屋所有权纠纷中，主张所有权的一方当事人如果认为争议房屋是自己的，而《不动产权证书》登记给他人是错误的，首先要解决《不动产权证书》错误的问题，而不动产登记是行政行为，故只有通过行政登记程序或者通过行政诉讼程序先予撤销，才能再在民事上确认争议房屋的所有权归属。

（二）以宅基地使用权人确认房屋所有权人

在农村房屋所有权纠纷中，双方均未取得《不动产权证书》的，因宅基地使用权具有人身依附性和特定性的特征，即只有经依法批准取得宅基地使用权的村民才有资格建造住宅，故无论谁出资建造房屋，都应确认宅基地使用权人为房屋所有权人，至于他人的出资款应当予以返还或者予以补偿。但双方当事人另有约定，且约定合法的，则应按照约定确定房屋的所有权。

（三）本着尊重历史、注重现实、有利生产生活、促进社会和谐稳定的原则确定房屋所有权人

农村房屋历经土地改革登记、新建、翻建、改扩建等演变，现在发生所有权纠纷的，应当本着尊重历史、注重现实、有利生产生活、促进社会和谐稳定的原则确定房屋所有权人。其中涉及宅基地确权的，应当参照原国土资源部、中央农村工作领导小组办公室、财政部、原农业部《关于农村集体土地确权登记发证的若干意见》的有关规定进行处理。如该意见第 6 条规定，“对于没有权属来源证明的宅基地，应当查明土地历史使用情况和现状，由村委会出具证明并公告 30 天无异议，经乡（镇）人民政府审核，报县级人民政府审定，属于合法使用的，确定宅基地使用权”。第 7 条规定，“1982 年《村镇建房用地管理条例》实施前，农村村民建房占用的宅基地，在《村镇建房用地管理条例》实施后至今未扩大用地面积的，可以按现有实际使用面积进行确权登记；1982 年《村镇建房用地管理条例》实施起至 1987 年《土地管理法》实施时止，农村村民建房占用的宅基地，超过当地规定的面积标

准的，超过部分按当时国家和地方有关规定处理后，可以按实际使用面积进行确权登记；1987年《土地管理法》实施后，农村村民建房占用的宅基地，超过当地规定的面积标准的，按照实际批准面积进行确权登记。其面积超过各地规定标准的，可在土地登记簿和土地权利证书记事栏内注明超过标准的面积，待以后分户建房或现有房屋拆迁、改建、翻建、政府依法实施规划重新建设时，按有关规定作出处理，并按照各地规定的面积标准重新进行确权登记”。第9条规定，“对于违法宅基地和集体建设用地，应当查明土地历史使用情况和现状，对符合土地利用总体规划与村镇规划以及有关用地政策的，依法补办用地批准手续后，进行登记发证”。由于历史原因造成农村房屋所有权纠纷，其中关键是宅基地使用权问题的，参照上述意见的规定确定宅基地使用权后，根据“房随地走”的规则，应当确定宅基地使用人为农村房屋的所有权人。

## 三、农村房屋所有权纠纷的解决途径

农村房屋所有权纠纷的解决途径与宅基地使用权归属争议从表面上看都属于民事纠纷，但因宅基地使用权由自然资源主管部门或者乡镇政府批准并经确权登记取得，故宅基地使用权在登记发证前发生的使用权争议，在没有得到解决前，法院是不能以审判权代替行政权对宅基地使用权归属作出裁判的。《土地管理法》第14条第1款规定：“土地所有权和使用权争议，由当事人协商解决；协商不成的，由人民政府处理。”据此，当事人之间发生宅基地使用权争议的，应当先行协商解决，协商不成的，由人民政府处理；当事人对人民政府处理决定不服的，才可向法院提起行政诉讼，而不能直接向法院提起民事诉讼。但若仅是房屋所有权纠纷的，则可直接通过调解、仲裁或者诉讼等途径解决。

### （一）农村房屋所有权纠纷的调解

民事案件的调解，是指双方或多方当事人就争议的实体权利、义务，在法院、人民调解委员会及有关组织主持下，自愿进行协商，或者通过教育疏导，促成各方达成协议，从而解决纠纷的办法。通过调解方式解决民事纠纷，对双方恢复友好关系、减少民事诉讼、维护社会稳定都具有重要意义。农村房屋所有权纠纷作为一种民事案件，根据有关法律规定，也适用调解方式解决纠纷。

1. 农村房屋所有权纠纷的自行和解

村民之间发生农村房屋所有权纠纷，双方当事人应当首选自行协商的方式进行和解，在自愿互谅的基础上自行解决纠纷。自行协商和解的当事人不限于双方当事人，双方可以邀请亲朋好友、村干部等作为中间人进行调停，中间人通过劝导、说服方式促使双方自愿解决纠纷。双方自行协商达成一致意见的，应当制作调解协议书，双方当事人在调解书上签名，也可以邀请中间人在调解书上作为见证人签名。

2. 农村房屋所有权纠纷的人民调解

人民调解，是指人民调解委员会通过说服、疏导等方法，促使当事人在平等协商基础上自愿达成调解协议，解决民间纠纷的活动。我国广大农村都设有村民调解委员会。村民之间发生农村房屋所有权纠纷属于民间纠纷，双方当事人可以申请村民调解委员会进行调解，村民调解委员会应当指定调解员进行调解，村民也可以选择一名或者数名调解员进行调解。调解员应当充分听取当事人的陈述，讲解有关法律、法规和国家政策，耐心疏导，在当事人平等协商、互谅互让的基础上提出纠纷解决方案，帮助当事人自愿达成调解协议。

经人民调解，双方当事人在自愿、平等的基础上就农村房屋所有权纠纷形成一致意见，且不违背《土地管理法》《城乡规划法》等法律法规和国家政策的，应当制作调解协议书，各方当事人在调解协议书上签名或者捺指印，调解员在调解协议书上签名并加盖人民调解委员会印章。至此，该调解协议书生效，具有法律约束力，当事人应当按照约定履行。双方当事人认为有必要的，可以自调解协议生效之日起30日内共同向法院申请司法确认，用以加强调解协议书的法律效力，法院审查依法确认调解协议有效后，一方当事人拒绝履行或者未全部履行的，对方当事人可以向法院申请强制执行；法院依法确认调解协议无效的，当事人可以通过人民调解方式变更原调解协议或者达成新的调解协议，也可以向法院提起诉讼。

3. 农村房屋所有权纠纷的行政调解

行政调解，是指由行政机关在行使行政管理的职权范围内主持并通过说服教育的方式促使平等主体之间自愿达成协议，解决纠纷的一种调解方式。行政机关特别是乡镇政府以及有关主管部门可以就农村房屋所有权纠纷单独进行调解，但从实践来看，有关行政机关通常都在依职责调解村民宅基地使用权的同时调解农村房屋所有权纠纷。

《土地管理法》第14条第1款规定，“土地所有权和使用权争议，由当事人协商解决；协商不成的，由人民政府处理。”《土地权属争议调查处理办法》第4条规定，“县级以上国土资源行政主管部门负责土地权属争议案件（以下简称争议案件）的调查和调解工作”。第23条规定，“国土资源行政主管部门对受理的争议案件，应当在查清事实、分清权属关系的基础上先行调解，促使当事人以协商方式达成协议。调解应当坚持自愿、合法的原则”。根据上述规定，村民就宅基地使用权纠纷可以向乡镇政府或者自然资源主管部门申请调解。经行政机关调解，双方当事人就农村宅基地使用权纠纷、农村房屋所有权纠纷达成协议的，应当制作行政调解书，该行政调解书经各方当事人签名捺指印，加盖行政机关印章后即具法律效力，当事人可凭行政调解书到登记机关办理确权登记手续。农村宅基地使用权纠纷经行政调解不成的，有关行政机关依当事人的申请，经调查后处理决定。农村房屋所有权纠纷行政调解不成的，当事人可以向法院提起诉讼。

4. 农村房屋所有权纠纷的法庭调解

法庭调解又称法院调解，是指法院在庭审阶段，为解决民事纠纷，劝导、动员和敦促双方当事人互谅互让，达成调解协议的诉讼活动。当事人就农村房屋所有权纠纷向法院提起民事诉讼，法院受理后，根据《民事诉讼法》第9条“人民法院审理民事案件，应当根据自愿和合法的原则进行调解；调解不成的，应当及时判决”以及第八章的规定，在当事人自愿的情况下，首先应当进行调解，只有在当事人不愿调解、调解不成或者调解书送达前一方反悔的情况下，才应进行判决。

这种纠纷的调解还适用于民事诉讼活动中各个阶段，包括起诉、开庭审理前准备阶段，调查、辩论阶段以及上诉阶段都可以进行调解。经法庭调解，当事人达成协议的，由法院制作调解书，调解书经双方当事人签收后，即具有与判决书同等的法律效力，一方当事人不履行调解书约定义务的，对方当事人可以以调解书为根据申请法院强制执行。

（二）农村房屋所有权纠纷的仲裁

仲裁是当事人根据订立的仲裁协议，自愿将其争议提交并由仲裁委员会作出裁决而解决纠纷的一种方法。农村房屋所有权纠纷属于《仲裁法》第 2 条“平等主体的公民、法人和其他组织之间发生的合同纠纷和其他财产权益纠纷，可以仲裁”的规定范围。但是，《仲裁法》第 4 条又规定，“当事人采用仲裁方式解决纠纷，应当双方自愿，达成仲裁协议。没有仲裁协议，一方申请仲裁的，仲裁委员会不予受理”。据此，当事人就农村房屋所有权纠纷申请仲裁的，事先必须有双方达成的仲裁协议，当事人如果没有达成仲裁协议，则不可申请仲裁。此外，农村房屋所有权纠纷同时涉及农村宅基地使用权纠纷的，因农村宅基地使用权纠纷依法应由行政机关先行处理，根据《仲裁法》第 3 条规定是不能进行仲裁的。农村宅基地使用权纠纷不能解决导致农村房屋所有权纠纷也不能解决的，也不能申请仲裁。

农村房屋所有权纠纷经仲裁委员会裁决后，因我国仲裁实行一裁终局制度，当事人就同一农村房屋所有权纠纷向法院起诉的，法院不予受理；当事人达成仲裁协议而向法院起诉的，法院也不予受理。但是，仲裁协议无效，或者仲裁裁决被法院依法裁定撤销、不予执行的，当事人就农村房屋所有权纠纷可以根据双方重新达成的仲裁协议申请仲裁，也可以直接向法院起诉。仲裁委员会就农村房屋所有权纠纷作出的裁决书生效后，一方当事人不履行的，另一方当事人可以依照民事诉讼法的有关规定向法院申请执行。

（三）农村房屋所有权纠纷的诉讼

农村房屋所有权纠纷的诉讼有行政诉讼与民事诉讼之分。

农村房屋所有权纠纷因产权登记引起的，如村民认为登记机构将自己的住宅登记给他人，首先要解决产权登记问题。因产权登记是行政确认行为，属于《行政诉讼法》第 12 条第 1 款第 4 项“对行政机关作出的关于确认土地、矿藏、水流、森林、山岭、草原、荒地、滩涂、海域等自然资源的所有权或者使用权的决定不服的”行政诉讼的受案范围，当事人就此可以以登记机构所在的行政机关（如自然资源主管部门）为被告向法院提起行政诉讼。

农村村民与平等主体的他人发生房屋所有权纠纷，属于《民事诉讼法》第3条“人民法院受理公民之间、法人之间、其他组织之间以及他们相互之间因财产关系和人身关系提起的民事诉讼”的受案范围，该村民应当以对方当事人为被告向法院提起民事诉讼。

关于农村房屋所有权纠纷的行政诉讼与民事诉讼程序问题，可见本节的案例，这里不做具体分析。

## 案例39

1984年，历A家庭成员包括历A、历B两兄弟和父母姐妹共7人，当年向村里申请了两块宅基地。1985年举全家之力先盖了东院房屋及院落，1986年举全家之力盖了西院房屋及院落。1985年盖房时，家庭成员情况为：历A和姐姐历C已婚，历B及其他兄弟姐妹三人未婚。1986年家庭成员情况为：除历B及其一个妹妹未婚，其余三兄妹已婚。房屋建好后，父母及未婚子女一直居东院，历A一家人居西院。1998年3月，历A取得东院的集体土地使用证，历B取得西院的集体土地使用证。在1985年和1986年的建房过程中，因历A已经成家，且作为家中长子，与其妻子对房屋建设承担了大部分的工作量。

2020年，历A以其弟历B为被告，向大厂回族自治县人民法院提起所有权纠纷诉讼称，1985年5月，原告历A在宅基地上建造正房五间及院落，居东侧；1986年3月，原告在登记在被告历B名下的宅基地上建造正房五间、西厢房六间及院落，居西侧。上述房屋由原告建造。被告自1982年便接班到北京工作，从未向家里交过任何钱，更没有建设过房屋。2020年年初，被告欲强行住进原告建造的西侧院落，双方因此产生争议。为了确定该处房屋的所有权，请求法院依法确认五间正房、西厢房六间及院落属原告所有。

被告历B辩称，我家房屋盖好后，按农村习俗，父母把房产平分给被告与原告，东侧给了原告，西侧给了被告。2020年疫情过后，我带母亲回家，原告用种种恶劣行为企图强行霸占我的房产，请求法院依法给出公正判决。

大厂回族自治县人民法院认为，我国未建立农村房屋所有权登记制度，农村宅基地上房屋历经土地改革登记、新建、翻建、改扩建等演变，因此在确定宅基地上房屋的权属时，应该综合考虑历史情况、宅基地使用证、房屋实际使用人等情况。本案诉争房屋始建于1986年，1987年发证，1998年更换集体土地使用证，使用者均为被告历B。依据原告、被告的家庭成员情况、集体土地使用证的记载，结合当地的民俗民情，原告、被告作为家中的两个儿子，一人拥有一套宅基地及地上房屋符合当地民俗民情。因此，原告在其名下已经有一套宅基地及房屋院落的情况下，仍以其建造并一直使用为由要求确认涉案五间正房、西厢房六间及院落也属其所有，法院不予支持。但是，本案诉争房屋始建于1986年，房屋建造集全家之力，同时原告作为家中成年已婚长子，其与妻子在建房过程中承担大部分的工作量，符合当时社会条件下的民情。房屋建成后，原告一家人一直在此居住生活也是实情，因此原告在诉争房屋上具有相关利益。在处理本案宅基地上房屋的权属时，应该一并充分考虑仍为集体经济组织成员并对诉争宅基地上房屋一直进行维修、保养、使用等义务的原告的利益补偿问题。本案在审理过程中，原告明确提出，如土地的使用权归被告享有的话，那么相应的地上物补偿应当由被告支付给原告。本案诉争房屋经依法评估，房屋及围墙价值为152,972元，依据公平原则确定原告在诉争房屋上的利益以被告支付补偿款的方式实现，补偿价值酌定为78,486元。大厂回族自治县人民法院判决如下：（1）驳回原告要求确认五间正房、西厢房六间及院落属原告所有的诉讼请求；（2）被告历B自判决生效之日起10日内给付原告历A房屋利益价值即补偿款78,486元。

历B不服一审判决，向廊坊市中级人民法院上诉称，被上诉人历A起诉已过诉讼时效；双方各自所有的房屋均为家庭共同建筑，被上诉人的房屋的一部分价值也应当补偿给上诉人；被上诉人历A在一审诉讼请求为房屋、土地使用权为其所有，并未提出补偿请求，一审法院判决超出了被上诉人诉讼请求；上诉人所有的房屋为全家共同所建，涉及上诉人、被上诉人及父母、姐妹6人，被上诉人所得应为房屋价值1/4，一审法院判决补偿金额不合理。请求撤销一审判决，依法改判。

廊坊市中级人民法院认为，所有权确认纠纷属于物权纠纷，不适用诉讼时效。本案在一审中，被上诉人历A明确提出，如土地的使用权归被告享有的话，那么相应的地上物补偿应当由上诉人历B支付给被上诉人历A，一审法院判决未超出被上诉人诉讼请求范围。涉案两处宅基地及房屋登记在上诉人、被上诉人名下，符合当地村规民俗。1985年盖房时家庭成员情况为：被上诉人历A时年30岁、历C时年24岁已婚，上诉人历B时年21岁、历D时年21岁、历E时年15岁三人未婚。1986年盖房时家庭成员情况为：上诉人历B时年22岁、历E时年16岁未婚，其余三兄妹已婚。一审法院根据当时的民情及现实情况，结合被上诉人申请证人的出庭证言，认定被上诉人历A作为家中长子，与其妻子对房屋建设承担了大部分的工作量，据此酌定补偿价值78,486元并无不当。

廊坊市中级人民法院判决：驳回上诉，维持原判。

[根据河北省大厂回族自治县人民法院（2020）冀1028民初2060号民事判决书和廊坊市中级人民法院（2021）冀10民终307号民事判决书编写]

**【作者分析】**

从本案判决中可以看出，解决农村住宅产权纠纷所要坚持以下两个基本规则：

第一，以宅基地使用权人确定房屋所有权人。农村宅基地使用权具有人身依附性特征，只有经依法批准取得宅基地使用权的村民才有权在自己的宅基地上建设住宅，且对该宅基地上所建的房屋享有所有权，而非宅基地使用权人不得擅自在他人的宅基地建设住宅，否则，除继受取得外，不能取得房屋所有权。本案中，1998年3月，历A取得东院的集体土地使用证，历B取得西院的集体土地使用证，各自的宅基地使用权是明确的，故法院认定西院宅为历B所有，并判决驳回历A主张西院住宅所有权的诉讼请求，同时坚持了农村村民“一户一宅”制度。

第二，综合考虑历史情况、宅基地使用证、房屋实际使用人等情况，非宅基地使用权人对争议住宅的建设有投入的应当得以补偿。根据物权与债权分离规则，非宅基地使用权人对争议住宅的建设有投入的，在不能取得物权的情况下应当享有债权，因此应当得以补偿。历A作为家中长子，在家庭建造西院住宅时，与其妻子承担了大部分的工作量是一种投入，当西院住宅判归历B后，历B应当给予历A的适当补偿，从而体现公平原则。

## 案例40

廖某某户在×村××组拥有宅基地110平方米。廖某某死亡后，继承人有其妻陈某某，其子女廖A、廖B、廖C、廖D。廖A从2008年开始与吴某同居生活，2009年4月21日共同生育一非婚生子。2009年开始，廖某某之妻陈某某在原有的宅基地上拆除原有的二层旧房，建造了三层楼房。2011年后，吴某与廖A同居期间，廖A与吴某在新建的三层楼房上共同加建了第四层楼房。2014年廖A病逝。2017年年初，吴某加建了第五层楼房靠东边一半的房屋。吴某户籍为赣州市城镇户口。

2020年4月，吴某以陈某某为被告向龙南县人民法院提出诉讼称，原告吴某与前男友廖A同居期间生一儿子，为了儿子在龙南有一房子作为栖身之所，原告出资出力与廖A合建了第四层楼房，第四层楼房系原告与廖A的共同共有财产，该层建筑面积约180平方米，应依法分割，原告应得一半即90平方米的房产；另一半90平方米应是廖A的遗产，这90平方米的房产继承可在另一遗产继承案中解决，而被告强行收取四楼的房租，侵犯了原告的合法权益。原告个人出资于2017年建成的第5层中的一套约90平方米的房产，应当是原告个人单独所有的房产。但被告不顾亲情，不顾该房产是原告单独所有的法律事实，强行收取房租并驱赶租客的行为严重侵犯了原告的合法权益。请求：（1）判决确认坐落于×村××组（原户主廖某某）五层楼房中的第四层楼房中的一半（约90平方米）价值约9万元的房产所有权使用权归原告所有；（2）判决确认第五层楼房中东边的一套房产（约90平方米）价值9万元所有权使用权归原告所有。

被告陈某某辩称，涉案宅基地房屋为被告家庭成员共有，原告不是被告家庭成员，无权对被告家庭财产享有权益；涉案房屋系用被告家庭成员的家庭财产建设，涉案房屋四楼不属于被告与廖A同居关系期间产生的原告个人财产；原告是城镇居民，依法不能享有农村房屋所有权；原告擅自对涉案宅基地房屋五楼的加建行为违反法律规定，侵害被告家庭成员权益，原告不能依违法行为取得财产权益。请求驳回原告的起诉或原告的全部诉讼请求。

龙南县人民法院认为，《土地管理法》第62条第3款规定，农村村民建住宅，应当符合乡（镇）土地利用总体规划、村庄规划，不得占用永久基本农田，并尽量使用原有的宅基地和村内空闲地；农村村民住宅用地，由乡（镇）人民政府审核批准的规定。我国实行农村土地集体所有的制度，农民对其宅基地不拥有所有权，只拥有使用权，城镇居民不享有宅基地使用权。原告并非争议房屋所在的集体组织成员，非宅基地使用权人，且原告、被告争议的房屋是在原有的宅基地上拆除旧房新建了五层房屋，占地面积超过原有的面积，该房屋存在明显加宽、加高的情形，原告、被告也均未向法院提交建房审批材料，是否符合规定，应由相关行政职能部门审批后方可进行分割，法院暂不宜对该宅基地上的房屋实体权利进行处理，待完善合法手续后再行处理。故对原告要求分割涉案房屋第四层、第五层的所有权、使用权的主张，法院不予支持。龙南县人民法院判决：驳回原告吴某的诉讼请求。

［根据龙南县人民法院（2020）赣0727民初1571号民事判决书编写］

**【作者分析】**

农村村民无论是初始取得还是继受取得房产所有权证或者现在办理不动产权证书，除历史原因外，其前提条件是相关住宅已经依法取得宅基地使用权审批文件，在乡村规划区内的住宅还必须取得乡村规划许可证。本案实际上是吴某要求分家析产而引起房屋所有权纠纷。吴某作为城镇居民，不可能初始取得事实上也未取得农村宅基地使用权，故在庭审中不能提交建房审批材料，属于涉案房屋的非宅基地使用权人；吴某与廖A在未办理结婚登记手续处于同居状态的情况下，在廖某某户原有的宅基地上拆除旧房新建了涉案新房，且占地面积超过原有的面积，还存在明显加宽、加高的情形，因此可以肯定涉案住宅是非法建筑物。当事人未经批准在农村违法建设住宅，应当先由自然资源等行政主管部门给予处理，然后根据处理情况再决定是否允许其办理产权登记手续。正因如此，法院在本案判决书中说明："是否符合规定，应由相关行政职能部门审批后方可进行分割""暂不宜对该宅基地上的房屋实体权利进行处理，待完善合法手续后再行处理"，而不能直接判决涉案房屋的产权归属。

## 第二节 农村住宅买卖纠纷处理

农村住宅买卖，是指村民作为出卖人与买受人约定，将农村房屋所有权和宅基地使用权转移给买受人，从而取得买受人价款的一种民事法律行为。我国《土地管理法》只禁止农村集体土地买卖，而未禁止农村房屋买卖，但村民买卖房屋必然发生宅基地使用权随之转移，这就给农村住宅买卖带来相应的复杂性。前面已经阐述了村民出卖住宅涉及宅基地使用权的效力问题，这里主要分析村民房屋的效力问题。

### 一、农村住宅买卖主体的效力问题

随着农村经济的不断发展，村民为改善居住条件购买住宅的越来越多；村民人口持续不断地向城镇迁移，出卖留在农村的闲置农房的也越来越多；城镇居民向往农村休闲生活，在农村购房的也越来越多。在农村住宅买卖日趋活跃的同时纠纷也随之增多，其中产权效力纠纷最为多见，特别是在农村房地产增值、征用拆迁补偿增大的情况下，农村住宅买卖纠纷更为突出。

（一）关于城镇居民买受农村住宅的问题

国务院办公厅《关于严格执行有关农村集体建设用地法律和政策的通知》（国办发〔2007〕71 号）强调，“农村住宅用地只能分配给本村村民，城镇居民不得到农村购买宅基地、农民住宅或‘小产权房’”。最高人民法院《全国民事审判工作会议纪要》（法办〔2011〕442 号）第 15 条第 1 款也指出：“在农村集体所有土地上建造房屋并向社会公开销售，应当依据合同法第五十二条①和土地管理法第四十三条②规定，认定该买卖合同无效。”由此可见，城镇居民购置农村住宅是非法行为，农村房屋买卖合同无效。

从当前的司法实践来看，城镇居民买受农村住宅通常都以“无效为原

① 《合同法》已失效，相关规定参见《民法典》第 146 条。

② 此处适用的是 2004 年修正的《土地管理法》，2019 年修正的《土地管理法》已无此规定。

则、特殊为例外”的规则来处理纠纷，即城镇居民购买农村房屋属于违反禁止性规定的行为，该类房屋买卖合同作无效处理，但在某些特殊情况下承认城镇居民在农村购买房屋有效，如老干部退离休后，经原籍村集体组织同意，并由有关部门批准，购买村民房屋用以养老的，应当认为这种房屋买卖合同有效。

（二）关于本集体经济组织成员之间买卖住宅的问题

《全国民事审判工作会议纪要》第15条第2款又指出，农村住宅“出售给本集体经济组织成员的，应当符合法律、行政法规和国家政策关于宅基地分配、使用条件的规定”。据此，当前的司法观点都认为，出卖人是本集体经济组织成员，买受人也是本集体经济组织成员，即本集体经济组织成员之间买卖房屋，符合宅基地分配规定、使用条件的，为有效买卖，否则无效。但是，在涉及《土地管理法》第62条“一户一宅”的规定时，如何处理两者之间房屋买卖的效力问题，当前仍有不同看法。

传统的处理方法是，本集体经济组织成员之间的房屋买卖需要同时符合以下三个条件才作有效认定：（1）村民出卖住宅所占用的宅基地必须已经批准取得使用权，并必须已经取得房屋所有权证；（2）买受人村民必须符合申请宅基地的条件，即符合“一户一宅”规定；（3）必须经过村民委员会同意。笔者认为，“一户一宅”仅为宅基地使用权初始取得的限制，而不能约束继受取得，本集体经济组织成员之间买卖房屋，对买受人来说是继受取得，因此“一户一宅”不宜作为本村成员之间买卖房屋的效力条件。近几年也有类似裁判案例，否则就会极大地限制农村闲置住宅的市场流转，不利于农村住宅资源的重新配置。

本村成员之间合法买卖房屋，双方均履行完毕房屋买卖合同约定的义务后，应当办理该房屋的产权变更登记，出卖方村民拒不协助买受方村民办理产权转移登记手续的，买受方村民可以向法院提起农村房屋买卖合同纠纷诉讼，请求法院判令出卖方村民协助办理房屋产权过户手续。

（三）关于非同村成员之间买卖住宅的问题

《土地管理法》第62条第6款“国家允许进城落户的农村村民依法自愿

有偿退出宅基地，鼓励农村集体经济组织及其成员盘活利用闲置宅基地和闲置住宅”的规定，增加了村民利用闲置宅基地和闲置住宅的灵活性，但并未完全取消限制条件。中央农村工作领导小组办公室、农业农村部《关于进一步加强农村宅基地管理的通知》（中农发〔2019〕11 号）第 5 条“鼓励盘活利用闲置宅基地和闲置住宅”的规定，仍将宅基地转让限于本集体经济组织内部。从司法实践来看，关于村民将住宅出卖给非本村集体经济组织成员的效力问题，有些法院认为，除本村集体组织经民主议定程序同意外，非本村集体组织成员不具有使用本村集体组织宅基地的权利，故买受人不能取得住宅所占用的土地使用权，于是判决这种房屋买卖合同无效。

对此，有学者持不同意见，认为农村住宅出卖给外村村民不能一律作无效认定，主要理由是：（1）我国相关法律、行政法规没有禁止农村住宅买卖，法无规定即自由；（2）本村成员与非本村成员仅不为同一农村集体经济组织而已，而两者“农民”身份相同，农民之间转让住宅在广义上不至于农村集体土地流失，也不能以狭隘的“损害本集体经济组织利益”为由否定这种合同的效力；（3）允许本村成员与非本村成员买卖住宅，能使闲置宅基地和闲置住宅得以充分利用。因此，本村成员与非本村成员如果已经本村集体组织同意或者追认，并经有关部门批准的，应当作有效认定。

笔者认为，上述观点有一定道理。上述行政规章和司法解释虽然对解决农村房屋买卖的主体效力认定具有一定的判断作用，但大多数是限制而非开放，跟不上农村形势的发展趋势，且在法律体系中的位阶较低，有的与物权法律规范的有关规定不一致。在某些特定情况下，允许本村成员与非本村成员之间买卖农村房屋是具有合理性和积极意义的，如非本村成员在本村长期生产生活却在本村没有自己的住宅、女子离婚后回娘家生活但户籍尚未迁回娘家且在娘家没有住宅，在这些特殊情况下，应当允许其在生活地购置住宅，当其经本村集体组织同意，并有关部门批准后，应当认定其与本村村民订立的房屋买卖合同有效。

## 二、农村住宅买卖的物权效力问题

《物权法》[①] 实施一段时间后，法院在上述行政规章和司法解释的基础上，根据物权法律规范的有关规定，对农村住宅买卖合同效力与物权效力进行分离认定和判断。

《民法典》第215条规定："当事人之间订立有关设立、变更、转让和消灭不动产物权的合同，除法律另有规定或者当事人另有约定外，自合同成立时生效；未办理物权登记的，不影响合同效力。"这条是对合同效力与物权效力的区分规定。据此规定，以合同形式变动或转移物权，其中合同形成的关系属于债权法律关系的范畴，合同是否成立以及是否生效，应该依据合同法律规范来判断。而不动产物权的变动或者转移以登记为生效条件，未办理物权登记的不发生不动产物权在法律上的变动或转移，但并不影响合同效力。据此，除法律另有规定外，不动产合同一经成立，只要不违反法律、行政法规的禁止性规定就可以发生效力。

就农村住宅买卖而言，当事人双方自愿订立了合同，只要该合同不违反法律、行政法规的禁止性规定就应有效。农村住宅属于村民依法享有所有权的不动产，故我国土地管理法律和行政法规没有禁止农村住宅买卖，据此不能认为农村住宅买卖合同一律无效。但因土地管理法律禁止宅基地买卖，农村住宅又不可能脱离宅基地单独买卖，因此，买受人在不具有使用宅基地资格，也未经农村集体组织同意和有关部门批准的情况下买受农村住宅，是不能发生宅基地使用权随之受让的，在房地一证的规定下也是不能办理《不动产权证书》的，故不能发生物权效力。

有些地方法院根据各自辖区的实际情况，就农村住宅买卖效力及所涉宅基地的纠纷处理作了一些规定，其中较为开放的是上海市高级人民法院。上海市高级人民法院《关于审理农村宅基地房屋买卖纠纷案件的原则意见》（沪高法民一〔2004〕4号）规定，"农村宅基地买卖应严格按照法律法规的规定进行。对于由此引发的纠纷，应当综合考虑出卖人出售房屋是否经过审

① 2021年1月1日《民法典》施行后，《物权法》失效。

批同意、合同是否履行完毕以及买受人的身份等因素，区分不同情况，妥善处理，具体如下：第一，对于发生在本乡范围内农村集体经济组织成员之间的农村房屋买卖，该房屋买卖合同认定为有效。第二，对于将房屋出售给本乡以外的人员的，如果取得有关组织和部门批准的，可以认定合同有效。第三，对于将房屋出售给本乡以外的人员的，未经有关组织和部门批准，如果合同尚未实际履行或者购房人尚未实际居住使用该房屋的，该合同应作无效处理。第四，对于将房屋出售给本乡以外的人员，未经有关组织和部门批准，如果合同已实际履行完毕，且购房人已实际居住使用该房屋的，对合同效力暂不表态，实际处理中应本着尊重现状、维护稳定的原则，承认购房人对房屋的现状以及继续占有、居住、使用该房屋的权利”。

## 三、农村土地制度改革中的住宅买卖问题

我国农村土地制度改革的主要内容之一是“适度放活宅基地和农民房屋使用权”，即在改革试点地区对农村宅基地使用权和房屋所有权的流转，包括抵押、出租、转让等可不受现行法律、法规和规章的限制，只要符合改革试点政策规定，即为有效并可办理产权登记手续，当事人若因农村住宅买卖发生合同效力纠纷，亦应按照相关政策规定进行判断和处理。于是，当农村住宅买卖合同被认定有效后，买受人也就能按照当地改革试点政策规定取得物权，即取得农村房屋所有权和宅基地使用权。

但由于农村土地制度改革仅在个别地区试点，试点经验尚未提升至立法层面。在这种情况下，最高人民法院《第八次全国法院民商事案件审判工作会议（民事部分）纪要》第 19 条指出，“在国家确定的宅基地制度改革试点地区，可以按照国家政策及相关指导意见处理宅基地使用权因抵押担保、转让而产生的纠纷。在非试点地区，农民将其宅基地上的房屋出售给本集体经济组织以外的个人，该房屋买卖合同认定为无效。合同无效后，买受人请求返还购房款及其利息，以及请求赔偿翻建或者改建成本的，应当综合考虑当事人过错等因素予以确定。”据此，司法实践中普遍认为，宅基地房屋买卖合同是否有效，要看是不是试点地区，在试点地区即为有效，而在非试点地区，村民将其宅基地上的房屋出售给本集体经济组织以外的个人，买卖合同

则应认定为无效。这是当前人民法院审理农村宅基地使用权和农村住宅买卖纠纷案件需要把握的一个重要界限。

## 四、农村住宅买卖的民事纠纷与行政处罚的关系问题

村民出卖住宅的前提条件是农村住宅这一标的物必须具有合法性，这个前提条件未能解决，村民住宅买卖的民事纠纷就得不到解决。例如，法院审理农村住宅买卖纠纷，首先应当审查村民出卖的房屋和宅基地是否合法取得。村民持有《不动产权证书》（包括宅基地使用权证和房屋使用权证），其住宅的合法性不容置疑，在此基础上发生买卖纠纷的，法院应当按民事诉讼程序进行处理。实践中的问题是，村民将违法建成的住宅出卖而与他人发生纠纷，在民事纠纷与行政处罚交织的情况下如何处理两者关系。

村民违法占用宅基地建设的房屋属于非法建筑，非法建设的农村住宅是不能买卖的，但村民出卖的住宅是不是非法建筑应由有关行政机关确认，是否给予行政处罚也应由有关行政机关决定，因此，法院应当根据有关行政机关的处理结果再处理农村住宅买卖合同的效力问题。

（1）买卖当事人在有关行政机关未作出处理前，向法院提起民事诉讼的，法院经审查嫌疑标的物属于非法建筑，且有关行政机关已经立案调查的，应当中止审理，待有关行政机关作出处理后，再决定是否恢复审理。

（2）有关行政机关对出卖人村民作出拆除房屋、没收房屋等行政处罚决定，且该行政处罚决定已经生效的，出卖人村民丧失了农村住宅买卖标的物的所有权，法院应当确认农村住宅买卖合同无效或者解除农村住宅买卖合同。

（3）有关行政机关作出不予行政处罚决定的，法院应当继续审理农村住宅买卖合同纠纷案件，并依照合同法律的规定对农村住宅买卖合同的效力作出判定。

由此可见，有效农村住宅买卖合同由两个基本条件构成：（1）标的物的取得必须符合有关行政法的规定；（2）买卖合同本身符合合同法律的规定。

### 案例41

王A与王B同系××村村民，王C系王B之子。2006年1月6日，王B

与王A在两位见证人见证下签订房屋买卖《合约》约定，王B将位于××村的自有房屋4间、厢房3间及相应院落出卖给王A；王A一次性于2006年1月8日付给王B 14,600元；过户费用由王A负担。《合约》签订后，王A依约付清房款并即时占有房屋，但一直没有办理过户手续。王B之妻于2003年去世，涉案房屋系王B夫妻共同财产。2019年，王A在办理过户手续时，王C拒绝协助。

2020年4月，王A向平度市人民法院提起农村房屋买卖合同纠纷诉讼，请求：（1）确认原告王A与被告王B于2006年1月6日签订的房屋买卖《合约》合法有效；（2）判令被告王B、第三人王C继续履行《合约》并协助原告办理房屋过户手续。

王B辩称，房屋是我们夫妻的共同财产，原告所诉属实，同意协助过户。王C陈述，母亲去世后，买卖房屋时我以为有我父亲在，继承与我无关；我现在不放弃继承，房屋有我的一部分，不同意过户。

平度市人民法院认为，依据我国《物权法》第15条①的规定，当事人之间订立有关设立、变更、转让和消灭不动产物权的合同，除法律另有规定或合同另有约定外，自合同成立时生效；未办理物权登记的，不影响合同的效力。该规定采纳物权变动的原因与结果相区分的原则，即债权合同是否有效应按照合同的生效要件进行判断，物权是否变动不影响债权行为的效力。本案中，原告、被告就涉案房屋买卖签订的《合约》系双方当事人的真实意思表示，不存在当事人意志不自由、意思表示不真实的情形，协议内容不违反国家法律和行政法规的强制性规定，因此《合约》具有法律约束力。原告王A的合同义务已履行完毕，并实际占有使用房屋至今。《合约》中双方未具体约定过户时间，王B负有随时协助原告王A办理涉案房屋过户的义务。根据王B的庭审陈述和认可的事实，王C作为继承人知道房屋买卖的事实并没有提出不同意见，应为同意房屋买卖，第三人王C亦负有协助原告办理涉案房屋过户的义务。平度市人民法院判决：（1）原告王A与被告王B于2006年1月6日签订的房屋买卖《合约》合法有效；（2）被告王B、第三人王C

① 《物权法》已失效，相关规定参见《民法典》第215条。

在本判决生效后60日内协助原告王A办理涉案房屋过户手续，过户费用由原告王A负担。

［根据山东省平度市人民法院（2020）鲁0283民初2720号民事判决书编写］

【作者分析】

这是一起简单的民事案件，但法院判决反映了农村住宅买卖合同纠纷处理的一般规则：本村村民之间买卖住宅所订立的房屋合同有效，既然这种合同有效，就得使买受人实现物权，出卖人村民如果拒不配合买受人村民办理房屋过户手续，法院可判令出卖人村民协助买受人村民办理房屋过户手续；出卖人村民仍拒不履行法院裁判文书判定的配合办理房屋过户手续的，买受人村民可以依法向法院申请强制执行，法院就此作出强制执行裁定书的，无论出卖人村民是否同意，买受人村民就可凭法院作出的有关判决书和农村房屋买卖合同以及其他有关资料，要求登记机关予以办理《不动产权证书》，在有必要时，法院可以直接为买受人村民办理不动产权变更手续，使买受人村民取得《不动产权证书》，使买受人村民取得涉案农村住宅的物权。

## 案例42

梁A与梁B同系××村集体经济组织成员。1997年12月14日，梁A与梁B签订立《买卖房屋契约》约定，梁B愿将坐落在村西南方位规划区内房屋四间，自愿卖与梁A居住，卖价5800元，当交不欠。双方在该契约上捺印，××村民委员会加盖了公章。同日，双方签订即墨市房屋买卖草契纸，双方在该草契纸上捺印，××村民委员会同样在该草契纸上加盖了公章。契约签订后，梁A给付梁B全部房款，梁B将房屋的集体土地建设用地使用权证、房屋产权印契交付梁A。梁A付款买房之后，多次要求梁B协助办理房屋过户手续，梁B均不配合。2020年，梁A以梁B为被告向即墨区人民法院起诉，请求依法确认原被告于1997年12月14日签订的房屋买卖契约合法有效，

被告梁B辩称，（1）被告并未将涉案房屋卖与原告所有，仅是让原告居住使用；（2）涉案房屋系被告与其妻孙某某的夫妻共同财产，被告妻子对该

房屋的处分根本不知情也不同意，被告未经共有人的同意，擅自以低价处分该房屋，系无权处分，契约无效；（3）原告欺瞒了其名下在本村早已有一处房屋及宅基地的情形（梁B提交国土资源局的土地档案查询资料，证明梁A名下在房屋所在地的村集体另有一处宅基地），违反了农村村民一户一宅基的法律规定，契约无效，导致契约中约定的过户在法律上或事实上根本没有实现的可能性，契约自始履行不能，应依法予以解除。

即墨区人民法院认为，梁A与梁B自愿签订《房屋买卖契约》，系双方的真实意思表示，涉案房屋虽系农村房屋，双方均系同村村民，因此，双方之间的房屋买卖合法有效。梁B辩解仅是让梁A居住使用系其字面的片面理解，即断章取义；梁A即使在本村另有房屋仍不能认定双方的房屋买卖无效；即便涉案房屋系梁B与其妻孙某某的夫妻共同财产，但梁B仍有处分权；房屋能否过户，不影响合同的效力。即墨区人民法院判决：梁A与梁B于1997年12月14日签订的房屋买卖契约合法有效。

梁B不服上述判决，向青岛市中级人民法院提起上诉。青岛市中级人民法院认为，本案争议的焦点问题是梁A与梁B之间就涉案房屋转让的是使用权还是所有权。双方于1997年12月14日签订《买卖房屋契约》，有中间人梁1、立字人梁2、梁3见证，虽然该契约约定的是梁B将涉案房屋卖与梁A名下居住，但在该契约签订后，梁A依约支付了全部购房款，梁B亦将涉案房屋交付梁A控制使用至今，且将涉案房屋集体土地建设用地使用证、房屋产权印契证一并交给梁A，且××村委会在契约上加盖印章，后双方以各自实际行为履行了涉案房屋买卖契约，结合农村房屋买卖的交易习惯，应认定双方实际转让的是涉案房屋所有权而非居住使用权。梁A与梁B同系涉案房屋所在村集体经济组织成员，双方签订的《买卖房屋契约》、房屋买卖草契纸均不违反法律、行政法规的强制性规定，且已实际履行完毕，合法有效，予以确认；梁A在本村是否另有其他宅基地房屋，不影响法院对涉案房屋买卖合同效力的认定。梁B主张双方买卖房屋处分的是居住使用权而非房屋所有权、双方签订的房屋买卖合同无效，缺乏事实与法律依据，不予支持。青岛市中级人民法院判决：驳回上诉，维持原判。

[根据青岛市即墨区人民法院（2020）鲁0282民初7621号民事判决书

和青岛市中级人民法院（2021）鲁02民终1237号民事判决书编写]

【作者分析】

本案是农村房屋买卖合同的效力纠纷案件，除房屋所有权与居住使用权以及有无处分权争议外，还涉及“一户一宅”问题。

梁A与梁B同系××村集体经济组织成员，梁A在××村已有一块经国土资源局批准的宅基地，那么，同一农村集体经济组织成员之间买卖房屋是否受《土地管理法》第62条“一户一宅”的规定限制？被告梁B认为，原告梁A违反了农村村民“一户一宅”的法律规定，契约无效。而审理本案的两级法院都认为，梁A在本村是否另有其他宅基地房屋均不影响对涉案房屋买卖合同效力的认定。

法院判决梁A与梁B签订的房屋买卖契约合法有效，说明《土地管理法》第62条“一户一宅”的规定仅对村民初始取得宅基地使用权而言。也就是说，村民经批准取得足够面积的宅基地使用权后，不能另行通过审批再取得本村的宅基地，而梁A与梁B签订房屋买卖契约所取得的房屋所有权及其宅基地使用权属于继受取得，故不受“一户一宅”的限制。

## 案例43

2009年1月9日，××村委会将××庭院09号联体复式二层楼房出售给张某某。2015年，张某某与林某某签订《房屋买卖合同》约定，张某某将上述房产转让给林某某，房屋转让款为29万元。《房屋买卖合同》签订后，张某某与林某某均依约履行了协议。

由于该房屋未取得规划、建设审批手续，且不符合土地利用总体规划和城乡规划，属于违法建设，济南市南部山区管理委员会于2019年12月20日向林某某发出《责令限期腾空房屋自行拆除违法建设通知书》，要求林某某于2019年12月25日前腾空房屋，自行将违法建筑及设施拆除，清理堆放物品恢复土地原状，并退还被非法占用的土地。2019年12月24日，涉案房屋被拆除。

2020年4月，林某某向历城区人民法院提起农村房屋买卖合同纠纷诉讼称，原告林某某与被告张某某购买房屋时，由于张某某未如实告知该房屋的详细信息，导致林某某错误认识并发生交易，因该房屋未取得规划、建设审批手续，且不符合土地利用总体规划和城乡规划，涉案房屋于2019年12月24日被拆除。请求：（1）依法确认被告与原告签订的《房屋买卖合同》无效；（2）判令被告返还购房款29万元及利息。

张某某辩称，（1）涉案房屋是否属于违章建筑不是导致合同无效的法定因素，不影响房屋买卖合同的效力，涉案房屋买卖合同合法有效。首先，根据《物权法》第15条①之规定："当事人之间订立有关设立、变更、转让和消灭不动产物权的合同，除法律另有规定或者合同另有约定外，自合同成立时生效；未办理物权登记的，不影响合同效力。"根据物权区分原则，负担行为和处分行为分别依据不同的法律规范来调整，物权的设立、变更、转移、消灭的负担行为与处分行为应当予以区分，从违法建筑买卖合同的效力与违法建筑物权的设立或变动依据不同的法律规范来确定，违法建筑下的负担行为效力不受处分行为效力的影响，违法建筑买卖合同的效力取决于合同本身的效力，买卖合同的标的具有违法性，不能否定买卖合同的效力。其次，根据《合同法》第52条②的规定："有下列情形之一的，合同无效：……（五）违反法律、行政法规的强制性规定。"从法条和实际操作来看，违章建筑违反的是管理性规定，而非效力性规定。因此，转让的房屋是否属于违章建筑不是导致合同无效的法定因素，不影响房屋买卖合同的效力。本案中，原告、被告签订的房屋买卖合同系双方当事人真实意思表示，内容不违反法律、行政法规的强制性规定，应当认定有效。

（2）即使涉案《房屋买卖合同》被认定为无效，原告也无权要求被告全额返还购房款。本案中，首先，虽涉案房屋于2019年12月20日被认定为违建，但是被告在2015年5月10日签订《房屋买卖合同》后，已将涉案房屋交付买受人，且不影响占用期间的合理使用，其应支付2015年5月10日至2019年12月20日的使用费。其次，根据《合同法》第58条③规定，合同无效或被撤销后，因该合同取得的财产应当予以返还，不能返还或者没有必要

① 《物权法》已失效，相关规定参见《民法典》第215条。
② 《合同法》已失效，相关规定参见《民法典》第146条第2款。
③ 《合同法》已失效，相关规定参见《民法典》第157条。

返还的，应当折价补偿。有过错的一方应当赔偿对方因此所受到的损失，双方都有过错的，应当各自承担相应的责任。因此，即使涉案房屋买卖合同被认定为无效，结合涉案《房屋买卖合同》载明的内容，买受人在明知涉案房屋无法办理产权证的情况下，与被告签订转让协议，表明其愿意承受因没有合法的产权证而被当作违章建筑予以拆除的风险和不利后果，对最终导致合同无效负有过错，应当承担与其过错相适应的责任，无权要求被告全额返还购房款。请求法院驳回原告起诉或驳回原告的诉讼请求。

历城区人民法院认为，张某某购买了××村委会××庭院09号楼房，后又将该房屋卖给了林某某，林某某与张某某之间成立房屋买卖关系，但因涉案房屋未取得规划和建设审批手续，故双方订立的房屋买卖合同违反法律强制性规定，应为无效。《合同法》第58条[①]规定，合同无效后，因该合同取得的财产应当予以返还，不能返还或者没有必要返还的，应当折价补偿。有过错的一方应当赔偿对方因此所受到的损失，双方都有过错的，应当各自承担相应的责任。依据上述法律规定，张某某向林某某收取的购房款29万元应予返还。鉴于涉案房屋属于违章建筑并已被拆除，故不存在相应的房屋返还问题，其后续问题应按照缔约过失责任的原则予以处理。缔约过失责任双方所承担的损失为缔约过程中因合同无效给对方造成的损失，而非合同标的自身价款，且损失与对方当事人的过错行为之间有因果关系。本案关键在于先合同义务之违反和损失是否存在。张某某在明知其出卖的房屋无任何建设及规划审批手续，依旧将其出售，违反诚实信用之先合同义务，林某某明知其购买的房屋无房产证且对涉案房屋的建设、规划是否合法未尽到审慎的注意义务，双方均存在过错。再看由此产生的相应的损失，林某某的损失为已经支付的购房款利息损失；张某某的损失为涉案房屋被拆除后的建筑成本损失。但需要注意的是，该房屋被强拆的直接原因系该房屋的违章建筑性质。同时，在时间上，该房屋建造在先出售在后，涉案房屋被拆与买房人林某某的审慎注意义务之间并无因果关系，房屋建筑成本损失不属于缔约过失责任应分担赔偿之范围。关于林某某主张的已付购房款利息损失，鉴于林某某未尽到相

① 《合同法》已失效，相关规定参见《民法典》第157条。

应的审慎注意义务，在缔约过程中存在过错，故利息损失由其个人承担。

涉案房屋虽被认定为违建，但已实际交付林某某，亦不影响占用期间的合理使用，林某某应支付2015年5月10日~2019年12月25日（共55.5个月）的使用费，使用费参照两份合同约定的购房款金额、使用期限计算，使用费为30,715.65元张某某在扣除使用费后，余款259,284.35元应当返还给林某某。

历城区人民法院判决：（1）原告林某某与张某某签订的出售××村委会将××庭院09号联体复式二层楼房的《房屋买卖合同》无效；（2）被告张某某返还原告林某某购房款259,284.35元。

**【作者分析】**

这是一起值得吸取教训的农村房屋买卖的案例，无论任何人买卖非法建设的农村住宅，不仅买卖合同无效，还会造成财产损失。本案中，张某某在明知涉案房屋未取得规划、建设审批手续而向××村委会购买，后又出售给林某某，林某某也明知该房屋无房产证且未对涉案房屋是否合法未尽到审慎的注意义务，双方均存在过错。涉案房屋买卖合同被依法确认无效，且已被拆除，客观上不能返还，故适用缔约过失责任进行处理、结果，林某某不仅得不到已经购买的涉案房产，还损失了已经支付的购房款利息，而张某某不仅失去了涉案房屋，还要返还购房款，双方因买卖非法房屋“两败俱伤”。

## 第三节 农村住宅抵押纠纷处理

《民法典》规定，物权上的抵押，是指为担保债务的履行，债务人或者第三人不转移财产的占有，将该财产抵押给债权人，债务人不履行到期债务或者发生当事人约定的实现抵押权的情形，债权人有权就该财产优先受偿的一种物权担保方式。抵押分为动产抵押与不动产抵押两类，农村住宅抵押是不动产抵押。

## 一、农村住宅抵押的基本问题

因村民占用的宅基地属于农村集体所有，故农村住宅抵押实际是村民房屋抵押。村民房屋抵押是村民作为债务人或者第三人将其在农村集体土地上所建的房屋抵押给债权人的一种财产担保。农村住宅抵押与其他房地产抵押一样，一般不直接发生房屋所有权转移，在抵押期间仍由村民占有、使用，对正常居住和生活不产生影响。但是，债务人不履行到期债务或者发生当事人约定的实现抵押权的情形时，就需依法处置（如拍卖、变卖）抵押房屋，使债权人的抵押债权得以实现。

农村房屋抵押与其他房地产抵押比较有一个疑难问题需要解决，即抵押房屋所占有的宅基地使用权怎么处理。当前有以下两种不同意见。

一种意见认为，根据《民法典》第399条的规定，宅基地使用权不得抵押。如果允许农村宅基地使用权随着农村房屋一并抵押，将会出现以下几种后果：（1）村民住宅所占用的宅基地属于集体所有不得自由转让，依赖宅基地而存在的村民住宅也就无法转让，农村住宅抵押债权也就无法实现。（2）村民是依法无偿使用宅基地的，如果宅基地使用权随同村民住宅设定抵押，在实现抵押权时一并转让宅基地使用权，将宅基地使用权价款也用于清偿抵押债务，必然损害农村集体经济组织的利益。（3）村民将住宅用于抵押，在债权人实现抵押债权时被转让，就会使其以后居无住所。

另一种意见认为，应当开放和允许农村住宅抵押，首先，《民法典》只是规定宅基地使用权不得抵押，并无禁止农村宅基地上房屋抵押，因而可以与城市房产抵押一样实行“地随房走”的政策，在实现抵押债权处置抵押房屋时，应当允许一并处置宅基地使用权。其次，村民住宅用于抵押后，不一定必然造成居无住所，如将新房抵押，另有老房居住等，只是与城市房产抵押一样，生活必需住房不宜抵押而已，即使因抵押出现居无住所的后果，也是市场经济下的自行选择。最后，农民按照市场规律发展生产经营，缺乏资金和融资渠道是最大的阻碍，允许村民住宅设定抵押，虽有个别农民可能会出现居无住所的情况，但在宏观上有利于农民通过融资发展生产经营，对农村和农业经济发展具有重要的意义。

从现行法律限制性规定和传统概念来看，第一种意见是正确的，但从开放角度看，第二种意见也有其合理性。当前农村住宅抵押不仅只是法律问题，更有政策因素决定效力的问题。当前农村土地制度改革倾向于第二种意见，故农村宅基地使用权可否随着农村住宅抵押，首先要分清“试点地区”与“非试点地区”的区别。

## 二、“试点地区”农村住宅抵押政策

2015 年 12 月 28 日起施行的全国人民代表大会常务委员会《关于授权国务院在北京市大兴区等 232 个试点县（市、区）、天津市蓟县等 59 个试点县（市、区）行政区域分别暂时调整实施有关法律规定的决定》规定：“在农村住房财产权抵押贷款试点地区，允许以农民住房财产权抵押贷款。”中共中央、国务院《关于全面深化农村改革加快推进农业现代化的若干意见》指出：“改革农村宅基地制度，完善农村宅基地分配政策，在保障农户宅基地用益物权前提下，选择若干试点，慎重稳妥推进农民住房财产权抵押、担保、转让。有关部门要抓紧提出具体试点方案，各地不得自行其是、抢跑越线。”为了贯彻落实上述文件精神，依法稳妥推进农民住房财产权抵押贷款试点，2016 年 3 月 15 日，中国人民银行、原中国银监会、原中国保监会、财政部、原国土资源部、住房和城乡建设部联合制定了《农民住房财产权抵押贷款试点暂行办法》。

从上述文件精神来看，国家对“试点地区”的农村住宅流转持开放态度，允许在“试点地区”用于贷款抵押担保，以激活农村住宅这一巨大财产，促进“三农”发展。但是，当前“允许以农民住房财产权抵押贷款”有两个限制，一是只适用于“试点地区”；二是只允许农村住宅用于“贷款”抵押。而非试点地区“不得自行其是、抢跑越线”。也就是说，非试点地区目前还不能突破法律的限制允许村民住房财产权抵押、转让等，仍应执行现行的法律、法规和规章的限制性规定。

## 三、农村住宅抵押的试点条件要求

《农民住房财产权抵押贷款试点暂行办法》第 4 条第 1 款规定，借款人以农民住房所有权及所占宅基地使用权作抵押申请贷款，应当同时符合以下条件：（1）具有完全民事行为能力，无不良信用记录；（2）用于抵押的房屋所有权及宅基地使用权没有权属争议，依法拥有政府相关主管部门颁发的权属证明，未列入征地拆迁范围；（3）除用于抵押的农民住房外，借款人应有其他长期稳定居住场所，并能够提供相关证明材料；（4）所在地集体经济组织书面同意宅基地使用权随农民住房一并抵押及处置。

这里需要特别强调以下两点：第一，“集体经济组织书面同意”。因村民房屋所占用的宅基地属于农村集体土地，农村集体经济组织（包括村民委员会）又是农村集体土地的管理者，故农村集体经济组织是否同意其村民的宅基地使用权随住房一并抵押及处置，对债权人是否实现抵押债权有着决定性的影响。首先，未经农村集体组织同意是不能办理抵押登记的，村民住宅抵押未办理抵押登记，抵押权是不能设立的，抵押权人无权主张优先受偿。其次，在未经农村集体组织同意的情况下，法院如果强制处置宅基地使用权，不仅违背村民自治原则，还会侵害农村集体土地的合法权益，故不能办理宅基地使用权的转移登记手续。

第二，抵押住宅已经取得产权证书。村民房屋所有权及其宅基地使用权作为一种物权，在设立抵押时，除符合上述贷款抵押要求外，根据《民法典》有关规定，该村民对提供抵押的住宅应当享有所有权并取得产权证书。村民对其住宅实际享有所有权也无他人争议，但尚未领取《不动产权证书》（包括土地使用权证书和房屋所有权证书）的，债权人不接受抵押，即使接受抵押并订立抵押权合同，也是不能办理抵押登记而无法设立抵押权的。

## 四、农村住宅抵押合同与抵押权设立

根据《民法典》的规定，我国合同有口头形式、书面形式和其他形式，但法律、行政法规规定采用书面形式的，应当采用书面形式。《民法典》第400条第1款规定，“设立抵押权，当事人应当采用书面形式订立抵押合同”。农村住宅抵押是村民处分重大财产的活动，且抵押权设立依赖于当事人的合意，并需持抵押合同办理抵押登记，所以为要式法律行为，抵押人村民应与抵押权人采取书面形式订立抵押合同，然后持书面抵押合同及有关材料办理抵押权登记。

《民法典》第215条规定："当事人之间订立有关设立、变更、转让和消灭不动产物权的合同，除法律另有规定或者当事人另有约定外，自合同成立时生效；未办理物权登记的，不影响合同效力。"根据《民法典》第402条的规定，农村住宅抵押应当办理抵押登记，抵押权自登记时设立。据此，除法律另有规定或者合同另有约定外，农村住宅抵押当事人订立抵押合同，只要意思表示真实，并不违反法律、行政法规的禁止性规定的，该抵押合同就自成立时即为有效，当事人未办理抵押登记，抵押权未设立，抵押权人不享有优先受偿权，但不影响抵押合同的效力；抵押人拒绝办理抵押登记，致使抵押权未能设立的，抵押人不承担抵押责任，但有过错的，应当依法承担合同的违约责任。

## 五、抵押权人对农村住宅行使抵押权

按照《民法典》的规定，债权人接受债务人或者第三人房地产抵押，在债务人未清偿债务时，如无特别约定不得直接取得抵押房地产所有权，只能通过对房地产所有权转让所取得的价款来优先实现抵押债权。农村住宅抵押权人（金融机构）实现抵押债权，可以采取自行协商方式，如协议进行拍卖、变卖等处置抵押住宅，也可以依法提起诉讼，通过司法程序处置抵押住宅来实现抵押债权。从司法实践来看，处置抵押农房所有权的问题不大，关键是如何处置抵押农房所占用的宅基地所使用权的问题。

为了解决《土地管理法》禁止农村宅基地使用权转让的问题，使抵押住宅所占用的宅基地使用权在强制执行程序得以转让，最高人民法院、原国土资源部、原建设部《关于依法规范人民法院执行和国土资源房地产管理部门协助执行若干问题的通知》（法发〔2004〕5号）第24条第1款规定："人民法院执行集体土地使用权时，经与国土资源管理部门取得一致意见后，可以裁定予以处理，但应当告知权利受让人到国土资源管理部门办理土地征用和国有土地使用权出让手续，缴纳土地使用权出让金及有关税费。"据此，法院在执行程序中可以裁定拍卖农房及所占有的宅基地，但需依照以下条件和程序进行：（1）法院已经判决认定村民住宅及宅基地买卖有效；（2）经国土资源管理部门同意；（3）缴纳土地使用权出让金及有关税费；（4）办理土地征用和国有土地使用权出让手续。但是，国土资源管理部门办理土地征用手续也需得到农村集体组织的同意，农村集体组织如果不同意，国土资源管理部门不可为此强制办理土地征用手续。

从实践来看，农村住宅不只向银行抵押，还有村民向他人抵押的情况，如村民因使用资金向同村村民借款、向非同村村民借款、向城镇居民借款等，出借人要求借款人村民提供抵押担保，借款人村民提供自己的住宅抵押，或者第三人村民为其借款提供住宅抵押，双方订立的抵押合同如果有效（如同村村民之间住宅抵押）且经抵押登记设立抵押权的，也应适用上述通知精神处置抵押住宅的宅基地使用权问题。

## 六、抵押人村民居住权的保护问题

由于受“一户一宅”“规定面积”等法律的限制，村民住宅因承担抵押责任而被拍卖、变卖，致使该村民居无住所的，将违背宪法保障公民生存权的规定。为了保护村民因住宅抵押引起的居住权问题，当前有以下三种做法值得借鉴。

### （一）保留村民最低生活面积的合法住宅

农村集体土地制度改革试点地区在制定规范性文件时，规定保留村民最低生活面积的合法住宅，不许该部分住宅买卖、转让和抵押。如《义乌市农村宅基地使用权转让细则（试行）》第11条规定，“宅基地使用权转让方为村级集体经济组织成员的，必须保证转让后仍拥有人均建筑面积不低于15平方米的合法住宅”。

### （二）金融机构排除村民最低居住面积抵押

例如，抵押人农户有5间住宅，金融机构只接受其中4间抵押，排除其中1间作为抵押物，为抵押人村民保留最低居住条件，这有利于其实现抵押债权。《农民住房财产权抵押贷款试点暂行办法》第12条规定，“因借款人不履行到期债务，或者按借贷双方约定的情形需要依法行使抵押权的，贷款人应当结合试点地区实际情况，配合试点地区政府在保障农民基本居住权的前提下，通过贷款重组、按序清偿、房产变卖或拍卖等多种方式处置抵押物，抵押物处置收益应由贷款人优先受偿。变卖或拍卖抵押的农民住房，受让人范围原则上应限制在相关法律法规和国务院规定的范围内”。

（三）法院在执行程序中保留“生活必需品”

法理认为，居住权属于生存权，其权利位阶高于一般债权。故《民事诉讼法》第250条和第251条规定，法院执行被执行人财产的，应当保留被执行人及其所扶养家属的“生活必需费用”和“生活必需品”。最高人民法院《关于人民法院民事执行中查封、扣押、冻结财产的规定》第4条规定，“对被执行人及其所扶养家属生活所必需的居住房屋，人民法院可以查封，但不得拍卖、变卖或者抵债”。第5条规定，“对于超过被执行人及其所扶养家属生活所必需的房屋和生活用品，人民法院根据申请执行人的申请，在保障被执行人及其所扶养家属最低生活标准所必需的居住房屋和普通生活必需品后，可予以执行”。据此，法院在强制执行村民抵押住宅时，若发现被执行人村民只有唯一住房，但该唯一住房超过被执行人及其所抚养家属生活所必需时，可以执行该住房，但应保障被执行人及其所抚养家属最低生活标准所必需的住房，如抵押人村民有5间平房，只能拍卖其中4间，保留1间必需住房；如果抵押物为唯一住房且不可分割（如单处套型住房）的，先应对被执行抵押人及其所扶养家属最低生活标准所必需的住房进行安置后，再予以拍卖，或者在拍卖后搬迁前给予适当安置。

**案例44**

2015年2月13日，廖某某与李某某签订《投资借款合同》约定，李某某因修公路需资金向廖某某借款20万元；借款期限150天，自2015年2月13日起至2015年7月12日止；利息按月支付4000元。同日，廖某某与李某某又签订《投资借款抵押合同》约定，李某某以其所有的位于××镇××村的房屋向廖某某提供抵押担保，并于2015年3月2日依法办理了房产抵押权登记。

2017年2月，廖某某向江津区人民法院提起民间借贷纠纷诉讼，请求判令：(1) 被告李某某偿还原告借款本金20万元；(2) 被告李某某支付原告以20万元为基数的借款利息；(3) 原告对被告李某某提供抵押的位于××镇××村的房屋拍卖、变卖、折价的价款在前述债权范围内享有优先受偿权。

被告李某某辩称，原告并未向被告支付20万元借款，应驳回原告的诉讼请求。

江津区人民法院根据双方提供的证据，认定原告廖某某实际只支付了5万元借款（具体原因略。——笔者注），原告请求按月利率2%计息符合合同约定及相关的法律规定。被告李某某自愿以其所有的农村房屋为本案借款提供抵押担保，并办理了抵押登记，该抵押权依法设立。故原告就本案抵押房屋主张优先受偿权，符合法律规定，法院予以支持。

江津区人民法院判决如下：(1) 被告李某某在本判决生效后7日内归还原告廖某某借款本金50,000元；(2) 被告李某某在本判决生效后7日内支付原告廖某某借款利息（以50,000元为基数，从2015年2月15日起按年利率24%计算至本清时止）；(3) 原告廖某某在上述款项范围内对被告李某某提供抵押的位于××镇××村的房屋折价或者以拍卖、变卖后的价款优先受偿；(4) 驳回原告廖某某的其他诉讼请求。

[根据重庆市江津区人民法院（2017）渝0116民初2235号民事判决书编写]

## 案例45

马某某、闫某系夫妻关系。2015年3月6日，马某某以房屋开发需要资金为由向刘某借款10万元，约定月利率2%，刘某把借款转入闫某银行账户。2018年2月27日，因马某某暂无力偿还借款，刘某要求马某某更换借条。通过结算，马某某于2018年2月27日向刘某出具借条一张载明，马某某向刘某借款17万元，借期24个月。马某某在借条中注明“房屋抵押与借条一致，两年内还清借款房屋抵押无效”的内容。同日，马某某与刘某签订农村房屋抵押借款合同约定，马某某向刘某借款17万元，借款期限24个月，月利率2%，马某某以其260平方米的农村房屋作为抵押。但双方未办理抵押权登记。

2020年4月，刘某以马某某、闫某为被告向阜南县人民法院提起民间借贷纠纷诉讼，请求：（1）依法判决二被告偿还原告借款本金10万元并支付利息；（2）原告从被告抵押的房屋拍卖、变卖价款中优先受偿。

阜南县人民法院认为，合法的民间借贷关系受法律保护，马某某向刘某借款并出具借条，该行为系双方真实意思表示，不违反法律、法规禁止性规定，属合法、有效，应受法律保护。关于借款本金，法院根据查明事实认定实际原始出借金额为10万元，双方于2018年2月27日结算，将2015年3月6日至2018年2月27日产生的利息7万元计入后期借款本金并重新出具17万元债权凭证，前期借款利率未超过年利率24%，该行为不违反法律规定，法院予以认定。关于利息部分，原告要求按月利率2%从重新签订的债权凭证债务到期之日即2020年2月27日以17万元为本金计算利息，符合法律规定，法院予以支持。马某某与刘某签订农村房屋抵押借款合同，以其260平方米房屋作为抵押，但双方未办理抵押登记，抵押权未有效设立，现原告主张优先受偿权，法院不予支持。该债务发生在马某某与闫某夫妻关系存续期间，借款用途为家庭建房自住及售卖，该债务应认定为夫妻共同债务。

阜南县人民法院判决如下：（1）被告马某某、闫某于本判决生效之日起30日内共同偿还原告刘某借款本息17万元并支付后续利息；（2）驳回原告刘某的其他诉讼请求。

［根据安徽省阜南县人民法院（2020）皖1225民初2496号民事判决书编写］

## 案例46

周某某、徐某某均系××村村民。2017年4月17日，徐某某因急需资金向周某某借款，双方签订书面《抵押借款合同》约定，徐某某向周某某借款20万元，2017年12月28日前还清，徐某某自愿将位于××村××组××号的农村房屋抵押给周某某。合同签订后，周某某实际交付给徐某某借款15万元，但双方未办理抵押权登记手续。

上述借款到期后，徐某某未能归还借款，周某某催讨无着，于2018年4月向金山区人民法院提起民间借贷纠纷诉讼称，被告徐某某的抵押房屋系农村宅基地房屋，使用权人为家庭多人共同使用，故双方签订的农村房屋抵押借款合同因土地及房屋属性违法而无效，依法应予解除；被告所借15万元应当返还并承担利息赔偿责任。请求：（1）确认双方对农村房屋的抵押约定无效；（2）判令徐某某归还借款15万元；（3）判令徐某某承担违约利息损失。

金山区人民法院认为，借款应当归还，被告向原告先后借款计15万元，约定了还款期限，届期未还已构成违约，损害了原告的合法利益。双方关于就被告农村宅基地房屋进行抵押的约定，因违反法律规定应属无效。判决如下：（1）原告周某某与被告徐某某对位于××村××组××号农村宅基地房屋的抵押约定无效；（2）原告徐某某应于本判决生效之日起10日内返还原告周某某借款15万元；（3）被告徐某某应于本判决生效之日起10日内支付原告周某某逾期还款利息损失。

［根据上海市金山区人民法院（2018）沪0116民初4459号民事判决书编写］

**【作者分析】**

上述3个案例都是民间借贷纠纷案件，三位借款人都是提供农村房屋用于抵押，但其中农村房屋抵押纠纷的判决结果各不相同。

案例44中，李某某向廖某某借款，提供其位于××镇××村的房屋抵押，且办理了房产抵押权登记，抵押权依法设立，故法院判决原告廖某某对被告李某某提供抵押的房屋折价或者以拍卖、变卖后的价款享有优先受偿权。

案例45中，马某某与刘某签订农村房屋抵押借款合同，约定马某某提供共260平方米的农村房屋作为抵押，但双方未办理抵押登记，抵押权未有效设立，故法院对原告刘某主张的优先受偿权不予支持。

案例46中，徐某某因向周某某借款，自愿将其位于××村××组××号的农村房屋抵押给周某某。周某某认为，徐某某的抵押房屋系农村宅基地房屋，使用权人为家庭多人共同使用，故双方签订的农村房屋抵押借款合同因土地及房屋属性违法而无效，主张解除抵押。周某某和徐某某虽系同村村民，但法院认为，双方就农村宅基地房屋进行抵押的约定，因违反法律规定应属无效。其实，本案双方也未办理抵押权登记，在该房屋上尚未设立抵押权。故法院支持了原告周某某解除抵押合同的主张，判决本案农村宅基地房屋的抵押约定无效。

从上述3个案例中可以看出，在民间借贷活动中，出借人向村民出借资金的同时，双方设立农村房屋抵押，首先应当符合法律规定，其次应当订立农村房屋抵押合同，最后应当办理农村房屋抵押权登记。在依法设立抵押权后，才能有效地保障民间借贷债权的实现。

## 案例47

2015年8月13日，吴某某以投资需要资金周转为由向会昌农村商业银行借款18万元，双方签订了《农民住房产权抵押借款合同》。该合同约定，借款期限为2015年8月13日起至2017年8月12日止，借款利息按年利率6.09%计算，逾期还款按合同载明利率基础上加收50%罚息；吴某某、罗某某夫妇以共同共有的××村住宅提供抵押担保，并办理了抵押登记。上述合同签订后，会昌农村商业银行于2016年11月15日将借款发放至吴某某账户。借款到期后，至2017年9月30日，吴某某尚欠借款本金178,120.84元及利息未偿还。

会昌农村商业银行向会昌县法院提出诉讼，请求：（1）依法判令被告吴某某、罗某某归还原告借款本金178,120.24元及贷款归还之日止的利息；（2）原告对抵押房屋变卖、拍卖所得价款享有优先受偿权。

会昌县人民法院认为，被告吴某某、罗某某尚欠原告借款178,120.84元及利息事实清楚，证据充分，双方债权债务关系明确，双方均无异议，该债权债务受法律保护，被告吴某某、罗某某理应诚实守信，按约定及时归还借款。现被告吴某某、罗某某仍拖欠原告借款，违反了约定和诚实信用原则，故被告吴某某、罗某某应将所欠借款本金178,120.84元及逾期利息归还于原告。

关于原告对被告吴某某、罗某某用于抵押的房屋变卖、拍卖所得价款是否享有优先受偿权的问题。根据全国人民代表大会常务委员会《关于授权国务院在北京市大兴区等232个试点县（市、区）、天津市蓟县等59个试点县（市、区）行政区域分别暂时调整实施有关法律规定的决定》的规定，“暂时调整实施集体所有的耕地使用权、宅基地使用权不得抵押的规定。在防范风险、遵守有关法律法规和农村土地制度改革等政策的基础上，赋予农村承包土地（指耕地）的经营权和农民住房财产权（含宅基地使用权）抵押融资功能，在农村承包土地的经营权抵押贷款试点地区，允许以农村承包土地的经营权抵押贷款；在农民住房财产权抵押贷款试点地区，允许以农民住房财产权抵押贷款”。让农民住房财产权办理抵押贷款，目的是防范金融风险，当出现不良贷款时，允许金融机构以抵押物拍卖、变卖的方式实现债权也是文中应有之义。会昌县作为上述文件规定的农民住房财产权抵押试点县，当抵押人不能清偿债务时，抵押权人可申请对抵押物进行拍卖、变卖所得价款用于清偿债务，而本案被告吴某某、罗某某用于抵押的房屋为住宅，土地使用权取得方式为集体土地批准使用，该抵押是符合上述文件规定的。因此，原告作为抵押权人理应对抵押物变卖、拍卖所得价款享有优先受偿权。

会昌县人民法院判决：（1）被告吴某某、罗某某归还原告会昌农村商业银行借款178,120.84元及逾期利息；（2）原告会昌农商行就上述款项对被告吴某某、罗某某所有的住宅拍卖或变卖的价款，享有优先受偿权。

［根据江西省会昌县人民法院（2017）赣0733民初1648号民事判决书编写］

**【作者分析】**

本案件的发生地会昌县是全国农民住房财产权抵押试点县，吴某某、罗某某以其共同共有的农村住宅提供抵押担保，符合全国人民代表大会常务委员会《关于授权国务院在北京市大兴区等232个试点县（市、区）、天津市蓟县等59个试点县（市、区）行政区域分别暂时调整实施有关法律规定的决定》“在农民住房财产权抵押贷款试点地区，允许以农民住房财产权抵押贷款”的规定，故法院判决本案农村房屋抵押有效。

但在非“试点地区”，村民在向商业银行贷款时提供农村住宅抵押的，因农村住宅所占用的宅基地属于农村集体土地，如果未经农村集体组织同意或者未经农村民主议定程序通过，即使双方已经订立抵押合同，也不能办理抵押权登记；在未办理抵押权登记的情况下，即使抵押合同有效，债权人也不能依赖抵押权实现债权。农村住宅已经登记设立了抵押权，在处置宅基地使用权时也会损害农村集体的土地权益。但是，根据《关于依法规范人民法院执行和国土资源房地产管理部门协助执行若干问题的通知》的要求，受让人能够办理土地征用和国有土地使用权出让手续并缴纳土地使用权出让金及有关税费后，法院可强制执行已经抵押的农村住宅。

## 第四节 农村住宅分家析产纠纷处理

析产是财产共有人将共有财产进行分割归各自所有的一种产权处分方式。本节分析农户住宅分家析产及其纠纷处理的问题。

### 一、农户共有住宅及分家析产方式

农户住宅分家析产的前提条件是存在家庭共有住宅。家庭共有住宅的范围，既包括家庭成员在共同生活期间共同建造所初始取得的共有住宅产权，也包括基于家庭成员的共同买受、继承、受赠等而继受取得的共有住宅产权。

#### （一）继受取得共有住宅的析产分割规则

农户家庭继受取得的共有住宅产权，在分家析产时应在共同继受人之间进行分割。例如，女方父母将住宅赠与女儿和女婿共有，在女婿家庭分家析产时，该住宅应属该夫妻所有，女婿的父母以及兄弟姐妹无权要求分割该住宅，但夫妻离婚时可以分割该共有住宅；女方父母如果只将住宅赠与女儿独有，女婿在离婚时无权要求分割。又如，父母和长子共同出资买受取得住宅，该住宅在长子分家析产时，应当在父母和长子之间进行分割，其他没有出资的弟妹不是该住宅的共有人，无权参与分割。

#### （二）初始取得共有住宅的析产分割规则

在“一户一宅”制度下，除农户仅一人外，农户家庭初始取得的共有住宅，在一般情况下为家庭共有财产。但农户家庭共有住宅并非都是全部家庭成员的共有财产，有些农户家庭成员不一定是住宅的宅基地使用权和共有人，因此在分家析产时，一般应当在共同宅基地使用权人之间分割。

1. 父母共有住宅析产

以父母名义取得宅基地使用权，并由父母出资建造的住宅，属于父母共有（夫妻共同）财产。在子女分家时，父母愿意将其住宅分割给子女的，是父母以赠与方式进行的析产。

2. 部分家庭成员共有住宅析产

例如，以父母和长子的名义取得宅基地使用权，并由父母和长子出资建造的住宅，属于三人共有财产。在长子分家时，长子分得其应有份额的住宅。但长子自愿将在其份额内的部分房产留给弟妹的，则属长子的赠与析产，而非弟妹应有份额的共有住宅析产。

3. 全体家庭成员共有住宅析产

以全体家庭成员名义取得宅基地使用权，并由全体家庭成员建造的住宅，属于全体家庭成员共有财产。在此情况下分家析产，每位家庭成员都应分得应有的份额。

此外，农村住宅属于家庭某一成员单独所有，在分家时也可以采取赠与方式析产。例如，以父亲一人名义取得宅基地使用权，并由父亲独自出资建造的住宅，该住宅属于父亲独有，父亲在子女分家时自愿将住宅分给子女的，属于赠与析产。至于赠与多少，应由父亲决定，子女不可强迫父亲均等分割，但父亲死亡后，子女对父亲独有的住宅进行分割的，属于继承析产。

## 二、解决村民住宅析产纠纷需要考虑的基本因素

农村住宅析产与城市房屋、商品房析产不同，在处理这种纠纷时需要综合考虑家庭成员是不是宅基地使用权人和有无出资建造住宅等因素，再确定其是不是家庭住宅的共有人参与析产的问题。

判断家庭成员是不是宅基地使用权人，首先应看建房用地申请表、宅基地使用权审查表、宅基地使用权证等材料上是否列明为宅基地使用权人。在通常情况下，因已经出生的村民都享有使用宅基地的权利，故农户在申请使用宅基地时都会将家庭全体成员登记在册。登记在册的家庭成员都是宅基地使用权人。农户全体成员如果都是使用宅基地登记在册人员，且以家庭收入建造住宅的，该住宅应为农户家庭全体成员的共有财产。在此情况下，无论

《不动产权证书》或者房屋所有权证书上登记“权利人”是谁，都不改变农户家庭全体成员的共同共有性质。

登记在册中的一位或者某几位家庭成员，如果明确放弃宅基地使用权，自愿交由家庭其他成员出资建设住宅的，该家庭成员在分家时无权主张该住宅的份额，但家庭其他成员自愿分给的除外。家庭成员属于宅基地使用权人，但未放弃宅基地使用权，即使对建设住宅没有出资投入，根据“房地一体”“一户一宅”的基本规则，也应享有相应的共有产权，但应对其他出资投入的家庭成员进行补偿，或者少分房屋。

## 三、未成年子女参与住宅析产问题

未成年子女通常跟随父母一起生活，一般不属分家析产对象，但兄长分家析产时，应当同时考虑未成年弟妹的产权份额问题。父母将未成年子女作为家庭成员同时申请使用宅基地，说明父母自愿将未成年子女作为共有人建设住宅。在此情况下，未成年子女是家庭宅基地使用权人之一，即使没有出资投入，因父母建造的住宅属于家庭共有财产，故未成年子女作为该家庭成员应当享有相应的产权份额。

在未成年子女是家庭宅基地使用权人之一的情况下，父母和哥姐一起出资建造住宅，未成年弟妹没有出资投入的，在后来分家析产时，哥姐不能否定其共有产权，但可以考虑哥姐多分一些，或者待成年后给哥姐适当补偿。

未成年子女不是宅基地使用权人（如农户申请使用宅基地时尚未出生），后在建造住宅时又无出资投入的，该未成年子女除共同继承、共同受赠外不是家庭住宅中的共有人，因此在后来分家析产时无权主张产权份额，待其成年分家后再审批宅基地建设住宅，但在分家析产时应当适当考虑其居住问题。

## 四、农村住宅析产的基本原则

农户分家析产是一件大事，表明子女成家立业是父母的喜悦，但若子女因此闹矛盾甚至打官司，则是父母的悲哀。为使农户在分家时和睦析产，应当倡导执行《民法典》第 1043 条“家庭应当树立优良家风，弘扬家庭美德，重视家庭文明建设”“家庭成员应当敬老爱幼，互相帮助，维护平等、和睦、文明的婚姻家庭关系”的规定。

据此规定，结合司法实践情况，农户在分家析产时分割共有住宅，应当坚持以下几个基本原则。

（一）协议原则

农户分家析产住宅首先是一种家庭内部行为，且农户家庭成员都是朝夕相处的直系血亲，为了大家庭的和睦相处，协议析产应为首选方式。在析产过程中，家庭成员应当本着互相让步的姿态和平等协商、和睦团结的精神，通过协商方式形成一致意见，然后达成析产协议。特别是父母长辈，应当公平合理地对待子女，不能有过重的偏心和不合理的决断，不能重男轻女排除女儿的共有份额，以防子女发生析产纠纷。如有纠纷，亦应进行内部协商和解，或请亲戚好友村干部进行调解。

协议析产体现家庭成员内部的意思自治原则，不受“等分处理”“贡献大小”的限制，只要不违反法律、行政法规禁止性规定即为合法有效，这对农户家庭和睦和农村社会稳定都有好处。

（二）等分原则

农户家庭在分割住宅时若不能达成协议，在通常情况下应按等分原则分割住宅产权。这里的“等分”实际上是平均分割。等分析产是公平、公正原则的体现，也是防止析产纠纷和解决析产纠纷的有效方法。例如，农户有三个小院落，父母和两个儿子各分一个院落，也就相安无事了。这里的等分一般是指住宅面积上平均分割，但由于家庭成员各自分得住宅的方位、朝向、楼层等不同，价值会有一定的差距。在此情况下，可以采取经济补偿方式进行合理调整。在住宅结构不能等分的情况下，可以通过协商采取变价分割或者折价补偿的方式，在价值上实现等分。

（三）贡献大小原则

这里的“贡献”主要是指资金投入，但也应包括材料投入和劳动投入。此外，还应包括对共有住宅建成后的管理、维修、装修以及对家庭经济收入的贡献大小。按照贡献大小析产体现的是合理原则。在建设家庭共有住宅时，如果父母贡献最大，且父母自愿通过赠与方式析产给子女的，则无须考虑

"贡献大小"的问题。"贡献大小"问题主要在于子女之间。从合理角度看，子女之间"贡献大小"应当作为一项重要的析产因素进行考量，从而解决"等分"带来的不合理问题。

（四）适当照顾原则

适当照顾是扶老携幼、关顾弱者的传统美德，体现的是一种善良风俗。我国继承法律和婚姻法律中也有"对生活有特殊困难的缺乏劳动能力的继承人，分配遗产时，应当予以照顾""离婚时，如一方生活困难，另一方应从其住房等个人财产中给予适当帮助"等规定。但适当照顾并非法律强制性规定，主要依靠当事人的良知和自愿，在坚持"等分处理"和"贡献大小"的基础上照顾。例如，成年兄长在分家析产时应当自觉为非共有人的未成年弟妹留有房屋或者安排好居住，对家境困难、重病残疾、失去生活来源的兄弟姐妹在析产时应当予以关照等。

## 五、出嫁女在原家庭住宅析产的问题

女儿出嫁并迁出户口后，不再是原家庭成员，那么其有无权利参与原家庭共有住宅的分割呢？这是农村分家析产经常发生纠纷的原因之一。

由于受传统观念的影响，不少农村地区仍然存在"嫁出去的女儿泼出去的水""家产传男不传女"的观念，父母在子女分家析产时，不管出嫁女儿是不是家庭住宅的共有人，也不管出嫁女儿是不是宅基地共同使用权人，都不征求出嫁女儿的意见就进行分割。就此，出嫁女儿如有意见就会闹矛盾，甚至打起官司。

出嫁女儿是否有权参与原家庭共有住宅的分割，先要看其是不是原家庭农村住宅的共有人，再看其是否仍为原家庭宅基地的共同使用权人。出嫁女儿对原家庭住宅享有共有权且已登记在共有人名下的，登记对抗主义是受物权法律保护的，不因其出嫁而丧失共有产权份额。女儿出嫁虽已非原家庭成员，但在出嫁前对原家庭建设住宅有一定贡献，特别是有资金投入的，即使其不是宅基地使用权人，在原家庭析产时也应给予适当的补偿。如无上述事实，且户口已经迁往夫家的，则无权参与原家庭共有住宅的分割。

根据“地随房走”规则，家庭共有住宅因析产分割后，相应的宅基地使用权也应随之分割，且应与分割后的住宅面积基本一致，然后办理房产所有权和宅基地使用权的变更登记手续，从而取得物权法律的保护。

## 案例48

王甲与王乙夫妇生育三名子女，长子王丙、长女王丁、次子王戊，还有8岁孙女。1982年10月，上述六位家庭成员共同在户主为王甲的宅基地上建造A、B、C三幢房屋，并于1990年12月30日进行农村宅基地登记。王家在宅基地申请书中载明除长女王丁外的五位家庭成员和8岁孙女。1998年，A、B、C三幢房屋的所有权登记显示申请人姓名为王甲。后王戊户口从该房屋中迁出，王丁的户口也因后续结婚而迁出该房屋。后王甲、王乙夫妇去世，上述房屋由王丙与陈某某夫妇居住多年。后王丙、陈某某夫妇要求与王戊、王丁对A、B、C三幢房屋进行分家析产，但双方就房屋的价值无法达成一致意见。

2020年1月，王丙、陈某某夫妇以王戊、王丁为被告，向太仓市人民法院提出诉讼称，两原告及两被告因出资建造及继承对A、B、C三幢房屋共有，现两原告及两被告对房屋A、B、C三幢房屋各自占有的份额达成一致意见，即由两原告合计占114.99平方米，两被告各占51平方米。因涉案房屋年久失修，已经无法正常居住使用，且两被告均因结婚户口迁出，现两原告为了改善生活居住条件，想在原宅上进行房屋翻建，故请求对涉案房屋进行析产。请求判令确认A、B、C三幢房屋归两原告所有，由两原告给付两被告折价款。

被告王戊辩称，不同意对A、B、C三幢房屋进行析产，也不同意A、B、C三幢房屋的所有权归并给两原告，要求对A、B、C三幢房屋按份额比例共有。

被告王丁辩称，同意A、B、C三幢房屋的所有权归并给两原告，由两原告按照王丁所有的份额给付折价款，但两原告提出的补偿给被告王丁的折价款过低。

在诉讼过程中，王丙和陈某某夫妇申请对房屋进行价值评估，经评估公司评估，A、B、C 三幢房屋价值合计 11.24 万元。审理中，两原告及两被告对 A、B、C 三幢房屋因出资建造及继承各自享有的份额达成了一致意见，由两原告合计占 114.99 平方米，两被告各占 51 平方米。

太仓市人民法院认为，共同共有人在共有的基础丧失或者有重大理由需要分割时可以请求分割。对于涉案 A、B、C 三幢房屋，两原告及两被告因出资建造及从其父母王甲、王乙处继承所得而对涉案房屋共同共有。现两原告提出对共有房屋进行分割，被告王丁不持异议，但被告王戊不同意。法院认为，涉案房屋建造于 1982 年，房屋建造人员中的两被告均因结婚等原因将户口迁出涉案房屋，且因有其他居所而不再继续在涉案房屋中居住，王甲及王乙也在本案诉讼前相继去世，现涉案房屋主要由两原告居住使用，各方对于涉案房屋的共有基础已经丧失，且因涉案房屋建造距今已近 40 年，现房屋状况不佳，存在多处墙体裂缝及墙体霉变情况，故对两原告要求对涉案房屋与两被告进行分割的诉讼请求，法院予以支持，被告王戊坚持不予分割的理由不能成立，法院不予采纳。考虑目前涉案房屋的使用情况及该户的成员情况，两原告要求涉案房屋归两原告所有的请求法院予以支持，但应由两原告按照两被告的份额比例给付折价款，结合涉案 A、B、C 三幢房屋的评估价值 11.24 万元，两原告应给付两被告折价款每人 26,418 元。

太仓市人民法院依照《物权法》第 99 条①的规定，判决如下：(1) 王甲名下 A、B、C 三幢房屋归原告王丙、陈某某共同所有；(2) 原告王丙、陈某某共同于本判决生效之日起 10 日内给付被告王戊 26,418 元；(3) 原告王丙、陈某某共同于本判决生效之日起 10 日内给付被告王丁 26,418 元。

[根据江苏省太仓市人民法院（2020）苏 0585 民初 173 号民事判决书编写]

**【作者分析】**

本案属于两兄弟分家析产案件。本案处理的特点是，法院考虑涉案房屋的实际使用情况不进行实物分割，而以货币补偿方式判决析产。主要理由是，两被告均将户口迁出涉案房屋，且有其他居所，如果也在涉案房屋

① 《物权法》已失效，相关规定参见《民法典》第 303 条。

上翻建新房，难以重新批取原宅基地；两原告长期居住涉案房屋，而两被告均长期未居住使涉案房屋长期处于闲置状态；涉案房屋建造距今已近40年，存在多处墙体裂缝及墙体霉变情况，故两原告准备在原宅上进行翻建而要求析产分割，合情合理。基于涉案房屋的上述使用情况，法院采取货币补偿方式将涉案房屋判决给两原告而两原告给两被告货币补偿是恰当的，也是合理合法的，既有利于两原告充分利用原宅基地翻建新房，也有利于对闲置住宅的重新利用。

## 案例49

1984年10月26日，施B的父亲施A作为户主报请对原占地面积37.9平方米的两间房屋拆建后的用地进行补批，经原生产大队和乡政府、县政府审批获得宅基地87平方米的建房用地。当时的建房用地审批表记载家庭成员为施B、施A、施A配偶陈A、施B配偶李某某、施A儿子施3、施B女儿施1共六人。当时，施3和施1的年龄分别为15岁、12岁。施3与陈B结婚后生育儿子施2，施2自幼随姑姑施1在广东生活，施B夫妻经常前往施1家中居住，并长期帮忙照顾孙子施2的生活。2002年前，施家在××村××号建成第一层和第二层房屋，并在第二层房顶之上建成约1米高的墙体。2002年期间，陈B一人在家主持建设了第三层房屋。诉争房屋为砖木结构占地三间3层楼房。后施A、施3、施2、陈A、李某某相继去世。

2019年9月，施B以儿媳陈B为被告、以施1为第三人，向缙云县人民法院提起分家析产纠纷诉讼称，2016年清明期间，原告施B从广东回家祭祖时，发现被告陈B更换了门房钥匙，霸占了其房屋，原告要求被告停止侵害并搬离原告的房屋，被告以其享有房屋份额为由拒绝。请求：（1）确认坐落于××村××号房屋的所有权归原告个人所有；（2）被告停止对原告的侵害，并搬离××村××号房屋。

被告陈B答辩称，涉案房屋第一、二层系被告丈夫施3与原告施B共同出资建造，属于家庭共同财产，不属于原告个人所有；第三层房屋系被告个人建造，所有权应归被告个人；被告依法享有继承份额。请求驳回原告的诉讼请求。

缙云县人民法院认为，(1) 关于诉争房屋的权属问题。各方当事人不能提交1984年重建占地87平方米二层楼房的建造出资等证据。建房用地审批表记载的家庭成员有原告施B及其父母、配偶、子女共六人，而原告施B之子施3、女儿施1当时尚未成年，被告陈B及第三人施1也未能提交建房当时施3和第三人施1具有建造房屋的劳动能力以及独立的经济收入和建房出资能力等相应证据。因此，诉争房屋属于原告、被告及其家庭成员的共同财产，家庭成员酌情享有相应的份额。(2) 关于诉争第三层房屋的建造出资问题。原告、被告虽然分别提交了证人证言，但证人陈述的证言均不能直接证明建造第三层房屋的资金系来源于原告或者被告的个人私有资金，故诉争的第三层房屋为原告施B夫妻及被告陈B三人共同建造共同共有。(3) 关于诉争房屋的权属分配问题。在当事人不能举证证明诉争房屋拆建前旧房产权的取得方式以及产权归属的情况下，应认定拆建前的旧房系家庭共有财产。1984年，原告施B父母将旧房拆除批建二层楼房时，原告的子女施3和施1虽未成年，但建房用地审批表是用以确认房屋权利归属的证据之一，未出资或出力的家庭成员对宅基地使用权同样享有权利，在房屋分割时应按照审批情况并适当考虑出资、出力等因素，酌情确定其享有诉争房屋的份额。故法院酌情确定原告施B儿子施3和女儿施1共同享有诉争房屋第一、二层中的各1/5份额，其余4/5的份额归原告父母施A、陈A，原告施B及配偶李某某分别享有1/5。诉争房屋第三层系2002年在第二层房顶之上，原已建成约1米高的墙体上进行升建。建造第三层时的家庭成员有原告施B及配偶和被告陈B，原告的父母、原告儿子施3均已亡故。因此，原告施B及其配偶李某某、被告陈B对第三层房屋及屋顶露台部分各享有1/3的份额。

缙云县人民法院根据继承顺序规定，经份额算定后，判决：(1) 确认原告施B对房屋第一层和第二层合计享有7/10的份额以及对第三层房屋享有4/9的份额；(2) 确认被告陈B对房屋第一层和第二层合计享有1/8的份额以及对第三层房屋享有4/9的份额；(3) 确认第三人施1对房屋第一层和第二层合计享有7/40的份额以及对第三层房屋享有1/9的份额。

［根据浙江省缙云县人民法院（2019）浙1122民初3152号民事判决书编写］

【作者分析】

本案是一起继承农村住宅时进行析产的案例，其中有两点值得分析。

(1) 本案不适用贡献大小原则。家庭成员“贡献大小”须有证据予以证实，方能确定分割份额，但本案的各方当事人都不能提供重建二层楼房和加建第三层房屋的出资、出力以及独立的经济收入等相应证据，故无法按照贡献大小进行析产，而只能按照继承顺序和等分原则进行处理。

(2) 本案适用适当照顾原则保护未成年人权益。法院认为，建房用地审批表是用以确认房屋权利归属的证据之一，施B在建二层楼房时，其子女施3和施1虽未成年，但作为宅基地使用权人之一，未出资或出力的家庭成员对宅基地使用权同样享有权利，在房屋分割时应按照审批情况酌情确定其享有诉争房屋的份额，于是判决确认施1对房屋第一层和第二层合计享有7/40的份额以及对第三层房屋享有1/9的份额，从而在分家析产中保护了未成年人权益。

## 第五节 农村住宅继承纠纷处理

农村住宅作为村民的合法私有财产，在产权人死亡后，该遗产属于继承的标的物。农村住宅继承是一种典型的财产继承，涉及房屋所有权、宅基地使用权、继承人范围、继承份额、住宅分割等一系列问题，如果处理不当就容易发生纠纷。

### 一、农村住宅遗嘱继承及其纠纷处理

遗嘱继承又称指定继承，是指被继承人在生前通过立遗嘱形式确定其死亡后的继承人及财产处分的一种继承方式。《民法典》第1133条第1款规定，“自然人可以依照本法规定立遗嘱处分个人财产，并可以指定遗嘱执行人”。

(一) 村民处分住宅产权的遗嘱形式

根据《民法典》继承篇的有关规定，村民在生前可以采取以下五种形式

订立遗嘱处分其个人的住宅产权和其他财产。

（1）公证遗嘱。公证遗嘱是立遗嘱人到公证机构（公证处）对其遗嘱行为和遗嘱内容办理公证手续取得遗嘱公证书的行为。遗嘱公证书是一种证明遗嘱的事实和内容并具有真实性、合法性的法律文书，因此公证遗嘱对预防和处理农村住宅继承纠纷具有重要的证据作用。

（2）自书遗嘱。自书遗嘱是立遗嘱人亲笔书写遗嘱的一种立遗嘱形式。自书遗嘱必须是立遗嘱人亲笔书写、签名，并注明年、月、日。自书遗嘱能够充分体现立遗嘱人处分遗产的意思自治，但这种形式的遗嘱在继承人未参与的情况下是最容易引起继承纠纷的，例如，其他继承人认为是指定继承人诱惑、欺骗、胁迫立遗嘱人书写的；又如，立遗嘱村民文化水平不高致使自书遗嘱内容不清；再如，立遗嘱村民法治观念不强，将宅基地单独指定城镇户口的子女继承；等等。为了防止这些继承纠纷的发生，立遗嘱人可请见证人见证或持自书遗嘱办理公证，从而加强自书遗嘱的证据效力。

（3）代书遗嘱。代书遗嘱是立遗嘱人委托他人代笔书写遗嘱的一种立遗嘱形式。根据《民法典》第 1135 条的规定，代书遗嘱应当有两个以上见证人在场见证，由其中一人代书，并由遗嘱人、代书人和其他见证人签名，并注明年、月、日。代书遗嘱与自书遗嘱比较，因代书遗嘱有代书人和见证人在遗嘱文书上签名作证，证据效力较强。

（4）录音录像遗嘱。《民法典》第 1137 条规定，以录音录像形式立的遗嘱，应当有两个以上见证人在场见证，遗嘱人和见证人应当在录音录像中记录其姓名或者肖像，以及年、月、日。录音录像因有图像、声音，本身具有很强的真实性，加之有两个以上见证人在场见证，其证据效力也很强。但是，在现代科技非常发达的情况下，录音录像容易被篡改，故录音录像完毕后，应将录音录像内容进行原始封存，封口应由见证人及遗嘱人签名盖封。

（5）口头遗嘱。根据《民法典》第 1138 条的规定，口头遗嘱在通常情况下只在遗嘱人有危急情况下采用，如立遗嘱村民病危来不及办理公证遗嘱、无法自书遗嘱的，可以采取口头形式立遗嘱，但口头遗嘱应当有两个以上见证人在场见证；危急情况消除后，遗嘱人能够以书面或者录音录像形式立遗嘱的，应当采取书面或者录音录像形式立遗嘱，先前所立的口头遗嘱归于无效，以后来的书面遗嘱或者录音录像遗嘱为准。

通过上述形式立遗嘱的，立遗嘱人死亡后，其遗留的农村住宅及其他财产由指定的继承人按照遗嘱的内容继承。

（二）预防和处理农村住宅遗嘱继承纠纷

根据《民法典》及其继承编司法解释的有关规定，农村住宅遗嘱继承需要注意以下几个事情：

（1）遗嘱内容必须合法。合法是所有民事行为的效力要件，村民立遗嘱处分其个人住宅产权也要符合法律规定。村民生前所立的遗嘱，如果违反有关法律禁止性规定，该遗嘱内容无效。例如，村民通过立遗嘱形式指定其城镇居民的子女继承空白宅基地，因土地管理法律禁止城镇居民使用农村宅基地建设住宅，故该遗嘱内容无效。

（2）立遗嘱村民人只能处分自己的住宅产权。如果处分国家、集体或者他人财产，该部分遗嘱无效。例如，农户住宅为夫妻共有财产，丈夫病危时，在立遗嘱时将健在妻子的共有产权一并处分，除妻子事后追认外，其处分妻子共有产权的部分无效。

（3）保留缺乏劳动能力又没有生活来源的继承人必要遗产份额。村民对其住宅产权虽有自主处分权，但若其有缺乏劳动能力又没有生活来源的继承人，如严重残疾子女，立遗嘱时应当依照《民法典》第1141条的规定为其保留必要的遗产份额。立遗嘱人未保留这些继承人的住宅份额，致使这些继承人无处居住的，在处理住宅继承纠纷时，仍应为这些继承人留下必要的遗产住宅，剩余遗产住宅才可由遗嘱指定的继承人继承。

（4）立遗嘱人必须具有完全民事行为能力。由于立遗嘱既是一种意思自治行为，又是一种处分财产的法律行为，特别是村民立遗嘱处分住宅这一重大财产，必须在意识清晰的基础上进行，故立遗嘱人在立遗嘱时必须具有完全民事行为能力。无民事行为能力人包括不能辨认自己行为的成年人是不能采用立遗嘱形式处分住宅产权的，即使在立遗嘱处分财产后具有完全民事行为能力，该遗嘱也属无效，但可按照规定要求重新立遗嘱。

（5）被继承人立有数份遗嘱，内容不相抵触的，指定继承人按照各份遗嘱继承遗产；数份遗嘱内容相抵触，数位继承人有几份遗嘱的，应以最后的遗嘱为准继承遗产。如村民立第一份遗嘱由儿子继承全部三间房屋，后又立第二份遗嘱由儿子继承二间，另一间由女儿继承的，应当执行第二份遗嘱。

## 二、农村住宅遗赠继承及其纠纷处理

村民通过遗嘱方式将其个人住宅的一部分或者全部，待其死亡后无偿赠送给国家、集体组织、社会团体或者法定继承人以外的人的，是遗赠。遗赠与遗嘱的一大区别是，遗嘱中的继承人一般是法定继承人，而遗赠中受遗赠人是法定继承人以外的国家、集体或个人。

### （一）农村住宅的附义务遗赠

根据《民法典》第1133条第3款“自然人可以立遗嘱将个人财产赠与国家、集体或者法定继承人以外的组织、个人”和第1144条“遗嘱继承或者遗赠附有义务的，继承人或者受遗赠人应当履行义务”的规定，遗赠有两种情况：（1）遗赠人不附任何义务，无条件将遗产赠送受遗赠人；（2）与受遗赠人订立遗赠协议，约定附加义务条件遗赠。

从我国农村现实情况来看，村民遗赠住宅的主要原因是在老弱病残的情况下，为使生前得以扶养而将死后的全部或者部分住宅赠与受遗赠人继受，而无条件遗赠住宅并不多见。村民附义务遗赠主要是扶养遗赠与“五保户”遗赠。

遗赠人与受遗赠人以住宅为标的物订立遗赠扶养协议后，由受遗赠人按照协议约定供养遗赠人生活，遗赠人死亡后的相关住宅归受遗赠人所有。“五保户”遗赠是农村集体组织和基层政府执行“五保户”政策，双方签订有关协议，由农村集体组织或者基层政府给“五保户”保吃、保穿、保医、保住、保葬，“五保户”死亡后其住宅归农村集体组织和基层政府所有。

### （二）处理农村住宅遗赠继承纠纷需要注意的问题

在处理村民住宅遗赠继承纠纷时，根据最高人民法院《关于适用〈中华人民共和国民法典〉继承编的解释（一）》的有关规定，需要注意以下几个问题：

（1）遗赠人生前与他人订有遗赠扶养协议，同时又立有遗嘱的，继承开始后，如果遗赠扶养协议与遗嘱没有抵触，遗产分别按遗赠扶养协议和遗嘱处理；如果有抵触而发生纠纷的，应先按遗赠扶养协议约定进行处理，与遗赠扶养协议抵触的有关遗嘱内容全部或者部分无效。

（2）遗嘱人未保留缺乏劳动能力又没有生活来源的继承人的遗产份额，在处理遗产时，应当为该继承人留下必要的遗产，所剩余财产参照遗嘱确定的分配原则进行处理。

（3）附有扶养义务的受遗赠人有能力履行扶养义务，而无正当理由不履行扶养义务，经受益人或者其他继承人请求，法院可以取消其接受附义务部分遗产的权利，由提出请求的继承人或者受益人负责按遗嘱人的意愿履行扶养义务，而后接受遗产。受遗赠人没有正当理由不履行扶养义务，经有关单位或者个人请求，法院在取消其接受遗产的权利时，导致遗赠扶养协议解除的，受遗赠人已经支付的供养费用一般不予补偿；遗赠人无正当理由不履行，导致协议解除的，则应偿还继承人以外的组织或者个人已支付的供养费用。

## 三、农村住宅法定继承及其纠纷处理

法定继承，是指继承人直接依照法律规定的范围、顺序、分配原则等继承遗产的一种继承方式。法定继承的主要特征是继承人范围、继承顺序、遗产分配等均具有法定性，除继承人放弃继承或者自愿协商外，应当直接按照法律规定进行处理。

### （一）法定继承与遗嘱继承、遗赠继承的关系

法定继承是相对遗嘱继承、遗赠继承而言的。遗嘱继承和遗赠继承是根据被继承人意志的继承，而法定继承是根据国家意志的继承。根据当事人意思自治原则，《民法典》第1123条规定：“继承开始后，按照法定继承办理；有遗嘱的，按照遗嘱继承或者遗赠办理；有遗赠扶养协议的，按照协议办理”。从中可见，法定继承是遗嘱继承、遗赠继承的补充，遗嘱继承和遗赠继承的效力优先于法定继承，即被继承人立有遗嘱、遗赠的，继承人应按遗嘱、遗赠继承遗产；被继承人未立遗嘱、遗赠或者遗嘱、遗赠继承人放弃继

承的，继承人才按法定继承取得遗产。

（二）法定继承主要纠纷及处理

根据《民法典》及其继承编司法解释的规定，结合我国农村现实情况，村民住宅法定继承纠纷主要有以下几种：

1. 继承人资格纠纷

《民法典》第1127条明确规定，第一顺序继承人为配偶、子女、父母，第二顺序继承人为兄弟姐妹、祖父母、外祖父母。但在部分农村地区，由于思想意识落后和法治观念不强，在住宅遗产较多、继承人较多且复杂的情况下，就可能发生继承人资格纠纷。例如，兄弟排斥姐妹继承遗产，婚生子女排斥非婚生子女、养子女和有扶养关系的继子女继承遗产，同父母的兄弟姐妹排斥同父异母或者同母异父的兄弟姐妹、养兄弟姐妹、有扶养关系的继兄弟姐妹继承遗产，排斥丧偶兄嫂、弟媳对公婆遗产的继承等。对这些歧视性纠纷，应当根据《民法典》第1126条“继承权男女平等”原则和第1127条第3款“本编所称子女，包括婚生子女、非婚生子女、养子女和有扶养关系的继子女”、第4款“本编所称父母，包括生父母、养父母和有扶养关系的继父母”、第5款“本编所称兄弟姐妹，包括同父母的兄弟姐妹、同父异母或者同母异父的兄弟姐妹、养兄弟姐妹、有扶养关系的继兄弟姐妹”的规定，确认这些被排斥的继承人资格，并按《民法典》第1127条第1款的规定安排顺序继承。

2. 继承权丧失纠纷

《民法典》第1125条第1款规定，继承人有下列行为之一的，丧失继承权：（1）故意杀害被继承人；（2）为争夺遗产而杀害其他继承人；（3）遗弃被继承人，或者虐待被继承人情节严重；（4）伪造、篡改、隐匿或者销毁遗嘱，情节严重；（5）以欺诈、胁迫手段迫使或者妨碍被继承人设立、变更或者撤回遗嘱，情节严重。部分继承人认为其他继承人有上述行为之一丧失继承权而排斥其继承，而被排斥继承人认为自己没有上述行为而发生纠纷的，应当分别不同情况进行处理。

关于继承人故意杀害被继承人或者为争夺遗产而杀害其他继承人的问题。

杀害是为了不正当的目的杀人致死的行为。因杀害属于刑事犯罪，故应以刑事判决为准认定该继承人丧失继承权，未经刑事判决，一般不能以杀害为由自行认定相关继承人丧失继承权。

关于有无上述第 3 ~5 项三种行为的认定，首先是证据问题。也就是说，继承人主张其他继承人有这三种行为的，应当提供证据予以证实，否则不能剥夺其他继承人的继承权。继承人即使确有这三种行为，根据《民法典》第 1125 条第 2 款“继承人有前款第三项至第五项行为，确有悔改表现，被继承人表示宽恕或者事后在遗嘱中将其列为继承人的，该继承人不丧失继承权”的规定，这些继承人确有悔改表现且被继承人表示宽恕的，应当保留其继承权。

3. 遗产分配纠纷

遗产分配纠纷也是农村住宅继承中的一种常见纠纷，如一些少分住宅遗产的继承人认为不均等而与多分住宅遗产的继承人产生争议，也有一些继承人认为自己尽了主要扶养义务，对其均分住宅遗产不合理而主张多分而与其他继承人产生争议。《民法典》第 1130 条第 1 款规定，“同一顺序继承人继承遗产的份额，一般应当均等”。第 2 款、第 3 款、第 4 款还规定；“对生活有特殊困难又缺乏劳动能力的继承人，分配遗产时，应当予以照顾”“对被继承人尽了主要扶养义务或者与被继承人共同生活的继承人，分配遗产时，可以多分”“有扶养能力和有扶养条件的继承人，不尽扶养义务的，分配遗产时，应当不分或者少分”。据此，遗产分配在一般情况下应当坚持均等原则，如有上述三种特例情形的继承人，应当不分或者少分或者多分遗产，并以此为依据处理遗产份额分配纠纷。

## 四、代位继承及其纠纷处理

代位继承是本位继承的对称，是指被继承人的子女、兄弟姐妹先于被继承人死亡，其晚辈直系亲属代替其继承被继承人遗产的一种继承方式。例如，爷爷、爸爸（儿子）和孙子，爸爸作为第一顺序继承人早于爷爷死亡，孙子是爸爸的代位继承人，代替爸爸作为第一顺序继承人继承爸爸对爷爷应有份额的遗产。

（一）代位继承人范围

《继承法》（已失效）第11条规定：“被继承人的子女先于被继承人死亡的，由被继承人的子女的晚辈直系血亲代位继承。”《民法典》第1128条规定：“被继承人的子女先于被继承人死亡的，由被继承人的子女的直系晚辈血亲代位继承。被继承人的兄弟姐妹先于被继承人死亡的，由被继承人的兄弟姐妹的子女代位继承。”与原《继承法》相比较，《民法典》增加了“被继承人的兄弟姐妹先于被继承人死亡的，由被继承人的兄弟姐妹的子女代位继承”的规定。最高人民法院《关于适用〈中华人民共和国民法典〉继承编的解释（一）》第14条规定：“被继承人的孙子女、外孙子女、曾孙子女、外曾孙子女都可以代位继承，代位继承人不受辈数的限制。”第15条规定：“被继承人的养子女、已形成扶养关系的继子女的生子女可以代位继承；被继承人亲生子女的养子女可以代位继承；被继承人养子女的养子女可以代位继承；与被继承人已形成扶养关系的继子女的养子女也可以代位继承。”由此可见，代位继承人的范围扩大至不受辈数限制的被继承人的孙子女、外孙子女、曾孙子女、外曾孙子女，以及侄子、侄女、外甥、外甥女和养子女的养子女、继子女的养子女。

（二）农村住宅代位继承的几种纠纷处理

1. 代位继承权纠纷

在我国农村许多地方，现在还留有房屋传内不传外的传统思想。例如，几个兄弟在继承父母住宅遗产时，根本不考虑已经去世姐妹的儿子（外甥）、女儿（外甥女）的代位继承权，径行分割住宅遗产，这就容易引起外甥、外甥女的代位继承权纠纷。代位继承权纠纷的主要问题是主张代位继承的人有无法律规定的代位继承资格，而代位继承资格应当根据上述规定进行认定。

此外，继承人在生前明确表示放弃继承或者已经丧失继承权的，该继承人的子女等代位继承权也随之丧失。在遗产继承时，该继承人的子女如果也要求代位继承而与其他继承人发生纠纷的，该继承人的子女要求代位继承的主张不能成立。

2. 代位继承份额纠纷

这种纠纷有两种情况，一是代位继承人与继承人之间的继承份额纠纷；二是代位继承人之间的继承份额纠纷。首先，代位继承人原本不是第一顺序继承人，因被代位继承人是第一顺序继承人，故代位继承人亦为第一顺序继承人参加继承，享有被代位继承人应有的遗产份额，此时，代位继承人认为被代位继承人有多分遗产的情形和条件的，可以主张多分。代位继承人取得遗产份额后，相互之间在一般情况下应当平均分配，如有特例情况的，亦应依法多分或者少分。

3. 代位继承与遗嘱继承纠纷

在同一农村住宅遗产上，代位继承与遗嘱继承的权利并存时，遗嘱继承人主张继承遗产，代位继承人也主张继承遗产的，因代位继承只适用于法定继承而不适用遗嘱继承，因此由遗嘱继承人继承；如果在争议住宅遗产上未设立遗嘱继承，也就不存在遗嘱继承人，该住宅遗产应当由代位继承人继承，或者与其他继承人共同继承。

关于法定继承纠纷的处理方式，应当依照《民法典》第 1132 条的规定，继承人首先应当本着互谅互让、和睦团结的精神，就遗产分割的时间、办法和份额进行协商处理；不愿自行协商或者协商不成的，可以要求人民调解委员会调解，或者向法院提起诉讼。

## 五、空白宅基地作为遗产继承问题

在宅基地处于空白时，宅基地使用权人全部死亡致使农户不再存在的，其宅基地应由农村集体组织收回，这个问题是明确的。农户虽有成员死亡，但仍有合法的宅基地使用权人，空白宅基地使用权可否继承？我国现行《土地管理法》《民法典》等法律都没有明确予以禁止，也没有明确予以许可。

当前的主流观点是不可继承，主要理由是：从资格条件上看，农村宅基地使用权具有一定的人身依附性，该成员一旦死亡，使用宅基地的资格即告消灭，故继承人不可继承；从权属性质上看，农村宅基地属于农民集体所有的土地，村民个人对宅基地只有使用权而无所有权，而遗产应当是被继承人具有所有权的财产，只有使用权而没有所有权的所谓“遗产”，除使用权上的收益外，继承人是不可继承的。《民法典》第1122条第2款也规定“依照法律规定或者根据其性质不得继承的遗产，不得继承”，所以继承人主张继承空白宅基地使用权是没有法律依据的。

笔者认为，农户内部某一成员死亡后，本户其他成员是可以继受使用宅基地的。主要理由是，根据“一户一宅”制度，宅基地是以户为单位审批的，且宅基地使用权是长期的，即使农户家庭成员有死亡而减少或者有出生而增加，也无须调整宅基地面积，反而应当保持农户宅基地使用面积的相对稳定。例如，地方政府规定5人以下宅基地标准面积为150平方米，该户5人中死了1人还有4人，不存在宅基地面积因其中1人死亡而必须减少的问题。因此，其余4人仍可继续使用150平方米宅基地。如果该农户保持5人不变又出生1人，也不因增加1人就应当增加宅基地面积。如果死1人生1人保持5人不变，也无须变更宅基地使用权人。因此，户内人员完全可以继受使用死亡成员的宅基地。

但与法律禁止宅基地买卖一样，在通常情况下，非本村集体经济组织成员的继承人和城镇居民的继承人，不得继承被继承人遗留的空白宅基地使用权，这些人员也不得以继承为由在被继承人遗留的空白宅基地上建设住宅。

## 六、宅基地随同房屋一并继承问题

在宅基地上建造的住宅是村民拥有所有权的私有财产，被继承人死亡后由继承人依法继承。但因村民住宅的房屋所有权与宅基地使用权不可分割，故在继承房屋所有权的同时仍需考虑宅基地使用权的问题。

农村住宅继承与农村房屋买卖不同，农村住宅继承主要是基于血缘关系而发生的，目的是依法继受房屋所有权，并无偿取得，即使继承人之间有适当补偿，也不属于房屋交易行为。所以，无论继承人有无本集体经济组织成员资格，对农村房屋所有权都有继承权，只是根据“地随房走”的原则，需要妥善处理宅基地使用权的问题。

首先，农村集体组织内部成员的继承人是可以在继承房产的同时继受使用宅基地的。被继承人和继承人系同一农村集体组织内部成员，继承人继承被继承人的住宅遗产，不会造成农村集体土地资源对外流失，也不会造成农村宅基地的管理混乱，且不受“一户一宅”的限制，故属合法继承。原国土资源部《关于进一步加快宅基地使用权登记发证工作的通知》（国土资发〔2008〕146号，已失效）第3条规定，“严格落实农村村民一户只能拥有一处宅基地的法律规定。除继承外，农村村民一户申请第二宗宅基地使用权登记的，不予受理”。原国土资源部、中央农村工作领导小组办公室、财政部、原农业部《关于农村集体土地确权登记发证的若干意见》也规定：“已拥有一处宅基地的本农民集体成员”“因继承房屋占用农村宅基地的，可按规定登记发证，在《集体土地使用证》记事栏应注记‘该权利人为本农民集体原成员住宅的合法继承人’”。由此可见，农村集体组织内部成员继承住宅，可不受“一户一宅”的限制，且可申请第二宗宅基地使用权登记。

非本村集体经济组织成员和城镇居民的继承人也可继承农村住宅。非本村集体经济组织成员的继承人（如已出嫁且户口已迁出的被继承人的女儿）、城镇居民的继承人（如户籍已经迁往城镇的被继承人的儿子），对被继承人遗留的农村住宅有权继承，因此涉及宅基地使用权的，根据《关于农村集体土地确权登记发证的若干意见》“非本农民集体成员的农村或城镇居民，因继承房屋占用农村宅基地的，可按规定登记发证，在《集体土地使用证》记事栏应注记‘该权利人为本农民集体原成员住宅的合法继承人’。非农业户口居民（含华侨）原在农村合法取得的宅基地及房屋，房屋产权没有变化的，经该农民集体出具证明并公告无异议的，可依法办理土地登记，在《集体土地使用证》记事栏应注记‘该权利人为非本农民集体成员’”的规定，非本农村集体经济组织成员和城镇居民在继承农村住宅后，在被继承的农村住宅存续期间也可以继续使用宅基地。但继承后，如果对原有房屋进行拆除重建，则需重新办理审批手续；如果原有房屋毁灭，宅基地使用权应由本村集体经济组织予以收回。

## 案例50

佘1（女）、佘A（男）、佘6（女）系同父同母的兄妹，三人还有同父异母的哥哥佘B（已故）和姐姐李某某。佘B有佘3、佘2、佘4、佘5四个子女。2020年初，佘A被查出肝癌，在医院住院治疗期间，主要由同父同母的妹妹余6及家人负责照顾、陪护，余1、余3、余2、余4等人亦进行了探望和关心，后余A医治无效在家中去世。余A临终前将身份证、银行卡等个人物品交由余6保管。余A去世后，主要由余6及家人操持处理丧葬事宜，余1、余3、余2、余4等人也帮忙处理余A丧葬事宜，丧葬相关费用由余6支付，其中包括从余A在农商银行卡中转入余6丈夫处的13,443.79元。

余A生前在××村××组修建有砖混房屋5间，余A死亡后，余6在原基础上修建了围墙，安装了窗户及防护栏。余A生前未结婚组建家庭，没有子女，余A的父母先于余A去世，之后余A同父异母的哥哥余B亦先于余A去世。余2、余3、余4、余5与余6就余A去世后的农村房屋等问题产生矛盾，经当地村、社干部组织调解未果。

2021年1月，余1以余6为被告，向德昌县人民法院提起继承纠纷。德昌县人民法院依法追加余B的四个子女作为原告参加诉讼。余A同母异父的姐姐李某某明确表示放弃继承，不参加诉讼。

原告余1诉称，原告余1与被告余6双方系姊妹关系，案外人余A为原告的哥哥。原告和被告的父母早年间已亡故，余A未婚育，除原、被告外无其他继承人。余A在生前修建了××村××组的房屋；在余A病故后，被告余6意欲占有余A生前修建的房屋，将户口本和房屋批建手续取走，拒不交出。并且被告余6屡次要求确认余A修建的房屋由其管理使用，原告余1予以拒绝，经村委会主持调解，双方无法就房屋事宜达成一致。原告、被告均系案外人余A的合法继承人，均有继承余A遗产的权利，被告余6的行为侵犯了原告的合法权益。请求判令余A生前修建的××村××组房屋，原告、被告各有50%的管理、使用权利。

原告余2、余3、余4、余5称，其父亲余B与余A、余1、余6、李某某系同父异母的兄弟姊妹，父亲余B先于余A死亡，父亲余B的继承权归其兄弟姊妹；祖父母死亡由余A及原告共同安葬，余1、余6、李某某没有承担任何安葬费用；余A死亡后，安葬余A的费用由余6给付，所有劳动力由原告承担。请求判令原告对余A生前修建的位于××村××组的房屋享有25%的管理、占有权利。

德昌县人民法院认为，原告、被告各方对余A去世后所留遗产为××村

××组的砖混房屋5间，没有异议，对此，法院予以确认。《民法典》第1123条规定："继承开始后，按照法定继承办理；有遗嘱的，按照遗嘱继承或者遗赠办理；有遗赠扶养协议的，按照协议办理。"本案中，余A去世后，没有证据显示有遗嘱或遗赠扶养协议，继承开始后，按照法定继承办理。《民法典》第1127条规定："遗产按照下列顺序继承：（一）第一顺序：配偶、子女、父母；（二）第二顺序：兄弟姐妹、祖父母、外祖父母。继承开始后，由第一顺序继承人继承，第二顺序继承人不继承；没有第一顺序继承人继承的，由第二顺序继承人继承……"第1128条规定："……被继承人的兄弟姐妹先于被继承人死亡的，由被继承人的兄弟姐妹的子女代位继承。代位继承人一般只能继承被代位继承人有权继承的遗产份额。"余A生前未结婚，没有子女，父母亦先于其死亡，没有第一顺序的继承人，第二顺序的兄弟姐妹即李某某、原告余1、被告余6为继承人，余A的哥哥余B（先于余A死亡）的子女即原告余3、余2、余4、余5为代位继承人，四人继承余B有权继承的遗产份额。《民法典》第1124条第1款规定："继承开始后，继承人放弃继承的，应当在遗产处理前，以书面形式作出放弃继承的表示；没有表示的，视为接受继承。"在法院就余A的继承相关情况向李某某释明后，李某某明确表示放弃继承，并在《释明告知笔录》上签字确认，李某某放弃继承的意思表示真实，符合法律规定，法院予以认可。《民法典》第1130条规定："同一顺序继承人继承遗产的份额，一般应当均等……"考虑被告余6在余A生病及住院期间尽了较多的照顾义务，以及在余A死亡后负责操办丧葬事宜并支出了一定费用，在分割遗产时可以适当多分。对于被告辩称其支出的238,848元治病安葬等费用属于债务，其遗产应冲抵债务的意见，根据《民法典》第1161条"继承人以所得遗产实际价值为限清偿被继承人依法应当缴纳的税款和债务"的规定，法院认为，这里的债务为被继承人生前所欠债务，而现有证据表明，余A死亡后在其中一张银行卡内尚余13,443.79元，无其他证据证明余A生前有其他债务，故原告的该项辩称意见，于法无据，法院不予采纳。对于余A生前修建的位于××村××组的砖混房屋5间如何分割，法院就房屋的价值进行估算及是否进行房屋价值的鉴定等相关事宜向原告、被告各方进行询问，原告、被告就房屋的价值无法达成一致意见，亦不主张就房屋的价值进行评估。根据《民法典》第1156条“遗产分割应当有利于生产和生活需要，不损害遗产的效用。不宜分割的遗产，可以采取折价、适当补偿或者共有等方法处理”的规定，因涉案房屋系农村房屋，尚无产权证，德昌县人民法院判决：位于××村××组房屋由被告余6享有60%的继承权，原告余1享有25%的继承权，原告余3、余2、余4、余5享有15%的继承权。

［根据四川省德昌县人民法院（2021）川3424民初92号民事判决书编写］

**【作者分析】**

本案是一起适用《民法典》有关继承规定审理的农村住宅继承纠纷的较为典型案例，主要表现在对以下几个问题的处理：

（1）同父异母的兄弟姐妹为共同继承人。根据《民法典》第1127条第5款的规定，继承法上的兄弟姐妹，包括同父母的兄弟姐妹，也包括同父异母或者同母异父的兄弟姐妹。本案中的余1、余6、余B、余A、李某某虽为同父异母的兄弟姐妹，但按照上述规定均为余A房屋遗产的共同继承人。

（2）没有第一顺序继承人由第二顺序的兄弟姐妹继承。因余A生前未结婚、无子女，余A的父母又先于余A去世，于是余A没有第一顺序继承人，根据《民法典》第1127条第2款“没有第一顺序继承人继承的，由第二顺序继承人继承”的规定，余A遗留的房屋应由同父异母的第二顺序余1、余6、余B和李某某四位兄弟姐妹继承。

（3）余A生前没有遗嘱继承或遗产赠与，根据《民法典》第1123条的规定，本案应当按照法定继承办理。

（4）余B作为余A的继承人却先于余A去世，根据《民法典》第1128条的规定，余B对余A遗产的继承权应当由余B的子女余3、余2、余4、余5代位行使，即代位继承。

（5）李某某原本也是同父异母的余A遗产的继承人之一，但其明确表示放弃继承，根据《民法典》第1124条的规定，也就不参与余A遗留房屋的分配。

（6）根据《民法典》第1130条第1款的规定，法定继承在一般情况下应当按照均等原则分配，即三位继承人应各得1/3，但因余6在余A生病及住院期间尽了较多的照顾义务，以及在余A死亡后负责操办丧葬并支出了一定费用，根据《民法典》第1130条第3款和第4款的规定，法院判决余6享有60%的继承权，余1享有25%的继承权，而余3、余2、余4、余5只享有15%的继承权。

（7）涉案房屋系农村房屋，尚无产权证，且双方对房屋价值无法达成一致意见，也不主张进行价值评估，故不宜对涉案遗产房屋作实物分割，也不宜采取折价补偿方式进行处理，而只能分配继承权份额。

## 案例51

黄A、谢B生前收养黄1（黄1的户口未迁入黄A户，亦非黄A家庭成员）。黄A、谢B后生育女儿黄2，黄2出嫁后生育儿子朱某（黄A、谢B的外孙）。1976年，黄A、谢B与黄1共同生活，并在××村建有一处房屋。1985年，黄1与黄A夫妇分开居住。1998年，谢B去世。

2008年4月8日，黄A在公证处签署一份《遗嘱》，并办理了公证手续。该《遗嘱》载明："一、坐落于××村属于遗嘱人（黄A）夫妻共有的房屋（集体土地建设用地使用证为××720号）属于遗嘱人的份额，全部遗留给外甥朱某；二、朱某负责对遗嘱人养老送终，让遗嘱人安享晚年；三、朱某必须对上述房产妥善维护修理，不得故意毁坏或转卖；四、朱某如不能履行第二、三条的义务，本遗嘱自动失效。"

2008年7月6日，黄A因病去世。去世前黄A在黄2、黄1家中居住月余。2009年3月30日，黄2夫妇向瑞金市土地资源管理局出具申请书，称黄A生前遗嘱指定朱某继承，其夫妇同意儿子朱某继承母亲份额遗产。2009年6月10日，瑞金市政府向朱某颁发××720号集体土地使用证，使用权面积66.43平方米，与黄A原土地证面积一致。

因涉案不动产纳入政府拆迁范围，黄1与朱某协商未果，黄1遂于2017年7月2日向于都县人民法院提起行政诉讼，请求撤销瑞金市国土局颁发给朱某的集体土地使用证。2017年11月10日，黄1以已向法院提起遗嘱纠纷诉讼为由申请撤回起诉。于都县人民法院认为基础法律关系应通过民事诉讼解决，遂准许黄1撤回起诉。

黄1以朱某为被告向瑞金市人民法院提起继承纠纷诉讼。瑞金市人民法院依被告朱某的申请追加黄2为本案原告。黄1诉称，黄A、谢B夫妇于1959年收养了原告黄1，原告在1976年已成年，作为家里主要劳动力，与养父母一起在××村共同建造了一栋房屋，1991年申办了证号为××720号的土地使用证，土地使用权登记在黄A名下，但应当属于家庭共有财产。母亲谢B于1998年去世，黄A、黄2及原告黄1作为第一继承人没有对母亲的遗产即对上述房屋1/3的份额进行分割，保持共有状态。2008年4月8日，黄A瞒着原告将原告享有共有权的上述房屋通过公证遗嘱的方式全部遗赠给了被告朱某，并在遗嘱中要求被告朱某尽养老送终的义务，否则遗嘱自动失效。被告朱某及被告母亲黄2向瑞金市土地资源管理局隐瞒了房屋还有共有人的情况，以公证遗嘱方式将上述房屋的土地使用权证变更到被告朱某名下，而原告黄1直到2017年5月通过查询不动产登记档案才知道自己的共有财产登记到被告朱某名下。根据《继承法》第21条①及最高人民法院《关于贯彻执行〈中华人民共和国继承法〉若干问题的意见》第43条②的规定，原告诉至法院，请求判令：（1）判决确认黄A遗嘱中处分他人共有财产的部分的4/9份额无效；（2）判决取消被告朱某接受黄A遗产的权利；（3）判决确认原告对房屋及相应土地使用权享有8/9的份额。

原告黄2述称，（1）本人黄2系黄A、谢B夫妇的亲生女儿，且本人与本人的儿子朱某共同对本人的父母黄A、谢B尽了扶养义务，并有生养死葬；（2）原告黄1称其系黄A、谢B夫妇的养子，并称涉案房屋系其与黄A、谢B夫妇共同生活期间所建，没有事实依据；（3）本人依法可继承的份额，全部交由儿子朱某，归朱某所有。

被告朱某辩称如下，（1）原告黄1不具备继承诉讼的主体资格，请求法庭驳回原告的起诉。首先，原告黄1主张其与黄A夫妇形成了有扶养关系的养父母子女关系，没有有效证据证明。其次，原告黄1不能出示收养登记证

---

① 《继承法》已失效，相关规定参见《民法典》第1144条。

② 该解释已失效，相关规定参见最高人民法院《关于适用〈中华人民共和国民法典〉继承编的解释（一）》第29条。

据，无法认定收养事实。再次，答辩人朱某1976年出生，在断奶之后的1977年起一直由外公外婆即黄A夫妇带养，答辩人朱某与外公外婆共同生活期间，从未见过原告黄1。最后，退一步讲，假使原告主张的身份关系及共同生活的事实存在，根据原告的自认及证据，原告亦不享有本案诉权，不是本案的适格权利人。(2) 原告黄1主张涉案房屋系原告黄1与黄A夫妇共同生活期间的家庭共同财产，与事实和证据不符。首先，原告与黄A夫妇并未通过收养或过继形式形成过父母子女关系；其次，在地基的审批档案中，明确记载黄A报批地基时的家庭人口为2人，即黄A夫妇2人，原告并非家庭成员；再次，《遗嘱》第1条已经明确房屋是黄A夫妻共有；最后，原告主张涉案财产系“家庭共有”，既不符合档案资料的记载，更是违背了被继承人的生前的真实意思表示。(3) 被继承人黄A所订遗嘱合法有效，答辩人朱某根据遗嘱取得财产的权利应受法律保护，原告黄1要求取消答辩人接受遗产的权利于理不合，于法无据。

瑞金市人民法院认为，坐落于××村的不动产系黄A夫妇与黄1共同建造，属于其共同财产。黄A、谢B和黄1分别享有该不动产中的1/3份额。根据《继承法》第5条①的规定，继承开始后，按照法定继承办理；有遗嘱的，按照遗嘱继承办理；有遗赠扶养协议的，按照协议办理。谢B去世后，其1/3份额的遗产由黄A、黄1和黄2分别继承。黄A生前通过公证方式将其本人享有的份额遗赠给朱某，因此，朱某享有的遗产份额为4/9，黄1享有的遗产份额为4/9，黄2享有的遗产份额为1/9。关于原告称被告无权受赠农村不动产的问题，本院认为，受遗赠人对遗嘱人合法所有的不动产依法享有受遗赠权。农村居民在合法取得的宅基地上建造的房屋属于其合法财产。在农村居民死亡时，该房屋属于《继承法》第3条②所规定的遗产。《继承法》第16条第3款③规定：“公民可以立遗嘱将个人财产赠给国家、集体或者法定继承人以外的人。”据此，朱某有权取得黄A遗赠的农村房屋份额。我国原则上禁止宅基地使用权流转，即宅基地使用权本身不得单独转移且不

① 《继承法》已失效，相关规定参见《民法典》第1123条。

② 相关规定参见《民法典》第1122条。

③ 相关规定参见《民法典》第1133条第3款。

能用于抵押、赠与、继承等。在宅基地上有合法住宅的情况下，由于宅基地上所建房屋与宅基地事实上不可分割，承认和依法保护城镇居民因受遗赠而取得的农村宅基地上房屋的所有权，就必然要肯定其继续使用宅基地的事实。《物权法》第147条①规定，建筑物、构筑物及其附属设施赠与的，该建筑物、构筑物及其附属设施占用范围内的建设用地使用权一并处分。2011年，原国土资源部、原农业部等部门下发的《关于农村集体土地确权登记发证的若干意见》亦明确，非本农民集体成员的农村或城镇居民，因继承房屋占用农村宅基地的，可按规定登记发证，在记事栏注记相关内容。这表明，在房屋所有权遗赠的同时，房屋占用范围内的宅基地使用权也一并处分，即“房地一体原则”。值得一提的是，城镇居民虽有权依法继承或受遗赠取得农村房屋而使用该宅基地，但毕竟不具备农村集体经济组织成员身份，这与宅基地使用权的福利保障性质存在一定冲突。宅基地上房屋自然损毁的，应当依法收回宅基地使用权。

瑞金市人民法院判决：(1) 位于××村33号［××720号］不动产，由原告黄1享有4/9份额，原告黄2享有1/9份额，被告朱某享有4/9份额；(2) 驳回原告黄1其他诉讼请求。

［根据江西省瑞金市人民法院（2017）赣0781民初3399号民事判决书编写］

**【作者分析】**

本案有以下两个问题值得分析：

(1) 关于本案的遗赠问题。遗赠是遗嘱人用遗嘱的方式将个人财产的一部或全部于死后赠给国家、集体或法定继承人以外的人的一种遗产处置方式。遗赠是一种单方法律行为，也是一种无偿法律行为，只要将遗赠内容载入遗嘱，不需要遗赠受领人同意即可产生法律效力。遗赠经过公证的，该遗赠公证具有很强的证据效力。但是，遗赠人行使遗赠权只能处分其个人所有的合法财产，不得违背法律规定侵害他人利益。本案中，坐落于××村的农房系黄A夫妇与黄1共同建造，属于共有财产。在共有财产尚未分割的情况下，

① 《物权法》已失效，相关规定参见《民法典》第357条。

黄A通过遗赠方式遗赠给外甥朱某，侵害了黄1的共有权；黄2夫妇以黄A生前遗嘱指定朱某继承为由，由其子朱某申领了该房占用的全部66.43平方米集体土地使用证，也侵害了黄1的宅基地共同使用权。所以，黄A遗赠行为和黄2、朱某申领行为均为无效。

（2）非本集体经济组织成员继承农房及所涉宅基地的问题。在一般情况下，非本集体经济组织成员不具有使用本集体组织宅基地的资格，而在农房继承中，根据《关于农村集体土地确权登记发证的若干意见》的规定和“地随房走”的规则，非本集体经济组织成员的继承人有权继承本集体成员遗留的房产，同时有权继续使用相应的宅基地。本案中的黄1虽为黄A、谢B生前收养，但其户口未迁入黄A户，亦非黄A家庭成员，若不发生继承，黄1是不能取得黄A所在××村的宅基地使用权的，因此其“确认原告对房屋及相应土地使用权享有份额”的诉讼请求也就无法成立，但因其是黄A、谢B的法定继承人之一，且是涉案农房的共有人之一，根据上述规定有权按照应得份额继承涉案房产和继续使用相应宅基地，所以法院判决其对涉案房地产（不动产）享有4/9的份额。

## 第六节　农村住宅离婚分割纠纷处理

离婚是夫妻双方解除婚姻关系，终止夫妻间权利和义务的法律行为。按照我国《民法典》婚姻家庭编的规定，夫妻双方自愿离婚的，应当签订书面离婚协议，并亲自到婚姻登记机关申请离婚登记；一方提出离婚，双方感情确已破裂破，经调解无效的，应准予离婚。下文分析夫妻离婚所涉的农村住宅产权的分割问题。

### 一、夫妻共有住宅与一方个人住宅

农村夫妻离婚时，双方或一方主张分割农村住宅，首先要看双方在婚姻存续期间有无共有住宅，以及住宅是一方个人所有还是双方共有。

夫妻共有财产，是指夫妻关系存续期间所得的归夫妻共同所有的财产。

《民法典》第 1062 条第 1 款规定："夫妻在婚姻关系存续期间所得的下列财产，为夫妻的共同财产，归夫妻共同所有：（一）工资、奖金、劳务报酬；（二）生产、经营、投资的收益；（三）知识产权的收益；（四）继承或者受赠的财产，但是本法第一千零六十三条第三项规定的除外；（五）其他应当归共同所有的财产。"农村夫妻在婚姻关系存续期间共同建设、共同买受、共同继承或者共同受赠的住宅，均属于夫妻共同财产。

夫妻个人财产，是指夫妻依照法律规定或约定各自保留为个人所有的财产。《民法典》第 1063 条规定："下列财产为夫妻一方的个人财产：（一）一方的婚前财产；（二）一方因受到人身损害获得的赔偿或者补偿；（三）遗嘱或者赠与合同中确定只归一方的财产；（四）一方专用的生活用品；（五）其他应当归一方的财产。"农村夫妻一方在婚前建设、买受的住宅，按照遗嘱或者赠与只归一方的住宅，属于夫妻一方的个人财产。夫妻在婚姻关系存续期间采取书面形式约定共同所建的住宅或者按照遗嘱或者赠与所得的共有住宅归其中一方所有的，也属一方个人财产。

在婚姻关系存续期间，农村住宅属一方个人所有的，除自愿赠与对方外不存在分割问题，若属夫妻共同财产，在离婚时应当进行分割。

## 二、夫妻共有住宅的分割规则

夫妻离婚时，双方经协商一致达成共有财产分割协议，该协议不影响他人权益，按协议分割完毕即可。若双方不能达成协议向法院提起诉讼的，法院应按《民法典》规定的有关规则进行分割。

### （一）平等分割

夫妻双方在家庭中由于能力、分工等不同，大多数经济收入比例是有区别的，有的男方收入高于女方，也有的女方收入高于男方，但双方收入作为夫妻共同财产归夫妻共同所有的情况下，根据《民法典》第 1062 条第 2 款"夫妻对共同财产，有平等的处理权"的规定，夫妻离婚时应当平等分割。具体到住宅数量上，如无特别情形，应当各分一半。平等分割是夫妻离婚分割共有财产的基本原则。

（二）照顾子女、女方和无过错方权益

《民法典》第1087条第1款规定：“离婚时，夫妻的共同财产由双方协议处理；协议不成的，由人民法院根据财产的具体情况，按照照顾子女、女方和无过错方权益的原则判决。”据此，夫妻离婚时不能就共有财产达成分割协议的，法院在判决分割时实行照顾子女、女方和无过错方权益的原则。这里的“照顾”是在平等原则的基础上的适当照顾，而照顾的对象是子女、女方和无过错方。例如，女方经济收入能力不如男方，离婚后抚养未成年子女有生活困难，在离婚时应当照顾女方，给女方多分一些住宅或者其他财产。

关于照顾无过错方问题，首先要看无过错方是否要求过错方损害赔偿。这里的过错通常是指重婚、与他人同居、实施家庭暴力、虐待遗弃家庭成员等违法和不当的行为。过错方已经给予（包括判决给予）无过错方损害赔偿的，在共有财产分割时可不再考虑照顾，如果过错方未给无过错方损害赔偿，则应在共有财产分割时予以照顾。

（三）非法处置共同财产少分或者不分

《民法典》第1092条规定：“夫妻一方隐藏、转移、变卖、毁损、挥霍夫妻共同财产，或者伪造夫妻共同债务企图侵占另一方财产的，在离婚分割夫妻共同财产时，对该方可以少分或者不分。离婚后，另一方发现有上述行为的，可以向人民法院提起诉讼，请求再次分割夫妻共同财产。”在离婚前或者离婚期间，一方采取上述手段非法处置夫妻共同财产，违反“夫妻对共同财产，有平等的处理权”的规定，是对另一方平等处理权的侵害，于是法律采取“少分或者不分”的方式予以惩戒，从而保护被侵害方的合法权益。实践中需要注意的是，这里的“少分或者不分”，对应的财产是非法处置的夫妻共同财产，而不一定是全部夫妻共同财产，未被非法处置的夫妻共同财产仍应根据上述的两条规则进行分割。

除上述三条规则外，《民法典》第1088条和第1090条还规定“夫妻一方因抚育子女、照料老年人、协助另一方工作等负担较多义务的，离婚时有权向另一方请求补偿，另一方应当给予补偿。”“离婚时，如果一方生活困难，有负担能力的另一方应当给予适当帮助。”这里的“补偿”和“帮助”

本身不属于共有财产分割，而是在上述三条分割规则的基础上由法律规定的一种义务，如一方给另一方提供金钱补偿，或者提供房屋给对方居住、提供其他实物给对方使用等关照。

## 三、夫妻共有住宅的分割方式

### （一）协议分割

夫妻在离婚时，经自愿协商，或者经调解组织调解，就共有住宅的分割达成协议的，应当按照协议进行实际分割。但协议分割不得违反法律、行政法规的禁止性规定，也不得损害他人利益，否则无效。

### （二）诉讼分割

一方提出离婚，对方不同意离婚的，提出离婚一方可以向法院起诉，请求在解除婚姻关系的同时分割夫妻共有住宅。双方都同意离婚且在婚姻登记机关办理了离婚手续，但对夫妻共同住宅未做分割，后来不愿协商或者协商不成的，可以再向法院提起诉讼，由法院判决分割共有住宅。双方对共有住宅的房屋价值及归属无法达成协议的，根据最高人民法院《关于适用〈中华人民共和国民法典〉婚姻家庭编的解释（一）》第76条的规定，法院可按以下情形分别处理：（1）双方均主张房屋所有权并且同意竞价取得的，采取竞价方式处理；（2）一方主张房屋所有权的，由评估机构按市场价格对房屋作出评估，由主张方取得房屋所有权，取得房屋所有权的一方应当给予另一方相应的补偿；（3）双方均不主张房屋所有权的，根据当事人的申请，可以拍卖、变卖房屋，然后就所得价款进行分割。

农村夫妻离婚时，双方对尚未取得所有权或者尚未取得完全所有权的住宅有争议且协商不成的，因产权归属未经登记尚未产生物权效力，故法院不宜判决房屋所有权的归属，但应当根据实际情况和上述分割规则，判决由当事人占有和使用。

## 四、夫妻离婚时宅基地的处理

农村宅基地属集体土地而不是夫妻共同财产，夫妻婚前或者在婚姻存续期间，一方经依法批准取得但尚未建设住宅的空白宅基地，在离婚后仍应由该方使用，而不宜分割给另一方使用，无宅基地一方离婚后户籍在本村且在本村继续生产生活的，可另行审批宅基地。婚姻存续期间在宅基地上有某种收益，且这种收益属于夫妻共同财产的，则可分割归各自所有。但是，在婚姻关系存续期间，以夫妻名义共同依法审批取得宅基地的，双方都是宅基地使用权人，则应等额分割归各自使用。

在离婚分割共有住宅时，根据“地随房走”规则，住宅分割后所占用的宅基地应当随之分割使用。如果一方不是法律上的宅基地使用权人，如女方婚后户口未迁入配偶所在农村集体经济组织，而在配偶一方的宅基地上与配偶共同建设房屋的，虽可离婚分割房屋，也可继受使用宅基地，但其原本不是法律意义上的宅基地使用权人，要想取得住宅分割后的宅基地使用权，就应经农村集体组织同意将户口迁入本村，成为本村集体经济组织成员，并办理宅基地使用权变更手续。女方非宅基地使用权人，在离婚分割住宅时不宜考虑“照顾女方利益原则”，反而应当先行考虑宅基地使用权方。也就是说，应当优先考虑将农村住宅分割给本村宅基地使用权人，至于对方配偶在住宅上资产权益，可以采取金钱补偿的方式予以保护，从而更为合法地处理农村房屋及其宅基地的关系问题。

## 案例 52

沈 A 与沈 B 系父子关系。1987 年，沈 A 户获批在 × × 村可建造楼房 2.5 幢 95 平方米和附舍 35 平方米的宅基地，后因经济条件限制仅建造占地面积为 69.40 平方米的 × × 号平房 2 间。1991 年农村宅基地房屋确权登记时，政府确认沈 A、沈 B 为上述住宅的宅基地使用权人和房屋所有人。沈 A 于 2015 年 9 月 13 日死亡。

2000 年沈 B 与朱某某登记结婚，后因感情不和离婚。2008 年 11 月双方复婚后，朱某某在这 2 间平房上加建 2 间 2 层楼和 2 间 3 层楼，另外还在楼房后面建造 2 间小屋及砌好周围围墙。2011 年 8 月 9 日，双方又办理离婚手续。2011 年 8 月 23 日，沈 B 与朱某某在某某镇人民调解委员会主持下达成《人民调解协议书》，双方一致确认复婚后由朱某某出资在沈 B 原建有的 2 间平顶上加建楼层及辅屋。经调解，双方自愿达成如下协议：（1）楼房底层2间产权归沈B、沈A所有；2层楼2间、3层楼2间因由朱某某出资加建，产权归朱某某所有。（2）3层楼2间由沈B租住，2间辅屋由沈A居住（该房产权归朱某某所有）至过世。（3）底楼2间暂做共用。

2019年12月，沈B向浦东新区人民法院提起诉讼，请求依法分割××村××号房屋，确认楼房中的一层2间房屋及该楼房所附属的付舍2间房屋均归原告所有。

被告朱某某辩称，讼争房屋中一层2间房屋应属于原告、被告共有，双方离婚后曾达成协议，约定一层2间房屋共用。另外付舍2间房屋是由被告以其个人出资10，000元左右建造，故应当归被告所有。

浦东新区人民法院认为，农民宅基地房屋的权利人，为建房用地申请表等批准建房用地材料上列明的建房用地人、宅基地使用权审查表等宅基地使用权证上列明的宅基地使用权人。涉案房屋建成时原为2间平房，即现楼房中的一层2间房屋，1991年政府部门对上述房屋进行确权登记时，核定该2间房屋的宅基地使用权人和所有人为原告沈B和被继承人沈A，故上述房屋应归原告沈B和被继承人沈A二人所有。后被继承人沈A于2015年9月13日死亡，其生前未立有遗嘱，其在该房屋中所享有的权利份额应当析出并作为遗产由其法定继承人即原告沈B继承取得，故该一层2间房屋在析产继承完成后应当确认归原告沈B所有。被告朱某某抗辩该一层2间房屋为原告、被告共有明显缺乏依据，法院不予采信。

关于涉案房屋中的付舍2间房屋，虽在1991年相关政府部门确权时未经登记，但登记表亦明确沈A户已获批可建造占地35平方米的付舍。根据在案证据，后沈A户实际于2008年前后由被告朱某某以其个人财产出资补建了付舍2间。

关于该付舍2间房屋的归属，原告、被告二人虽在离婚后签订《人民调解协议书》进行约定，但农村宅基地的占有和使用均具有极强的身份属性，农村宅基地房屋亦非属于当事人可以协议形式任意约定归属的财产范围。结合本案，涉案2间付舍房屋的宅基地使用权人系原告沈B及被继承人沈A二人，被告朱某某虽为出资建造人但并非该房屋的宅基地使用权人，而在被继承人沈A死亡后，该房屋的宅基地使用权人为原告沈B一人，而作为不具有该处农村宅基地使用权的被告朱某某，不宜确认为该集体土地上所建造的宅基地房屋的所有人。但现有证据显示该付舍2间房屋确实系被告朱某某经宅基地使用权人沈A、沈B同意后以其个人财产出资建造，故沈B应对其进行合理补偿。因被继承人沈A死亡后，其就付舍所享有的权利份额作为遗产亦由原告沈B继承取得，故法院在确认涉案2间付舍房屋归原告沈B所有的同时，结合2间付舍房屋的建造时间、被告朱某某的出资金额、房屋的分割时间、房屋现状和价值等涉案因素，酌情确认由原告沈B补偿被告朱某某20,000元。

浦东新区人民法院判决如下：(1) 确认××村××号楼房中的一层2间房屋及付舍2间房屋归原告沈B所有；(2) 原告沈B于本判决生效之日起10日内支付被告朱某某补偿款20,000元。

[根据上海市浦东新区人民法院（2019）沪0115民初100338号民事判决书编写]

**【作者分析】**

本案判决的亮点在于，村民住宅在离婚时应当归属为宅基地使用权人。本案中诉争住宅的宅基地使用权人和房屋所有人均为沈B，而被告朱某某并非该房屋的宅基地使用权人。就此法院认为，农民宅基地房屋的权利人，为建房用地申请表等批准建房用地材料上列明的建房用地人、宅基地使用权审查表等宅基地使用权证上列明的宅基地使用权人，且诉争一层2间房屋已被确权为沈B和沈A，后沈B继承沈A的房产独自取得诉争住宅，但在离婚后的《人民调解协议书》中约定“2间辅屋由沈A居住（该房产权归朱某某所有）至过世，底楼2间暂做共用”有违农村住宅产权归属规则，所以法院认为“农村宅基地的占有和使用均具有极强的身份属性，农村宅基地房屋亦非属于当事人可以协议形式任意约定归属的财产范围”“作为不具有该处农村宅基地使用权的被告朱某某，不宜确认为该集体土地上所建造的宅基地房屋的所有人”“被告朱某某虽为出资建造人但并非该房屋的宅基地使用权人”，于是判决诉争房屋归沈B所有。但因付舍2间房屋确实系朱某某经沈A、沈B同意后以其个人财产出资建造，故判决沈B补偿朱某某20,000元。

## 案例53

2007年，经吕A申请，××村委会同意吕A将承包经营的0.5亩饲料用地上的150平方米土地变更为吕A的宅基地，此事实有《宅基地使用权登记申请书》《农村居民建住宅用地申请表》等证据证实。2014年10月~2015年8月，吕A在该土地上建盖了4间平层房屋。2015年9月7日，吕A的长子吕B与张某结婚，后吕A又在上述4间房屋的旁边加盖了2间平层房屋。2019年2月12日，张某与吕B协议离婚，双方在《离婚协议书》中约定“蒙自市的房屋（一层浇灌房）归女方所有”。

2020年1月，吕A以张某、吕B为被告向蒙自市人民法院提出诉讼称，原告6间房屋占用的是村集体分配给原告使用的宅基地，地上6间房屋是原告筹资修建，原告是这6间房屋及所用宅基地的合法权利人。二被告在离婚时约定“蒙自市的房屋（一层浇灌房）归女方所有”，属于无权的非法处置，侵害了原告的财产权利。请求：依法判令被告吕B、被告张某签订的《离婚协议书》中“蒙自市的房屋（一层浇灌房）归女方所有”的约定无效。

被告张某辩称，吕A及其家庭成员通过《家庭协议书》的形式将涉案0.5亩土地及其上面的150平方米的宅基地的管理使用权分配被告，被告又通过《离婚协议书》的形式明确了涉案的房屋归被告张某所有。根据《物权法》第9条①、《婚姻法》第19条②相关法律精神，夫妻间不动产物权的变动以离婚财产分割协议为物权合意，以夫妻婚姻关系的解除为生效条件，双方就涉案房产分割达成的协议在双方办理离婚登记后，即发生物权变动的效力。该《离婚协议书》在张某与吕B办理离婚登记手续之时就发生法律效力，被告张某对涉案房屋享有无可争辩的所有权物权，并且是唯一的所有权人。张某与吕A无论是涉案的0.5亩菜地、150平方米宅基地的管理使用权，还是涉案房屋的所有权，都没有任何关联性，吕A不是本案的适格诉讼主体，恳请依法驳回原告的起诉。

---

① 《物权法》已失效，相关规定参见《民法典》第209条。

② 《婚姻法》已失效，相关规定参见《民法典》第1065条。

被告吕B辩称，对原告的起诉无异议，签订家庭协议时其父母并不知道其与张某已离婚的事实，离婚协议中关于“蒙自市的房屋（一层浇灌房）归女方所有”的约定无效。

蒙自市人民法院认为，宅基地使用权是农村集体经济组织成员享有的权利，与享有者特定的身份相联系，非本集体经济组织成员无权取得或变相取得。被告张某并非蒙自市村民，虽然家庭协议将涉案宅基地使用权分配给张某、吕B二人管理使用，但在张某与吕B未复婚的前提下，张某无权单独取得相应宅基地使用权。而被告吕B与被告张某在离婚协议中约定涉案房屋归张某所有，将导致张某变相取得相应的宅基地使用权。因此，被告吕B与被告张某在离婚协议中约定“蒙自市的房屋（一层浇灌房）归女方所有”，违反法律、行政法规强制性规定，侵害了村集体土地所有权及原告户内土地使用权共有人的合法权益，原告有权提起诉讼。故原告吕A要求确认被告吕B、张某于2019年2月12日签订的《离婚协议书》中“蒙自市的房屋（一层浇灌房）归女方所有”的约定无效的请求，应予以支持。本案原告仅就合同效力问题提出请求，关于涉案房产权属确认，应由相关权利人依法另行处理。

蒙自市人民法院判决：被告吕B与被告张某于2019年2月12日签订的《离婚协议书》中“蒙自市的房屋（一层浇灌房）归女方所有”的约定无效。

［根据云南省蒙自市人民法院（2020）云2503民初261号民事判决书编写］

**【作者分析】**

本案判决离婚协议书约定房屋归女方所有无效，主要有以下两个理由：

（1）吕B和张某无权处分吕A的房屋。本案所诉争房屋系吕A在农村宅基地上建造的个人住宅，而非家庭共有财产，也非吕B与张某的夫妻共有财产，但吕B和张某未经吕A同意，在与张某离婚时签订《离婚协议书》，通过协议方式将吕A的房屋归张某所有，显然是无权处分行为，当属无效。

（2）张某无权单独取得诉争房屋的宅基地使用权。法院在本案判决中指出，“宅基地使用权是农村集体经济组织成员享有的权利，与享有者特定的身份相联系，非本集体经济组织成员无权取得或变相取得”。张某并非蒙自市村民，离婚后无权使用吕A、吕B所在××村的宅基地，即使家庭协议将宅基地使用权分配给张某、吕B使用，张某也无权单独取得相应宅基地使用权，而涉案离婚协议约定诉争的房屋归张某所有，将导致张某变相取得相应的宅基地使用权，也将侵害××村集体土地所有权及吕A户内土地使用权共有人的合法权益。